根岸茂夫著

近世武家社会の形成と構造

吉川弘文館

目次

第三章　大名家臣団形成の諸相……二二九

第一節　近世前期における佐倉堀田氏家臣団の展開と牢人……二二九

挿図表

序章　近世における武家の俸禄と階層

一

近世社会の身分構造において、所領を基礎とする親族集団と規定されている武家がその頂点に位置づけられていたことはいうまでもない。武家は領主として農工商を支配し、かつ行政のための吏僚としての役割を負っていたといわれる。近年、古代・中世の研究において、武士の発生について領主制の発展と単純に絡めることは否定されるようになったものの、中世以来、武家は複雑な権利をもった荘園・公領という土地体系を浸食していき、在地において領主制を形成し、武力を行使しながら自らが領主となって近世的な支配関係を作り上げたのであり、のち地方知行が蔵米知行に転換する藩が多いとはいえ、近世の武家が建前としては領主として存在しており、その意味で領主制論の中で武家のあり方が検討されたことは、歴史的背景からも当然といえよう。ただ、すべての武家が領主としての資格を持っていたのだろうか。それを俸禄の内容から検討してみたい。

近世の武家の俸禄は、知行・切米・扶持・給金に大別でき、それぞれ石・俵(現米)・扶持・貨幣で表示された。知行の給付は、本来土地と百姓を支配して年貢・諸役を徴収する資格を与えられることで、「領主」としてかつ一人前の武家としての資格が認められたことを意味した。彼らは「地頭」「給人」などと呼ばれ、のち蔵米知行に移行した諸藩でも家臣団の上層には知行取りがいたが、彼らは建前として「領主」としての資格を認知されていたのである。また切米取りでも「給人」と呼ばれる階層がいたが、これも一人前の武家という意味であろう。次の切米取りは、年間夏・冬あるいは春・夏・冬に切って現米が支給された。知行の数値が知行地の石高で年貢高ではないのに対し、切米は数値がそのまま収入高となることが大きな差といえる。蔵米知行と切米取りはしばしば混同され、その傾向は近世にすら見えるが、「領主」としての性格を持った俸禄を支給されているか否かにより、明確に分別すべきものである。切米は元来、給人が自身の家人に与えたり、主君が部屋住みや新出の分家、新参者などに臨時に与えたと考えられるが、次第に知行の下の俸禄として位置づけられたのであろう。すなわち最も狭義の武家は、知行取り以上であることが近世の社会通念であったと思われる。大久保彦左衛門は、旗本たちに切米が与えられていることを『三河物語』で激怒しているが、近世前期に知行取りでなければ一人前の武家としての体面は保てなかったようである。ただ、切米取りは知行取りに準ずる階層であり、その意味で狭義の武家に入れることはできよう。その下の扶持は月俸ともいわれ、一日玄米五合を支給されることを一人扶持というが、本来扶助や労働力に対する支給であり奉公人や夫役を勤める者を対象としたと考えられる。また役料や合力としても支給されたため、部屋住みや下級の武家にも多様な基準で給付されたのであろう。あくまでも推測にすぎないが、「二十俵十人扶持」などという形態は、そのようにして成立したのではあるまいか。給金も扶持と同様に奉公人への支給という性格があるが、四季施など着物や現物の支給なども関係しよう。

江戸幕府の場合、正徳二年(一七一二)の『御家人分限帳』を分析した鈴木寿氏の労作によれば、士分以上および同格の幕臣は七〇三五人、うち知行取は二三一〇人、切米取は四五四七人、現米取・扶持取・給金取は一九六人と、知行取は三三パーセント、切米取は六四パーセントである。その他与力一一七六人・同心八一〇七人、手代・黒鍬・中間・小人など六四五六人であり、そのうち知行取は与力のうち二〇三人その他若干、多くは切米・扶持取で、与力・

同心・士分以下も含めた幕臣のうち知行取は一一パーセントにすぎないのである。(4) また下級の幕臣の多くは、切米と扶持とが支給されていた。このような傾向は、地方知行を廃止して蔵米知行とした藩に共通している。

建前にせよ、領主・地頭・給人など、「領主」としての資格をもった武家は、武士のうちでは上層のわずかであった。多くの武士は切米・扶持などを支給されていたのである。また近世前期の老中阿部忠秋の家臣鈴木新左衛門が、三〇〇石取で馬一匹・若党二人・槍持一人・草履取一人を抱えなければ武士ではないと述べたと伝えられ、(5) 大道寺友山の『武道初心集』に、近世前期の牢人が仕官のとき、乗換馬をもつほどといえば五〇〇石、痩せ馬一疋を繋ぐほどといえば三〇〇石、せめて錆槍を立てるほどといえば一〇〇石の知行を望み、少なくとも知行取の名を求めたとあるように、知行取でかつ馬上で槍を立てるのが武士の体面であったようである。ことに槍持を供につれた武士の姿は、江戸名所絵や浮世絵の風景画・草紙本の挿絵などに種々散見するが、それは武士が「軍役」を負担する存在、換言すれば「武者」「戦士」であることを誇示していたからに他ならない。彼らの象徴が苗字とともに帯刀であったことは、それをよく示している。

それでは武家の組織の中で個々の武家はどのような役割を負っていたのか。近世の武家の組織は、一般に側方(奥方)・番方・役方に大別される。もちろん明確には分類できない職が多いが、これらの形成を概観すれば、家臣団が形成される中で、内部を軍事組織として編成していったのが番方であり、本来主君の身辺の世話に当たりその家政を担当していた私的な使用人「内の者」、すなわち従者が、次第に表方に進出して側方となり、主君の権力確立の過程で、単なる家政だけではなく領内の政治全般を司るようになり、役方が分化していったとみることができよう。そして最上級の老臣・番頭・奉行層を除けば、番方には上級家臣の給人の大半と、徒士(歩行)・足軽に至るまで多くの層が含まれ、役方には下級の武士が多い傾向がみられる。領主として存在していた上級武士、すなわち典型的な武士は軍事的な役割を担う番方に多く編成されており、その意味でも家臣団の本質は軍事組織であり、武家は本来「武者」「戦士」として存続していた。一方、行政吏僚として支配に当たっていたのは上級の家老・奉行層を除けば、多くは下層の一部にすぎない。歴史的にみれば、領主の内の者が後方・兵站として家政を担当し領地の支配の実務に当たったのであり、下層の武士が行政吏僚となったのも、頷けるであろう。

それは下層の役方に切米・扶持取が多いこととも一致する。切米を給付された層は、本来領主の家の中にいた傍系血族や従者でまだ領主としての資格はなく、それゆえ家政を担当したり、出陣や勤番に当たっては主人に供奉したりしたものであったといえる。扶持も前述したような下層家臣に対する扶助であるとともに、役料・手当としては人足や夫役など労働力に対する支給という性格が強く、軽輩や奉公人に多く与えられていた。

以上の俸禄制度は、武家の階層序列とも関わってくるはずである。近世後期における近世の諸藩における家臣団の階層序列を、『藩士大事典』などの記載から知られる範囲で、ごく簡略化できる藩のみ纏めたのが表1である。参考として幕臣の事例も数例掲載した。小藩の事例が多いが、外様大名とくに旧族大名の場合、由緒と家柄によって独自の階層序列を形成しているのに対して、小大名の場合、近世における最も一般的な序列がどのように認識されているかを見いだせると考えるからである。幕臣の場合も同様である。ただし、表1では複雑な秩序を簡略化しており、また最上位に位置する家老、その下の番頭・用人・奉行・物頭層を基本的には省略し、一般的な上士層および中士層から記載している。また足軽より下の小人・中間・小者など奉公人も省略している。なお、大身の旧族大名や織豊取立大名の場合、階層序列は家の歴史を体現して一門・譜代の関係を物語っていたり、あるいは軍事編成と軍役負担との関係を番組によって表現していたりする。それは徳川取立大名でも、戦国期から活躍した武功取立大名の場合にも同様の傾向が見られる。

表1　大名家臣団の格式

藩名	国	大名	石高	平士以下の格式
金沢藩	加賀	前田	102,5020	平士　与力　歩　同心足軽　足軽
鹿児島藩	薩摩	島津	72,8700	小番　新番　小性与　大番格　与力　足軽
仙台藩	陸奥	伊達	62,0056	平士　組士　足軽
名古屋藩	尾張	徳川	619,500	騎馬役(馬廻)　規式　五十人(徒小性)　徒　足軽
福井藩	越前	松平	32,0000	番士　新番　与力　小役人　諸組足軽
彦根藩	近江	井伊	30,0000	平士　小性　中小性　歩行　伊賀歩行　足軽
徳島藩	阿波	蜂須賀	25,7000	高取(組士)　無足(小性　中小性　日帳格　徒士)　無格(足軽)
久留米藩	筑後	有馬	21,0000	上士(家老・番頭)　中士(用人～祐筆)　下士(高取中小性～徒士)
秋田藩	出羽	佐竹	20,5800	一騎　駄輩　不肖　近進
郡山藩	大和	柳沢	15,1288	大近習組　馬廻組　大小性組　徒士　組立者〔大小性組迄目見得〕
佐倉藩	下総	堀田	11,0000	給人　中小性　御通掛　御通掛以下
福山藩	備後	阿部	11,0000	給人　徒士(無足　御通掛　並勘定方)　足軽
新発田藩	越後	溝口	10,0000	給人　扶持人
大聖寺藩	加賀	前田	10,0000	平士　徒士　足軽
大垣藩	美濃	戸田	10,0000	平士　徒士　足軽〔平士以上が知行取〕
中津藩	豊前	奥平	10,0000	供番　中小性　供小性　小役人　組
土浦藩	常陸	土屋	9,5000	広間詰　馬廻　中小性　広間番　徒士〔中小性迄が熨斗目着用格〕
高崎藩	上野	大河内	8,2000	馬廻　中小性　供小性　徒士　小役人
長岡藩	越後	牧野	7,4000	大組・小性組　小組・徒士組　足軽組　長柄組
吉田藩	三河	大河内	7,0000	役人　独礼以上(馬廻　中小性)　目見得以上(代官　供小性)　目見得以下(徒士)
延岡藩	日向	内藤	7,0000	藩士(組内　中小性組)　徒士　足軽
島原藩	肥前	松平	6,9500	馬廻　通番　中小性　無足
宇都宮藩	下野	戸田	6,7800	大給(給人)　小給(小性・徒士)　小役人　足軽
松本藩	信濃	松平	6,0000	諸士　中小性　徒士　足軽
篠山藩	丹波	青山	6,0000	給人　独礼(歩行士)　徒士　小役人　卒　職人　足軽
上田藩	信濃	松平	5,3000	馬廻(給人)　中小性　徒士　足軽
岸和田藩	和泉	岡部	5,3000	給人　諸士(中小性　歩行士)　組の者(足軽　長柄者)
蓮池藩	肥前	鍋島	5,2625	侍　手明鑓　歩行・寄合　足軽
飫肥藩	日向	伊東	5,1080	給人　中小性　徒士　土器　足軽
村上藩	越後	内藤	5,0090	諸士(給人　端知　中小性)　小役(準番外　独礼　一統礼　礼外)　足軽
臼杵藩	豊後	稲葉	5,0065	上士(侍中)　中下士(中小性・小侍)　士外(足軽以下)
三春藩	陸奥	秋田	5,0000	給人　中小性　小従人　徒士〔中小性以下は無足人と呼ばれる〕
丸岡藩	越前	有馬	5,0000	給人　中小性　徒　足軽
鯖江藩	越前	間部	5,0000	上士(用人)　中士(物頭・取次　給人)　下士(中小性　徒士)　卒
沼津藩	駿河	水野	5,0000	馬廻　中小性　徒士　足軽
松山藩	備中	板倉	5,0000	馬廻　大小性　中小性　徒小性　徒士　士格
長府藩	長門	毛利	5,0000	馬廻　中扈従　手廻　舸子の者　足軽
秋月藩	筑前	黒田	5,0000	馬廻　無足・組外　陸士・足軽小頭　足軽
尼崎藩	摂津	青山	4,8000	給人　中小性　小役人　歩行　足軽
津和野藩	石見	亀井	4,3468	馬廻　中小性　徒士　勘定格　手明格　留守居組　足軽組
徳山藩	周防	毛利	4,0010	馬廻　中小性　徒士　持弓　蔵本付　足軽
大野藩	越前	土井	4,0000	給人　大小性　供小性　徒士　小役人　足軽
杵築藩	豊後	松平	3,2000	給人　小性　中小性　徒士
福島藩	陸奥	板倉	3,0000	給人　中小性　徒士　無格小役人

高島藩	信濃	諏訪	3,0000	給人　中小性　小役人　徒士　目見　足軽
岩村藩	美濃	松平	3,0000	馬廻　中小性　組外　足軽
烏山藩	下野	大久保	3,0000	平番　中小性　徒士　足軽
安中藩	上野	板倉	3,0000	給人　大小性　中小性　徒士　足軽
久留里藩	上総	黒田	3,0000	給人　馬廻　中小性　徒　足軽
成羽藩	備中	山崎	3,0000	給人　中小性　供小性　徒士　足軽
吉田藩	伊予	伊達	3,0000	給人　無足　仲之間　徒士　足軽
佐土原藩	日向	島津	2,7070	騎馬　中小性　歩行　小頭　足軽
一関藩	陸奥	田村	2,7000	馬廻組　大小性組　中小性組　足軽
高鍋藩	日向	秋月	2,7000	給人　小給　中小性　徒士　足軽
園部藩	丹波	小出	2,6711	馬廻　近習之分　中小性　徒　足軽
足守藩	備中	木下	2,5000	給人　小性役　中小性　児小性　小頭　小人
日出藩	豊後	木下	2,5000	上士(知行取)　中士(給人列格～小性)　下士(徒士)　準士(小役人)
岩槻藩	武蔵	大岡	2,3000	給人　中小性　徒士　坊主
勝山藩	美作	三浦	2,3000	給人　中小性　徒士目付　小役人　徒士　同心
松山藩	出羽	酒井	2,2500	家中　小性　徒士　足軽〔本家の庄内藩では上士を家中、徒士以下を給人という〕
人吉藩	肥後	相良	2,2165	給人　小知　徒士　足軽
府内藩	豊後	松平	2,1200	給人　中小性　徒士　足軽
大溝藩	近江	分部	2,1000	給人　近習　中小性　徒士席　足軽
岡部藩	武蔵	安部	2,0250	給人・近習　納戸・大小性　中小性　徒士　小役人
八戸藩	陸奥	南部	2,0000	番士　給人　馬方　勘定方　徒士　郷士　足軽
泉藩	陸奥	本多	2,0000	給人　大小性　諸士無席　徒士無足　無足人　譜代組
天童藩	出羽	織田	2,0000	給人　近習　中小性　徒士　小頭　坊主
鹿島藩	肥前	鍋島	2,0000	侍　仲小性　歩行　被官　足軽
佐伯藩	豊後	毛利	2,0000	上士(給人)　中士(中小性)　下士(徒士)　卒族(目見格小役人足軽)
天童藩	出羽	織田	1,8000	給人　中小性　徒士　坊主
黒羽藩	下野	大関	1,8000	給人　中小性　広間番　歩行　足軽
新見藩	備中	関	1,8000	給人　無足　中小性　徒士　坊主　両組
谷田部藩	常陸	細川	1,6300	近習　給人　仲小性　徒士　小役人　足軽
田野口藩	信濃	松平	1,6000	給人　中小性　徒士　足軽
小諸藩	信濃	牧野	1,5000	給人　馬廻　中小性　徒士　足軽
岩村田藩	信濃	内藤	1,5000	給人　中小性　徒士　同心
一宮藩	上総	加納	1,3000	給人　中小性　徒士　小役人
山上藩	近江	稲垣	1,3000	近習　小性　徒士　勝手方　坊主　足軽
森藩	豊後	久留島	1,2500	給人　中小性　徒士
田原藩	三河	三宅	1,2000	知行取(者頭以上)　給米取(給人　中小性　徒士)　扶持取(足軽)
大田原藩	下野	大田原	1,1416	給人　中小性　徒士　足軽
小泉藩	大和	片桐	1,1129	給人　中小性　大小性　小役人　徒士　定番　足軽
足利藩	下野	戸田	1,1000	給人　大小性　中小性　徒士　足軽
狭山藩	河内	北条	1,1000	物頭　中小性　御供組　徒士　目見格
須坂藩	信濃	堀	1,0053	給人　中小性　徒士　足軽
苗木藩	美濃	遠山	1,0021	諸士　中小性　徒士
七日市藩	上野	前田	1,0014	給人　中小性　徒士　小役人
黒川藩	越後	柳沢	1,0000	近習・馬廻　馬廻並・中小性　徒士　坊主　足軽
椎谷藩	越後	堀	1,0000	給人　無足人　中小性　目見以下
糸魚川藩	越後	松平	1,0000	小納戸　近習　仲小性　仲仕　徒士　足軽
柳生藩	大和	柳生	1,0000	給人　馬廻　中小性　徒士　足軽

三草藩	播磨	丹羽	1,0000	奉行・給人　近習　中小性　徒士目付　徒士　足軽〔徒士目付迄が上士〕
小松藩	伊予	一柳	1,0000	馬廻　給人格　中小性　徒士　小頭　足軽
三池藩	筑後	立花	1,0000	給人　目付　中小性　徒士　小役人　足軽
交代寄合	下野	喜連川	5000	給人　近習　仲居　徒士　小頭　同心〔近習以上が上士、小頭迄が下士〕
旗本		能勢	4000	近習　給人　中小性　徒士　足軽
旗本		池田	3000	給人　中小性　徒士　足軽
旗本		石河	2700	給人　近習　中小性　徒士　足軽

注　『藩史大事典』、木村礎氏『下級武士論』、森泰博氏「旗本家臣の性格」(『藩社会の研究』)、鈴木寿氏『近世知行制の研究』を参照した。ただし、「小姓」は「小性」に統一した。

表1によると、家臣団の階層序列は、上士・中士が概ね給人・馬廻・騎馬・近習・平士・平番・諸士・侍中などとなっており、その順が前後しているものも多少みられる。庄内藩酒井氏のように、給人が徒士以下の下士層を指す例もあるが、例外といえる。概ねその下に中小性、ついで徒士、最下級に足軽が位置し、それは万石以下の幕臣においても基本的に共通する。その間に、小性・小役人などが各家によって多少前後しながら存在している。また給人と無足・扶持人など俸禄の形態で分類している藩もあり、俸禄制度が、武家の階層序列とも関わっていることを物語っている。ここからは、「給人(馬廻)・中小性・徒士・足軽」という一般的な序列が見いだせよう。明暦三年(一六五七)十二月、江戸町奉行が江戸町中に牢人の宿改めを命じた町触には、「何方之牢人并知行取・中小性・歩行之者迄も致穿鑿」(6)という文言があり、知行取を給人と解し、最下級の足軽を加えれば、給人・中小性・歩士・足軽という武家の階層序列が近世前期から一般的なものであったことが窺える。

二

給人は、知行を給付されているという領主としての格式であり、多くの場合給人以上が知行取である。また馬廻は、主君の馬前を警護する親衛隊であり、基本的には騎馬の士として位置づけられていた。また騎馬と表現されているところに、領主としての体面を保ち馬上であったことが、一人前の武士としての資格であったことが窺えよう。近習も、給人と同等であったりその前後の階層となっていたり、諸藩によって差が見えるが、馬廻よりも主君に近侍し、小性のように雑務には関与しない役であり、主君との遠近関係が階層の基準ともなっていることを推測させる。なお幕末のヘボン著『和英語林集成』(7)によれば、給人を「貴人の御殿にいる士官・役人」と説明しており、上士層として位置づけているものの、必ずしも知行取・馬上という基準は記されていない。

それ以下の階層の俸禄は、地方知行の藩を除けばすべて切米と扶持・金の併用である。

次の中小性については不明な部分も多いが、中小性以上を明確に上士に位置づける土浦藩土屋氏・吉田藩大河内氏・村上藩内藤氏・三草藩丹羽氏などがある一方、無足として下士に位置づけようとする徳島藩蜂須賀氏・三春藩秋田氏があるなど、士分と士分以下との境界に位置しているようである。ただ新規取立大名の家臣団に、中小性を上士に位置づける傾向が見いだせる。その職務は、例えば『日本国語大辞典』『広辞苑』などでは、小性組と徒士衆との中間の身分で、主君の外出に随行し、配膳役にも従事した職名と説明されている。元禄三年(一六九〇)刊『人倫訓蒙図彙』(8)によれば、大小性が使者役や目見えの取次ぎをするため器量を選ぶのに対し、中小性は時には使者役にもなるが「あながち器量をえらはず」とみえ、同六年刊『男重宝記』(9)には小性を主君に陪従する人であり、児小性・大小性・中小性の別があるが、小十人と同意で出行に供奉すると説明しており、また『和英語林集成』にも、中小性を「貴人の出行に供奉する役」と説明しており、貴人に侍る男子で書記や接客をする小性よりも低い地位を与えている。江戸幕府の小十人が、目見得以上でありながら出陣には徒歩で将軍の馬前を警護し、平時の将軍の出行に供奉したことを勘案すれば、諸藩や旗本の家中において、中小性は、上士層である給人・馬廻と、基本的には士分以下である徒士との中間に位置し、士分の最下級か士分に準ずる階層であり、目見得以上で主君の出行の供奉などに当たったものといえよう。なお『人倫訓蒙図彙』に児小性から中小性に進む例が記されているのは、示唆的である。推測をたくましくすれば、同書では児小性、中小性、大小性（小性組・馬廻）と進む例があることを想定しており、それは若党・年寄（家老）のような武家の家の内部における年齢階層の序列と同様であり、武家の内部で成長して子供から成人になりながら、まだ騎馬の士になれないような階層、すなわち一人前の武士直前のものが「中小性」として位置づけられ、それが武家の内部の階層の一つとして定着したともみることができよう。

徒士はほとんどの藩が下士層として位置づけている。その職務は『人倫訓蒙図彙』に、供奉を第一として譜代も渡り侍もいるが供の先頭で大男を選んだり派手な服装を揃えたりするとあり、『和英語林集成』には、貴人の出行の前を護衛する役とみえる。同じ出行の供奉でも、中小性が主君の近辺に位置するのに対し、徒士は行列の先頭であり、諸藩の例でも目見得以下が多かったようであり、一人前の武士とは見なされなかったと考えられる。さらに最下級の足軽は、苗字帯刀を許されるとはいえ、その労働は奉公人に近かった(10)。その下に、小人・中間・小者など奉公人が存在していたのである。

これらの階層のうち、馬廻・徒士・足軽は軍事上の役割を意味しており、小性・中小性などは主君に近侍するという家の内部の側方の役割、換言すれば主君との遠近関係、小役人は表の役方を担当したものである。その意味では、階層序列は、側方・番方・役方という武家の組織を反映しているものの、上士層では領主としての性格と番方、その下では側方、さらに下では基本的には番方で小役人として役方の性格も含むというように、番方の役割が最も顕著に表現されていた。そこには武士としての本分が軍事上の役割を示す番方にあったことも、表現しているといえよう。

ただし、表1に掲載した僅かな例の中にも例外がみえる。それは、ここに掲載しなかった旧族大名・織豊取立大名などの大藩の例とも類似する。表1から例外として見いだせるのは、佐倉藩堀田氏・吉田藩大河内氏のように、藩主に対する拝謁の方式によって分類している例、あるいは長岡藩牧野氏のように、軍事上の組編成が階層序列となっている例などである。前者は秋田藩佐竹氏の座格制[11]などと共通し、席次や儀式の場で藩主との親疎関係を表現しており、この本来的な姿は、仙台藩伊達氏の一門制[12]のような、大名家の発展と家臣の出自・由緒による序列、すなわち家の擬制的な編成であろう。ただこれは、知行の高下と家格が必ずしも一致しないことが多い。後者は米沢藩上杉氏[13]・金沢藩前田氏・長州藩毛利氏などのように、軍事組織である組編成が、階層序列に結びついている例と類似する。ただ各組の軍将は、大名家の発展と家臣の出自・由緒によって世襲されていることが多く、家の擬制的な編成と無関係ではない。

給人・中小性・徒士・足軽という序列において、給人や馬廻が知行を持ち馬上で出陣する本来の武士であり、その下の中小性が主君に近侍し本陣を囲むという意味で士分に準じ、徒士は基本的には士分とそれ以下との境界にあり、足軽は奉公人に近い存在であったといえる。その意味でどこまでが「武家」なのか、狭義には給人以上であり、枠を拡げれば次第に下層までをも含めることができようが、牢人の存在などを考えれば少なくとも苗字帯刀が原則であろう。ただし百姓のうちにも苗字帯刀を許され扶持を給付されたものもおり、画一的に区分することはできまい。

ただ近世における武家の階層序列が、領主としてのあり方と軍制的な秩序、さらに家の擬制的な編成および家内部の従者の役割とによって成り立っていたことは確かであろう。「軍制」と「家」、これが近世の武家社会を解明する最も大きな問題といえよう。

三

しかし近代以来の諸研究は近世社会を平和の世と規定し、ことに武家が「武者」「武人」として存続していたという軍制上の特質に注意を払わなかった。

それは第一に、武家の世を倒して国民国家を形成し、近代軍隊を編成した明治政府が、武家を否定しながらその短所のみを強調し、継承したのは「武士道」という極端に歪曲された教条的精神のみであったことであり、第二に、武家が百姓を虐げる悪しき領主として位置づけられ、戦後の近世史研究にも基本的に継承されたからである。そのため戦後の藩政や大名家臣団研究においても、行政吏僚としての役方の構造がその中心となり、番方の検討はあまり省みられなかったのである。

戦後の幕藩体制史研究の出発点となったのは、伊東多三郎氏『幕藩体制』であるが、そこには「軍制」に留意した記述はあまりみられない。また、戦後各地で盛行した藩政史研究でも、農政・藩財政・知行制に注目が集まり、大名家臣団研究の中でも、家臣団の性格を基本的には行政吏僚と位置づけていた。ただし、家臣団の格式が軍制上の地位であったことに論及したり正面から取り上げた研究もあったが、(14)多くは建前として見なされ必ずしも重要視されなかったのである。諸書にみえる藩の機構図に、番方が省略されている例が多いことは、これをよく物語っている。

一九六〇年代に論争となった軍役論(15)は、封建領主としての武家がもった本来の暴力装置に注目し、軍事力の存在形態と政治の推移、さらに農村構造の展開までを組み込んだ画期的な構造論であった。しかし、そこで軍事力は武器・人数ごとに足軽や農民夫役の総数として把握され、本来の武家である騎馬の人数やその働きはいっさい無視されていた。構造論に続いた国家論においては、国家権力の強大さがより強調され、個々の領主権力が国家権力の総体に位置づけられたりしたが、武家の役割は領主としての性格のみが強調されていった。一方、国制史のなかで、幕藩制的官僚制あるいは官僚的軍隊といった国家の内部に統制された自律性のない武家の姿も強調されていた。(16)

ただ一九七〇年代の後半から八〇年代にかけて、(18)権力の暴力論的な論調の変化がみられ、社会集団論、公儀論、百姓成り立ち、(17)惣無事令と「平和」など権力の公共性や人々の自力救済・自律性といった観点が注目されるようになり、他方で権力の威儀、儀礼、武威などが論じられるようになると、[19]生産力の発展と暴力装置としての権力を基礎とした近世史研究は大きく変化を遂げた。その中で武家に対する視角にも変化が見られたのである。

第一に領主として、第二に行政官僚としての性格を中心に進められてきた近世武家の研究が、近年、高木昭作氏・笠谷和比古氏・藤井讓治氏・小池進氏などにより武家の本分としての軍事的な役割についても評価されるようになった。[20]ことに高木氏は「兵営国家論」[21]の立場から軍隊の構造を解明しようとされた。武家が終焉まで、形骸化しながらも軍事的役割を本分としていたことは、家臣団の組織などから明らかである。また千葉徳爾氏が民俗学的観点から戦士としての武士のあり方、あるいは切腹・男色などを論じられ、[22]氏家幹人氏も武士の心情と行動を多様な面から評価された。[23]また笠谷氏が軍制上の役割から「備え」の構造を解明されただけでなく、武家の政治構造が主君の独裁や上意下達ではなく、家臣団の合意形成によっていることを提唱され、J・F・モリス氏[24]・高野信治氏[25]などが給人の領主としての実態を論じられながら、武家に「自律性」を見いだす指摘が行われ、近世社会の新たな側面に光を当てるようになった。他方、前田勉氏[26]が近世国家統治の原理と方法を理論化したのは「兵学」であると論じられた研究も、武家を考える上で注目される。かつ、平成十年(一九九八)・十一年の二度にわたり『歴史評論』が「世界史のなかの近世『武士』」と称する特集を組み、[27]さまざまな側面からの解明を試みている。もちろん武家だけが近世社会の展開の中心にあったとは思えない。社会の中心となりその発展を左右したのはやはり庶民であろう。ただ身分階層の上部にいた武家について、その研究は余りにも遅れており、それが近世社会の解明にも大きな影響を与えていると考えているのである。本書では、武家の存在形態や役割を、「軍制」と「家」を中心に、以下のように解明しながら、近世社会の実態に近づきたいと考えている。ただし本書では、従来研究が蓄積されている領主・行政官僚としての性格については、ことさらに触れなかった。

武家の本分である軍事的役割は、個々の武家が合戦の中でどのような役割を果たすかという問題でもある。近世の合戦は実際にはほとんどなかったものの、武家の組織は合戦を想定しながら形成された。その合戦とは、個々の武家の一騎討ちが勝敗を決定する形態であり、足軽の集団的行動はその補助としてしか位置づけられてはいなかった。かつその役割は行列(例えば参勤交代など)の位置に象徴されており、惣無事によって軍事行動を規制された武家たちは、行列の綺羅によって武威を誇示しようとしていた。その行列は武家が個々に家臣・奉公人を引き連れたものであり、上級の武家になるほど、それが複合的な形態ともなったといえる。また個々の武家の軍事的役割の規模を示すものが、軍役に他ならない。ただ平和な時代を維持しながら、軍事的役割を形式上保ちつづけることを強いられたことに、近世の武家社会の主要な矛盾も存在したのである(第一章)。

そのような近世の武家は、中世の武家が解体したことによって形成されたといえる。中世の武家の家は、「一族郎党」からなる複合的な軍団でもあり、これが解体する過程で個々の武家が自立しながら、近世の武家の家が成立した。いわば農民の「小農自立」の様相が、武家にも見いだせるのである。こうして自立した近世の武家を編成しようとする上級武家の思惑が、家臣団の形成であり、そこに中世的な寄親寄子制から近世的な「番組」への変化にも繋がる。そのような過程を幕臣団の形成を中心に検討する(第二章)。

かつ、個々の武家が主君の強大な権力にそのまま編成されたのではなく、主体的・自律的な運動を展開しながら仕官を目指していたことは、幕閣として出世した近習出頭人など新規取立大名の家臣団形成に顕著に現われる。それは近世前期の幕政の動向ともかかわるとともに、近世前期の牢人の動向からも見いだせる。一方、中世以来の複合的な武家の「家」が解体され、個々の「家」が直系の家系として自立しながら、別個に上級の武家と主従関係を結んでいくとはいえ、自立した個々の「家」が家系を同一にした同族としての意識と連携を失ったわけではなかった。その実態については不明な部分が多いが、支配の枠組みを超えて連携しあい「家」を存続させたり武家としての道を全うさせたりするのに力を添え、家系を一にした同族の集団としての力を誇示した。そこにも武家の自律性の一端が見いだすことができよう。以上を、新規取立大名で近世前期の幕政にも参画した下総佐倉藩堀田氏・武蔵忍藩阿部氏の家臣団から論じていきたい。（第三章）。

ただ近世大名の家臣団が擬制的な「家」の論理によって編成されており、主君の家と家臣の家とが一門・譜代などの由緒によって結ばれ、その親疎関係を示すものとして家格や城中の席次が設定されていたことについては、以前秋田藩佐竹氏の家臣団を事例に論じたことがあったが、(28)紙幅等の関係から本書に入れなかった。なおそれは、主君の家臣に対する支配の正統性や武家社会の紐帯をも論理づけたものの、上述の軍事的役割とは必ずしも一致せず、そこにも武家社会の矛盾が窺える。そのような関係の形成を個々の家臣の対応とも絡めて検討することにより、武家社会の結合のあり方や構造、さらにそのような関係が主君の一方的な意図のみによって形成されるのではなく、個々の武家の思惑や要求など主体的な行動によって展開していたと考えているが、最近注目されている武家官位や儀礼の研究などとも絡め、今後の課題としておきたい。

注

（1）笠谷和比古氏『士の思想』。
（2）石井進氏『鎌倉武士の実像』。高橋昌明・山本幸司氏「武士とは何だろうか」（『朝日百科日本の歴史別冊』〈歴史を読みなおす〉八）。
（3）『古事類苑』俸禄部。鈴木寿氏『近世知行制の研究』。金井円氏「幕藩体制と俸禄制」（『日本の社会文化史』二）。
（4）鈴木寿氏編『御家人分限帳』解題。
（5）『玉埃集』三（学習院大学史料館寄託「阿部家文書」）。

（6）『江戸町触集成』一。
（7）講談社学術文庫本を利用した。
（8）渡辺書店刊影印本を利用した。
（9）教養文庫本を利用した。
（10）森下徹氏『日本近世雇用労働史の研究』。
（11）拙稿「秋田藩における座格制の形成」（『近世史論』一）。
（12）小林清治氏「伊達氏における家士制の成立」（『史学雑誌』六二―八）。
（13）『藩制成立史の綜合研究―米沢藩―』。
（14）新見吉治氏『改定増補下級士族の研究』、『旗本』。進士慶幹氏『江戸時代の武家の生活』。木村礎氏『下級武士論』。北島正元氏『江戸幕府の権力構造』。鈴木氏『近世知行制の研究』。煎本増夫氏『幕藩体制成立史の研究』。南和男氏「江戸幕府御徒組について」（『日本歴史』二一四）。金井氏『藩政』、『藩藩制成立史の研究』。『藩制成立史の綜合研究―米沢藩―』。佐々木潤之介氏「藩家臣団の展開過程」（『社会経済史学』二八―一）。原昭午氏『加賀藩にみる幕藩制国家成立史論』。谷口澄夫氏『岡山藩政史の研究』。市村佑一氏「長州藩における家臣団形成過程」（『日本社会経済史研究』近世編）。藤野保氏『佐賀藩の総合研究』。高野信治氏『近世大名家臣団と領主制』。
（15）佐々木氏『幕藩権力の基礎構造』。
（16）水林彪氏「近世の法と国制研究序説」（『国家学会雑誌』九〇―一～九五―一）、『封建制の再編と日本的社会の確立』。
（17）朝尾直弘氏「「公儀」と幕藩領主制」（『将軍権力の創出』に収録）、『都市に近世の成立を見る』。深谷克己氏『百姓成立』。
（18）藤木久志氏『豊臣平和令と戦国社会』、『戦国の作法』、『雑兵たちの戦場』。
（19）高木昭作氏『日本近世国家史の研究』、「近世の軍勢」（『日本史研究』三八八）。渡辺浩氏『東アジアの王権と思想』。
（20）高木氏前掲書。笠谷氏『「主君押込」の構造』、『近世武家社会の政治構造』、『士の思想』、「『武士』身分と合意形成の特質」（『歴史評論』五八一）。藤井氏「平時の軍事力」（『日本の近世』三）。小池氏「幕府直轄軍団の形成」（『新しい近世史』一）、「旗本「編成」の特質と変容」（『歴史学研究』七一六）。
（21）「兵営国家論」を最初に指摘したのは、丸山眞男氏である。同氏『丸山眞男講義録』七、『忠誠と反逆』。

(22) 千葉氏『たたかいの原像』、『負けいくさの構造』。
(23) 氏家氏『江戸藩邸物語』、『武士道とエロス』、『小石川御家人物語』、『元禄養老夜話』。
(24) モリス氏『近世知行制の研究』、「近世領主制試論」(『近世社会と知行制』)。
(25) 高野氏前掲書。
(26) 前田氏『近世日本の儒学と兵学』、「兵学と士道論」(『歴史評論』五九三)。
(27) 「歴史評論」五八一・五九三。ただし本書で考察しようとした「軍制」と「家」についての論考は見られなかった。
(28) 前掲拙稿。

第一章　近世における軍制の特質と武家

第一節　『雑兵物語』に見る近世の軍制と武家奉公人

はじめに

近世の軍制が本格的に研究されたことは、戦後ほとんどないといっても過言ではない。それは、戦後の歴史学が軍隊の存在を否定しながら成立したからであり、武家の戦士としての性格が無視され、近世の支配機構を語るとき、軍事組織の「番方」を捨象し、行政組織の「役方」のみを抽出するという結果を招いていたのである。ただし、研究が皆無であったとはいえない。第一に、軍国主義や近代軍制の前提としての研究があった(1)。しかしその目的は近代的軍隊形成の前提として幕末の洋式軍制の導入の解明であり、近世の軍制そのものには関心が払われず、近世の軍制は解体の前提でしかなかった。第二に一九六〇年代、幕藩制構造論ことに軍役論において、論争の一つとなったが、その特徴は近世前期の慶安期までのみが問題とされ、論議の中心が百姓夫役と武器・人数の総数にあり、軍制がさほど問題とならなかったことである。第三に八〇年代以降、役制国家論において、近世の武士の本質を戦士として認識する視点が現われ、軍事力や軍団編成などが論じられるようになった(2)。これに注目にされたのは高木昭作氏であるが、それは従来支配体制のなかで刑罰・一揆の鎮圧などに注目していた経済外的強制を、別の面から見いだそうとした試みとも受け取れよう。ただそこでは、軍制の理想型のみが抽出され、その確立・展開の推移が考慮されていないようにも思われる。かつ編成が問題とされ、個々の武家の役割が見いだせない。また「徳川の平和」を強調するために、武威の象徴としての行軍の行粧の荘厳さや、綺羅を飾るものとして体現されているようにも見受けられる。その意味で、軍団の編成のなかに武家の自律性を見ようとした笠谷和比古氏の論考は注目される。(3)ただし、そこで考察の対象となったのは、家老・武将クラスの有力家臣であり、いまだ個々の武家の自律性が明確にされているとは思えない。また寛永期における旗本の軍事力増強を論ずる小池進氏・藤井讓治氏の研究も、新たな方向性を示すものといえるが、番方人数の増加や知行高の総計に注目しながらも、その軍備や戦法を考慮に入れていないように感じられる。(4)

さて、近世武家の軍事的役割を明確にするためには、彼らがどのように合戦に参加するのかという、当時の戦闘形態を考え、またそこにおける武家の働きを見いだす必要があろう。武家の家のあり方もそこに集約され、庶民と異なり武家に一定の自力救済が残る理由にもなると考えるからである。(5)ただ、現在の合戦に対する通説は、近代以降に武士を否定して国民皆兵を実現した参謀本部などの戦史研究で形成されたものであり、武士の役割を過少に評価しようとしていた傾向は否めないのである。

近世の軍事的編成と個々の武家の役割を見るには、まず関ヶ原・大坂陣など近世初頭の合戦を物語る史料があり、合戦に参加した武士の戦功書上や聞書、合戦記などが多いが、それには修飾も多く、また必ずしも近世の確立した軍制を示すものとはいいがたい。(6)次に近世に展開した軍学から合戦の様相を確かめることも可能ではあるが、それは余りにも抽象化・模式化され、実態をかいま見ることは困難といえる。かかる史料の乏しい中で、近世前期に下級武士や武家奉公人の合戦における役割を解説した『雑兵物語』(7)は、近世前期に確立した軍制における個々の役割を具体的に示す史料といえる。ここでは、本書を素材に、近世の軍制と、そこに位置づけられた武家や足軽、さらに武家奉公人の合戦における役割を追ってみたい。もちろんそのような合戦は近世には存在しなかったが、武家社会は、以下に語るような仮想の合戦を目的として存立していたのである。

一　『雑兵物語』に見る奉公人の諸階層

『雑兵物語』は、近世前期の成立といわれ、その内容は、足軽や武家奉公人三〇余名の会話のなかに、体験・功名談・失敗談・見聞などを語らせ、戦場の生活・合戦の心得や武器の扱い方、衛生救急の処置などを平易に解説したものである。また多くの写本や近世後期に刊行された木版本には、登場人物を描いた挿絵があり、理解の一助としている。現在では、合戦を体験しない世代の武士が戦場で奉公人を扱ったり、奉公人そのもののための教訓的な軍学書として著わされたものと理解されている。

著者は定かではないが、近世前期の老中松平信綱の長男で武蔵川越藩主松平輝綱、その弟で常陸土浦藩主の松平信興、あるいは輝綱の四子で信興の養子となり五代将軍綱吉の側用人を勤めた上野高崎藩主松平輝貞のうちいずれか、もしくは松平信綱の子孫に関係した軍学者ではないかと考えられている。また、成立年代も近世前期、十七世紀後半と想定されているが、本稿ではこれらにつき新たな見解を出すことはできない。ただ松平家の史料に、類似の図を持つ軍学書が多く見られることのみを指摘しておきたい。(8)

本書は、国語学では近世東国語の資料として多くの研究(9)が見えるが、史学上から本格的に検討した考察は管見の限りにはなく、挿絵が啓蒙書や概説の類に使用される程度である。それも多くの場合、本書の挿絵を戦国期の足軽として説明しており、近世の足軽や武家奉公人の図であることを考慮に入れていないことが多い。

表2　『雑兵物語』の登場人物

順	名称	登場人物	陣笠	具足	刀	役割
1	鉄炮足軽小頭	朝日出右衛門	紋付	有	両刀	戦闘補助員
2	鉄炮足軽	夕日入右衛門	紋付	有	両刀	〃
3	弓足軽小頭	大川深右衛門	紋付	有	両刀	〃
4	弓足軽	小川浅右衛門	紋付	有	両刀	〃
5	鑓担小頭	長柄源内左衛門	紋付	有	両刀	〃
6	持鑓担	吉内左衛門	紋付	有	両刀	主人の供廻・武具保管
7	数鑓担	助内左衛門	紋付	有	両刀	戦闘補助員
8	旗差馬印持	孫蔵	紋付	有	両刀	〃
9	馬印持旗差	彦蔵	紋付	有	両刀	〃
10	持　筒	筒平	紋付	有	両刀	主人の供廻・武具保管
11	持　筒	鉄平	紋付	有	両刀	〃
12	持　弓	矢左衛門	紋付	有	両刀	〃
13	持　弓	矢右衛門	紋付	有	両刀	〃
14	草履取	喜六兵衛	紋付	有	両刀	主人の供廻・身辺世話
15	挟箱持	弥六兵衛	紋付	有	両刀	〃
16	馬　取	金六	紋付	有	両刀	〃
17	馬　取	藤六	紋付	有	両刀	〃
18	沓　持	吉六	紋付	有	両刀	〃
19	矢筥持	矢蔵	紋付	有	両刀	武具輸送
20	玉筥持	寸頓	紋付	有	両刀	〃
21	荷宰料	八木五蔵	紋付	有	両刀	小荷駄
22	夫　丸	馬蔵	紋無	無	無	〃　・百姓夫役
23	又若党	左助	紋付	有	両刀	又者・戦闘補助員
24	又草履取	嘉助	紋付	無	脇差	又者・供廻・身辺世話
25	夫　丸	弥助	紋無	無	脇差	又者・小荷駄
26	夫　丸	茂助	紋無	無	脇差	〃
27	又鑓担	古六	紋付	無	両刀	又者・供廻・武具保管
28	並中間	新六	紋無	無	脇差	又者・供廻・身辺世話
29	又馬取	孫八	紋付	無	脇差	〃
30	又馬取	彦八	紋付	無	脇差	〃

注　陣笠の紋は、東京国立博物館蔵「雑兵物語図巻」を参照した。

さて、本書の登場人物は表2(10)のとおりであるが、彼らが姓名をはじめ挿絵にみえる刀や武器・具足などの差により、詳細な格差をつけられていることが判明する。これらの格差やそれぞれの役割から、いくつかの階層差が見いだせる。それはまず、姓を持ち最下級ながら武士として位置づけられた者と、姓を持たない武家奉公人であり、次に直臣と陪臣の差であり、さらに合戦への参加の度合いである。これらを総合すれば、彼らは以下の四つの階層に大別できる。

第一に前線部隊の戦闘補助員としての足軽であり、鉄炮足軽小頭・同足軽、弓足軽小頭・同足軽、鑓担小頭・数鑓担、旗指馬印持などが含まれる。このうち足軽小頭・足軽・鑓担小頭のみが姓を名乗り、その他は通称のみである。さらに衛門・兵衛の官途名を持った者と、それ以外の者との差も考えられよう。鉄炮・弓足軽が姓を持ち官途名であるのに対し、鑓隊の構成員が姓がなく官途名ではあるが「足軽」とも記されていないのは、一つには武器の重要度や扱い方の習熟度にあり、また数鑓担の持つ鑓が長柄であり、本来の鑓、すなわち持鑓が歩行組や武者によって使用され、長柄が軽視されていたことと関係しよう。少なくとも長柄隊の構成員は、ここでは侍として扱われていないのである。[11]本書でも「先鑓の内でも早く勝負のはじまるは、御侍衆の鑓からだぞ」と鑓担小頭に語らせている。一方、旗指馬印持も、持ち物は武器とはいえないが一軍の象徴として全軍の士気に関わるものであり、戦闘には長柄を持って戦うと記されており、ここに含めることができよう。なお、寛永十四年(一六三七)、松平信綱・輝綱父子が島原の乱の鎮圧に江戸を出立したとき、鉄炮・弓は足軽が、長柄・旗・馬印は中間が担いでいる。[12]

第二の階層は、主君や侍大将・番頭など、一軍を指揮するほどの上級武士の供廻りであり、持鑓担・持筒・持弓など主人の武具持ちと、草履取・挟箱持・馬取・沓持など主君の身辺や乗馬を世話する奉公人に分かれる。本書では、合戦において君側をはなれず、主君の欲する武器を直ちに手渡す役割や、馬の世話などに関する記述が多い。すべて両刀を差し具足を着用しているが、姓がなく、中間・小者に相当する。持筒は、自身が保管する鉄炮を次のように扱っている。

此おれがひつ担だ鉄炮は、じぶんではじくべいとはおもはぬ、旦那の御手筒だ所で、口薬入も首にひつかければ緒がよごれて、旦那の襟にひつかくる時慮外だ、

主人の身辺や乗馬の世話をする草履取・挟箱持・馬取・沓持も、奉公人とはいえ、合戦に際しては主君を護って戦う役割を担っているが、本書では馬の世話や陣中の生活に関する注意が多く記述され、その主な役割が合戦の場よりも行軍や陣中での日常の世話にあったことを窺わせる。

第三に輸送要員としての矢箱・玉箱持ちおよび小荷駄部隊の構成員である。ただし矢箱・玉箱持ちは足軽弓隊・鉄

炮隊に付属して矢や玉薬を運送・供給する役である。準戦闘員として扱われ、両刀を差し、具足を着用しており、第一の階層に含めることもできよう。

他方、小荷駄を形成する荷宰領・夫丸は、後方勤務であり原則として戦闘には参加しない。荷宰領は姓を持つ士分であり、両刀・具足を着け、小荷駄の指揮を任されているが、鉄炮・弓足軽と異なり官途名ではなく、彼らよりも下級の存在と見られていることを示している。夫丸の服装は、登場人物のなかで唯一刀・具足ともになく登場人物のうち最も軽装であり、陣夫役として動員された百姓を想像させる次のような文章もみえる。

在郷からお江戸へ菜ざうじを毎日〳〵つけはこび申に、夏は破れ帷子一枚、冬は木綿の袷をひつぱりて、雪雨のふり申時は、空俵をひつぽどいて真中に穴を明、俵のつばを細首につゝぱめ、破れ笠をひつかぶり、(中略)わつちめは元来侍で御座り申、おちぶれ申て今は此様に百姓に成り申した、

ここでは、近郊の村から江戸に野菜を馬で運ぶ百姓が、夫丸として動員されていることを想定している。この記事は、江戸に最も近い藩を所領としていた川越藩主が、著者に比定されていることとの関係を暗示させているだけではなく、著者の陣夫役徴発や兵農分離に対する捉え方を窺うこともできる。なお、百姓の動員がみえるのがこの夫丸のみであり、本書の成立時期、武家奉公人の多くが人宿を介した渡り奉公人であって、知行地から夫役として奉公人を徴発することは一般的ではなかったことを窺わせる。

第四に、騎馬の武士に付属する又者すなわち陪臣層であり、それぞれの職掌の上に「又」という文字が冠せられている。彼らの役割は、基本的には主君の足軽や奉公人と同様、第一の戦闘補助員と第二の主人の供廻り、第三の輸送要員に分けることができる。第一の階層としては又若党が挙げられる。彼らは馬上の主人の戦闘を援ける役割を担い、又者の中で唯一両刀・具足を備えるが、姓はなく、一人前の武士としては認められていない。第二の階層は又草履

取・又鑓担・並中間・又馬取などがこれである。一般に中間・小者といわれる武家奉公人に相当する。彼らは具足はなく、原則として脇差のみであるが、『雑兵物語』では主人を守って合戦に参加し、持鑓担ぎが主人の鑓で騎馬武者を討ち取ったり、又草履取が主人の鉄炮で敵の首を取っている。又草履取は本書のなかで唯一合戦で重傷を負った設定となっており、ある意味では又者が、最も危険な役割を担う階層として認識されていたことを窺わせる。かつ第三の輸送要員に当たる夫丸も、脇差を差し合戦に参加しており、主君の小荷駄の夫丸が後方の非戦闘員として丸腰なのに対し、危険な役割を担っている。以上のように又者は、直臣層とは差別されていたにもかかわらず、主人とともに最前線で合戦に参加しなければならなかった。

このような又者の構成は、表3に示した幕府の寛永十年（一六三三）軍役令からも見いだせる。この史料の意義については高木昭作氏の研究(13)に譲るが、この史料が掲載されている『徳川実紀』『憲教類典』『教令類纂』『徳川十五代史』など近世後期の編纂物数種に多少の数値の異同があり、すべての史料に人数の数値が合わない箇所があることは断っておかねばならない。ここでは、とりあえず『徳川実紀』『憲教類典』を底本として他の史料を参照しながら人数を整えておいた。表3と『雑兵物語』の記述を合わせると、石高相当の軍役がどのように構成されていたのかが判明しよう。石高が上になるほど『雑兵物語』の又若党に相当する侍の増加が顕著であり、この寛永軍役令では、武器の数よりも主人の一騎討ちを援ける若党、すなわち戦闘補助員の数が重視されていることが判明する(14)。それは、個々の武者を編成した軍団の将

表3　寛永10年幕府軍役人数

石　高	200	300	400	500	600	700	800	900石
侍	1	2	3	4	5	5	5	6人
鉄　炮					1	1	1	1
弓								1
鑓　持	1	1	2	2	2	2	3	3
馬口取	2	2	2	2	2	＊4	4	4
甲　持	1	1	1	1	1	1	1	1
挟箱持	1	1	1	1	1	1	1	2
草履取	1	1	1	1	1	1	＊1	1
小荷駄	1	2	2	2	2	2	2	2
外								1
人　数	8	10	12	13	15	17	19	21人

注　『徳川実紀』『憲教類典』
　＊は『教令類纂』『徳川十五代史』などにより訂正。

が、補助部隊として直属の足軽隊を持つことにも通じよう。表3に見られるような中下級の旗本の武器は基本的にはすべて持道具、すなわち主人の使用する武具であり、武具持ちの本来の役割は戦闘のとき主人に手渡すことであり、鑓持ちや持筒担ぎの手にある武器が、合戦時にすべて使用されていたとは、必ずしも限らないのである。かつて「軍役論」の議論で暗黙に了解されていたような、人数や武器の数だけで軍事力の指標となるという戦闘にはなりえなかったといえる。

ところで本書では、又者の特徴をもういくつか掲げている。それはまず、又者たちの階層序列が不明瞭なことである。直臣層の足軽に当たる又若党は、又草履取を「加助との」と敬称をつけて呼んでいる。これに対し直臣層の会話では上下関係が明確なものが多い。中下層の武家において奉公人の序列が厳格ではなかった事実を反映しているようにも見られる。次の特徴は、又者が主人に当たる侍を批判していることである。又鑓担は、様々な武具や馬具に家紋を付ける当時の武士たちの奢侈を批判し、又馬取は、乗馬姿を美しく見せるため馬の筋を切って虚弱にしてしまう武士を非難し、次の文言で本書を締めくくっているのである。

今時のお侍衆は何をも知やらないぞ、一疋馬のやがて見ろ、陣迄もない、御上洛があんべい程に、六月土用の内一疋馬の騎馬ぶつておのぼりなされべいが、頑馬は皆箱根でくたばつて、箱根峠でそまのうつくさつた匂ひを鼻の穴へ引つこんで、たゞ悟道発明をおつやるべいまでよ、

さらに又馬取は、「おれは来年から、頑馬を数奇なされぬ所へ奉公仕申べいと思ふ」と語っており、本書が成立した近世前期において、一疋しか馬を用意できないような中下層の武家が、家来を出替りの年季奉公人に頼り、かつ武家奉公専門の年季奉公人が形成されていたこと、さらに出替り奉公人が主人を選ぶなど両者の主従関係が順調ではなかったことなどを物語っている。(15) 本書は、武家社会の基底部が年季奉公人・日用層の上に存在し、主従関係が変質し

てきたことを容認せざるをえない時代に成立し、その傾向を認めながら武家たちに警告しているのである。

二　登場人物の順序と行軍

以上のように、『雑兵物語』の登場人物は、基本的に登場の順序に合わせて四階層に別れていたが、それは重層的な二段階に区分することも可能である。すなわち近世の軍制の構成は以下のようになっていた。まず騎馬武者に戦闘補助員としての若党、供廻りとしての持鑓担・草履取・馬口取など、小荷駄としての夫丸が付属して最小の戦闘単位を構成していた。この単位を複数まとめて番組が編成され、それぞれを番頭・組頭などが指揮する。この組には足軽隊が付属する場合もあったが、付属しないか、あっても規模は小さかった。この数組を主戦部隊として主将がこれを指揮し、戦闘補助員としての足軽部隊が直属していた。主将の周囲には本陣を形成する供廻りや軍監・近習などがおり、後方に大規模な小荷駄隊が位置するという形で、一つの部隊すなわち「備」が形成されるのである。そして主将直属の足軽部隊は、最小の戦闘単位である騎馬武者の戦闘を補助する存在であった。すなわち、複数の武者の戦闘単

図1　〔北条流〕北条氏長『兵法雄鑑』（正保二年）行列の作法の図

一番一二先衆　二番御先足軽　三番御長柄　四番惣旗　五番御持足軽　六番御持鑓　七番御使武者　目付横目　武者奉行　目付　横目

御先

一番一二先衆　二番御先足軽　三番御長柄　四番惣旗　五番御持足軽　六番御持鑓　七番御使武者　目付横目　武者奉行　目付　横目

歩行近習　御使武者　歩行頭　御小性近習　しまり足軽　陰陽脇備　しまり後備

歩

歩　○御大将　手明之中間　小者　御褒美長持　小荷駄奉行　小荷駄　小荷駄奉行

歩

歩行近習　御使武者　歩行頭　御小性近習　しまり足軽　陰陽脇備　しまり後備

図2　〔長沼流〕長沼澹斎『兵要録』（寛文年間）
一隊行列之図

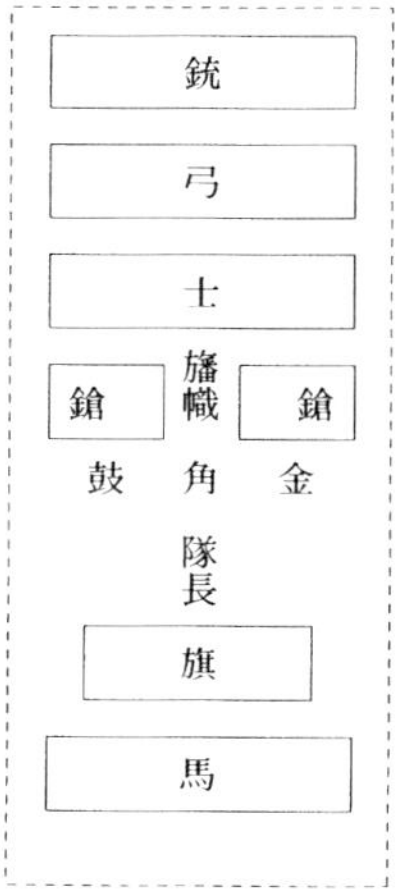

位を編成しながら、その形を基本的に拡大し、戦闘補助員の足軽部隊や小荷駄隊を主君に直属させたのが、一軍の単位であったといえよう。個々の武者には、若党など数名の貧弱な戦闘補助員しか付属しなかったのに対し、主将は足軽集団を動かして武者の戦闘を組織的に援護するのであり、基本的には武者の戦闘により勝敗が決定するのである。それは、個々の武家の「家」を包摂して主君の「家中」とする、武家の編成原理そのものだったといえる(16)。

かつ、本書の登場人物の順は、行軍や陣立の順とも一致していた。近世の軍制において、「押し」「陣押し」と呼ばれた行軍の順は、鉄炮・弓・長柄・旗（先頭の場合あり）・本陣・騎馬武者（本陣の前に位置する場合あり）・小荷駄が基本であり、それが陣立や合戦への参加の順序でもあった(17)。なお旗の位置は、主将の旗本が長柄の次、先備・脇備などは先頭に置くともいわれる。それを、近世前期に成立した軍学書のいくつかから検討したい。図1は江戸幕府が採用した北条流軍学(18)の陣押図であるが、一番に一・二騎の斥候、二番の足軽が鉄炮・弓足軽を意味し、三番に長柄、四番に旗、五番以下は持筒・持弓・持鑓、使番・目付・武者奉行・近習・歩行などが大将の周囲を取り囲んで本陣を形成し、後ろの陰陽脇備・しまり後備などが騎馬中心の部隊であり、最後に小荷駄が連なるという陣形となっている。もちろん、『雑兵物語』の登場人物の四階層を当てはめると、物見にあたる一番の先手を別とすれば、二〜四番までが第一の階層、五番以下が第二の階層と騎馬の重臣たち、そして重臣たちや脇備・後備の騎馬武者には、それぞれ第四の階層が供廻りとして付属し、最後の小荷駄が第三の階層に相当する。この陣押図が、大将の周囲のみ詳細で足軽部隊などは簡略にされているのは、荘厳さや綺羅を飾ろうとする軍学の特徴といえよう。これは北条流の母体となった甲州流や、北条流から派生した山鹿流でも、細部は異なるものの基本的に同様である。[19] それは、他の流派も同様であり、越後流の『武門要鑑抄』(寛文年間(一六六一—七三)成立) にみえる御旗本武者押は、次のように鉄炮・弓・長柄・旗と続いて、総大将の御馬の周りを持筒・持弓をはじめ使番・貝太鼓・武者奉行・目付・近習などが固め、後ろに総大将の親衛隊に当たる騎馬の馬廻が並んでいた。[20]

このような陣押の順は、当然陣形である「陣立」とも一致した。会津藩・福岡藩などが採用した長沼流は、近世軍学の最も整備されたものといわれるが、図2に見える陣備を基本としていた。[21] なお、これらの陣押し・陣立は、流派により若干の異同があった。例えば、北条流・越後流では、鉄炮・弓・鑓の次に馬を降りた武者が並ぶが、長沼流では弓の次に武者が位置している。流派により若干の異同があるとはいえ、すべて足軽の弓・鉄炮が先に位置し、その後ろに、足軽の長柄隊にせよ持鑓を構えた歩行立ちの武者にせよ鑓が並び、その奥に大将の座があったことは一致しているのである。

なお、最後尾に馬が並んでいるが、これが持鑓を構えた歩行立ちの士の乗馬であることは、『雑兵物語』の並中間の言葉に「近代の合戦は皆おり立ての攻合で、馬の勝負が久しく遠のく」とあるところから推測しうる。[22]

ところで徳川家康は、死の床のなかで秀忠側近の土井利勝に次のように諭したという。[23]

近ごろ軍伍の次第は、鉄炮をもて先とし、次に弓、次に騎馬なり、これは定制とすべからず、この後は弓銃を首とし、騎馬是につぎ、鎗隊またこれにつぎ、あるは右備としあるは左備とし、機に応じて定むべし、鎗には別に奉行人を立置て、その指揮にしたがはしむべし、

固定した陣形のみにこだわらずに、その場で機転に応じた陣形にするよう、指揮系統を確立するようにとのこの逸話は、土井の子孫に伝承したもののようであるが、近世初期には陣押すなわち行軍の形態がほぼ定まっていたことを

推測させる。

『雑兵物語』では、鉄炮足軽小頭から又馬取に至るまで、三〇名の人物が登場するが、その記載順序は以上軍学書で検討したように、基本的な「押し」の順を示しているのである。さらにその記載順序は、行軍の順のみならず、前述したように武家奉公人の階層序列とも換言することができよう。

三　『雑兵物語』に見える合戦

陣押しや陣立の順序は、合戦への参加の順でもあった。『雑兵物語』では、合戦の順序について並中間に次のように語らせている。もちろん仮想の合戦ではあるが、実戦の手引きとして編纂されただけに、生々しい描写が多い。さらに、ここで示されているのは、近世前期に武家政権の支配体制が整備され、軍制や軍学が最も確立した時代に想定された合戦の姿であり、戦国期の合戦と同一視することはできない。

先敵味方一の先から鉄炮の勝負がはじまって、弓になり、場中の勝負・場中の高名・一番鑓がはじまり、二番鑓は鑓脇・鑓下・崩しぎわの高名、組ず組まれつ突つ細首をおつこすり落されつ、或はもぎり落され、今日大合戦だ、味方討も紛れべいとて、頭数をもぎたい者は鼻をひつかきく〱もつ程に、胸板にも入られないで、百八の数珠玉程にひつつないで首にひつ掛る者もあり、

ここで、鉄炮・弓の順に戦闘に参加し、侍の鑓の勝負によって本格的な合戦となり、肉薄した一騎討ちで首級の取り合いによって勝敗が決定するとしている。もちろん架空の合戦ではあるが、ここで示されているのは、武家政権の支配体制が整備され、軍制や軍学がもっとも確立した近世前期に想定された合戦の姿であり、戦国期の合戦と同一視することはできない。

足軽の役割は、まず鉄炮足軽が、敵が一町ほどに近づいた頃から散発的に撃ち始める。さらに接近すると弓も参加する。弓足軽小頭の言葉に、次の一節がある。

必御定の間より遠く射べからず、近き分は不苦、常々的を射めさるゝより一倍もたもつと思つて射めされい、いきほひに懸てあだ矢射捨まじきぞ、鉄炮二挺の間へ弓一人宛つゝ立〳〵、玉薬込の間をはじきめされう、弐挺の鉄炮と壱度に矢をはじき出さない様に間をはじきめされい、弓もはじかれない程近くおつつめべい時は、左右へ分て射めされい、左右へ分る事かならない時は、せめて左へひらいて、敵の右の方からはじき込ば、右の方は防にくひ物だ、馬上の敵は先馬を射めされい、矢種つきんとする時は、一つの矢を引つめてはゆるし、ゆるしてはひつつめ、随分一筋の矢をたばつてむざと射べからず、死ぬべいと思ふ時は、鎧たけより近くおつ詰て、透間を窺て放つべし、

早く撃ち尽くすことや一斉射撃を戒め、鉄炮と弓が連携しながら散発的かつ間断なく攻撃し、なるべく接近した敵を狙って撃つように諭している。敵との距離が一層接近すると、鉄炮・弓足軽は左右に開くか、左に避ける。弓・鉄炮も最終的には肉薄し、足軽の判断と技量にまかされており、当時の「集団戦」の限界を示している。ところで、『雑兵物語』が他の軍学書と決定的に異なるのは、その実用性・具体性である。それは鉄炮に関する注意によく示されている。鉄炮の一斉射撃を戒めていることは、前述したが、当時の技術的水準から、鉄炮が必ずしも万能の武器ではないことも、玉箱持の語りとして次のように記されている。

此中足軽衆が鉄炮弾く音を聞に、草玉が素鎧摩る様にすい〳〵と音がする、遠道を腰にひつ付た胴乱だ所で、薬がかたくなつてある早合を其侭ぶつこみ〳〵する所で、皆が早合の底につん残て、玉は五間も先に飛ばないでころんだ、薬込ない先に、ひとふりふつて込んだならよかるべい、兎角早合に薬つめべいならば、一つばい薬をつ

めないで、ちつくりすきのあるのがよかんべい、口張り紙にがいに糊がひつついて、玉にも紙子をきせた所で、其紙が放れないで、二弾き三二弾きで玉がつかへて、筒先二三寸迄込んだ所で、淬はきをぶつこんで胴突をかけれども、あに筒もよごれない所で、打つてもたゝいても込れないで、四五間先でうち落たに依て、棒にはおとつた鉄炮だ、又糊のつかない玉は、ちいさくてころ〳〵めいて、かけ込を発所で、薬は早合の底に残る、玉はちつさし、是もやつと四五間先にころびおちた、玉も薬も早合もがいに費になつた、惜しいこんではないか、

玉薬の装塡を速やかにするため、玉と火薬を詰めた早合を使用するが、火薬が固まったり、玉に紙が付着して筒が詰まったりして役に立たない逸話は、当時の鉄炮の実態を物語っており、一斉射撃の禁止と併せ、他の史料にはみられない貴重な内容であり、鉄炮の効果に対する過大な評価に再考を迫るものといえる。

一方、以上の記述で注目したいのは、又者を従えて一騎討ちを行う武者の勝負が本格的な戦闘と認識されており、鉄炮・弓は補助的な役割しか与えられていないことである。それは長柄の鑓隊についても同様であった。弓・鉄炮が左右に開くと長柄が一斉に前進するが、その前を武者が一番鑓を競って騎馬などで飛びだし、敵味方の前で敵と一騎討ちを始めたり、敵陣に突入したりする。鑓担小頭は、「先鑓の内でも早く勝負のはじまるは、御侍衆の鑓からだぞ」と配下に注意を与え、さらに長柄隊の戦法について次のように述べている。

扨又鑓をつくもんだと計思ひ被成な、各心をひとつにして、穂先のそろひ申様に拍子を合て、上鑓に成様にたゝきめされい、必つくべいと思ひ被成な、それは壱人〳〵の出合の時は不苦、鑓数の多くそろつた時は、拍子をそろへて打つより外はないぞ、扨又的の指物をたゝき落とす様にしてよかるべいと存る、馬上の敵をば、乗手よりはやく馬の太腹をつきはね、落べい所をつき被成よ、敵をおつ崩して後なればとて、一町より遠くは追被成事、いらざるものだと思ひ申、旗や馬標を一所におつかたまつて、此二色を能々精を出てまもりたらばよかべいと思

申が、如何有べいかもしれない、

集団であれば鑓を揃えて上から敵を叩きつけ、騎馬武者は馬を倒してから攻撃し、敵が崩れても深追いはせず、集団行動を守るように強調している。ここにいわゆる「集団戦」の要素を見いだすことができようが、あくまでも補助部隊としての足軽の戦闘であることを認識する必要があろう。

本格的な合戦が武者の勝負であることは何度も述べたが、それは又若党の言葉として次のように表現されている。

おれが旦那は二番鑓を合たが、掠手もおわない、其鑓脇傍輩衆をたのんで刀鑓脇を詰なさつた、三番めからは敵も味方も一度に鑓をぶつこんだ所で、大勢の鑓がこねあつたによつて漬蕨をみだしあわせたごとくになつた、おれが旦那は二番鑓だ所へ、加助が旦那の一番鑓をぶつこみ被成るも、加助が鑓脇おつつむるをも、能見とゞけたが、扨々主も被官も比類ない手柄をしなさつた、それにつゞいておれが旦那だんべい、むかしから三番鑓と云事はないが道理だ、二番を入とひとしく、三番めからは惣の鑓が一度にぶつこむ所で、鑓脇をも詰べい様がなかつたが、鑓脇の事は置ゐて、おれは其時大勢にこね倒されて、下散の緜がひつちぎれて此様になつた、

一番鑓・二番鑓に続き、敵味方の武者たちが一斉に進み、鑓合戦で乱闘になった様子や、又若党が乱戦に巻き込まれて倒され、具足の草摺のちぎれた様子などを目に浮かぶように叙述しているが、このとき一番鑓の武者は、供廻りの又草履取の加助が鑓脇を勤めて主人を護っている。本書では、この又草履取の活躍を次のように語らせている。

此鉄炮は(中略)合戦はじまらば旦那が取てはじくべい、敵が追詰たらば腰にひつぱさめ、といゝなさつたが、役に立時分旦那は取て、用にたゝない時は、鑓とゝつかへ被成つて、おれに預けなさつた、(中略)互におつつめた所で、旦那が云なさつたのは、この鉄炮を腰に引ぱさめ、一番鑓を合せべい、と云なさつた所で、左候ハ、わつちめも此鉄炮で鑓脇を追詰申すべい、玉薬を一放分下され、とのべたれば、おのれが鑓脇推参なやつだとて、血

目玉をだしてしかりなさつたに依て、是非なく見物してねまったれば、一番の鑓ががつちと合と、其まゝ其敵を突殺し首を取なさつた、(中略)万一旦那に討つてくるやつが有るべいならば、其やつを此鉄炮ではるべいとおもつて、ひる寝したごとく目を引ぷさいでねまり居たれば、敵が一疋旦那を打べいとて、妙丹柿のうんだごとくな砂鉢の男が刀をぬいてくる所で、ねらひすまして此鉄炮を以てうつたれば、仕合と妙丹柿へ先目当をぶちこんで、即座に妙丹柿が成仏した所で、その柿のへたよりもぎつて取たれば、(中略)折ふしすんばこがおこつて細腹がいたんでねまつたれば、玉が一ツ胴腹へ当つて後へつんぬけた所で(中略)さはちの片脇へ矢が一筋とまつた所でひんぬいたれば、矢はひんぬけたれど、根の先がひつからんで抜ない(中略)旦那の鑓かつぎはみえない、おれに鉄炮を渡しなさつて、鎗をとりなさつたが、やりかつぎはどつちへつんぬけたか、かいくれみえない、最早ゑい時分だ程に今こべい、

長い引用となったが、合戦における個々の武者と供廻りの関係が具体的に叙述されているのは、この部分のみである。又草履取は、一番鑓の手柄を立てた主人の鉄炮を預かって鑓脇を勤めようとしたが、主人に叱られて後方にいたところ、主人を狙う騎馬の敵を見つけ鉄炮で仕留め首級を獲って手柄を立てた。しかし、腹痛を起こしたところを鉄炮に撃たれ、さらに頭に矢が刺さったのである。のち彼は傍輩の又若党や夫丸から手当てを受けたとき、主人からはぐれた又鑓担の臆病さを笑っている。

この部分は、近世前期において本来の合戦がどのように考えられていたかを雄弁に物語っている。それは、合戦の中心は武者同士の一騎討ちであり、主人を援護し手柄を立てさせる存在として供廻りの雑兵たちがおり、乱戦のなかで武者を中心に供廻りが主従一丸となって敵に向かうものであった。個々の武者の奮戦が合戦を左右したからこそ、彼らははじめて武士としての存在意義をアピールできたのである。そして、その前哨戦を担当したり補助部隊となる

のが足軽隊であったのである。一方で個々の武者は、足軽集団の支援を受けてはじめて戦闘を有利に展開できた。その意味で、鉄炮隊・弓隊・長柄隊の編成は、合戦に大きな影響を与えたといえる。

かつ本書の記載は、本陣に位置する主君の供廻りが、両刀・具足を皆具しながら合戦への参加の記述が少ないのに比べ、個々の武者の又者は、具足を着けず脇差のみにもかかわらず、主人の武者に従って戦闘に参加し、首級を取ったり重傷を負っている。ここには、合戦への参加の度合いによって身分的格差が形成されるという、武家の身分階層序列の原則に矛盾した実態が示されている。『雑兵物語』が成立した時期、武家奉公人たちが、かぶき者や旗本奴・町奴として、現状に不満を持ちながらアウトロー化するなかで、本書は彼らの主人に当たる武家にも警告を発しているのである。

さらに注目しなければならないのは、又草履取の手柄は、敵を仕留めたことではなく、妙丹柿のような敵の首級をとることによって成立したことである。すなわち、集団戦法をとる足軽や、主人の供廻りの中間・小者といえども、その手柄が敵と一対一の勝負で敵の首級を獲得して初めて承認される以上、このような合戦を「集団戦」とはいいがたいのである。

一方、次の荷宰料の言葉は、近世の合戦が民衆をも敵として扱い、彼らからの略奪を伴っていたことを吐露している。

敵地へは、踏込と、あんでも目に見ゑ手にひつかゝり次第にひつ拾ふべい、とにかく陣中は飢饉だと思て、くらわべい草木の実は云にや及ばない、根葉に至るまで馬にひつ付ろ、(中略)又家内には米や着類を埋るもんだ、そとに埋る時は、鍋や釜におつこんで上に土をかけべいぞ、その土の上に霜の降た朝みれば、物を埋た所は必霜が消るものだ、それも日数がたてば見へないもんだと云、能々心を付て掘出せ、敵地の井戸の水を必々のまないも

んだ、底には大方糞を沈めるものだに、あたるべいぞ、

他の箇所には陣中では飢饉になりやすいという記述があるが、兵糧・薪の確保に、敵地では手当たり次第採取するよう注意するとともに、民衆の埋め物を略奪することを指導しているのである。[24]「惣無事」下の軍隊とはいえ、合戦となれば武士だけが戦い、民衆を保護したわけではなく、戦場においては民衆も略奪をうけたのである。ある意味では、ここに合戦の本質の一つが集約されているとも、みることができよう。[25]

四　近世の軍制と武家の自律性

戦国から近世への移行期の特徴として、概説書で必ず強調されるものに、足軽の集団戦法と鉄炮の導入による戦術の変化がある。それによって、騎馬隊の一騎討ちから足軽の集団戦へという図式が作られ、一騎討ちによる合戦が終息したようなイメージさえ抱かせたり、足軽が「集団戦の花形」的存在であったような叙述が多く見いだせる。ただ、現在の合戦に対する認識は、近代以降に武士を否定して国民皆兵を実現した軍部、とりわけ参謀本部などの戦史研究で形成されたものであり、近世武士の役割を過少に評価しようとしていた傾向は否めないのである。もちろん、常備軍としての足軽の編成や鉄炮の集中的使用は、近世の特徴に外ならない。[26]かつ、主将が直属の足軽隊を組織し、合戦の補助部隊としており、また侍自身も番組によって編成され、指揮系統の整備、兵糧の支給や小荷駄隊の編成などによって、また何よりも兵農分離に規定されて、近世の合戦が以前より集団的要素を強めたことは事実である。しかし、今までにも強調したように、足軽部隊は侍の本格的な戦闘の補助的存在であり、合戦の中心はあくまでも侍の一騎討ちで敵の首級を獲得するというのが、近世の軍制の基本であった。かつ侍は一騎のみで敵陣に駆け入るのではなく、供廻りの若党や中間・小者が主人を護って鑓脇を勤め、主人を援けたのである。『雑兵物語』は、このような合戦にお

ける足軽や若党・中間・小者など下層の武家奉公人の役割を叙述しているのである。

一方、本書に見られる近世の軍制の重層的かつ複合的な構造は、戦闘の基本単位を武家の「家」としていることに特徴があった。当時の合戦形態は、個々の武家の一騎討ちが最小の戦闘単位であるとともに、勝敗を分ける最大の要因となっていた。戦場において、敵陣に駆け入る武者とそれを護る若党や奉公人の、生死の間の信頼関係が、主従関係の基本であったともいえる。その意味で、一騎の武士の出陣には、最低一〇人程度の若党や奉公人が付属することが必要だったのである。そして、戦闘は基本的には一騎討ちで勝敗が決定するものであり、足軽隊はこれを補助する存在にしか過ぎず、大軍団といえどもこれが重層的に集合したものであった。それは、個々の武家の「家」を包摂して主君の「家中」とする、武家の編成原理そのものだったといえる。[27] そのため個々の武家の軍事的役割は、一軍の編成の中に位置づけられながらも、侍個人の努力による活躍が勝敗に大きく影響するという、複合的な構造を持っていたのである。近世の軍隊を官僚的軍隊とみなす考えがあるが、それは武家の戦闘における役割と「家」との関係の問題を捨象しており、また当時の戦闘形態に対する無理解から生じたもの思われる。かつここに、近世においても自力救済を剝奪されなかった武家の自律性の淵源や、武家の領主としての権限の由来を見いだすことができよう。なお、闘いの「家」を形成できなかった階層は、基本的には武家と認められなかったのであり、ここに士分とそれ以下の戦闘補助員、さらに士分に付属しなければ合戦に参加できなかった武家奉公人の序列が成立していたのである。江戸幕府における直参と御目見以下の御家人との区別も、基本的にはここに由来していたと見ることができよう。

ところで近世には、参勤交代の行列も、基本的には行軍の「押し」の順に編成されており、平時における武士の供連れ[28]も、基本的には『雑兵物語』に見えるような足軽・若党や奉公人から成立していた。もちろん、屋敷や勤務における日常生活にもかかる者たちを必要としていた。そして、若党・草履取・鑓持・中間・馬取・挟箱持など、近世武家社会の基底部における階層序列は、本書に見えるような軍制上の役割・部署によって決定されていたのである。

このような一騎討を基本とし、個人の実力により合戦の勝敗が決定するという軍制を維持しながら、近世の支配体制は「平和」を維持し、身分制度を確定して、実力次第の出世を否定したのである。そこに近世の武家社会の基本的な矛盾が存在したといえよう。行軍が武威を誇るために軍装に綺羅を飾るようになるのは(29)、ある意味ではこの矛盾を糊塗するものであった。

ただし『雑兵物語』は、戦時を想定して武家奉公人の役割を叙述したものであった。合戦の一騎討ちに見られる肉薄戦は、実力次第であり、基本的に身分階層序列が無視されることになる。本書でも、持鑓担が騎馬武者の首級を取り、玉箱持も敵を討ち取って首を捨て、又草履取は主人から預かった鉄炮で、主人を討とうとした敵を撃ち取りながら、頭に矢傷を負っており、いずれも侍以上の働きをしているのである。しかし、そのような実力次第の奉公人の活躍は、下剋上の止揚によってもたらされた太平の世では、認められなかった。そのような矛盾と、努力次第の出世を否定された武家奉公人が、太平の世に狃れた主人の武家たちを批判した奉公人の言葉を、本書ではことに又者に多く語らせていることは前述した。矢筥持が弓足軽の臆病を笑って語った次の言葉も、武家の戦場における臆病さと平和時の傲慢さを、辛辣に風刺したものであろう。

惣じて御侍衆にもあるこんだ、おれらづれがやうな中間・小者をあなどつて、初からがさつにしなさつたれど、犬のごとくに中間もかく吠へ〳〵かゝれば、歴々の侍衆も後にはおめ〳〵と弱身がでる、がさつとは臆病のはなと云が、此様なこんだ、

『雑兵物語』が成立したといわれる近世前期の武家奉公人が、かぶき者や旗本奴として、現状に不満を持ちながらアウトロー化した事実は(30)、国語学的には本書が、かかる階層の使用した東国語の言語資料として、研究されているこ

とと合わせ考えても興味深い(31)。

しかし、「徳川の平和」が長く続いたことも事実である。近世前期には、次第に出替奉公人・日用層が武家社会の基底部を構成するようになり、またかぶき者・旗本奴・町奴などが横行する中で、武家の意識も変化していった。武家が合戦において自らが闘い、勝敗を決定する戦闘者であるという軍制の基本は、戦闘を知らない若い武家の意識から次第に忘れさられていった。それを武家に警告するのが本書の目的でもあった。本書に武家奉公人たちの東国語だけでなく、上級武士の言葉も見いだせるという金田弘氏の研究(32)は、これを示唆しているように感じられる。だが、武家は次第にこれを忘れ、戦闘は下層の足軽や奉公人に任せ、武家は後方で采配を振って指揮するだけの存在という意識が次第に形成されて来るように思われる。それは、近世を通じて合戦がなかっただけではなく、軍役の動員が、改易や転封による城郭の請取・守衛などに限られ、実際には仮想の敵もいない警備に動員されたことが要員の一つであり、また中後期には、百姓一揆の鎮圧・逮捕・警備に動員され、武家は直接手を下さず配下を指揮するだけの存在となったことなどが関係しよう。かつ軍学の流行も、一般の武士が戦闘の中心であるより、采配一つで大軍を自在に動かすような錯覚を抱かせ、この傾向を助長したようである。そして、後期の沿岸防備では、このような足軽中心の軍団編成が一般的となっていく。ある意味では、足軽・奉公人層が、武家に代わって次第に自律性を持つようになる過程とも認識できよう(33)。さらに、この風潮は近世後期に盛んに描かれた浮世絵の合戦画にも反映されており、合戦における武士の役割に対する認識は、次第に近代に近づいていくようである。

注

(1) 井上清氏『日本の軍国主義』、藤原彰氏『日本軍事史』上など。農兵の研究もここにいれることができよう。なお、熊沢徹氏「幕府軍制改革の展開と挫折」(『日本近現代史』一)は、この分野の評価に新たな進展をもたらす研究であるが、ここでは関説できなかった。

(2) 佐々木潤之介氏『幕藩権力の基礎構造』など。また高木昭作氏『日本近世国家史の研究』。久留島浩氏「近世の軍役と百姓」(『日本の社会史』四)、『日本歴史大系』三　高木氏執筆分。藤井讓治氏「平時の軍事力」(『日本の近世』三)。

(3) 笠谷和比古氏『主君「押込」の構造』、『近世武家社会の政治構造』。

(4) 小池進氏「将軍『代替』における江戸幕府軍隊の再編について」(『東洋大学大学院紀要』二五)・「幕府直轄軍団の形成」(『新しい近世史』一)・「旗本「編成」の特質と変容」(『歴史学研究』七一六)。藤井氏前掲論文。

(5) 藤木久志氏『豊臣平和令と戦国社会』。水林彪氏『封建制の再編と日本的社会の成立』。

(6) 木越隆三氏「大坂冬陣における家中奉公人と給人夫役」(『加能史料研究』七)は、これらの史料を本格的に検討された数少ない業績である。

(7) 近世中期以降の写本が多数現存するが、享保十三年の日下部景衡の手写本(内閣文庫蔵)が、年代が知られるもののうち最古の写本である。また弘化三年の木版本がある。活字本としては中村通夫氏校注『雑兵物語』(岩波文庫)のほか、樋口秀雄氏校注『図巻雑兵物語』、金田弘氏編『雑兵物語索引』、深井一郎氏『雑兵物語研究と総索引』があるが、本稿では岩波文庫本を利用した。

(8) 中村通夫氏校注『雑兵物語』解説を参照。なお輝綱の子孫は三河吉田で、輝貞の子孫は上野高崎で維新を迎え、それぞれ豊橋市美術博物館および国立史料館・高崎市立図書館に史料が保存されているが、いずれも甲州流軍学の史料が多く見受けられる。

(9) 前掲注(7)の諸本の他、中村氏「江戸時代初期東国語の一資料」(『東京語の性格』)、蜂谷清人氏「江戸初期東国語の一考察」(『文芸研究』二九)、斎藤義七郎氏「雑兵物語の語法・語彙」(『近代語研究』二)、金田氏「『雑兵物語』覚書」(『國學院雑誌』七三—一一)・「『雑兵物語』覚書」(『國學院大学紀要』一二)などがある。

(10) 木版本や写本の多くに挿絵が見られるが、東京国立博物館蔵『雑兵物語図巻』が最も丁寧に描かれ、陣笠や武具などに高崎藩松平家の家紋「三蝶之内十六葉菊」が付けられている。しかし『雑兵物語』では、又鑓担の言葉として、武具に家紋を付ける風潮を非難しており、この図巻は後世に丁寧に描いたがための勇み足という感がなくもない。ただ、雑兵の服装の身分格差が最も明確に描かれており、表一の作成に当たっては、弘化三年の木版本、岩波文庫本の挿絵などを主に利用したが、陣笠については、他に記載がないので『雑兵物語図巻』および同系統本の『武備抄』上下(樋渡登氏架蔵本)を参照した。なお、木版本の挿絵は杜撰な図が多く、中には記述の内容と矛盾するような図柄も見られる。

(11) 近世大名の家臣団の中には、長柄隊が足軽の場合と、中間・小人の場合があったようである。明治以後、足軽が士族となったり卒族となったり、藩によって差があったのは、このような事情も背景の一つにあったとも思われる。
(12) 松平輝綱「島原日記」(豊橋市美術博物館収蔵「大河内家文書」)。
(13) 高木氏『日本近世国家史の研究』。
(14) 寛永軍役令では、二〇〇〇石以下の鑓が持鑓であることは、高木氏が前掲書に指摘されているが、武器の数が軍備増強に繫がるのは、基本的には旗を立てて一軍の存在を示し、騎馬の家来や足軽集団を保持できる四〇〇〇石以上の武士であり、それ以下、ことに九〇〇石以下では、武器よりも鑓脇を勤める若党の数が問題であったと考えられる。
(15) 北島正元氏「かぶき者考」(『近世史の群像』)。氏家幹人氏『江戸藩邸物語』。朝尾直弘氏「十八世紀の社会変動と身分的中間層」(『日本の近世』一〇)。吉田伸之氏『近世都市社会の身分構造』。
(16) 『日本の近世』九の巻頭口絵では、金沢藩家老長家の陣立図を、「武士のイエの巨大化」と表現しているが、この三万三〇〇〇石の家老という巨大なイエの中に、自律性を持った個々の武士が存在することにも注目する必要があろう。
(17) 高木氏前掲書。
(18) 北条流軍学の祖北条氏長は、近世前期に大目付として幕政に参画する一方、養子の福島国隆とともに幕府の軍制の整備に当たった。『寛政重修諸家譜』巻五〇七。石岡久夫氏『日本兵法史の研究』下。同氏編『日本兵法全集』三。なお本章第二節を参照。
(19) 石岡氏編『日本兵法全集』一・五。
(20) 同氏編『日本兵法全集』二。
(21) 同氏編『日本兵法全集』四。『日本兵法史の研究』下。
(22) ルイス・フロイスは『ヨーロッパ文化と日本』の中で、「われわれの間では馬で戦う。日本人は戦わなければならない時には、馬から降りる」と記している。「大坂夏陣屛風」でも、武者が下馬して戦っている姿が多く描かれている。坂内誠一氏『碧い目の見た日本の馬』。
(23) 『徳川実紀』「東照宮御実紀附録」巻十六。
(24) 高木氏「乱世」(『歴史学研究』五七四)。藤木久志氏『雑兵たちの戦場』。
(25) 高木氏『日本近世国家史の研究』。藤木氏前掲書。

(26) 高木氏前掲書。
(27) 笠谷氏『主君「押込」の構造』。
(28) 江戸幕府の御家人である御徒は、幕末においても若党・鑓持・草履取・挟箱持の四人の供連れが正式の外出の姿だったという。
(29) 高木氏『日本近世国家史の研究』。
(30) 注(15)の諸論文。
(31) 注(9)の諸論文。
(32) 金田氏「『雑兵物語』覚書」(『國學院大学紀要』二二)。
(33) 朝尾氏「十八世紀の社会変動と身分的中間層」。

第二節　いわゆる「慶安軍役令」の一考察

はじめに

近世における「軍役」の問題は、一九六〇年の歴史学研究大会における佐々木潤之介氏の報告「幕藩制の構造的特質」(1)において、「軍役論」として提起された。以来多数の研究者が論争に参加し、現在では「軍役論」は終息したとはいえ、近世初期の研究には長い間大きな影響を与え、現在の研究においても当然考慮にいれるべき問題の一つとなっている。

佐々木説を要約すると、軍役は幕藩権力の編成原理の表現であり、近世初期において、生産力に非照応な軍役の過重性が、全剰余労働の搾取を必然化したと考えたものである。それは、軍役体系の不均等性、すなわち軍役人数の下層過重という形で表現され、この不均等性が小農自立とそれに対応する農政の転換とにより変化を余儀なくされ、軍役は寛永末~慶安期にかけて生産力に照応し、量的に均等化される。以上が佐々木説の要旨である。周知の如く、同説には多くの批判[2]が集中し戦後の近世史を代表する論争の一つとなったことは、研究史に明らかである。

ところで、以上の軍役論の基本史料は、元和二年(一六一六)六月・寛永十年(一六三三)二月・慶安二年(一六四九)十月の三度にわたる幕府軍役令であった。これらのうち、所謂「元和令」「寛永令」[3]の前二者については、史料批判を行なった論考[4]が存するが、「慶安令」についての史料批判は管見にはみえない。そこで小稿では、直接には現在の近世史研究を進展させる内容とはなりえないが、「慶安令」の史料批判を行なってみたい。そして以下の内容は、従来幕府法令として信じられていた「慶安令」が、幕令ではないことを証明しようとするものである。[5]

一 「慶安軍役令」の諸本と内容

いわゆる「慶安令」は、刊本としては『吹塵録』[6]『陸軍歴史』『徳川礼典録』『徳川禁令考』前集一(一九九)・『古事類苑』兵事部に収録されている。また写本が管見の限りでは神宮文庫・宮内庁書陵部・東京国立博物館などに存する。これらの写本は、『御軍役人数積』の題で、「慶安令」のみを記載した単独の書冊であり、法令集・叢書・覚書等に含まれていないことに特徴がある。すなわち「慶安令」を収録する史料は、すべて近代の編纂書であり、写本は単独に存しているもののみである。因みに、近世前期の法令集として著名な『御当家令条』[7]『武家厳制録』[8]『令条』[9]『諸法度』[10]『武家要記』[11]『御触書寛保集成』『教令類纂』[12]『憲教類典』[13]、あるいは『江戸幕府日記』[14]や近世の編纂にかかる『大猷院殿御実紀』『柳営秘鑑』[15]『天享吾妻鑑』[16]などには、「慶安令」やその発令記事は見いだせない。

「慶安令」を収録する刊本五書のうち、『吹塵録』『陸軍歴史』『徳川礼典録』は全文を収録しており、いずれも出典

表4　「慶安令」軍役人数の異同

	神宮文庫本	陸軍歴史 吹塵録	徳川礼典録	徳川禁令考 東博本 書陵部本	古事類苑
	人	人	人	人	人
1,600石	31	30＊	31	31	31
5,000石	103	103	103	102	102
7,000石	148	148	148	152	152
9,000石	192	192	192	193	193
30,000石	610	610	601＊	610	610
80,000石	1,677	1,677	1,677	1,677	1,670＊

注　＊は誤写・誤植と思われるもの。
5,000石 7,000石 9,000石の人数は、明瞭に二種に分かれる。
後述する5,000石の若党は、神宮文庫本・吹塵録・徳川礼典録が３人、書陵部本・東博本が５人。徳川禁令考・古事類苑は省略。

が明記されていない。ただし前者には書入れ・奥書があり、同令の来歴を推測する手掛りとなる。『古事類苑』[17]『徳川禁令考』は抄録であり、前者の出典は『御軍役人数積』とあるが、後者では「右諏訪氏ノ蔵本ニ拠テ記ス」と註があるのみで、出典は不明瞭である。この註は、『徳川禁令考』に収録された法令の多くが『条令記』『厳制録』『御触書』など、出典が明記されているのに対し、異なった不自然な註記である。

写本のうち、神宮文庫本は表紙に「福島伝兵衛手控」と記され、「内藤耻叟」「古事類苑編纂事務所」の朱印記があり、内藤耻叟[18]の蒐集にかかるもので、後述する如く管見のうちで最も原本に近い形態と考えられるが、『古事類苑』所収史料とは内容が異なっている。なお、全く同内容の写本が幕末の老中阿部正弘を出した旧備後福山藩主阿部家文書の中に存することは注目される。書陵部本は、奥書に文政十年(一八二七)十月丹波篠山藩青山氏が幕府右筆に依頼して入手した写本と朱書されており、その原本は江戸城右筆御用部屋にあったものという。東京国立博物館本(以下東博本と略称)は、徳川宗敬氏寄贈本[19]で近世後期の写本である。他にも高崎市立図書館蔵の高崎藩主大河内松平氏史料・熊本藩主細川氏の永青文庫文書など数本の「慶安軍役令」を見いだしているが、検討の対象には以上で十分と考えられる。

これらの『軍役人数積』は、各々多少の異同がある。これは誤写・誤植の結果もあると考えられるが、特に異同の顕著な人数のみを例にとって表に纏めてみると、同書は二系統に分れるようである。すなわち、神宮文庫本・『吹塵録』・『徳川礼典録』系と、書陵部本・東博本・『徳川禁令考』、『古事類苑』系とである。この二系統の成立の理由を詳かにすることはできないが、ここでは、原本に近い神宮文庫本系統であり、かつ書入れ・奥書から「慶安令」の来歴性を推測しうる『吹塵録』所収史料をまず使用して、その内容を考察したい。

周知のように、「慶安令」は慶安二年十月、二〇〇石から一〇万石までを二七段階に分けて、その軍役人数・武器数・人数の内訳を詳細に規定し、発布したものとされている。同令が長文のため、以下必要部分のみを引用する。

御軍役人数積

一二百石　五人　　侍一人　甲冑持一人　槍持一人　馬口取一人　小荷駄一人

（中略、二百五十石・三百石ノ規定）

一四百石　九人

（中略、四百石ノ規定細目）

千石より人数計出候時も、弓一張・鉄炮一挺・槍壱本は差出候、其身出馬之時は、五百石以上自分之弓持セ可申事、

（中略、五百石ヨリ三千石マデノ規定）

一四千石　七十九人

　　△　　廿三人増

張札

△　左ニ増と認有之候ハ、四千石高ニ御座候得は、前之三千石五十六人ノ人数江廿三人増候と申義ニ而、四千石ニ候得は七十九人相成申候、末同様ニ而御座候、

（中略、四千石ノ規定細目）

一五千石　百三人　馬上五騎　弓三張　鉄炮五挺　槍十本　旗二本

廿四人増

騎士五人　数弓三人　鉄炮五人　槍持十人

手替三人

旗差六人　侍九人　立弓持一人　手筒一人

長刀一人　甲冑持四人　馬印三人　草履取一人

挟箱持四人　茶弁当一人　坊主一人　口附四人

沓箱二人　雨具持一人　押足軽四人　箭箱二人

玉箱二人　五騎口付五人　若党三人　槍持五人

具足持五人　小者三人　長持一棹四人　小荷駄五疋五人　□

(頭書)「五千石より旗ヲ相用候ニ相極候、此儀被　仰出も御座候様申伝候得共、其儀旧記にも無御座候、御小性組番頭旗有之候故、寛永十酉年被　仰出ニハ、四千石旗二本と有之候得共、再慶安二丑年被　仰出五千石旗二本と有之候、」

下ケ札

□　慶安度御軍役人数積には、若党五人ニ御座候、然ル処、其後寛政度御調之節人数省略致し不苦分ハ省略可致旨被仰出候ニ付、相紏若党三人と相成申候、

福島　五左衛門

（中略、六千石ヨリ九千石マデノ規定）

一一万石　二百三十五人　　馬上十騎　弓十張　鉄炮二十挺　槍三十本　旗三本

四十三人増　　長柄持槍共

（中略、一万石ノ規定細目）

用人・物頭、騎士ノ内ニ有ベシ、

此外小荷駄備并医者・文者・勘定役・大工・金掘等ハ、知行高ニ応シテ相応可召連、忍之者ハ押足軽之内ニ有ベシ、

貝・大鼓・鉦・陣鐘・相図笛可有用意、以下倣之、

（中略、二万石ヨリ九万石マデノ規定）

一十万石　二千百五十五人　　馬上百七十騎　弓六十張

鉄炮三百五十挺　槍百五十本　旗二十本

右同断

騎士百七十人　数弓六十人　鉄炮三百五十人

内二十七人　手替四十五人　手替百五十人

役人除　小頭七人　小頭十四人

槍持百五十人　旗差六十人　侍六十五人

手替四十五人　宰領六人

小頭七人

立弓持二人　　手筒二人　　長刀二人
　　　　　　　　手替一人
甲冑持六人　　馬印三人　　小馬印三人
　宰領三人　　　宰領二人
挟箱持四人　　簑箱二人　　茶弁当二人
坊主八人　　雨具持二人　　草履取二人
口附八人　　沓箱四人　　押足軽十二人
　　　　　　　　手替四人
箭箱六人　　玉箱八人　　騎士口附百四十三人
　宰領二人　　　宰領二人
若党百四十三人　　槍持百四十三人　　具足持百四十三人
　　　　　　　　　　　　手替七十人
諸士小者八十人　　長持四棹十六人
　　　　　　　　宰領四人
家老三人　　供人合四十五人　　用人四人　　同合二十八人
旗奉行四人　　同合二十八人　　長柄奉行六人　　同合四十二人
物頭十人　　同合七十人
小荷駄五十疋五十人

五十六騎三備ト成

右軍役、如定旗・弓・鉄炮・甲冑・馬、皆具諸色人積可相嗜、若軍役於不足之族有之は、急度可為曲事、軍役之外は嗜次第召連可為忠節者也、

慶安二丑年十月

右、寛政四子年十月、大目付安藤大和守(雅徳)・御目付中川勘三郎(忠英)・石川六左(右)衛門(忠房)ヨリ達有之、取調差出候写、尤、当時モ相用候越ニテ、福島五左衛門ヨリ大目付堀伊賀守(利堅)江差出之、

右之書面ヲ以、弘化三午七月大目付堀伊賀守ヨリ相伺候処、慶安度被仰出ニ基キ諸向問合候向江挨拶可仕旨、伊勢守(阿部正弘)殿御達有之、

ここでまず注目されるのは、内容が非常に詳細なことである。例えば一〇万石では、家老・用人・諸奉行・物頭やその陪臣の人数、あるいは挟箱・蓑箱・茶弁当・坊主・雨具持・草履取など、中間・小者の人数まで詳細に規定している。ところで二〇〇石から九〇〇石までの軍役積の詳細な規定は、すでに寛永十年(一六三三)二月十九日、幕臣番士層を対象に発布されており、「慶安令」はこの内容を一〇万石にまで拡大したものとも推測できる。しかし番組の編制上装備を統一する必要がある番士層はともかく、自らの裁量で一軍を構成すべき一〇万石の大名にまで、こうした詳細な規定を公布することが必要か否かは、疑問とされねばなるまい。かつ、武器数はともかく茶弁当・坊主・雨具持まで「於不足之族有之は、急度可為曲事」と不足を処罰するとは考えられない。

ところで『吹塵録』には、前掲のように三ヵ所に書入れがみえる。以下この記事を検討しておきたい。それは、四〇〇〇石の人数積の「張札」、及び五〇〇〇石の箇所にみえる「頭書」と「下ケ札」である。[20] いずれも人数積の記載について注釈を加えた内容である。うち「張札」と「下ケ札」は、他の諸本にはみえず、奥書及び「下ケ札」の署名

から、弘化三年(一八四六)に「慶安令」を提出した福島五左衛門なるものの書入れと考えられる。「頭書」は、書陵部本(文政十年(一八二七)写)と東博本にも同様の記載がみえる所から、その筆者は少なくとも五左衛門ではなさそうである。このうち、「張札」は四〇〇〇石の「廿三人増」という記載に対する説明であり、内容自体には問題がない。「頭書」は五〇〇〇石ではじめて旗の規定がみえることに対する説明で、「寛永令」では四〇〇〇石に旗二本の規定があると記しているが、「寛永令」は五〇〇〇石で初めて旗二本と規定しているので、この意味は不分明であり、注釈者の錯誤と考えられる。また「下ケ札」は、実際の「慶安令」が五〇〇〇石で若党五人の所を、寛政に三人に省略したという内容である。だが、もし「軍役令」を寛政年間に改定したのであれば、当然その旨を明記した幕令が存在するはずだが、管見にはみえない。なお前掲の「慶安令」軍役人数異同表に示したように、五〇〇〇石の若党は神宮文庫本・『吹塵録』・『徳川礼典録』では三人に省略されているが、書陵部本・東博本では省略がなく五人のままである。この省略が幕府の手で行われたのであれば、文政十年、丹波篠山藩青山氏が幕府右筆に依頼して入手した書陵部本は、若党が三人でなければなるまい。以上から、「慶安令」を軍役令と考えると、これらの書入れはいくつかの疑問を残すのである。

他方、「慶安令」には二ヵ所に附りが存する。まず四〇〇石の人数積の後に、代人を出陣させる場合の武器の提出、自身出陣の時の持弓の持参を規定し、ついで一万石の人数積の後尾に、諸役人や大工・金掘・忍之者などの扱い、貝・太鼓の用意等を命じている。持弓の規定は実戦よりも武士の儀礼や格式を重視したものと考えられ、忍之者や貝・太鼓の用意等は法令というよりも軍学書としてふさわしい。(21) それは、前述の詳細な内容や書入れからもいえることである。

二　近世における幕府軍役令の認識

これまで「慶安令」が近世編纂の法令にみえないこと、さらにその内容から軍役令とみることが疑問とされることを述べてきた。

さて『大猷院御実紀附録』巻三には、次の記事がみえる。

軍役の定制は、先朝(秀忠代)の御時元和二年二(六)月に、五万(百)石より一万石まで原禄に応じ、銃何挺・弓何張・鎗何柄・騎士何人といふことを定められしが、大平既に三朝に及び四海しづかなれぼ、当代寛永十月二月に至り、ことさら減ぜられて千石より十万石までの定制を仰出され、(中略)両番・大番千石以下も分限に応じ、武具・人馬のたしなみ怠るべからずと伝へられ、その定を仰下されぬ、凡そ草創の御時には、戎旅多事にしてなに事も忽略にてありしを、昇平打続くにしたがひ、いよ〱詳細に商確ありて、さだめさせ給ひしなるべし、

この文章は、『徳川実紀』の編者が「慶安令」を認知していなかったことを物語っている。編者は軍役の制が「寛永令」で確立したと断じており、「慶安令」については一言も触れていない。かつ同書の慶安二年(一六四九)十月条に、「慶安令」の発令記事は見いだせないのである。また新井白石も、「寛永令」の制定を「当家万代まで永式を御議定なされ候事と相見え候」と述べている(22)。

天和三年(一六八三)二月一日、大目付彦坂壱岐守重紹・林信濃守忠隆・高木伊勢守守勝は、『御軍役并御扶持方積』(23)と題する帳面を作成しているが、その内容は一〇〇〇石より一〇万石までの軍役積を規定した「寛永令」と、寛永十年(一六三三)二月十七日「御扶持之御定」(24)である。享保十一年(一七二六)頃には、江戸城本丸奥右筆御用部屋の屛風に、一〇〇〇石から一〇万石まで、二〇〇石から九〇〇石までの二種の「寛永令」が記されていたという(25)。

国立国会図書館蔵『武家諸事手控』は、慶長から明和期にかけての、禁中并公家諸法度・武家諸法度・諸士法度をはじめ、奉公人や道中人馬定・高札等の幕令を収録している。同書中に年月日未詳「御軍役之覚」がみえるが、その内容は一〇〇〇石から一〇万石までの軍役積を規定した「寛永令」である。だが、その奥書には「右之通吉宗公御時代被仰出之」と記されている。一方、『御触書寛保集成』七四二には、享保十二年八月、吉宗が翌年の日光社参に当たって供奉の大名・幕臣に命じた人数積が次のように収録されている。

日光山御社参御供并勤番之面々召連候人数之覚

一拾万石以上　旗五本　鑓七十本　弓三十張

一五万石　旗四本　鑓六十本　弓二十張　鉄炮八十挺　馬上三十騎

一四万石以下は可為半役候、

今度日光山　御社参ニ付て、御供并罷越面々結構成儀、且又美々敷無之様ニ可相心得候、有来諸道具を可被用候、

この記事には四万石以下が「半役」とあるが、『後編柳営秘鑑』[26]六の同内容記事には「半軍役」とみえる。他方新井白石は、「寛永十年二月に御軍役の事を改め定められ候より此かた、御上洛・日光御社参等の供奉の次第、皆々御軍役の御定を以て斟酌せられき」と記している。[27]以上から、享保期における軍役の規準は「寛永令」ではなかったかと推測される。さらに明和六年(一七六九)五月、翌年の家治の日光社参に当たって触れられた人数積も、ほぼ享保と同内容であり、四万石以下を「可為半役候」と定めている。[28]

時代が前後するが、北条流軍学者松宮観山が宝暦六年(一七五六)に著わした『士鑑用法直旨妙』巻二十[29]の末尾に、無年号であるが、一〇〇〇石から一〇万石迄の「寛永令」が収録され、「当時用之」と註せられている。

内閣文庫蔵『諸例集』は、寛政期ころ淀藩稲葉家が幕府の法制や先例を整理した記録であるが、同書第七冊には、大坂城の城番・加番衆の小屋に張ってある書付として、「慶安令」の抄録を掲載している。(30)ただし同書では、寛政五年(一七九三)四月、目付桑原盛倫が徳山藩の問い合わせに対し、「当時相用候御軍役は、寛永十癸酉年二月十六日被　仰出候」と回答しており、寛政期に幕府は「寛永令」を用いていたことが判明する。なお天保十二年(一八四一)板行の大野広城編『青標帋』(31)にも、「慶安令」はみえず「寛永令」が収められているが、その年代が慶長二十年(一六一五)と記されている。年代の錯誤はともかく、天保期に至っても軍役の規準が「寛永令」にあったことを窺わせる。(32)

以上からほぼ近世を通じて、軍役令として「寛永令」が使用されていたことが判明しよう。それは前述の『徳川実紀』編者の態度、あるいは近世編纂の法令集が「慶安令」を収録しない理由を首肯させるものである。

三　「慶安軍役令」の普及

以上「慶安令」が法令ではないことを考察してきたが、それでは同令は如何に作成され、登場したのであろうか。前掲『吹塵録』所収同令の奥書、および神宮文庫本に注目したい。まず『吹塵録』によれば、「慶安令」は、寛政四年(一七九二)十月に大目付・目付の達しにより調査の上提出されたものの写であり、さらに弘化年間(一八四四―四八)、当時も使用する軍役令であるとして、福島五左衛門より大目付に提出され、弘化三年七月大目付堀利堅が老中阿部正弘に伺った所、正弘が諸向きからの間合せに対しては「慶安令」をもって回答するよう達したとある。この内容から、弘化三年には「慶安令」が「慶安度被仰出」たもの、すなわち法令として認識されていたことを窺わせる。

ところで、この時「慶安令」を調査し提出した福島五左衛門は、弘化三年十二月新番士より裏御門切手番頭となり、嘉永六年(一八五三)六月に死去しており、(33)同令を提出した時に新番士にすぎなかった。一介の新番士が軍役令を調査し、注釈まで附して大目付に提出し、さらにそれを老中が諸向きから質問の回答とするように命じられているのは、如何にも不自然である。だが彼の父祖に当たる福島伝兵衛国雄は、寛政七年四月十五日軍学を議する時には江戸城中奥に伺候すべき旨を命じられ、[34]翌五月には奥において北条流軍学書『士鑑用法』を近習に講義している。[35]福島国雄は[36]寛延二年（一七四九）遺跡二〇〇俵を襲い、寛政四年三月小普請の身で将軍家の武器点検を命じられ、同五年六月、『日本絵図城主記』を著作献上して銀五枚を賜わり、翌六年八月には軍陣における貝・太鼓の作法をその役の者に伝えている。のち文政四年（一八二一）二月、西丸裏門番頭を老年のため辞して寄合に列している。以上の事蹟から、寛政四年十月、大目付などの命で「慶安令」を提出したのは、福島伝兵衛国雄であり、その子孫五左衛門[37]が、弘化三年注釈を付箋に記して貼付し、再度「慶安令」を提出したと、前掲『吹塵録』所収の奥書は解釈しうるのである。神宮文庫本の表紙に「福島伝兵衛手控」と記載があるのは、その傍証となろう。かつ、この記載から、神宮文庫本は諸本のうちで原本に最も近いものと推定されるのである。また、福山藩主阿部家文書の中に同一の写本が存することは、[38]阿部正弘が通達に当たって同書を閲覧していたことも推測しえよう。

さらに寛政四年の提出の事情を、神宮文庫本の検討により窺ってみたい。同本は表紙題簽・内題ともに「御軍役人数積」とあり、内表紙に次の朱書がある。

寛政四子年十月、御軍役人数積御達有之、認差出候処、御附札ニ而御下ケ之趣、掛り御目付衆被相達候、弐冊之内、

福　島　伝兵衛

内容はまず、二〇〇石から一〇万石までの「寛永令」を記しているが、奥の日付は慶安二年十月である。[39]この中に目付よりの「附札」と記された書入れが二ヵ所存する。一ヵ所は四〇〇石の人数積の後にあり、

家伝人数之法ニ引当、人数省略いたし不苦分ハ省略致し相糺可申事、尤省略を専いたし候と申事ニは無之候、

と記され、他は、一〇〇〇石の人数積の後に、

人数千百石以上弓・鉄炮と計有之候而、相分兼候、廿五人之人数夫々江引当可彼書出候、尤省略相成候分ハ省略可申候、万石以上右同様ニ可相心得事、

とある。この「附札」は、一〇〇〇石までは人数積の細目があるのに対し、一一〇〇石以上は人数と武器数のみ、二〇〇〇石以上は武器数・騎馬数のみである所から、各々に福島の「家伝」の方法により人数積の細目を書入れ、そのうちでも省略可能の箇所は省略するよう記している。ところで「寛永令」で人数積の細目があるのは九〇〇石までであるが、ここでは一〇〇〇石にも細目が記されている。(40) この一〇〇〇石の細目は、福島国雄が「家法」により書き入れたものであろう。

この「寛永令」の後に、いわゆる「慶安令」が記され、その表題「御軍役人数積」の右肩に次の朱書がある。

寛政四子年十月十五日、人数省略千百石ゟ十万石迄人数夫々江引当、割付差出候控、

本文の内容は『吹塵録』にほぼ同一であり、下札等の書入れや寛政以降の調査・提出の由来を記した奥書はない。以上から、福島国雄は寛政四年(一七九二)十月、「寛永令」に一〇〇〇石以上の人数積細目を書き入れた「御軍役人数積」を提出したところ、目付から「家伝」に従って人数を省略し、かつ人数の細目を書出すようにとの附札を附して戻されたため、同月十五日に「慶安令」を提出したことが判明する。なお国雄が最初に提出した軍役人数積が、「寛永令」に一〇〇〇石の人数積の細目が書き入れられ、その日付が慶安二年(一六四九)十月となっていること、次に提出した「慶安令」の人数積が最初のものとは全く異なること、そして前掲『吹塵録』の「下ケ札」の記載から、「慶安令」が寛政年間新たに福島国雄が作成したものではないことが推測されることから、福島家には、慶安二年(一

六四五)十月の日付をもつ「御軍役人数積」が数種伝えられており、それも同家の「家伝」ではなかったかと察せられるのである。

さて、福島家代々が軍役の事に参与したのは、初代福島伝兵衛国隆[41]が北条流軍学の祖北条安房守氏長の養子であり、かつ氏長の学統を承けて北条流軍学を体系づけ発展させた軍学者だったからである。国隆は、寛永五年(一六二八)氏長の母方である水戸藩士遠山家に生れ、幼少の時氏長の養子となったが、のち遠山家に戻って遠山信景と称した。承応二年(一六五三)二十二歳で氏長の著『士艦用法』を板行し、明暦三年(一六五七)には『士鑑用法直解』を著わすなど、氏長を補佐して北条流軍学の発展に寄与した。寛文四年(一六六四)ころ、北条家の旧姓である福島家を再興して福島伝兵衛国隆と改名し、寛文十年七月氏長の遺跡のうち二〇〇俵を分知されて小普請に列した。延宝五年(一六七七)大番士となり、貞享二年(一六八五)八月には軍陣における貝・太鼓の作法をその役の音に伝授している。彼は氏長の著作の抄本・注釈を多数著わす一方、自らも『足軽長柄旗等各百箇条』『易城畦歩集』『微妙至善之口訣』等を著わし、貞享三年九月十日五十五歳で死去した。

福島家が軍学の家であったからこそ、伝兵衛国雄や五左衛門は微禄ながらも大目付等の諮問に答えたのであろう。国雄が「慶安令」を提出した寛政四年(一七九二)は、寛政改革の最中に当たり、幕臣に文武が奨励され、武芸上覧等が盛んに催された[42]。一方、同年三月から幕府の諸役人の旗幟・馬印・具足などの調査が大目付・目付によって開始され、同年九月、この調査に国雄が参加することとなり、次のような誓詞を提出した[43]。

一今度先祖御用被　仰付候筋目ヲ以御武器取扱御用被　仰付候上は、弥御為第一ニ奉存、御用之儀大切ニ相勤、
　万端心之及候程入念、毛頭御後闇儀仕間敷候事、
一御用向都て御隠密之儀、親子・兄弟・知音の好身たりといふ共、一切他言仕間敷候事、

一大目付安藤大和守、御目付中川勘三郎・石川六右衛門申談、心底不残相談、御旧記齟齬不仕候方ニ落着可仕候事、

一御備定等之儀は御大切之儀ニ候間、已来右躰之御用被　仰付候節と聊も私意ヲ不存、家伝之秘事・口伝不相包申上、御用取調可申事、

一御威光ヲ以奢たる儀不仕、門人等権高ニ仕間敷候事、

右之条々、雖為一事致違犯は、

罰文

子九月　　　　　　　　　　　　　　福島伝兵衛

軍学の家として家伝・口伝の秘密などや旧記の内容を踏襲し、幕府の軍制に寄与するのが福島家の伝統であったことを、この誓詞は如実に物語っている。さらに「御備定」を最も重視していることは注目しなければなるまい。これこそ「慶安軍役令」ではなかったであろうか。それが翌月十月に軍役令を提出したという前述の記事にもつながるのであろう。

ロシア使節ラクスマンが蝦夷地に来航したのも寛政四年であり、(44)幕府の海防問題への関心が本格的となった時期である。すでに幕府は、前年の寛政三年(一七九一)九月二日異国漂流船の取扱いに対する方針を諸大名に布達し、(45)各領分に人数・船数等を揃えるよう命じていたが、寛政四年十一月九日に海辺防備の厳令を諸大名に達した。(46)そこには、前年の布達で海防の準備はすでに整ったであろうから、各船数・人数・砲数や防備の心得、隣藩との連絡を詳しく幕府に報告せよ、幕府が抜打ちに視察する用意もあると記されていた。この達しは「慶安令」提出の翌月に出されているのである。五左衛門が同令を提出した弘化年間も、黒船来航で頂点に達する外患に、緊張しつつあった時期である。

弘化二年(一八四五)七月には、老中阿部正弘等が海防掛に任じられ[47]、同四年二月彦根・川越・忍・会津の四藩が江戸湾の海岸防備を命じられている[48]。弘化三年「慶安令」を諸向きに示すように指令したのが阿部正弘であることは、同令調査の目的を窺わせるものである。近世後期から幕末にかけて、以上の情勢の中で、「慶安令」は、まず沿岸防備のための軍役動員の参考資料として登場したに相違ない。『徳川実記』の編者が、同令を幕令としていないのは、その故であろう。しかし福島国雄の江戸城中奥における講義等により同令は権威づけられ、右筆等幕府役人の手で各方面に広まり、次第に「軍役令」として誤認されるに至ったと考えられる。前述した書陵部本の来歴が、その過程を示す一例となろう。

そして前掲『吹塵録』の奥書にみえるように、弘化三年には老中阿部正弘が「慶安令」を法令と認識しているのである[49]。のち福島五左衛門の養子伝之助は、安政元年(一八五四)に御軍制御改正御用調練掛に任命されており、福島家が依然として軍学の家としての由緒を保持していたことを窺わせる。さらに文久二年(一八六二)十二月三日、幕府は軍制改革を公布し、次のように通達した[50]。

此度御軍制御改正被仰出候ニ付而ハ、慶安度之御趣意ニ基き、御軍役人数等用意可致旨、(後略)

ここに至り、「慶安令」は幕府からも正式な法令と誤認されたのである。しかし同書では旗本の軍役を軽減する一方、兵賦を徴発して銃隊を編成することとなっていた。そこには旗本たちが「昇平之流弊」のため、すでに慶安の軍役を用意できない状態であることを明記している。文久三年十月四日、福島伝之助は「御仕方御変革ニ付」調練掛を免じられた[51]。「慶安令」が非現実的な軍制となるなかで次第に洋式が採用されるようになり、すでに北条流軍学は不要なものとなったといえよう[52]。

さて、「慶安令」は一体誰が作成したのであろうか。同令が福島家の「家伝」である所から、北条流軍学との関係は否定できまい。『寛政重修諸家譜』巻五百七北条氏長条には、氏長が慶安三年(一六五〇)「幕下をよび御近習の人数つもり、ならびに陣屋割・御本陣御取(殿)の図、諸士兵糧主用等の事」を校定し、絵図及び冊子にして将軍家光に献上したとある。[53] また延宝五年(一六七七)六月、福島国隆が幕府に提出した『安房守被仰附武事大抵之覚』[54]には、年代は記されていないが、氏長が「御旗本人数積并陣屋割・御本陣御殿之指図・諸士之粮食主用之法」の作成を命じられ、書物・絵図にして上覧に備えたと記されている。さらに享保二年(一七一七)五月、氏長の四男北条新左衛門氏如が提出した上書[55]には、氏長が慶安二年に「御備定・御陣屋割」の作成を命じられ書付等を提出したことがみえている。年代に不分明な点があるにせよ、慶安期に北条氏長は軍学の参考に資するため、将軍家光に「御旗本人数積」なる書物を献上しているのである。そして穿った想像をすれば、氏長が上覧に備えた『御旗本人数積』こそ、慶安二年十月『御軍役人数積』、すなわち「慶安令」だったのではあるまいか。

他方福島国隆は、氏長が「御備をよび陣屋割等の事」を作成した時、氏長を輔けた功をもって、特に氏長の遺跡のうち二〇〇俵の分知を許されている。[56] かつ国隆の北条流軍学の学統における位置から、彼も「慶安令」作成に与ったことが十分推測しうるのである。それが福島家をして、代々「慶安令」を調査し提出せしめた一因となったのであろう。

以上のように、「慶安令」は法令として発布された形跡はない。おそらく北条氏長と福島国隆とが軍学の参考に資するために作成し、慶安期に将軍家光に献上したものであろう。だが近世後期から幕末にかけて海辺防備に対する緊張の昂まりの中で、[57] 太平に狃れた武士たちのために、より丁寧な軍役人数積が必要となるに従い、軍学者、ことに福島国雄の手により、幕府内部をはじめ各方面に広められたのである。ここに至り「慶安令」は幕府当局により権威を附与され、単なる参考としてではなく「軍役令」として誤認されるようになったと推察しうるのである。幕末におけるこの誤りが、何の批判もうけずにそのまま近代以降の編纂物・研究に踏襲されたのである。

注

（1）『歴史学研究』二四五号所収。佐々木氏は、他に「幕藩制第一段階の諸画期について」（『歴史学研究』二六〇号）、「軍役論の問題点」（『歴史評論』一四六・一四七号）、「軍役論」（『日本歴史』二〇〇号）で軍役論を論じ、のち『幕藩権力の基礎構造』に纏められた。

（2）朝尾直弘氏「『幕藩体制第一段階』における生産力と石高制」（『歴史学研究』二六四号）・「幕藩権力分析の基礎的視角」（『歴史評論』一四六号）、山口啓二氏「幕藩制の構造的特質について」（『歴史評論』一四六号、『幕藩制成立史の研究』収録）・「藩体制の形成」（岩波講座『日本歴史』近世二、『同前』収録）、小林清治氏「幕藩体制成立の素描」（『日本歴史』一八六号）、北島正元氏『江戸幕府の権力構造』など。

（3）ここで「寛永令」の発令と内容について触れておきたい。同令は『武家厳制録』巻二（『近世法制史料叢書』三巻）・『憲教類典』七十四冊（内閣文庫蔵）・『大猷院殿御実紀』巻二十二等にみえる。江戸幕府日記『柳営録』（内閣文庫蔵）及び『大猷院殿御実紀』によれば、同令は二回に分けて発布されている。まず寛永十年二月十六日、一〇〇〇石から一〇万石までの軍役を触れている。その内容は、一〇〇〇石から二〇〇〇石までは軍役人数と鑓・弓・鉄炮数、三〇〇〇石以上は武器数・騎馬数のみで人数の記載はない。ついで三日後の二月十九日両番・大番の番士一〇〇〇石未満を対象に発令されている。その内容は、二〇〇石から九〇〇石までの人数積りとその細目であり、各々内訳として侍・甲持・鑓持・弓・鉄炮・挟箱持・小荷駄・沓取・馬口取に人数が配されている。なお北島氏前掲書参照。高木昭作氏『日本近世国家史の研究』では、寛永軍役令の検討から幕政の展開や幕臣の位置づけを論じられている。

（4）北島氏前掲書、佐々木氏『幕藩権力の基礎構造』。高木氏前掲書。

（5）もちろん幕藩権力における軍役の重要性を指摘されたのは、佐々木氏が最初ではない。構造論的視角はないが、すでに戦前から三上参次・栗田元次・竹越与三郎等により指摘された所である。三上『江戸時代史』上巻では「軍役の制」の節を設けて「軍役の事は武家の組織として最も大切なるものなり」と述べられ、栗田『江戸時代史』上にも「軍役」の項目が立てられている。ただし両氏とも『徳川禁令考』を出典として「慶安令」を採用している。竹越『日本経済史』三巻では、「寛永令」を紹介しているが

「慶安令」には触れていない。なお新見吉治氏『旗本』では、寛政五年徳山藩から幕府目付に軍役について質問したとき、寛永十年令による回答があったことを紹介され、「慶安令」について疑問を示されているが、軍役の実態については「慶安令」を引用されている。

(6) 明治二十三年刊行の大蔵省版を使用した。『海舟全集』(旧版)三巻とは文字に多少の異同があるが、数字の異同はない。

(7) 『近世法制史料叢書』二巻。

(8) 『同前』三巻。

(9) 内閣文庫蔵。

(10) 『内閣文庫所蔵史籍叢刊』八〇巻。

(11) 内閣文庫蔵。

(12) 『内閣文庫所蔵史籍叢刊』二一~二七巻。

(13) 『内閣文庫所蔵史籍叢刊』三七~四三巻。

(14) 内閣文庫蔵。

(15) 『内閣文庫所蔵史籍叢刊』五・六巻。

(16) 内閣文庫蔵。

(17) 同書が引用した『御軍役人数積』は、神宮文庫で見いだしえなかった。

(18) 内藤耻叟は、明治二十五年に刊行した『徳川十五代史』三編において「寛永令」を採用し、その全文を引載しているが、「慶安令」について、同書には何の記事もみえない。

(19) 本書が一橋徳川家が近代に蒐集した史料である旨を、辻達也先生より御教示を賜わった。

(20) この三ヵ所の書入れは大蔵省版では朱書、『海舟全集』(旧版)三巻ではゴシック体で記され、本文と区別されている。

(21) 例えば、北条流軍学の祖北条氏長著『兵法雄鑑』巻二「なくて不叶人七人之事」の中に忍之者・算勘者が、「常々恩部をあたへて戦場へも必可被召連者七人之事」の中に医者・文者・大工・金掘がみえ、『同書』巻五十には、太鼓・貝・鐘等の記事がある。

(22) 『白石建議』二(『新井白石全集』六巻)。

(23) 宮内庁書陵部蔵『御軍役』所収。本書は、天和三年四月の家光三十三回忌日光法会に、参列する諸大名・諸役人の供人数決定のため作成されたものと思われる。

(24)『大猷院殿御実紀』巻二十二、寛永十年二月十六日条「月俸の制」と同一の内容である。

(25)書陵部蔵『御軍役』。

(26)内閣文庫蔵。

(27)『白石建議』(『新井白石全集』六巻)。

(28)『御触書天明集成』一六二〇。ただし五万石以上が旗五本(享保十二年には四本)である所が異なっている。なお明和六年四月、幕府は社参を、「諸事享保十三申年之節之趣を以、取調候様可被致候」と達しており(『同前』一六一六)、明和の社参の人数積が享保のそれを踏襲していたことを窺わせる。

(29)『松宮観山全集』四巻。

(30)『内閣文庫史籍叢刊』第九四巻。

(31)大野広城は『青標帋』をはじめ『泰平年表』等を板行し幕府の機密にかかわる内容を公表したため、天保十二年六月に処罰されており、『青標帋』の内容は信用できよう。森銑三氏「大野広城とその筆禍」(『森銑三著作集』七巻)。竹内秀雄氏編『泰平年表』解題。

(32)天保十四年の家慶の日光社参に当り、幕府は天保十三年四月の通達で、諸大名・旗本が「太平之　御恩沢ニ浴し、衣食之奢侈に相長じ、経済向日増ニ困窮に及」んでいるからと、「人馬分限ニ応じ、或は御役儀ニ随ひ減少をも被仰出候ニ付而は、外見を飾り余勢ケ間敷儀、并ニ結構を好候事は有之間敷儀ニ候」と、人数積を表の如く大幅に減少させている。この時の触書・達書に「寛永令」を想起させる語句はみえず、この人数積は算定法が不明であるが、武器数・騎馬数のみが記され「慶安令」の特色たる人数が示されていない所から、少なくとも「慶安令」に準じたものではあるまい(内閣文庫蔵『天保日光御宮御参詣一件留』上)。なお社参の節の二〇〇〇石未満の人数積りには、享保期から供人の総人数が記されていた(『御触書寛保集成』七四三、享保十二年八月「日光え御供罷越候面々人数之覚」。『御触書天明集成』一六二七、明和七年五月「日光え御供罷越候面々人数積覚」)。また同書は、二〇〇〇石以上の旗本に対し「可為半役」と規定している。

(33)『柳営補任』巻十七。

(34)『文恭院殿御実紀』巻十八。

(35)『寛政重修諸家譜』巻一千二百六十一。

(36)同前。『文恭院殿御実紀』巻五六。

(37)『寛政重修諸家譜』巻一千二百六十一では、福島の家系を次の如く記している。

国隆《伝兵衛》═氏如《新左衛門 実は北条正房四男》
　│
　国員《五左衛門》─国豊《伝次郎》─国雄《左門》═国明《伝兵衛》─国和《左門》
　　　　　　　　　　　│
　　　　　　　　　　　国明《伝五郎》

(38)『文恭院殿御実紀』巻五十七、文政五年二月一日条には、寄合福島伝兵衛の孫新八郎が遺跡を襲いだ記事がある。ここから五左衛門は、国雄の孫国和と推定できるが、有馬成甫氏「福島伝兵衛国隆小伝」(『軍事史研究』二巻五号)によると福島家は国和の代に明治に至ったとあり、五左衛門が嘉永六年六月に死去していることから(『柳営補任』巻十七)国和と五左衛門とは合致しない。また福島伝之助の「明細短冊」(内閣文庫蔵、『江戸幕臣人名事典』三)には、嘉永六年九月に跡式を相続した伝之助の養父を福島五左衛門と記しており、幕末の当主は養子である。これらから五左衛門の実名は比定しえなかった。

(39)広島県立文書館の写真版で確認した。

(40)内閣文庫蔵『紀藩軍役人数割』所収の慶安二年十月「御軍役御人数割」(安政五年五月写)も、その内容は寛永令」である。

(41)一〇〇〇石の人数積は次の如く記されている。

一千石弐拾三人
　侍(ママ)　弓壱張　鉄炮(ママ)　鑓持(ママ)
　甲持壱人　挟箱持弐人　草履取壱人　馬口取四人
　小荷駄弐人

(42)『寛政重修諸家譜』巻一千二百六十一、有馬氏前掲論文、石岡久夫氏『日本兵法史』上巻。

幕府は、寛政三年十月幕臣を対象に武芸の免許・印可の所持者を調査し(『御触書天保集成』五四九二)、四年四月には布衣以上の武芸を上覧し(『文恭院殿御実紀』巻十二)、七月武蔵徳丸ケ原に砲術練習場を設置(有馬氏『高島秋帆』)、九月に高田馬場で使番の砲術を上覧（『文恭院殿御実紀』巻十三）十一月には諸藩の武芸練達の者を書上げさせている（『日本財政経済史料』一〇巻下）。

(43) 東北大学狩野文庫蔵『寛政四子年ヨリ御武器調御用留』。本書は幕臣新見氏の旧蔵史料のうちである。なお、高沢憲治氏の御教示を賜わった。

(44)『文恭院殿御実紀』巻十三。なおラクスマン応対のため松前に派遣された目付石川忠房は、福島国雄に「慶安令」の提出を命じた一人である。

(45)『御触書天保集成』六五二五、『文恭院殿御実紀』巻十一、渋沢栄一『楽翁公伝』。

(46)『御触書天保集成』六五二六、『文恭院殿御実紀』巻十三、渋沢栄一『楽翁公伝』。同書によると、のち寛政四年十二月二十七日・翌五年三月十七日と、海辺防備の指令が続いて諸大名に達せられている。

(47)『慎徳院殿御実紀』巻九。

(48)『同前』巻十一。

(49)『江戸幕臣事典』三、福島伝之助条。

(50) 文久二年十二月三日「兵賦之義達書」（『幕末御触書集成』二三六一）。『昭徳院殿御実紀』。なお『徳川禁令考』には、「慶安令」の次にこの史料が収録されている。

(51)『江戸幕臣事典』三、福島伝之助条。

(52) 熊澤徹氏「幕府軍制改革の展開と挫折」（『日本近現代史』一）。

(53) 近藤正斎『右文故事』巻十（『近藤正斎全集』第二）にも、「北条系図」を引用して、慶安三年、氏長が「幕下及御近習の人数積り」等を台覧に備えたという記事が収録されている。

(54)『士鑑用法直旨炒』巻一（『松宮観山全集』三巻所収）。

(55) 同前。

(56)『寛政重修諸家譜』巻一千二百六十一。

(57) 松平定信の自叙伝『宇下人言』には、寛政四年ラクスマン来航の記事に続き海辺防備の問題に触れているが、その中に、「その外寛永之（大猷院様御代）海辺御備之事ことに御心をつくされ、北条安房守、福島伝兵衛なんどに仰せて、しらべけるうちに、猷廟議ぜられてこの御沙汰止みけり、いましるものなし。しかるにこたび予建議せしに、そのときの画図なんど、いまの福島もち伝へて出し」とみえる。このとき福島国雄が提出した「画図なんど」の中に、「慶安令」が含まれていたことは前述したごとくである。当時幕閣の主導的立場にあった定信の文章からも、「慶安令」を提出させた目的が窺えよう。

第三節　近世前期秋田藩の軍事体制

はじめに

幕藩権力における軍事力の問題を、近世社会の展開に位置づける試みがなされたのは、「軍役論」以来のことであるが、(1)現在では「武威」「行粧」「備」の問題などと絡めながら、近世社会における権力の特質を考えようとしている。(2)ただ軍事力と武士の存在形態を関連づけながら、その特質を考察する研究はあまりみられない。本稿では秋田藩を事例として、軍役という封建的主従関係に基づいた家臣の軍事的負担のみではなく、これを綜合した藩の軍事体制を考察し、個々の武士の位置づけをも検討しようとするものである。さらに藩政の展開とも関係づけたい。

ただし、本稿では、普請役の問題を捨象している。軍役と普請役とは、家臣・農民への賦課という意味において、同様の意義を有するとはいえ、同一の基準で賦課したとは考えられないからである。なお秋田藩においては、「黒印御定書」により農民夫役の徴収が規定されており、すでに慶長十年(一六〇五)から石高に照応した賦課が高掛りでなされていた。また、幕府から課せられた手伝普請も、高掛りで人足を徴収している。ちなみに寛永六年(一六二九)の江戸神田橋・麹町虎口石垣普請には、秋田藩は、家臣の知行地一〇〇石につき一人、蔵入地二〇〇石につき一人の割合で、人足割を行なっており、(3)給人に対して過重な賦課となっていたことは事実である。

一　転封と軍事体制

佐竹氏は、新羅三郎義光の孫昌義が常陸に下向して久慈郡佐竹庄に土着したのに始まるという旧族大名である。以来同氏は常陸北部に蟠踞し、十三世紀以降大規模な惣領制を展開しながら、守護、守護大名、戦国大名と成長し、常陸最大の勢力として存続した。佐竹氏の発展とともに、戦国末期には、佐竹北・佐竹東・佐竹南・小場氏をはじめ、佐竹一門も勢力を拡大した。これら一門の強大な勢力の規制をうけて、近世初頭の当主佐竹義宣は、専裁体制の下に近世大名権力を構築したとは、いいがたい状態にあった。他の家臣もそのほとんどが関東国人領主層の系譜を引き、土着性・独立性が強く、常陸時代にそれを払拭するまでには至らなかった。一方、佐竹氏は、戦国以来の領国の拡大に従って周辺諸大名と縁戚関係を結んだ。義宣の弟義広・貞隆・宣家は、各々蘆名・岩城・多賀谷の諸氏へ養子に行き、豊臣政権下では佐竹氏に領地を接して存続していた。(4)

慶長七年(一六〇八)、義宣は徳川家康から出羽秋田に転封を命じられ、秋田藩が成立した。転封に際して義宣は、下層給人や在郷給人を召し放ち、一門・客臣・譜代・外様の関東国人層・側近等、少数の家臣を伴って秋田に移った。その中には、義宣の転封と同時に改易された蘆名平四郎盛重(義広)、多賀谷左兵衛宣家も含まれていた。(5)

佐竹氏が秋田領内においてまず直面した課題は、検地・村切・貢租体系の確定という支配体制の確立とともに、村落に割拠していた旧領主の遺臣など、土豪層の佐竹氏新政反対一揆、および南部・津軽氏等隣藩との境界紛争への対処であった。それゆえ佐竹氏は、領内の要衝に兵力を配置することとし、有力家臣に寄騎を附して駐屯させ、在郷給人町を設定した。入部当初、佐竹氏の新政に反対して領内各地に土豪層を中心とする大規模な一揆が頻発した。(6)このことは、いわば「占領軍」として新領国に臨んだ佐竹家中に、彼ら自身の地位を自覚させ、彼らをより強大な藩主義宣の権力の許に結集させる役割を果たしたと考えられる。

転封は家臣を本来の権力基盤から遊離させ、彼らの土着性・独立性という中世的性格を払拭させる結果となった(7)。常陸時代六万石を領した佐竹東将監義賢の知行は、転封後わずか六〇〇〇石となり(8)、常陸で五万石を領したと伝えられる一門小場式部義成（義宣従兄）は五〇〇〇石となるなど(9)、家臣は知行を大幅に削減されたのである。かつ知行地に対する権限も、年貢・諸役の徴収から肝煎免に至るまで、すべて詳細に規定された(10)。こうして義宣の権力は、一気に強化されたといえよう。

一門・外様の大身は、領内各地の要衝に城代として派遣された。藩主義宣の父義重は山本郡六郷に、佐竹北又七郎義廉は同郡長野に、佐竹東義賢は同郡大曲に、蘆名盛重は同郡角館に、佐竹南左衛門義種は雄勝郡湯沢に、小場義成は秋田郡大館に、多賀谷宣家は桧山郡桧山にと一門が配置され、他の支城にも雄勝郡院内に箭田野安房守義正が、同郡横手に須田美濃守盛秀・茂木筑後守治長・伊達三河守盛重が、桧山に松野上総介資道が、秋田郡十二所に塩谷伯耆貞綱など、外様の大身が派遣された。そのうえ、旗本層に監察の役目を与えて副将として附属させた。彼らのうちには、大館に派遣された古内下野守義貞、角館に派遣された大山次兵衛義則・今宮摂津守道義など、佐竹一門も含まれていた(11)。こうして有力家臣は、支城及びその城下町と周辺の蔵入地を預けられ、附属された寄騎を率いて新領国の行政・警備・治安維持を担当した。これに対し、旧主の改易にあった土豪層など領民は激しく反発し、入封の慶長七年（一六〇二）には仙北郡六郷・角館・大曲、桧山郡能代などで新政反対の暴動が起き、藩主義宣の父義重の居城六郷が包囲されるほどであった。翌慶長八年には秋田郡比内・阿仁、仙北郡六郷・角館で、同十年にも仙北郡、十三年には秋田郡などと、新政反対一揆の頻発する中で(12)、成立直後の秋田藩の軍団は、まず領国内部に対してその発動を余儀なく

佐竹氏略系

注：ゴシックは当主、番号は歴代、＊は養子（『佐竹家譜』『寛政重修諸家譜』）

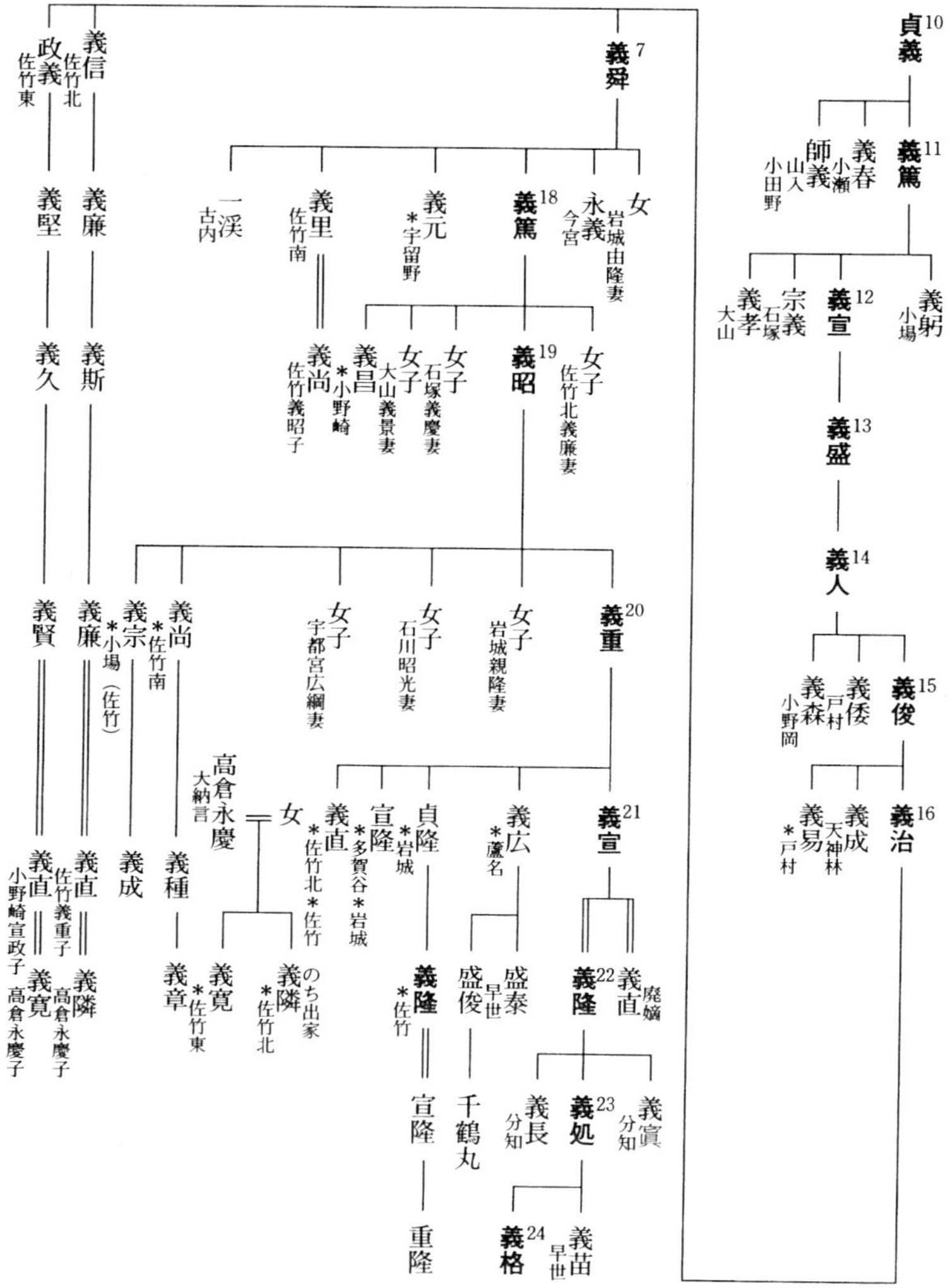

され、幕藩制下の軍団としての本質を明確にしたのである。

この当時の軍事体制の実体は分明ではない。断片的な史料から考察してみたい。表5は、入封後二十五年を過ぎた寛永四年の家臣団構成であり(13)、本城久保田城下をはじめ給人の居住地ごとに纏めたものである。表5には院内・湯沢などがみえないが、桧山・角館・大館などの支城の他に、茂木・根岸・島崎という雄勝郡横手の給人町の名がみえる。横手は後述するように、元和六年(一六二〇)一国一城令の後も、秋田郡大館とともに城郭の存続を許された領国南部の要衝だった。その給人町のうち、茂木は下野芳賀郡、島崎は常陸行方郡に存した常陸時代佐竹氏の支城の名称である(14)。文禄四年(一五九五)、佐竹氏は須田美濃守盛秀に寄騎一〇〇騎を附して茂木城に派した。この一〇〇騎は「茂木百騎」と呼ばれ、のち秋田入封の先陣を命じられた須田盛秀に従って秋田に赴き、盛秀が横手城代となるに及んでその寄騎として横手に居住し、「茂木衆」と呼ばれて一軍団を形成していた。そして彼らの居住地を茂木町と呼んだのである(15)。島崎の地名も同様の事情に起因する様子である。また表5にはみえないが、常陸時代に陸奥白河郡羽黒城に派遣された向右近宣政の寄騎「羽黒衆」も、向氏の寄騎として横手羽黒町に居住

表5　寛永4年秋田藩家臣団の構成

知行高	久保田	大館	十二所	檜山	角館	刈和野	横手			計
							茂木	根岸	島崎	
石 15,000					1					1
6,000	1	1								2
3,000	2									2
2,500	2							1		3
2,000	1									1
1,500	2							1		3
1,000	2									2
800	2				1					3
700	5				1					6
600	2									2
500	10									10
450	2				1					3
400	6		1	1						8
350	1	1			1					3
300	19							3		22
250	6	1						2		9
200	39					1				40
150	40	1	1				4			46
100	109	6	13	4	5	2	6	4	1	150
80	59	4		3	4	2	10		2	84
50	108	14	25	5	9	5	31	6	8	211
40	69	29	2	4	11	4	20		2	141
30	54	7	12	6	4	1	7		1	92
20	*21	12	3	1	2	2	1			42
10		6	4		2	2				14
	562	82	61	24	42	19	79	17	14	891

注　但し、湯沢が欠如、*は扶持方5人を含む

(『寛永四年窪田配分帳』)

していた。(16)なお、根岸の名称が常陸の支城に由来するか否かは定かではないが、根岸町および「根岸衆」の名は見いだせるので、やはり一軍団を形成していた様子である。『羽陰史略』巻一慶長八年条に、「横手御城守護被成候根岸七人衆中、久保田御勤にて□後久保田江御引越」とあり、佐竹一門・老臣七名の姓名を掲げている。(17)また表5によれば、根岸衆は他の横手給人に比べて一般に高禄であり家中大身層を含んでいる。他方、表5にはみえないが、大館には赤館町・部垂町があり、各々陸奥白河郡赤館城・常陸那珂郡部垂城に派遣されていた赤館衆・部垂衆が居住しており、同様に小場氏に付属された長倉衆・額田衆などもいたという。(18)

入封直後、佐竹氏は新たな軍団の編成に着手する余裕なく、常陸時代のそれを利用して各地の支城に速かに兵力を派遣せざるをえなかったのであろう。かつ、こうして支城に派遣された在郷給人の多くは、常陸時代にも支城の守備に当たり、当時から城代を頭とする一軍団を形成していたのである。そして入封後、在郷給人は「在々給人」と称せられ、廃藩に至るまで在郷町に居住した。これに対し、本城久保田の城下に居住した久保田給人は、「久保田旗本」とも呼ばれ、常陸時代以来藩主の直属軍団として編成されていた家臣を主体としていた。さらにこの久保田給人と在郷給人という分類は、寛文期以降秋田藩家臣団の基本的な身分的隔差となり、各々厳然たる格式を附与されて、廃藩に至るまで存続したのである。(19)もちろんこの隔差は常陸時代から存在したとはいえ、直接には入封直後の領国支配、ことに一揆鎮圧の必要性から生じた軍事力配置により成立した。この関係から生じた身分的隔差が藩政期を通じて維持されたところに、幕藩制下の軍事体制の本質を見いだしうるのである。

ただし慶長十七年、義宣の父義重が没するとその居城六郷城は廃城となり、同十九年佐竹北義廉の死を機に長野城が廃され、在城の人数は本城久保田の城下に集められた。同じ頃佐竹東義賢が大曲から久保田に移され、大曲城も廃城となった。(20)だが領内南部の要衝横手・湯沢、久保田の東に位置する角館、北部の要衝大館・十二所、あるいは北部最大の商港能代を押える桧山等の支城は残されていた。福島正則改易直後の元和五年(一六一九)六月十八日、在府中の義宣は、久保田城を残し藩内の支城をすべて破却すると、将軍徳川秀忠に上申して許可を受けたことを、国元の家老梅津半右衛門憲忠に報じ、翌年帰国後に破却を実施するので、城主をはじめ家臣の久保田集住を準備するよう命じた。翌六年正月から支城の破却が開始されたが、三月に幕府から横手・大館の二城を残すよう命じられ、秋田藩は領内に久保田・横手・大館の三城を残すこととなった。(21) ただし破却された城の麓には館が建設され、在郷に派遣されていた大身層はそのまま館に居住し、所預りとして在郷給人を配下に置いたのである。

ところで、入封直後に支城への兵力配置、家臣への過重な軍役の賦課などにより、新たな軍事体制を構築できなかった秋田藩は、家臣団の編成そのものを番組など軍事動員に対応させることが実現できなかった。そのため後述するように、平時の久保田城や支城の警護、さらに参勤交代の供奉、隣国への出陣、遠国出陣や上洛など遠路の軍役といった規模の異なる軍役負担に対し、それぞれ別個の軍役割を作成しなければならなかった。それゆえに、軍役や軍事体制が複雑なものとなってしまったのである。それは常陸時代とは比較できないほど藩主権力が強化されたとはいえ、家臣団統制のある意味での脆弱さを示すものであったといえるかもしれない。

二　初期の軍陣役と大坂の陣

秋田藩の軍事体制は、領国支配のためと同時に幕府が諸大名に賦課した軍役を提出するための存在であった。近世初期において、大坂冬・夏両陣の出陣を始め数回にわたる上洛供奉など、軍役提出の機会は多かった。これらのうち二、三を事例として軍役割・兵力の編成等について報告してみたい。

初期における秋田藩の出陣には、慶長十九年(一六一四)の大坂冬の陣、同二十年の大坂夏の陣、元和八年(一六二二）の山形最上氏改易の際の由利出陣が知られる。また、元和三年・同五年・同九年・寛永三年（一六二六）・同十一年の将軍秀忠・家光上洛に供奉している。こうした出陣のたびに、藩では軍役帳を作成し、しばしば書換えを行なっていた。元和二年八月十五日以降、各地の在郷給人を調査して負担能力を把握し、九月二日、遠路供衆の割付として「馬乗ノ帳一冊・歩立ノ帳一冊・夫ノ帳一冊」都合三冊が作成されている。[22] この作成は同年六月の幕府元和軍役令に対応したものといわれているが、当時藩内では第二次総検地「中竿」施行の結果、給人の知行割が進行しており、これに対応した軍役帳の作成であったとも考えられる。[23]

元和七年正月十八日にも、「御陳御軍役壱騎駄輩歩者夫丸迄之帳」の書換えが命じられているが、[24] 元和二年・七年のいずれの場合でも、藩主佐竹義宣の参勤出府に際して作成されており、国元を離れた義宣が、急な出陣や上洛に直ちに対処する目的があったと考えられる。ただ、これらの軍役帳の詳細は不明である。

他方、平時の奉公として、久保田旗本は奉行・役人・小性など以外が久保田城の広間番や参勤供番を、在郷給人は各支城の守衛や口留番所の警備などを勤めていた。広間番は初代藩主義宣の時代に番頭が定められ、五日交代の六番から三日交代の一〇番となっている。[25] これを示すのが現在残る「元和年中御番帳」[26] であるが、その書名は後世の命名と思われ、元和期のものとは確認できない。本書は前欠であるが、久保田旗本二八五名が六番に分けられており、一番五〇人程度の編成となっており、[27] ある程度は当時の実態を推測させる。寛永八年正月四日には、七十歳以上が番を免除されており、久保田旗本のほとんどが番に編成されていたことを窺わせる。寛永元年十二月八日、義宣は番頭が夜詰で藩主の側に伺候したとき、番衆がそれぞれ警護の場所や役割を明確にせず、皆が藩主の側に詰めていると戒告しており、[28] 番の役割や部署が曖昧で必ずしも機能していなかったようである。なお久保田城の門番は物頭の担当であり、配下の足軽が警備していた。[29]

他方支城の横手では慶長十一年(一六〇六)に居住の在郷給人一五〇人を一一番に編成して二日二夜ずつ本丸の番を命じており[30]、久保田城と同様の編成があったことを窺わせる。

参勤供番については、元和二年(一六一六)二月一日江戸供衆を三番に編成し、同二日書立をもって一七騎に供番を命じている[31]。同七年四月二十二日、義宣が家老梅津憲忠に江戸供替二番衆二四騎・その他侍二四名の出府を命じ、出府後の八月二十五日には、江戸屋敷が出火した時の役割を定め、それぞれ表門・番所・広間・数寄屋・書院・居間・御成書院・台所・納戸・茶屋・上台所・奥向・厩・長屋・風呂屋・裏門・土蔵などに供番を振り分けている[32]。江戸供番の役割が、藩主の警護だけではなく火事への対応であったことを窺わせる。これも出陣や上洛の「遠路軍役」と同様に、選ばれた家臣のみが編成されたようであるが、供番も参勤供奉に従事しない時には広間番を勤めていたようである。

広間番頭は、家老や後述する軍将とは別人であり[33]、広間番や参勤供番の編成が「遠路軍役」の編成に利用されたりすることはなく、各家臣の中には広間番・参勤供番・遠路軍役すべてを勤めるものもおり、そのたびに組み合わせが異なるという関係であった。それは後述するように各家臣の負担能力を考えて編成されたものと思われ、そのためにこそ絶えず番組帳が書き換えられていたのであろう。その背景には、困窮する家臣が多発する一方、積極的に奨励された新田開発によって知行を増加させる家臣も出現するなど、藩内の事情もあったと推測される。

慶長十九年大坂冬の陣における秋田藩の軍役については既に知られてはいるが[34]敷衍しておきたい。同年十月参勤出府の途中、陸奥白河郡矢吹宿で陣触れの報をうけた藩主佐竹義宣は、直ちに国元に出陣の用意を命じた。国元では「皆々三百石壱騎ニ、ふせう衆を八つくのひを以被仰付候、諸給人此度之役儀高百石ニ付人三人、銀子百四拾目宛」の割合で軍役割を行い[35]、家中へ次のような割付を配付した[36]。

一二百石壱騎、岡佐左衛門上下拾人、但仁百石ノ償、八拾石ハ泉藤七、八拾石ハ佐藤甚衛門尉、四拾石徳川久兵衛、此三人より銀子仁百八拾目・人六人、共人ニ御紋之はほりきせ、大坂御陣ニ候間、此廿日以前ニ可被罷上候、以上、

慶十九十月十二日　　向　右　近　㊞

この軍役割は三〇〇石で「一騎」すなわち騎馬武者を仕立てさせ、知行が満たない者は彼らを組合わせて三〇〇石とし、その内一人を「償一騎」として出陣させ、他は一〇〇石につき人足三人・合力銀一四〇匁宛を提出させるという方法であった。こうして成立した佐竹勢は一五五騎、下騎馬を合わせ二〇〇騎であったという。この時の出陣者の知行高は不明だが、前掲表5によれば、寛永四年に三〇〇石以上の給人が八〇余名にすぎない所から、出陣者の大半が三〇〇石以下で償一騎として出陣したと思われる。またこの従者は、三〇〇石で上下一〇人の割合からすると、一八〇〇人以上おり、足軽・小人・歩夫等を加えると都合数千になったことであろう。

なお供の陪臣・奉公人に「御紋」すなわち扇紋をつけた羽織を着用させ、軍装を統一していた。大坂において多くの軍勢がひしめくなかで、他と紛れぬための注意であろうが、秋田藩の場合軍装の統一を示す初見である。

十一月、大坂に到着した佐竹勢は直ちに寄手に加わった。同二十六日、大坂城外今福・鴫野に木村重成・後藤基次等と戦い首級一五を討取ったが、先陣の将であった家老の渋江内膳政光など一九名を失なった。翌慶長二十年（一六一五）正月十七日、将軍秀忠は、この戦闘に功のあった佐竹家中のうち、戸村十太夫義国・梅津半右衛門憲忠など五名に対し感状及び太刀等を賞賜している。(37)

ところで償いとして他の家臣から提供された人数が、供連れの中でどのような役割を担ったのか、すなわち若党なのか供廻りの小者なのかあるいは夫丸なのかは不明である。ただ主人とともに戦場で命を賭け、主人の戦闘を補佐す

べき供廻りが、他人からの借り物であったとき、果たして十分な働きができたのかは疑問とせざるをえない。あるいは今福・鴫野において捨て身の大坂勢に苦戦を強いられたのは、かかる問題もその一因にあったのかもしれない。

慶長二十年五月の大坂夏の陣に佐竹勢は出陣したものの、到着以前に大坂が落城したため戦闘には参加しなかった。夏の陣の動員兵力は『羽陰史略』巻一・『佐竹氏記録』に一騎・駄輩三八人、扶持方三八人、馬添一二〇人、茶屋之者一〇人、台所之者一六人、足軽・小人・厩者七一〇人、陸尺八人、出羽金山より江戸までの歩夫六八一二人であり、別に甥の蘆名平四郎盛泰が騎馬二三騎・人数二三〇人を率いて加わったとあるが、氏名については記載がない。[38] また『向宣政伝記』には、一騎三二騎・償一騎六六騎・馬添六〇人・足軽二六七人とみえる。[39] 同書は一騎・償一騎の氏名を掲げてはいるが、償一騎の賦課の方法は記されていない。出陣の人数は諸書により異同があり明確ではないが、幕府より秋田藩に給付された扶持方が、冬の陣の一五〇〇人扶持に対し、夏の陣の場合九〇〇人扶持である所から、[40] 冬の陣の帰国直後の動員であったため冬の陣に比べ小規模な軍勢であった様子である。

『源義宣御一世覚』[41] には、出陣した一騎三二名・償一騎一八名の知行高および償一騎の賦課の方法が表6・7のようにみえる。一騎三二名の氏名は『向宣政伝記』に一致しており、償一騎一八名も同書の六六名のうちにみえるので、分析に耐えるものと考えられる。表6によると、一騎の知行高は二〇〇石から一五〇石にまでわたるが、三〇〇石前後に集中している。しかし、冬の陣のように三〇〇石一騎と規定した軍役割の規準は明確ではない。次に表7から償一騎をみると、出陣者は知行・償高ともに一致しておらず、手前供人も知行高に比例せず、一騎の軍役割と同様明確な規準は見いだせない。このように出陣者の負担が知行高に照応していないのは、冬の陣の帰陣直後の混乱とともに、知行高に関係なく現実の負担能力によって軍役割を行なった結果と考えられる。なお償一騎の上下人数が、知行にかかわらずすべて一〇人となっているのは、冬の陣の上下人数とも考え合わせると、一騎前の出陣には一〇人前後

表6　大坂夏の陣出陣一騎人数

知行高	人数
石 2,000	1
1,500	1
1,000	1
700	1
600	1
500	2
450	1
400	4
300	12
250	1
200	6
150	1

(『源義宣御一世覚』)

表7　大坂夏陣出陣償一騎の構成

出陣者	石高	手前供数	償人	償石高	償供数	合高	上下合数
小野　右衛門	石 300	人 6	人 3	石 150	人 3	石 450	人 10
大沢　備前	250	7	2	100	2	350	10
川井　権兵衛	200	5	2	200	4	400	10
田代　隼人	200	5	2	200	4	400	10
大山　六兵衛	200	6	2	150	3	350	10
平野　丹波	200	6	3	150	3	350	10
黒沢　長兵衛	200	7	2	100	2	300	10
桐沢久右衛門	200	7	2	100	2	300	10
牛丸　平八	200	8	1	50	1	250	10
渋江　賢高	150	6	2	200	4	350	10*
江戸長左衛門	150	4	2	200	5	350	10
小野崎　讃岐	150	5	3	200	4	350	10
森河権右衛門	150	5	4	200	4	350	10
根岸　惣内	150	5	3	200	4	350	10
大塚九郎兵衛	150	5	4	200	4	350	10
森田次右衛門	150	5	1	200	4	300*	10
田代介左衛門	150	7	1	100	2	250	10
右　ト	100	4	3	350	5	400*	10

注　*は計算が合わないが本のまま。(『源義宣御一世覚』)

の人数が必要であったことを物語っている。また償人の提出のみは、原則として高一〇〇石につき二人役となっており、冬の陣の高一〇〇石三人役より軽減されている。

ところで大坂冬の陣は三〇〇石で一騎を仕立てているが、元和七年(一六二一)四月、江戸出府を命じられた江戸供替二番衆の一騎二四名は、一五〇石以上であった[42]。また後述する寛永三年(一六二六)上洛供衆の一騎は一五〇石以上、元和八年の由利出陣の一騎は八〇石以上であった。元和七年正月八日「定立壱騎」として『政景日記』に登場する大縄七左衛門・瀬谷彦左衛門は、寛永四年『窪田配分帳』に知行一〇〇石とみえ[43]、寛永八年三月七日、知行四〇石の赤石右馬助は同じく四〇石の嫡子半助に知行を譲り、半助を知行八〇石として「馬常立御奉公為致度」と藩主義宣に願って許されている[44]。寛永八年六月十五日、家老梅津主馬政景は「百石・八十石取申者ハ、江戸・京都御供之時ハ駄輩ニ而参候間、其者共馬ハ御国之御用ニさへ立可申躰ニ御座候」と義宣に言上している[45]。少なくとも知行八〇石以上の給人は「馬常立」之者として乗馬を所持し、領内では一騎仕立てであったが、上洛・参勤供奉には駄輩役、すなわち一騎仕立ての資格のない者であったことが知られよう。そして上洛・参勤には一五〇石以上を一騎とし、軍陣役ではおおむね三〇〇石以上を一騎としたのである。後述する元和八年の由利出陣は、隣国への出兵で城受取りにすぎなかったため、領内に準じて八〇石で一騎を仕立てさせたと考えられる。以上、初期における軍役の負担は時宜により変化するものであり、決して単一の軍役令のみによって実態が判明するものではなかった。秋田藩が特殊とはいえ、それは幕府や他の諸藩においても同様であったろう。

三　由利出陣と兵力の編成

元和偃武以後も、秋田藩が緊張状態を解いたわけではなかった。元和五年(一六一九)六月、福島正則の改易に際して、在府中の佐竹義宣は福島が津軽に転封を命じられるとの風聞に接した。六月十九日、義宣は家老梅津憲忠に、福島氏が僅かな家臣で津軽に入封すれば一揆が蜂起する可能性があると報じ、二十一日には一揆が蜂起して幕府の要請があった場合に備え、鉄炮衆や騎馬を用意するように命じた。このとき至急軍役割がなされたと考えられるが、福島の信濃川中島転封で出陣は杞憂に終わっている。[46]

しかし、元和八年八月、幕府が出羽山形城主最上源五郎義俊を改易しその所領五七万石を没収した時、佐竹義宣は最上領出羽由利郡本荘城の受取りを命じられ、実際に出陣することとなったのである。在府中の義宣は直ちにこの旨を秋田に報じ、九月一日小場式部義成・戸村十太夫義国・小場小伝治宣忠・須田八兵衛盛久・梅津半右衛門憲忠を将として約三〇〇〇の勢を出陣させ、本荘城を無事収公した。[47]

由利到着の佐竹勢のうち、梅津憲忠を除いた四名の部将の兵力は、表8のごとくであった。[48] 騎馬二〇七騎・鉄炮三

表8　元和8年由利出陣兵力の構成

部将	所属・居住	一騎								足軽		一騎計	人数計
		500石	300	200	150	100	80	不明	小計	鑓	鉄炮		
小場義成	小場義成家人	人						13		(16)			
	大館			2	1	3	3		9				
	十二所					5	7		13			46	525
	檜山					1	4	1	6		38		
	久保田	1	1					*2	4	51	27		
戸村義国	戸村義国家人							1	1				
	佐竹東義賢家人							(19)	19	(14)			
	多賀谷宣家家人							(8)	8	(11)		67	682
	佐竹南義章家人							(13)	13	(16)			
	久保田			3	2	3	3		12		78		
	湯沢					4	10		15		7		
小場宣忠	小場宣忠家人							1	1				
	蘆名義勝家人							(20)	20				
	久保田	1		4	5	10	3		23	50	50	59	696
	刈和野					3	2		5		49		
	角館		1			3	3		8		11		
須田盛久	久保田							*2	2		30		
	横手		1	2		3			6		13		
	茂木(横手)				3	4	6		13	40	21	35	400
	羽黒(横手)					2	2		4		16		
	島崎(横手)					1	2		3				
	茂木治良家人							(4)	4				
									207	171	332	207	2303

注　数値は計算が合わないが史料のまま。＊は検使役、(　)は大身が提出した出人。
他に梅津憲忠約800人、都合約3,000人。(『義宣家譜』元和8年9月11日条)

三二挺・鑓一七一本、総勢二三〇三人であり、各部将は自身の家人・各地の給人・家中大身の提出した家人および足軽を率いて一軍団を組織している。彼らのうち、領内北部の要衝大館の城代小場義成は、自身の寄騎の大館給人および領内北部の十二所・桧山の在郷給人をもって兵力を構成し、久保田居住の佐竹一門戸村義国は、久保田給人および久保田周辺の大身の家人、また湯沢居住の佐竹南義章の家人とその寄騎の湯沢給人を率いている等、この編成がある程度地域的連繫をもって構成されたことが窺える。かつ養父須田盛秀が横手城代であった須田盛久が、横手在住の給人を率い、小場宣忠が実兄渋江家の寄騎刈和野給人を率いるなど、族縁関係に依拠した編成もみられる。部将を除いた出陣者の知行高は、五〇〇石から八〇石に至るまで多様であったが、大坂冬の陣に一騎仕立てと規定された三〇〇石以上は五名にすぎず、ほとんどが一〇〇石から八〇石であった。この時償一騎が構成されたことは、史料上から見いだしえず、前述した事例からも八〇石で一騎仕立てを行なったと考えられる。

足軽の編成は、久保田・在郷の足軽および大身の家人が、各部将の下に鑓組・鉄炮組を形成していた。鑓足軽には小場義成・多賀谷宣家等からの「出人」、すなわち大身から提出させた家人を編入している。一方、鉄炮足軽は、藩直属の足軽のみで編成しており、人数も鑓組の二倍近い。このことは、秋田藩における鉄炮重視を示すとともに、藩が鉄炮を独占・掌握していたことを窺わせる。こうして秋田藩は、個々の家臣に対して軍事的に絶対的な優位を保持し、家臣は藩の軍事力の内部に位置づけられてはじめて大量の鉄炮の威力に援護されたことを推測させよう。

他方、大館城代小場義成を除けば、常陸時代に佐竹氏の部将として活躍した大身層、ことに一門等は自らは出陣せずに家人を提出したのみであった。部将のうち戸村義国は佐竹一門ではあったが、幼少のとき朝鮮出兵で父が戦死したため、義宣の父義重に養育されたという経歴を持っていた。須田盛久も、下野宇都宮氏の旧臣で浪々ののち召しだされて義宣の近習となり、ついで横手城代須田盛秀の養子となったように、藩主家の子飼あるいは側近としての性格を持っていた。さらに、部将として出陣した戸村義国・小場宣忠・須田盛久・梅津憲忠は、すべて家老かのち家老となった者であり(49)、この時期には、部将という軍事的機能と家老という行政的機能が未だ一致している段階にあったことを示している。かつ小場義成・戸村義国を除くと、彼らがすべて新参の近習出頭人である所に、初期秋田藩政機構の特質を見いだしうるのである(50)。

当時藩主義宣は常陸時代よりも佐竹一門・譜代老臣などの勢力削減に成功し、近習出頭人を駆使して藩政を掌握していた。一門などの大身は、領内各地の要衝で治安維持に当たったとはいえ、小場義成を除けば出陣に際して部将としての軍事的な役割を与えられなかったのである。

徳川氏は、近世国家を確立させる過程で、ことに朝廷および上方諸勢力牽制の意味をもってしばしば大規模な上洛を行なった。このとき東国諸大名は行軍編成で供奉を命じられ、幕府軍事力の内部に位置づけられたのである。したがって諸大名は、日頃の忠勤のほどを誇示する好機として常時の参勤交代より華美で大規模な行粧を仕立てたという。初期の佐竹氏が将軍秀忠・家光の上洛に供奉したのは、元和三年（一六一七）・同五年・同九年・寛永三年（一六二六）・同十一年の五回を数えるが[(51)]、すべての事例が判明しているわけではない。以下、二、三の事例を掲げ、その様相を検討したい。

四　上洛と「合力」

元和三年の上洛における佐竹氏の動員規模は詳かではない。元和三年三月二十九日、藩主佐竹義宣は久保田において来る六月の上洛につき供奉の家臣の拵えの規定を触れた[(52)]。それには、「馬上帷子色々、同道服しゅちんかどん子色々、固くゝり袴右ニ同、同あをり熊皮、同口とりかたひらぬの、ひろ袖、はひたれはどん子、同かち・若当こしらへハ、めん〳〵存分次第たるへき事」としている。なお義宣は四月十四日久保田を出立し、同二十九日江戸に到着、のち六月八日に江戸を発し同二十三日洛外の日野に到着した[(53)]。ついで七月一日、伏見城に登城して秀忠に拝謁している。秀忠は六月十四日上洛し、七月二十一日参内、九月二十三日京を出立して江戸に向かった。義宣は、二日後の十五日京を発ち、二十九日江戸に到着しており、秀忠の後備えとして位置づけられていた。

次の元和五年の上洛に際して、同年四月二十日、義宣は江戸において足軽に道服を、小人・厩衆に帷子を、都合二四八人分渡している[(54)]。また足軽奉行に幕府上洛法度を申し渡しており[(55)]、幕府法度の及ぶ範囲を知らせる。四月二十八日江戸を出立した義宣の軍容は、鉄炮一〇〇・弓二〇・鑓五〇・馬三〇騎であった。[56]五月十七日に京都郊外の日野に到着した義宣は九月二十一日まで滞留し、しばしば伏見城の秀忠の許に伺候し、諸大名・公家・門跡衆と交際している。[57]この間六月十九日には、物書が不足したため家臣を急ぎ上洛させるよう国元に伝え、[58]七月十五日に子小性の交替を命じており、[59]供奉した家臣の交替が多少みられる。

元和九年七月家光は父秀忠とともに上洛し、七月二十七日伏見城において征夷大将軍の宣下をうけた。この上洛に供奉した義宣の軍容は、騎馬五〇騎・下騎馬二九騎・小性一九人・医者一人・茶道五人・駄輩一八人・馬添一〇〇人・茶屋之者二〇人・鉄炮足軽三七〇人・鑓足軽一五〇人・幟二〇人・小人一〇〇人であった。[60]

上洛二ヵ月前の五月十五日、義宣は上洛供衆に次の「掟」十三ヵ条を触れた。[61]

掟

一於京都ニ無手判往還仕事、かたく御法度ニ候、手判持候もの悪事仕出ニおゐては、其者計曲事ニ可被仰付、もし手判不持者悪事於仕ニは、主人迄曲事に可被仰付候ニ而候事、

一道中路次うち、先次第ニ少も間懸不置、引続可乗事、付、足軽其外道具持も同前之事、

一町中通り候時、間ニ而雑談いたすへからさる事、

一馬に沓うち候時は、列外除候而うち、又本之所へ急可乗着候事、

一他所之衆と出入、かたく停止之事、

一道中も於京都ニも、見物かたく停止之事、

一惣別、下之者を高声ニよひ間敷事、

一宿より出候時、宿之跡之方へ人馬如書付之段々に立着置、直ニ乗可出候、泊の町々内ニさへ候は、本陣之先ニ

宿在之ものも、本陣より跡人馬を可遣候事、附、先町ニ宿在之ものは、其所ニ可相紛候事、
一先々足軽共、手前ニ宿へ不入内者、町ニ立候而、居宿へ入候而以後、宿々へ可在付事、
一舟橋・舟渡之所ニ而、馬如書付之段々に可引越候、跡の馬を引通し候は、可為曲事之事、
一拾人組之内、壱人科於在之は、題目により残九人も曲事ニ可成候間、悪もの於在之ハ、兼而可致披露事、
一人数おしのうちより出候而、町中ニ而わらじ・沓・食物以下買候事、停止之事、
一道中路次うちの間、たはこふき候事かたく留置候、付、酒屋へ寄合候而酒呑候は、可為曲事候事、
元和九年五月十五日

幕府も、元和九年(一六二三)五月十一日、上洛条目五種を幕臣ごとに番士層を対象として発布している。(62)この幕府法度と前掲の「掟」とを比較すると、大部においてはおおむね同様の内容が認められるが、細部にはかなりの相違がある。例えば、幕府は行軍中と上洛中の法度を別個に発布しており、その条数は五種を合せ六十九ヵ条に達するが、秋田藩の「掟」は十三ヵ条にすぎない。また「掟」中、第十条の舟橋等の規定、第十一条の十人組の連帯責任制等は、幕府法度にはみえない。しかし道中の作法は幕府法度にほぼ同様であり、「掟」が幕府発布の四日後に出されている所から、おそらく幕府のそれに準拠して作成されたものであろう。

寛永三年(一六二六)五月の大御所秀忠・将軍家光の上洛に、義宣は秀忠に供奉した。前年の寛永二年五月二十日、義宣は上洛供衆に馬術の稽古を命じ、(63)十二月三十日には供衆の書立を触れて上洛に備えた。(64)朝幕関係を確定する上洛という目的から、行幸の舞台となる二条城を修築するほどの幕府の意気込みに、応えようとした義宣の幕府への忠勤の現れといえよう。翌寛永三年三月十九日、毎年供番の家臣に支給していた銀子二〇〇匁を、上洛を理由に一〇匁増額している。(65)そのうえ知行四〇〇石以上の給人には「とらか豹のうつかけにて、朱鐙・くまの皮の障泥」等の用意を

命じ、三〇〇石以下には朱色の鞍道具を貸与し、その他の馬道具は自身用意すべき旨を命じた。五月十一日義宣は自ら上洛供衆の馬を点検し、貧弱な馬を持つ者には代りを新たに購入させている。(66) 同二十二日江戸を発足した義宣の軍容は、

御先道具、鉄炮弐百丁、赤猩々皮ノす袋、足軽しゆす道服、弓五拾丁、道服右ニ同、鑓百丁、道服唐木綿、其外御持道具色々、御小人唐木綿、御走衆弐百、道服くろきしゆちん、一騎百弐拾騎、千石以上ノものは、かちさむらい拾人つゝ、其下ハ侍壱人・くち取・さうり取・道具持まて、馬道具之事、四百石以上のものはとら、豹のうつかけ、其下ハ朱鞍壺道具、

という行粧であった。(67) なお同日、供衆のうち三騎が馬法度に背いて改易されており、(68) 統制の厳格さが窺える。上洛した義宣は、八月二十九日従四位上左中将に補任された。(69)

供衆の人数は、騎馬一二〇騎（内下騎馬四五騎）、駄輩三九人・馬添一四九人・扶持方馬添七〇人・鉄炮足軽二〇〇人・弓足軽六七人・鑓足軽二三人・幟二〇人・小人二〇人・歩夫一〇一人であった。なお騎馬のうち七人が「償一騎」である。(70)

このとき供衆に給付した銀子を、給人の知行高順に並べたのが表9である。この給付の種類には、給人・下騎馬・走衆の扶持、乗馬・衣装代・合力銀・伝馬代がある。ただし、衣装代は一五〇〇石以下の給人と下騎馬に、伝馬代・合力銀は五〇〇石以下の給人のみに下付されている。

供衆の人数負担をみると、一五〇〇〇石では一〇〇石につき一・〇七人の割合であるのに、一五〇石では五・三三人と知行の下層な給人ほど過重になっている。すなわち一五〇石の給人を規準にすると、一五〇〇〇石の者はわずか三〇〇〇石相当の負担にすぎないのである。次に銀子の総額は、高禄の給人から七〇〇石までは知行とともに小額とな

表9　寛永3年上洛供奉家臣への銀子支給

知行高	供奉人数	騎馬	合力	渡銀合計	人数/100石	銀子/100石	銀子/人数	備考
15,000石	160人	20騎	匁	8,400匁	1.07人	56 匁	52.50匁	
6,045	97	9		3,810	1.60	63.03	39.28	
6,000	87	7		3,045	1.45	50.75	35.00	
5,500	87	5		1,245	1.58	22.64	14.31	
3,500	51	1		975	1.45	19.29	12.25	
2,600	37	2		820	1.42	31.45	22.16	
1,500	31	1		725	2.07	48.33	23.39	
800	18	1		545	2.25	68.13	30.28	以下衣装代300匁を支給
700	17	1		532.5	2.42	76.07	31.32	
500	15	1	40	627.5	3	125.50	41.83	以下伝馬代80匁を支給
460	13	1	80	642.5	2.83	139.67	49.42	
400	13	1	80	642.5	3.25	160.63	49.42	
350	13	1	100	662.5	3.71	189.29	50.96	
300	12	1	120	670	4	223.33	55.83	
250	9	1	160	672.5	3.60	269.00	74.72	
230	9	1	160	672.5	3.91	292.39	74.72	
200	9	1	160	672.5	4.50	336.25	74.72	
150	8	1	180	680	5.33	453.33	85.00	

注　家臣1人につき扶持15匁、乗馬1疋につき17.5匁、走衆1人につき12.5匁の割合で支給。
『国典類抄』前編吉部36。

るが、五〇〇石以下は反対に銀子が高額となっている。その原因は、合力銀が知行高に反比例して給付されているためである。また一五〇〇〇石の給人が一〇〇石につき銀五六匁以下と知行高の下降に従って概ね小額となるが、三五〇〇石を最低として次第に高額となり、一五〇石では銀四五三匁余と一五〇〇〇石の八倍余、三五〇〇石の二三・五倍の銀子を渡されている。かつ銀子と人数の関係も、三五〇〇石を最低として一五〇石では一五〇〇〇石の一・五倍余の銀子を得ているのである。ここで三五〇〇石の給人が最低となっているのは、人数の割に騎馬が少ないためである。

いずれにせよ、人数の賦課のみからみると「軍役論」で打出された「下層過重」の論理が導き出されるが、[71]銀子給付を検討すると、下層の給人ほど多くの合力を給付されており、一概に「軍役の不均等性（下層過重）」という結論は見いだしえない。合力は「御合力」とみえるので、供奉を免除された給人からの「償い」ではなく、藩からの給付と考えられる。すなわち秋田藩においては、石高に照応しない過重な軍役を、家臣に賦課すればするほど、家臣、ことに下層給人に対してより多額の「合力」を与えていたのである。それは却って、「合力」を与えなければならないほど下層給人の負担が過重であったことを意味するものでもある。

幕藩制確立期の諸藩が自らの出費を家臣に転嫁して賄い、このため家臣が困窮したことは通説となっており[72]、近年このことに関説した論考はみえないが、他方で藩が家臣を存続させるための出費、換言すれば過重な負担を強いただけ反対給付を余儀なくされていたことは注目する必要があろう。

もちろん家臣の困窮は一般化していた。寛永五年(一六二八)三月、佐竹一門の小野大和守義従の跡式を相続した右衛門義幸は、義従がその知行四〇〇石のうち三四〇石を売却し、そのうえ借銀一〇貫目余を残し、大伯母・母・伯母・姉を抱えて困窮していた。義幸から相談をうけた勘定奉行梅津主馬政景は、母を義幸の許に残して三名を他の小野一族に預けさせ、米五〇石を貸与して救済している[73]。佐竹一門さえかかる状態にあった時、家臣の多くが生活困窮に陥っていたことは容易に推測できよう。

藩が家臣団維持のため出費した「合力」は、一般に出陣・上洛・参勤・江戸逗留の家臣に給付されていたが、家臣団全体を対象に給付されることもあった[74]。また給付ではなく貸与も行われていた。慶長十九年(一六一四)正月十日、駿府の徳川家康の許に秋田藩鉱山運上銀の運送を命じられた梅津政景は、上下一〇人の扶持方・駄負馬分の銀子とともに合力銀一〇匁を賜わり、都合一八二匁六分を請け取っている[75]。この事例は、秋田藩においてすでに慶長後年には「合力」の給付が制度化されていたことを窺わせる。元和二年(一六一六)十月二十五日、梅津政景は前年の大坂夏の陣の「横手合力渡方帳」を調査しており[76]、大坂陣に出陣した家臣にも合力が給付されていた。なお元和三年二月二十四日、政景は、慶長十九年大坂冬の陣出陣の家臣に近江大津で貸与した米・大豆未進分の算用を行なっており[77]、合力銀のみならず、米・大豆の貸与もなされていた。元和二年五月五日、藩主義宣が、参勤供衆への合力超過分を路銭として給付せずに貸与分とするよう命じており[78]、しばしば過分の合力が給付されたことを物語っている。元和二年八月九日には、諸勘定を未進している家臣に対して、義宣が「未進負ノ衆、知行とりをハ、知行をおさへ、不足所をハ、妻子・大小までもうらせ、当年中にとりきり候様」にと、妻子や刀まで売却しても皆済するように命じている[79]。かかる未進があるほど家臣は困窮し、それが合力を余儀

表10　元和4年家中へ被下銀高

知行高	被下銀	銀子/100石
850石	20枚	2.35枚
500	15	3.00
400	15	3.75
200	10	5.00
180	8	4.44
150	8	5.33
100	7	7.00
80	6	7.50
50	5	10.00
40	4	10.00
30	4	13.33

注　『元和四年御銀被下候覚帳』

なくされていたのである。

元和三年二月十四日、義宣は幕府から下賜された慶長十九年・元和二年分の秋田藩鉱山運上銀五四〇〇枚を、秋田入封に供奉した家臣および大坂陣戦死者の遺族に給付した[80]。元和四年五月十三日にも、幕府より下賜された元和三年分の運上銀一一三貫一九四匁を、昨年給付に与らなかった給人・足軽・小者等二一四八名に給付している[81]。この時の給人の知行高と給付額の関係を表10に示した。知行の下層の者ほど高額の給付を受けており、前述した上洛供衆への合力銀と同様の傾向が窺われる。

周知のように、近世初期の地方知行制下における給人財政は、藩財政から一定の独立性・自立性を保持し、時に両者は対抗関係にあったとさえ説かれたこともある[82]。だが地方知行制という藩財政から相対的に独立した形態をとりながらも、給人が「合力」によって生計や奉公を保持し得たことを考えると、給人財政が藩財数から独立することはありえなかったのである[83]。この原因は、近世初期の特徴たる過重な軍役の賦課に存したのであり、軍役の一層の過重性が、給人の「合力」への依存度を増大させていったのである。

五　軍事体制の転換と蝦夷地出兵

承応元年(一六五二)、二代藩主佐竹義隆は新たな家中軍役割を行い、佐竹北主計義隣・佐竹東山城義寛・小場(佐竹)三河義易・佐竹南美作義著・戸村十太夫義国・須田伯耆盛久・佐藤源右衛門光信・梅津半右衛門忠国・渋江内膳光康・向豊前重政の一〇名を、軍将たる「御陣割頭」に任命し、家中諸士を均等に附属させた(84)。この軍役帳が現存しないため詳細は不明である。ただ元和八年の由利出陣の軍役と比較すると、第一に軍将が四名から一〇名に増加し、第二に佐竹御苗字衆がすべて加わり佐竹一門が藩内の軍事的役割の中核として位置づけられたこと、第三に一門以外の軍将が初代藩主義宣の近習出頭人の子孫として家老となった者で占められたことなどに特徴がある。ことに初代義宣の時代に藩政から疎外されていた佐竹一門が、家臣団編成の中で新たな役割を与えられたと同時に、近習出頭人の子孫たちも門閥層に含まれるようになった、この時期の家臣団の特徴をも窺わせるものといえる。その意味でこの軍役帳は、初代義宣の治政に作成された前述の「馬乗ノ帳一冊・歩立ノ帳一冊・夫ノ帳一冊」や「御陳御軍役壱騎駄輩歩者夫丸迄之帳」とは、形態を異にするものであり、後述する寛文・延宝期の軍役割と同様の内容と思われる。

ところで新たな軍役割編成の背景は、何処に存したのであろうか。最大の理由は、家臣の積極的な新田開発による知行の増加とそれに伴う家臣の分家創出による家臣団の拡大、さらに吏僚機構と家臣の家格が次第に形成されるなかで、家臣団の構造が変化したことに対する対応であろう。この時期家臣団のなかでは、引渡・廻座・一騎・駄輩・不肖などの家格が形成されていった。「引渡」が佐竹一門および外様の客分の由緒を持つ大身層、「廻座」が常陸以来の譜代の名門および一門の庶子家、初代藩主義宣の近習出頭人の子息などが編入されており、彼らが門閥層を形成した。その下に知行一五〇石以上の「一騎」が上士層を形成し、ついで七〇石以上の「駄輩」、三〇石以上の「不肖」が続いていたのである。[85]

ただ家臣団の編成だけではなく、農村の変化と藩財政の事情も考慮に入れなければなるまい。秋田藩では正保三年(一六四六)から慶安二年にかけて、最後の総検地「後竿」が施行された。この検地は、藩が急激な新田開発の盛行と小農自立の方向に対応し、地方知行制の体制的整備を行なったものと評価されている。ついで慶安四年(一六五一)、藩は従来の農民諸役のうち、糠・藁・釜木・夏萱・人足等八種を現物納・賦役徴収から銀納に換え、「小役銀」と名づけた。この措置が知行地の錯綜化と商品経済の発展を背景とし、自立しつつある小農経営を保護する目的を持ったことは、言を俟たない。総検地「後竿」の施行・「小役銀」の設定という慶安期前後の一連の政策は、藩体制に質的変化をもたらしたに相違ない。[86] ただその原因の一つに、寛永末年以降の藩財政窮乏が存したことは容易に推測しえよう。

慶安二年、秋田藩は藩財政の困窮を理由に給人から本田一〇〇石につき銀一〇〇匁、新田は五〇匁の割合で役銀を徴収している。[87] この時期の藩財政と給人財政との関係に注目すれば、初期に藩が給人へ給付した「合力」が、この時期に至って、藩が給人から徴収する「役銀」へと転換しているのである。「合力」給付の原因が過重な軍役にあったと考えれば、「役銀」徴収という政策の転換は、おのずから軍役制の質的変化を伴わねばなるまい。承応元年(一六五二)の軍役割は、かかる背景の下に実施されたと考えられるのである。

さて承応元年の軍役割の実態は不分明であるが、しばしば組み替えが成されたようであり、各給人へは次のような割付が手渡されていた。[88]

遠路御軍役　　渋江内膳組

高百五拾三石　　石井半平

此償銀百五拾三匁　手前ゟ出候、
　右人数上下四人
外ニ百九拾七石　　償
　此代銀百九拾七匁
右出人四人　高三石不足、引末壱斗五升半平ゟ出ル、
　高合三百五拾石壱騎、
　此人数上下八人
一銀百八拾九匁　右上下・乗馬・伝馬扶持方日数三十日分
右銀三口合五百三拾九匁
　内百八拾九匁路銀　　同百五拾三匁手前ゟ償　　同百九拾七匁他ゟ償
　辰ノ（寛文四年カ）閏五月十二日

知行一五三石の石井半平は渋江内膳の軍団に属していたが、一騎仕立ては三五〇石の分限で知行高が不足するため、数名の同僚から銀子・人数の「償」をうけ、三五〇石一騎上下八人で出陣することになっている。さらに、扶持方等の経費のうち、三十日に銀一八九匁が路銀として藩から支給される。

ここで遠路軍役割が、三五〇石一騎・上下八人となっているが、慶長十九年（一六一四）の大坂冬の陣には三〇〇石一騎・上下一〇人であり、初期より若干負担が軽減されている。前述した藩政の転換が、机上の計算とはいえ軽減に繋ったものであろう。一方、軍将とその組下との間には、平生からの隷属的な関係はなく、緩急の際のみの編成であった様子である。次の書状にそれが示されている。(89)

此度御軍割、拙者組ニ被仰付候間、先達而写進入候得は、御心得之段、以飛脚を山辺徳左衛門所迄被抑越、得其意存候、弥其御心尤ニ存候、委細面上ニ可申通候間、不能湛事候、恐々謹言、

石塚市正

義里（花押）

四月八日

滑川権右衛門殿

芳賀与左衛門殿

菊池金右衛門殿

小川　忠兵衛殿

芳賀　彦太夫殿

御報

この文書は、軍将石塚義里がその組下となった滑川権右衛門等五名に軍役割の写しを送った所、五名が請書を提出したことに対する返書である。五名は佐竹南氏組下湯沢給人で、平生は佐竹南氏の統制をうけて湯沢に居住しており、石塚義里との関係は出陣によって成立するものであった。平時においては、久保田給人は久保田城広間番・参勤供番、在郷給人は各支城等の警備を担当していたのである。なお石塚義里は佐竹南義章の三男で佐竹一門石塚家を相続しており、(90)こうした関係から義里の軍団に湯沢給人が附属されたものであろう。

軍役割の概要が判明するのは、蝦夷地においてシャクシャインが蜂起した寛文九年(一六六九)のことである。ただ蜂起が早期に鎮圧されたため、秋田藩は出兵しないままに終った。(91)同年八月八日に作成された軍役帳によると、軍将は戸村内蔵丞義連・石塚義里の二名で、各々軍奉行一人・使番一人・物頭三人・騎馬一四騎・螺役一人・太鼓役二人・

大筒二人、足軽は鉄炮四八人・弓一五人・鑓三〇人が附属した。他に物見四人・兵粮役四人・小屋割二人・玉薬役四人・箭渡役二人・医者三人・馬医一人・杖立大工二人・旗挑灯持小人二一人・組外物頭一人・大筒役一人・足軽一二〇人がおり、惣人数八一六人、武具は鉄炮一五〇挺・大筒五挺・弓四〇挺・長柄一〇〇本だった。さらに、夫丸五〇六人が船で蝦夷に渡ることが定められており、都合軍勢一三二三人となっていた。同時に、行軍法度・禁制・合戦法度も定められていた。なお、軍将の一人戸村義連の軍役は次のごとくであった(92)。

一弐千五百石　此償銀弐貫五百目手前ゟ出分、

右人数上下六拾七人

内下騎馬四騎

但、一騎ニ付八人宛、

此人数三拾弐人

対長柄四挺　此人数四人

歩若党・道具持三拾六人、但、馬ともニ、

一銀壱貫弐百六匁、上下六拾七人扶持方、一日壱人ニ付六匁宛、

日数三十日分、

一同弐百拾匁、乗馬七疋扶持方、一日ニ付壱匁宛、日数右同、

内三疋　手前分　同四疋　下騎馬分

一銀百五拾六匁、伝馬拾疋四歩扶扶方、一日ニ五分、日数同前、

、内三疋　手前分　同四疋　下騎馬分　同三疋四歩　歩者分

右四口合四貫七拾弐匁
　内五百七拾弐匁路銀、同弐貫五百匁手前積銀、

戸村氏の知行は五〇〇〇石であるが、義連が家督相続以前である所から、半役の二五〇〇石に賦課されたとも考えられるが、(93)二五〇〇石分の償銀二貫五〇〇匁の提出を命じられている。そのため、支給の合力四貫七二匁のうち、実際に支給されるのは一貫五七二匁にしか過ぎない計算となる。戸村氏の償銀の事例から、出陣しなかった家臣は知行高に応じて償銀を徴収されたのであろう。おそらく家臣からの償銀によって合力が支給されたと推測される。その償銀は、初期の大坂陣などのように家臣同士が相談し合って人数や銀を提出した法とは異なり、藩が一括管理する方法であったと同時に、藩財政からの支出を最低限に抑える方法でもあったろう。なお二〇〇〇石以下の給人には乗馬が貸与されることになっており、(94)家臣のなかに乗馬を所持するものが減少していた様子を窺わせる。

この軍役割は特に蝦夷出陣に際して作成された臨時のものであり、藩主の出陣を基本とした軍役割が、その本来の姿であった。蝦夷出陣軍役帳作成の前日、寛文九年八月七日にその軍役帳が作成されている。(95)表11がこれであるが、承応元年(一六五二)の軍役割はこれとほぼ同一の形態であったろう。寛文九年(一六六九)の軍役割は藩主の馬廻八八騎を中心とし、一二人の軍将に各二三騎ずつを配して軍団を形成していた。惣騎馬三七五騎、足軽一〇七五人であるが、他に歩行侍一〇〇人・侍鉄炮九〇人・馬添二〇〇人・茶屋者二一人、具足屋・鉄炮屋二人、石火矢屋・弓屋・矢作屋四人・厩者五〇人・小人二七〇人がおり、藩主佐竹義隆の庶長子式部少輔義寘にも一〇騎が附せられていた。なお、個々の給人への賦課の実際は不明であるが、各々軍役割の書付を配布されたことであろう。

表11にみえる「寄騎」とは在郷給人であり、軍将の半数は所預りとして各地に在郷し、在郷給人を支配している一門などの大身層であった。承応元年の軍役割より軍将が二人増加しているが、増加した石塚氏は佐竹一門、多賀谷氏

も桧山所預りで初代宣家は初代藩主義宣の弟という家柄であった。すなわち増加したのは大身の門閥層といえる。初期においては、前述の元和八年由利出陣の軍団編成の如く、こうした大身層の多くは軍将として出陣することなく、家人を提出するのみで、軍事編成上からも疎外されていた。承応元年の軍役割ののち、彼らは軍将として軍事上の地位を与えられるに至ったのである。さらに騎馬のうち約四分の一は軍将の家人であり、また寄騎をふくめると騎馬の四割が軍将の家人および配下となっている。その意味で、門閥層の地位は稀にしか発動されない軍事上の役割とはいえ、武家本来の役割の中で位置づけられ次第に上昇したとみることができよう。

表11　寛文９年遠路軍役割の構成

御陣割頭	騎馬	騎馬の内			足軽	足軽の内			
		直臣	陪臣	寄騎		幟	弓	鑓	鉄炮
（馬　　廻）	88	83	4		175	50	25		100
佐竹北河内	23	9	5	2	75		10	25	40
佐竹東山城	23	12	9		75		10	25	40
佐竹小場六郎	23	6	13	3	75		10	25	40
佐竹南三郎	23	5	13	3	75		10	25	40
石塚　市正	23	16	1	5	75		10	25	40
戸村十太夫	23	11	8	3	75		10	25	40
多賀谷左兵衛	23	5	8	3	75		10	25	40
須田　主膳	23	8	2	13	75		10	25	40
渋江宇右衛門	23	13	5	3	75		10	25	40
向　源左衛門	23	9	6	7	75		10	25	40
佐藤忠右衛門	23	19	3		75		10	25	40
梅津半左衛門	23	7	13	1	75		10	25	40
計	375	211	99	55	1075	50	145	300	580

注　計算の合わないのは本のまま。『国典類抄』前編嘉部52。

延宝四年（一六七六）二月二十一日、多賀谷彦太郎が亡父左兵衛の跡を継いで御陣割組頭に就任している。(96) 軍将が世襲化する中で、門閥層の地位や役割はさらに拡大していったといえよう。

六　指南付の廃止と軍事体制の整備

延宝四年二月二十二日、秋田藩は「指南付」といわれる制度を廃止し大番組をあらたに創設した。そのときの申渡によれば、指南付とは寄親・寄子制と同様の制度で仙台藩の「寄子付」に相当したという。幕府が仙台藩に寄子付を廃止するよう指導したため、秋田藩でも廃止したというのである。「指南」の語は初代藩主義宣の頃には、組下の在郷給人や足軽を支配し、願いなどを取り次ぐことを意味していたが、二代義隆の晩年寛文期には、久保田旗本が個々に家老など特定の老臣に結びつき、家督相続をはじめさまざまな願いなどを取次ぎ、また藩主の謁見にも関与するような形態を指すようになった。おそらく近世初期において久保田旗本は、豊臣政権下や初期江戸幕府の大名のように、藩主側近の近習出頭人や家老などと個々に結びつき、願いの取次ぎや命令の伝達を受けていたのであろう。(97) そのような指南は、家臣団全体の関係を示すような史料は見いだせない。

ただ初代藩主義宣の時代、『梅津政景日記』によれば、「指南」の語は在郷給人・足軽や中間など下層家臣の支配を示すものが多く、久保田旗本については、元和六年（一六二〇）四月十四日在寺謹慎を赦された家臣が、家老梅津憲忠の「指南」すなわち取次ぎで義宣に拝謁している例などがある程度で、平生の支配関係を示す語とはなっていない。

寛文元年（一六六一）には、御陣割頭の一人向重政が久保田旗本のうち一一六〇石から三〇石までの八九名を指南し、その中には門閥層である「廻座」席も四名ふくんでいた。(98) その四名の中には、同様に指南をもっていた家老渋江光久の一門渋江十兵衛もおり、指南の関係が本家・分家などの族縁関係とは異なっていたことを窺わせる。同年九月、向重政は指南の一人「廻座」席の茂木監物から家督相続の取次ぎを依頼されている。寛文十年三月、家老で桧山所預りでもあった多賀谷隆家は、家老の梅津忠宴から梅津の指南であった桧山給人で「廻座」の松野治郎左衛門の指南を譲られているが、松野は梅津の父の代から指南であったという。ただし松野自身も桧山の在郷給人および足軽を指南しており、指南の関係は重層的で複雑なものであった。またこの事例は、指南とは個々の家臣同士の個人的な関係であり、藩がそれを統制してはいなかったことを物語っている。同年六月、家老多賀谷・梅津・大越秀国の三名が指南して家督相続の者四九名が藩主義隆に拝謁し、他に御陣割頭の渋江隆久・向重政・佐藤盛信がそれぞれ指南して家督相続の家臣が拝謁している。同時に膳番および鷹役が指南して拝謁した者もいたが、これらはその支配に所属する軽輩であったろう。なお、同時に加増を受けた家臣六名のみは、家老多賀谷隆家の指南で拝謁している。延宝三年（一六七五）、家老の梅津忠宴は病気の佐藤盛信に代わって佐藤の指南三名の拝謁を取り次いでいる。延宝四年三月、指南付が廃止されたとき、梅津は指南の横手給人に次の書状を送付した。(99)

今度　御城下之面々指南被　召上、番頭之支配被　仰付候、因茲手前横手指南被　召上、戸村十太夫与下ニ被仰付候、御自分事此以前より出仕継目之節ハ、於久保田　御前へ被　召出、　御盃頂戴被申之例無紛候、為向後如此候、恐々謹言、

三月四日　　梅津　半右衛門

小室九郎右衛門殿
国谷　又右衛門殿
山県　　源助　殿
国谷八郎右衛門殿
前沢弥一右衛門殿

ここでは梅津が指南を行わなくなったのちも、従来の出仕拝謁の際の格式が維持されることを確認しており、指南の関係で最も重視されたのが何であったかを物語っている。

以上、指南は御陣割頭・所預り・家老などがなり、家督相続や拝謁などを取り次いだが、その関係は藩が制定したものではなく個々の家臣同士の相対で成立しており、所預が久保田に移住しても組下の在郷給人が依然として指南を受けていたり、個々の家の繋がりで代々が指南をうけたりする一方で、新たに変更されるなど必ずしも確定してはおらず、重層的で複雑であった。ただ久保田旗本の指南は、向・渋江・梅津・佐藤など近習出頭人の子孫が多かったよ

うであり、このような個々の家臣の複雑な結合関係を解消されることとなった。一方、従来の広間番が大番組一〇組に編成され、番頭が出仕の取次ぎを担当することにより、藩主あるいは藩が家臣団を直接掌握し統制をさらに強化することとなった。同時に職制の整備も断行されたことは、吏僚制の進展にもつながったと考えられる。

翌年の延宝五年二月七日、新たな軍役帳が作成された(100)。その内容は寛文九年の編成と大差なかったが、表12にみえるように馬廻が一〇九騎・足軽二二五人に増加しており、藩主の周囲の軍備が強化されている。他の一二軍団は騎馬や足軽の数に変化なかったものの、御陣割頭の組下である在郷給人よりも、久保田旗本に多く賦課されるようになっている。また門閥層である引渡・廻座六七名のうち五三名が軍役を負担しており(101)、門閥層の軍事上の役割の拡大が、御陣割頭のみではなかったことも示している。かつ御陣割頭が多数の陪臣を抱え、軍団の中で卓越した地位にあったことも窺わせる。この軍役割では、個々の給人の軍役が表13のように、人数の賦課が初期よりも知行高に照応し均等化されている。なお三五〇石以下の給人は「償一騎」となり、二〇〇石以上の給人は四〇〇石高、一五〇石以上は三五〇石高で一騎を構成し、一〇〇石につき銀一〇〇匁の割合で償いがなされた。ただ、御陣割頭の佐竹北氏と渋江氏が同じ四〇〇〇石の知行でも負担が異なるように、原則として軍役が知行高を基準としながらも、しばしば例外があった。渋江氏の場合、初代の政光が大坂冬の陣で先手の将として奮戦し討死しており、武功の家としての由緒がこの軍役割にも影響していたと思われる。ある意味では、軍役についても知行より由緒が優先された場合もあったのである。

ところで、この軍役割では、給人が提出すべき鑓の規定がみえるが、鉄炮・弓についての記載はない。だがこの鑓は「長柄」とあり、士分の用いる「持鑓」ではなく、足軽等従兵の使用する鑓である。一騎仕立ての士が持鑓を持参しないことは常識では考えられず、軍役帳に明記されてはいないが給人自身が持鑓はもちろん持筒(鉄炮)・持弓を持

表12　延宝５年遠路軍役割の構成

御陣割頭	騎馬				足軽					御陣割頭上下人数				
		直臣	陪臣	寄騎		幟	弓	鑓	鉄炮		供騎	長柄	走衆	知行高
														石
（馬　廻）	109	96	13		225	50	20	25	100					
佐竹北主計	24	11	5	7	75		10	25	40	81	5	8	32	4000
佐竹東主殿	23	14	9		75		10	25	40	101	6	10	42	5000
佐竹小場石見	23	7	13	3	75		10	25	40	201	13	20	76	13000
佐竹南淡路	23	6	13	4	75		10	25	40	157	13	16	36	7800
石塚　市正	23	20	1	2	75		10	25	40	35	1	3	23	1700
戸村十太夫	24	3	8	9	75		10	25	40	121	8	12	44	6000
多賀谷左兵衛	23	6	8	8	75		10	25	40	141	8	14	62	7000
向　源左衛門	23	10	6	7	75		10	25	40	101	6	10	42	5000
渋江宇右衛門	23	15	5	3	75		10	25	40	73	5	7	25	4000
須田　主膳	23	21	1		75		10	25	40	53	2	5	31	2600
佐藤忠左衛門	23	19	4		75		10	25	40	51	2	4	30	2500
梅津半右衛門	23	9	13	1	75		10	25	40	181	13	18	58	9000
計	387	231	99	51	1125	50	140	325	580					

注　計算の合わないのは本のまま。＊は他に藩主の庶長子義寘の付属足軽30を含む。
『国典類抄』前編嘉部52。

表13　延宝５年遠路軍役割の負担

知行高	上下人数	供騎	長柄	走衆	乗馬	伝馬	知行高	上下人数	供騎	長柄	走衆	乗馬	伝馬
石	人	騎	本	人	疋	疋	石	人	騎	本	人	疋	疋
13000	201	13	20	76	16	27.6	1300	27		3	23	2	4.6
9000	181	13	18	58	16	25.6	1200	25		2	22	2	4.2
7800	157	13	16	36	16	23.2	1100	23		2	20	2	4.0
7000	141	8	14	62	11	20.0	1000	21		2	18	2	4.0
6000	121	8	12	44	11	18.6	800	17		1	15	2	3.0
5000	101	6	10	42	9	16.2	700	15		1	13	2	2.4
4000	81	5	8	32	8	14.0	630	13			12	1	2.2
4000	73	5	7	25	8	13.0	550	12			11	1	2.0
3500	71	3	7	39	6	12.6	530	11			10	1	2.0
3200	65	2	6	48	5	12.8	510	11			10	1	1.0
2600	53	2	5	31	5	8.6	500	11			10	1	
2500	51	2	4	30	5	8.4	450	11			10	1	
2400	49	2	4	28	5	8.2	400	10			9	1	
2000	41	1	4	28	3	7.0	220	10			9	1	
1700	35	1	3	23	3	6.5	150	8			7	1	
1700	25		3	21	2	5.4							

注　『国典類抄』前編嘉部52。

参したことは当然推測できる。陪臣に鉄炮・弓の所持を禁止したとは考えられないが、それを積極的に藩の軍事力に位置づけようとした意向は窺えない。表12のように足軽の鉄炮・弓の数が鑓より多いことは、これを補完するものと思われる。すなわち藩が飛び道具を独占し、個々の家臣に対して軍事上絶大な優位を保持したことを示している。家臣は、藩の軍団に位置づけられてはじめて鉄炮の援護を得、その戦力を発揮し得る体制に編成されていたのである。

しかしながら、当時秋田藩は藩財政窮乏に悩まされており、この二年前の延宝三年(一六七五)以降、給人からの借知を恒常的に続け、窮乏を給人に転嫁していたのである。[102]すなわち藩および給人が軍役帳の通りに出陣することは困難な状況に陥っており、蝦夷出陣に別の軍役帳を作成せざるをえなかったことが物語るように、この軍役割は机上の空論にすぎなかったといえよう。にもかかわらず形式的にも軍役帳を作成せねばならなかった所に、近世の領主制あるいは武家社会の矛盾が顕われていると考えられる。

近世初期における秋田藩の軍事体制の基本は、領内およびその周辺に対して発動するものであった。それ故、参勤・上洛・軍陣役は、これより軽減された軍役が課せられていた。だが、これらはすべてが給人にとって過重な軍役だったのであり、ことに人数賦課においては下層給人ほど過重であった。この原因は、ある一定の供人を持たなければ給人が戦場で一騎前の働きが不可能であったという、当時の戦闘形態に基づくものと考えられる。少なくとも、一騎に一〇人前後の供人が必要だったのであろう。

この人数賦課の下層過重が、石高制に依拠しえなかったため、藩はこの矛盾を補完する「合力」を支給せねばならなかったのである。[103]秋田藩においては、その藩財政の特質によりその財源が石高制を規定した米穀生産ではなく、石高制に包摂し得ない鉱山収入であったと思われる。合力が「銀」によって給付され、かつ幕府への鉱山運上銀が下賜された時、全家臣に合力を給付している事例は、このことを窺わせるのである。しかし寛永末年以後の鉱山の衰退や商品経済の発展に伴い、藩財政が窮乏の一途を辿ると、藩は米穀生産を財政の基盤とせざるをえない。[104]正保から慶安期にかけての総検地の実施や「小役銀」の設定は、こうした転換を物語るものであろう。これに対応して「合力」は消滅し、反対に藩が給人から知行高に応じて「役銀」を徴収し、「借知」「上知」を実施するのである。さらにこれが軍役割の変質をもたらしたといえよう。こうして軍役割は軽減され石高制に照応していく一方、事実上発動できないような形骸化した内容に変質していくのである。

もっとも近世社会が初期の緊張状態を終了していたがために、秋田藩は差し当ってこれを発動する必要もなかったのである。かつ寛文・延宝期以降の藩政機構の整備・家格制の確立の中で、軍事上の地位は、家臣団の上位を占める一門・門閥層等の職となっていったのである。このような軍事体制は、直接民政・財政など藩政を左右したものではなかったが、家臣団編成の基礎となり、家臣の格式や生活様式を序列づけ、それが藩の「武威」と由緒を支える重要な要素として、供連れ、行列などを通じてたえず領主から民衆までの各階層に誇示する手段ともなっていった。[105]さらに武家社会を規定し、藩政あるいはのちの近世社会に大きな影響を与えつづけたのである。

注

（1）佐々木潤之介氏『幕藩権力の基礎構造』。
（2）高木昭作氏『日本近世国家史の研究』。渡辺浩氏『東アジアの王権と思想』。
（3）『梅津政景日記』（以下『政景日記』と略称）寛永五年一二月六日条、農民夫役については、鎌田永吉氏「知行制度と村落制度」（『社会経済史学』二四巻二号、同氏遺稿集『幕藩体制と維新変革』に収録）。今野真氏「初期秋田藩の検地と知行制」（『日本史研究』一八八）、「藩体制と知行制度」（『歴史学研究』一九七九年度大会報告）など。
（4）『秋田県史』近世編上。『水戸市史』上巻。
（5）『秋田県史』近世編上。『佐竹家譜』上巻、「義宣家譜」。

（6）『同前』。および注（3）の諸論考。
（7）山口啓二氏「秋田藩成立期の藩財政」（『社会経済史学』二四巻二号、『幕藩制成立史の研究』に再録）。
（8）東大史料編纂所蔵『佐竹諸士系図』四。
（9）『同前』七。
（10）注（3）の諸論考。
（11）『国典類抄』第十二巻、前編嘉部五十一。秋田県公文書館蔵秋田県庁文書、寛永四年『在々給人配当帳』（『秋田県史』資料編近世上所収）。
（12）『秋田縣史』第二冊。『羽陰史略』。
（13）秋田県庁文書、寛永四年『窪田配分帳』（『秋田県史』資料編近世上所収）。
（14）『水戸市史』上巻。
（15）秋田県公文書館蔵佐竹文庫文書「茂木百騎子孫之者願書写」。『横手郷土史』。『秋田叢書』第一巻所収『杉山峯之嵐』。
（16）『杉山峯之嵐』。『佐竹諸士系図』六所収「藤原姓小鷹狩氏」。
（17）『秋田叢書』第一巻。
（18）『杉山峯之嵐』。『国典類抄』第十二巻、前編嘉部五十一。第一表に赤館衆・部垂衆の名がみえないのは、横手給人のように衆により寄親（秋田藩では「指南」と称した）が異なることなく、大館ではすべての給人が城代小場義成の寄騎となっていたからであろう。
（19）秋田県公文書館蔵佐竹文庫文書「在々給人勤方格式」。同館蔵「秋田藩家格書」。
（20）『秋田県史』近世編上。
（21）秋田県公文書館蔵『秋田藩家蔵文書』二十。長谷川成一氏「北の元和偃武」（『近世国家と東北大名』）。
（22）大日本古記録『梅津政景日記』（以下『政景日記』と略称）元和二年九月二日条。
（23）山口啓二氏「藩体制の形成」（岩波講座『日本歴史』近世二）。鎌田氏・今野氏前掲論文。
（24）『政景日記』元和七年正月十八日条。

(25)『国典類抄』第十三巻、前編嘉部五十五。
(26)秋田県公文書館蔵佐竹文庫文書。
(27)『政景日記』寛永八年正月四日条。
(28)『同前』寛永元年十二月八日条。
(29)『国典類抄』第十巻、前編軍部一。
(30)『秋田藩家蔵文書』三十五。
(31)『政景日記』元和二年二月一日条。
(32)「義宣家譜」元和七年四月二十二日条（『佐竹家譜』上）。
(33)『国典類抄』第十三巻、前編嘉部五十五。
(34)山口氏「秋田藩成立期の藩財政」。
(35)『政景日記』慶長十九年十月十一日条。
(36)『秋田藩家蔵文書』五十五。
(37)『大日本史料』十二編六、慶長十九年十一月二十六日条に詳細である。
(38)内閣文庫蔵。本書は『羽陰史略』と同系統本と思われる。
(39)『国典類抄』第十巻、前編軍部十一。
(40)『政景日記』元和二年七月十一日条。
(41)秋田県公文書館蔵。
(42)「義宣家譜」元和七年四月二十二日条。
(43)『政景日記』元和七年正月八日条。
(44)『同前』寛永八年三月七日条。
(45)『同前』寛永八年六月十五日条。
(46)『秋田藩家蔵文書』二十。長谷川氏前掲論文。
(47)『政景日記』元和八年八月二十一日条。最上氏改易の意義については、福田千鶴氏「最上氏改易について」（『日本史研究』三六一)。

(48)「義宣家譜」元和八年九月十一日条。『羽陰史略』。
(49)『秋田縣史』第一冊所収「歴代家老名譜」。
(50) 山口氏「梅津政景」(『日本人物史大系』三巻。『幕藩制成立史の研究』収録)。『秋田県史』近世編上。鎌田氏「秋田藩」(『東北の歴史』中巻)。
(51)『羽陰史略』。
(52)『政景日記』同日条。
(53)「義宣家譜」同日条、『羽陰史略』。
(54)『政景日記』同日条。
(55)『同前』同日条。
(56)『同前』同日条。
(57)「義宣家譜」同日条。
(58)『政景日記』同日条。
(59)『同前』同日条。
(60)『国典類抄』第一巻、前編吉部三。
(61)『秋田藩採集文書』七。
(62)『徳川禁令考』前集第一。『徳川十五代史』第二編。
(63)『政景日記』同日条。
(64)『同前』同日条。
(65)『同前』同日条。
(66)『同前』同日条。
(67)『同前』同日条。
(68)『同前』同日条。

(69)「義宣家譜」同日条。
(70)『国典類抄』第一巻、前編吉部三一八。
(71)佐々木潤之介氏「幕藩制の構造的特質」・「軍役論の問題点」。
(72)山口氏「秋田藩成立期の薄財政」がこれを指摘した最初の論文であろう。他に、峯岸賢太郎氏「成立期藩財政の構造」(『日本経済史大系』三)等がある。
(73)『政景日記』寛永五年三月八日条。
(74)山口氏「秋田藩成立期の藩財政」。なお大坂冬の陣では、上杉景勝が出陣の家臣に銀を給付し(「上杉家大坂御陣之留」『大日本史料』十二篇之十五、慶長十九年十月二十日条)、尾張義直が家臣に銀を貸与し(「尾州旧話録」『大日本史料』十二篇之二十、慶長十九年十月条)、小諸城主仙石忠政も歩行・小人に籾を貸与している(「柏原文書」『大日本史料』十二篇之十五、慶長十九年十月十四日条)。
(75)『政景日記』同日条。
(76)『同前』同日条。
(77)『同前』同日条。
(78)『同前』同日条。
(79)『同前』同日条。
(80)『同前』同日条。
(81)『同前』同日条。佐竹文庫文書『元和四年御銀被下候覚帳』。
(82)峯岸氏前掲論文。
(83)鎌田永吉氏「成立期の藩財政」(『藩制成立史の綜合研究』、『幕藩体制と維新変革』に収録)も、米沢藩を事例としてこの事を指摘されている。
(84)秋田県立公文書館蔵『梅津氏統系』。
(85)拙稿「秋田藩における座格制の形成」(『近世史論』一)。
(86)『秋田県史』近世編上、今野氏「初期秋田藩の検地と知行制」。

(87) 鎌田氏「知行制度と村落制度」。『秋田県史』近世編上。山口啓二氏・佐々木潤之介氏『幕藩体制』。
(88) 『秋田藩採集文書』一一。
(89) 『同前』三五。
(90) 国立史料館蔵「佐竹南文書」所収『佐竹南氏系図』。
(91) 『秋田沿革史大成』上。『羽陰史略』。『国典類抄』第一〇巻、前編軍部一一。
(92) 『国典類抄』第一〇巻、前編軍部一一。
(93) 秋田県立公文書館蔵『御国中分限帳』。
(94) 『羽陰史略』。
(95) 『国典類抄』第一二巻、前編嘉部五二。
(96) 『同前』。
(97) 山本博文氏『幕藩制の成立と近世の国制』にみえる豊臣政権の「取次」「指南」もこれに類似したものといえよう。
(98) 本書第四編参照。
(99) 『国典類抄』第一二巻、前編嘉部五二。
(100) 『同前』。
(101) 前掲拙稿。
(102) 『秋田県史』近世編上。
(103) 初期において、幕府がしばしば諸大名に合力を給付していることにも、注目する必要があろう。大坂冬陣中の慶長十九年十二月八日、徳川家康は外様諸大名に各銀一〇〇貫目を給し（『当代記』九・『羽陰史略』）、後述するように、寛永九年正月徳川秀忠が没すると、幕府はその遺銀を諸大名に各銀一万枚〜二〇〇枚宛下賜している（内閣文庫蔵『東武実録』）。
(104) 山口氏・佐々木氏『幕藩体制』。
(105) 、渡辺浩氏「「御威光」と象徴」（『東アジアの王権と思想』）。

第二章　幕臣団の形成に見る軍制と「家」

第一節　近世初期武川衆の知行と軍役

はじめに

戦国時代、甲斐国北巨摩郡の西半分に当たる武川筋に割拠した武川衆は、先祖が甲斐源氏の流れを汲むという同族結合を保ち、さらに通婚による親族関係を持って団結した武士団としてつとに有名である。彼らは戦国大名武田氏に仕えたが、武田氏の本貫甲府盆地に住居した直属家臣団とは異なり、辺境にあって古い生産基盤と強固な土着性に規制され、武田氏もその存在形態を解体できなかった。さらに天正十年（一五八二）三月、武田氏が滅亡し、同年六月本能寺の変により徳川氏が甲斐を領有すると、武川衆は徳川氏に服属し、「衆」としての形態を温存されたまま徳川氏の一軍団として活躍する。かつ天正十八年徳川氏が関東に転封すると、武川衆はこれに従って武蔵国男衾郡鉢形に移った。そしてこの武川衆の「衆」としての形態が解体されるのは、元和・寛永期を待たなければならなかったのである。

このような武川衆の存在は、近世初頭の武士の中でも特殊な形態とみられ、すでに多くの研究がなされている。先鞭をつけたのは伊東多三郎氏であり、昭和十八年(一九四三)に「所謂兵農分離の実証的研究」(『社会経済史学』一三巻八)を発表され、武川衆を事例に戦国末期の武士が在地性を払拭される過程を考察して、兵農分離の先駆的業績をあげ注目されている。また、昭和三十六年(一九六一)、村上直氏が「徳川氏の甲斐経略と武川衆」(『信濃』一三巻一)において、武川衆の動向を徳川氏の権力基盤の確立との関係から検討され、武川衆の研究は近世統一権力の形成過程に位置づけられるようになったといえる。さらに、服部治則氏が「近世初頭武士集団における親族関係」(『山梨大学芸学部研究報告』一六)で分家・婚姻を中心に「衆」としての結合関係を考察しており、奥野高廣氏の『武田信玄』、柴辻俊六氏の『戦国大名領の研究』など戦国大名武田氏の研究においても必ず言及される。(1)中でも上野晴朗氏は『甲斐武田氏』において、「衆」を護境的性格が強く、そこにつながる道路・関門・砦などを警衛した国境警備隊と位置づけ、武川衆が信濃諏訪口の警衛を担当していたことを指摘され、笹本正治氏は『戦国大名武田氏の研究』において、「衆」を武田氏が一率に武士団として掌握していた訳ではなく、交通の要衝に位置する地の名主層に諸役免除などの特権を与え、衆を組織させて道路の確保と領国警固の任を負わせたもので、本来地下人の集団であったと論証され、武川衆の守る信濃国境が武田氏の領国拡大に重要な地点であったため、武川衆が度々戦争に駆り出され、中には武士化するものも多かったと指摘された。

ところで、かかる研究の特徴は、その考察の中心を武田氏時代および徳川氏が甲斐に進出した天正十年から関東に移封する天正十八年までに置き、関東入封以後の記述が簡潔にしか触れられていないことである。ただ武川衆は関東に入封して以後も、その組織を解体されることなく続いた特殊な集団であり、関東における徳川氏の権力構造および家臣団形成過程のなかでも位置づける必要が感じられる。小稿では、関東における武川衆の動向をその知行と軍役の面から考察し、あわせて徳川氏直臣団の形成、近世武家の「家」の成立にも関連づけていきたい。

一　武川衆の徳川氏服属

戦国大名武田氏の家臣には、甲府盆地周辺の山間・山麓地帯に割拠した先方衆と呼ばれる集団がおり、武田氏もその強固な結合関係を解体することはできなかった。これら先方衆としては、津金衆・小尾衆・御岳衆・大村衆・九一色衆等が知られている。(2)もちろん武川衆もこの一つであった。

『甲斐国志』巻百十三によれば、武田氏の一門一条時信の男子十数名が武川筋の村落に割拠し、各々村名を姓とし、子孫が繁栄して武川衆と称されるようになったと伝え、武田信玄の時代、まず板垣信形についで武田信繁に付属されたという。さらに武川衆は、はじめ一二騎であったが、のち曽雌・米蔵・折井・小尾・跡部・知見寺・権田・入戸野・曲淵等二六騎となり、天正十年(一五八二)家康に服属した時六〇騎余りであったと記し、人数が絶えず変化し確固たる統制と人数の確定がなかった様子を窺わせ、そこに「衆」的結合の特質をも現わしている。

武川衆としてみえる例は、永禄十年(一五六七)八月の信濃生島足島神社所蔵の「武田将士起請文」に「六河衆」として、馬場小太郎信盈・青木与兵衛信秀・山寺源三昌吉・宮脇清三種友・横手監物満俊・青木兵部少輔重満・柳沢壱岐守信勝の七名が名を連ね、起請文を武田信豊に提出している。信豊の父典厩信繁が川中島で討ち死にしたとき、武川衆の山高親之が上杉勢から首級を奪い返したと伝えられており、武川衆は武田信繁・信豊父子の寄子であったといわれる。ただ『甲陽軍鑑』品第十七「武田法性院信玄公御代惣人数之事」に、武川衆は、曲淵庄左衛門吉景が山県昌景の寄騎に、青木尾張守信立が二の御先衆としてみえ、天正十年武田遺臣が徳川氏に臣従を誓った「天正壬午甲信諸士起請文」には、折井民部丞が三枝衆に、同市之丞が前山県衆に、入戸野四方助が城織部同心衆に見いだせるなど、武川衆が分散している。(3)同じ先方衆の御岳衆・津金衆がそれぞれ軍団として纏まった単位で記されているのに対し、武川衆は必ずしも軍団としては把握されていない。彼らの軍団としての活躍が明確になるのは、天正十年徳川氏に服属して以後のことである。『甲陽軍鑑』等には、武川衆の出身である武田信玄の老臣馬場美濃守信春や、信玄の甥武

表14　武川衆の系譜

姓　名	通　　称	天正10所領	同18加増	関東知行	甲斐移住	慶長9加増	忠長付	召返し	役職・知行
【折井氏】									
次昌	市左衛門	168,400	400						
次忠	九郎次郎　市左衛門	52,990	80	鉢形 800		200.			
政次	九郎次郎　市左衛門						年未詳	年未詳	1200石
次吉	九郎三郎			鉢形 140		60.	元和 9	寛永10	宝蔵番,200石
次重	主水								
次正	長次郎　主水	29,000	鉢形		慶長 8	90.			
門次	小右衛門						寛永 1	寛永10	富士見番,150石
【米倉氏】									
忠継	五郎兵衛　主計助	430,000	400	鉢形 750					
信継	六郎右衛門　丹後守	124,750	60	相模					使番，1250石
永時	助右衛門			相模					佐渡目付・代官
重種	平太夫			相模					代官,680石
信継									
豊継	左京　左太夫	152,500	80	鉢形	年未詳				
正継	左京　左太夫						元和 3	寛永17	御蔵番,250石
利継	彦太夫	118,000	80	相模?180					
満継	加左衛門	50,000	80	鉢形	慶長 8				
信継	八右衛門　加左衛門						元和 3	寛永17	御蔵番,220俵
【曲淵氏】									
吉景	勝左衛門　玄長		200	相模 500					
吉清	助之丞　縫殿左衛門		80	相模 220	年未詳		年未詳		
吉重	助丞								
吉門	清兵衛						元和 5	寛永16	奥方番,130石

正吉	彦助　勝左衛門	55,000	80	鉢形 150		80.			
正次	彦助　勝左衛門						元和 9	寛永10	230石
吉資	七左衛門			相模 300					
吉房	助左衛門			相模 100			元和 9		
信次	源次郎　甚右衛門			相模 110			元和 9		
信行	猪之助　甚右衛門							寛永16	奥方番
【青木(柳沢・山寺)氏】									
信時	与兵衛　尾張守	1315,600	200	鉢形					
信安	弥七郎　与兵衛	60,000	80	鉢形	慶長 8	80.	年未詳		
信就	弥七郎　与兵衛							寛永19	大番,380石
信生	清左衛門			鉢形?			年未詳	寛永18	宝蔵番,170石
(柳沢)									
信俊	兵部丞	72,800	60	鉢形		123.			
安吉	孫左衛門						元和 8	寛永17	宝蔵番,230石
安忠	長蔵　十右衛門						元和 1	寛永16	広敷番,160石
信真	弥十郎								
信次	〔曲淵吉景養子〕								
(山寺)									
信昌	甚左衛門	100,000	60	鉢形					
信光	甚左衛門			鉢形	慶長 8		年未詳	寛永19	大番,390石
昌吉	七左衛門						年未詳	年未詳	子孫大坂定番与力
信就	〔青木信安養子〕								
満定	弥三左衛門		200						
豊定	勘右衛門								
俊定	勘次郎								代官,200石
【山高氏】									
信直	将監　宮内		60	鉢形 120		75.			
親重	孫兵衛				慶長 9		元和 2	寛永19	大番,270石
信俊	三左衛門　杢左衛門						元和 2	寛永19	大番,300石

注 『寛永諸家系図伝』、『寛政重修諸家譜』等。但し、馬場・入戸野・伊藤・有泉氏等の系図は省略した。
天正10年所領の単位は貫文、天正18年は俵高、関東知行・慶長9年は石高。

田信時の家人として武川衆の青木尾張守信時等が活躍し、武川衆の各々の武勇は喧伝されてはいたが、「衆」単位の活躍はあまりみられない。そのような伝承は、武田氏時代において「衆」が本来地下人を組織して交通の要衝を警備させたものであったことを示すとともに、徳川氏服属以後に知行を安堵され武士化し「衆」として活躍した史実が、徳川氏創業の歴史と東照神君神話の拡大の中で、のち旗本になった子孫の手により、誇張されながら系図・先祖書等に記述されたためと思われる。

天正十年六月、本能寺後の織田政権の崩壊により甲斐に進出した徳川家康は、同年末までに武田遺臣に本領を安堵しながら臣従させていった。武川衆が徳川氏に服属したのもこのときである。

同年七月十五日、家康は武川衆の米倉主計助忠継・折井市左衛門次昌両名に感状を与え(4)、八月七日には曲淵勝左衛門吉景に感状を与えており(5)、織田政権崩壊後の甲斐をめぐる徳川・北条両氏の争奪戦の中で、早速武川衆が徳川勢に加わり戦功を立てたことを窺わせる。また八月八日付の曲淵宛の成瀬正一の添状には、諸事を折井・米倉に相談するようにと記され(6)、武川衆の中で折井次昌・米倉忠継がいち早く武川衆を統合して徳川氏に接近し、主導的な地位にあったことを物語っている。

同年八月十一日山本弥右衛門忠房が、同十六日、青木尾張守信時・柳沢兵部丞信俊が本領安堵状を与えられ、ついで翌十七日に折井次昌が、九月五日には山本十右衛門が本領を安堵されている(7)。ただし、これらはそれぞれ井伊直政・大久保忠泰・本多正信・阿部正勝等が奉行人となった奉書であり、武川衆が一致団結して徳川氏に服属したものとはいえない。それだけに徳川氏は、折井次昌・米倉忠継による武川衆の統制を期待していたのであろう。同年十二月七日以降、徳川氏は家康の朱印状で、従来安堵した武川衆に加増のうえ新たに折井長次郎次正・米倉加左衛門満継・小沢善太夫・曲淵彦助正吉等も安堵された。現在宛行状を下されたことが確認できるのは一六名であり、米倉忠継に下された安堵状は見出せないが、『寛政重修諸家譜』によれば四三〇貫文が、その弟彦大夫利継に一一八貫文が宛行われたと記されている。また山寺甚左衛門信昌にも一〇〇貫文が宛行われたという。ここに一応徳川氏は武川衆を統一的に把握することを達成したといえよう。のち翌十一年四月に至るまで所領の安堵、加増が重ねられていった。ただ最後に宛行われたのが青木信時の嫡子信安と折井次昌の嫡子次忠であることは、徳川氏が武川衆のうち最大の知行を保持している青木氏への配慮とともに、武川衆の統率を折井に期待していたことが窺える。

ただし、この宛行においては、ことに青木信時が一三一五貫文と、武川衆の統率的な地位にあった折井次昌の一六八貫文余・米倉忠継の四三〇貫文に比較して卓越した知行を保持していた。この間天正十年（一五八二）十二月十一日、徳川家康は武川衆に対し次の朱印状を下している。(8)

（朱印影）　　武川次衆事

曽雌　藤　助　　米蔵加右衛門尉　　入戸野又兵衛　　秋山　但馬守
秋山　内匠助　　秋山　織部佑　　秋山　宮内助　　功刀弥右衛門尉
戸嶋　藤七郎　　小沢　善大夫　　同名甚五兵衛　　同名縫殿右衛門尉
小尾与左衛門尉　　金丸善右衛門　　同　新　三　　伊　藤　新　五
海瀬　覚兵衛　　樋口　佐大夫　　若尾杢左衛門尉　　山本　内蔵助
石原　善九郎　　名取刑部右衛門尉　　志村　惣兵衛　　塩屋作右衛門尉
山主　民部丞　　青木　勘次郎

右武川衆所定置也、仍如件

天正十年

表15　天正期武川衆の知行

氏　名	年月日	所領高	差出所
山本弥右衛門忠房	10, 8,11	42,000	(井伊直政)
	10,12,10	45,600	徳川家康朱印
柳沢兵部信俊	10, 8,16	72,500	(大久保忠泰)
	10,12, 7	72,800	徳川家康朱印
青木尾張守信時	10, 8,16	321,000	(大久保忠泰)
	10,12, 7	1315,600	徳川家康朱印
折井市左衛門次昌	10, 8,17	133,400	(大久保忠泰)
	10,12, 7	148,400	徳川家康
山本十右衛門尉	10, 9, 5	80,600	(阿部正勝)
	11, ①14	36,600	徳川家康朱印
五味太郎左衛門	10,10,12	10,000	(大久保忠泰・本多正信)
折井長次郎次正	10,12, 7	29,000	徳川家康朱印
米倉左大夫豊継	10,12, 7	152,500	徳川家康朱印
米倉加左衛門満継＊	10,12, 7	50,000	徳川家康朱印
米蔵六郎右衛門信継	10,12, 7	124,750	徳川家康朱印
小沢善大夫＊	10,12, 7	9,000	徳川家康朱印
横手源七郎	10,12, 7	82,000	徳川家康朱印
曲淵彦助正吉	10,12, 7	55,000	徳川家康朱印
五味菅十郎	10,12, 9	30,800	徳川家康朱印
青木弥七郎信安	11, 4,21	60,000	徳川家康朱印
折井次郎九郎次忠	11, 4,26	52,990	徳川家康朱印

注　『記録御用所本古文書』七。『新編甲州古文書』二巻
年月日の年号は天正。①は閏正月。所領高の単位は貫文。(　)は奉書の奉行。
＊は天正10年12月11日付「武川次衆事」にみえる氏名。

十二月十一日

表題に「武川次衆事」とみえ、青木信時・折井次昌・米倉忠継・曲淵吉景等有力な者の氏名がみえないところから、武川衆の中でも下層に位置づけられた階層と思われ、武川衆の内部が二階層に分けられて編成されていったことを示している。しかしこの二一名のうち、米倉加右衛門尉・小沢善大夫の二名のみは天正十年に知行を安堵されたのが確かめられ、米倉は五〇貫文、小沢は九貫文と低いが、他にも二〇・三〇貫文の知行を安堵された下層給人が次衆として位置づけられていない。ここから下層に位置づけられた武川衆が必ずしも知行高の高下によるものではないことが判明するが、次衆の中には天正十八年五ヵ国総検地後の知行加増者、関東転封後の武川衆として確認できない者が大半を占めており、本来地下人が組織されたという武川衆の事情を考えると、武士化への道を辿らずに土着したような階層がここに含まれていたことも推測しうる。いずれにせよ、「次衆」という語に、内部に階層を持った軍団として、徳川氏が把握していたことを示している。あるいは、次衆が甲信の国境警備を担当するなど、軍役負担に差があったのかもしれない。

その後徳川氏の軍団に編成されて武川衆の活躍が始まる。天正十二年小牧長久手の合戦には後方の信濃上田真田昌幸の押さえとして信濃勝間城を守衛し、ついで四月尾張に出陣して同国一宮城を守り、さらに九月楽田に転戦した。翌十三年五月には折井次昌が二〇貫文を加増されている。(9) 同年徳川氏は真田昌幸の居城上田を攻撃したが、このとき武川衆は徳川氏に人質を提出し大久保忠世の下に属して出陣した。青木信時の子弥七郎信安は、真田の足軽大将成沢甚右衛門を討ち取っている。(10) ただ青木信安が感状を与えられたという形跡はみられず、翌十四年正月家康は武川衆宛に次の感状を与えている。(11)

今度証人之事申越候之処、各有馳走、差図之外、兄弟親類駿州江差越、無二之段、寔感悦候、殊去秋之於真田表、万事入情、走廻之旨、大久保七郎右衛門披露候、是亦令悦喜候、委細両人可申候、恐々謹言、

正月十三日　　家康御判

武川衆中

宛所が「武川衆」となっていることは、天正十年の感状が個人宛になっていたことを考え合わせると、第一に武川衆が徳川勢の中で一軍団として確定され機能しており、第二に彼らの衆的結合が承認をうけている一方で、個々の武功は衆全体の問題として処理されていたこと、第三に出陣に際して人質を提出するなど、あくまでも徳川譜代の家臣とは峻別されていたことが窺える。

ところで天正十三年十二月、徳川氏が甲斐国中へ武田氏の制法・軍法の提出を命じた時、折井次昌が軍法を、米倉忠継が分国政務掟書・武田典厩覚書を提出したという。(12) この前後の徳川氏には、石川数正が大坂に出奔するなど内部に動揺が見られ、この事件を契機に徳川氏が武田氏の軍制を採用したと伝えられているが、この時折井・米倉が武田氏の遺法を提出したことは、武川衆の統率者としての両名の地位を一層高めたものと推測されよう。

それは武川衆の内部に動揺をもたらす結果ともなったようである。すでに天正十年八月、織田政権崩壊後の甲斐をめぐる徳川・北条両氏の争奪戦の中で、折井次昌は、武川衆のうち北条氏に内通した中沢縫殿右衛門・同新兵衛を討ち取り徳川氏への服属を決定する一方、武川衆の統率者としての地位を確定したのであり、武川衆が絶えず同一の意思に従って結合を深めていたわけではなかった。また天正十年に本領を安堵された時、卓越した所領を保持していたのは青木信時であり、米倉・折井ではなかった。天正十八年正月、青木信時・信安父子は次の起請文を米倉・折井両名に提出している。(13)

敬白起請文之事

一今度同名弥惣左衛門・山寺甚左衛門・米蔵六郎右衛門致談合、闕落仕へき覚悟務々無御座候事、

一今度功刀弥右衛門・同孫二郎闕落之儀、務々不存候、もとより我等闕落致候ハん由彼両人江不申理事、

一米蔵造酒丞・同半兵衛両人之闕落、務々不存候、向後彼方両人江内通いたす間敷候事、

附、両人之方ゟ使成共書状成共指越申候ハヽ、不移時刻可申上候事、

一大細事共、殿様御為悪事承候ハヽ、可申上候、もとより於手前御うしろくらき覚悟存間敷候、付、於何事も折市・米主と心中不残談合可申候事、

右之一々、可蒙梵天・帝釈・下四大天王・堅牢地神・炎魔法王・五道冥官・熊野三社大権現・伊豆箱根両所権現・三嶋大明神・当国一二三大明神・八幡大菩薩・天満大自在天神御罰、仍如件、

天正十八年　　青木　尾張

寅正月十九日　　血判

同　弥七郎

米蔵　主計助殿
折井市左衛門殿

血判

この起請文からは、武川衆から功刀弥右衛門等数名が欠落しさらに残った仲間を誘って連絡を通じており、また青木尾張守信時父子が、青木弥惣右衛門満定・山寺甚右衛門信昌・米倉六郎右衛門信継らと欠落の相談をしていたことが窺える。このとき折井・米倉両名は、青木弥惣右衛門満定からも同様の起請文をとっている。(14)すでに一ヵ月前の天正十七年(一五八九)十二月二十一日、折井・米倉の両名は、山寺信昌から、追放された松月・同与次父子との交際を止める旨の起請文をとり、(15)また五ヵ月後の天正十八年五月十九日にも山寺から再び起請文を取っている。(16)武川衆の中から欠落が続出しており、その中心に青木信時父子・山寺等がいたことを推測させるのである。さらに、欠落が「殿様」すなわち家康への敵対行為として捉えられていることも注目される。

表16　天正18年正月27日武川衆への重恩

氏　名	加増高	同姓小計
折井市左衛門次昌	400俵	480俵
折井九郎次郎次忠	80	
米倉主計助忠継	400	780
米倉左大夫豊継	80	
米倉彦太夫利継	80	
米倉加左衛門満継＊	80	
米倉彦次郎	80	
米倉六郎右衛門信継	60	
曲淵玄長吉景	200	360
曲淵助之丞吉清	80	
曲淵庄左衛門正吉	80	
青木尾張信時	200	560
青木弥三左衛門満定	200	
青木弥七郎信安	80	
青木勘四郎	80	
馬場勘五郎信吉	200	280
馬場小太郎信成	80	
横田(手)源七郎	80	80
伊藤新五郎重次＊	80	80
曽雌民部助定政＊	80	80
入戸野又兵衛門宗＊	80	80
柳沢兵部丞信俊	60	60
山高将監信直	60	60
山寺甚左衛門信昌	60	60
計	2960	

注　『記録御用所本古文書』七。
＊は天正10年12月11日付「武川次衆事」に見える氏名

この時期、徳川氏は領国内に五ヵ国総検地を実施し、従来の貫高表示を俵高に改変して石高への移行を志向し、近世大名への転換を図ったのである。(17)武川衆の知行も検地の結果貫高から俵高になり、天正十七年十二月十一日一括して七三三五俵一斗一升四合四勺が給付されたが、別にその以前の十一月二十一日、折井次昌は七三二俵、その子次忠が二〇〇俵、米倉忠継が七〇〇俵を給付されており、折井・米倉両名の優位がさら顕在化していったのである。(18)翌天正十八年正月二十七日、武川衆二四名に一紙で宛行われた重恩の知行は都合二九六〇俵、うち折井・米倉の両名が四〇〇俵ずつ、青木信時・同満定・曲淵・馬場等は二〇〇俵、折井・米倉の傍系の一族が八〇俵から六〇俵、山寺・柳沢・山高等は六〇俵となっていた。(19)この時の青木の知行は不明であるが、折井・米倉よりも小禄であったことは加増高の差から窺い知ることができ、なによりも他の武川衆とともに一括して給付されていたのである。ここに折井・米倉の優位が確定する一方、天正十年に他と隔絶した知行を保持していた青木は、大幅に削減されたものと推測される。それは徳川氏が武川衆に対して統制を強めた結果であったと同時に、武川衆の内部矛盾の顕在化を惹起させたものであろう。この過程で欠落が続出したものと考えられる。

同年、小田原の後北条氏征討に続く関東移封は、徳川氏にとって五ヵ国総検地によって起こった様々な矛盾を打開し、家臣団をその本貫の権力基盤から遊離させて彼らの統制強化と再編を企てる好機でもあったといえよう。

二　武蔵における武川衆の知行と編成

天正十八年(一五九〇)八月、徳川氏の関東入封に供奉した武川衆は、本来の権力基盤から遊離を余儀なくされ、江戸に留まることなく、成瀬正一・日下部定好に率いられて武蔵男衾郡鉢形に派遣された。以前武川衆の内訌の中心であった青木・山寺等の諸氏も同様に鉢形へ移されたのである。以後、武川衆の内部において動揺が顕在化した形跡は見られない。なお甲斐から鉢形に移住したのは、二十数騎の武川衆とその家族のみではなく傍系血族・陪臣や下級奉公人も多かった様子である。彼らの多くは知行地で田畑を名請して耕作にも従事し、のち一部は土着したようである。鉢形周辺に武川衆の子孫と称する旧家が残っているのは、このような事情によるものであろう。[20]一方、武士化をせずに甲斐に残った武川衆の一族も存在したのである。

鉢形は、前領主の後北条氏時代小田原城主北条氏政の弟氏邦の居城であり、兄弟の氏照の居城八王子と並び北関東を押さえる重要な支城の一つとされていた。また鉢形は、秩父山地から発する荒川が山地を出て扇状地を形成する扇頂に位置し、甲斐から秩父を経て関東平野に通じる路を押さえ、かつ目前には赤浜の渡しを控えていた。この渡しは、荒川を武蔵から上野に抜ける鎌倉街道下道の途河点であり、当時の鉢形は交通の要衝として市も開催され、谷口集落を形成する地域の経済の中心でもあった。[21]

成瀬は、天正十年徳川氏が甲斐に進出したとき先陣となって武川衆等の懐柔に尽力し、のち甲斐の奉行として同国の民政を司っていた。『寛政重修諸家譜』によると、天正十年に武川衆六〇騎を付属され、同十三年には根来同心一〇〇人を付属されたといわれ、鉢形には武川衆・根来同心を率いて駐屯したという。また北武蔵の蔵入地七万石を預かり、武蔵榛沢・那珂・男衾および近江に知行二一〇〇石を給付されたのである。また日下部も甲斐において成瀬とともに奉行を勤めており、関東入封後も鉢形において寺社領の安堵など地方支配を積極的に推進している。[22]

ところで、武川衆はすべて鉢形に派遣されたわけではなかった。甲斐において折井とともに武川衆の統率に当たっていた米倉忠継は、関東入封後に使番に登用され江戸に出仕することとなり武川衆から離れていく。なお折井次昌も、天正十八年三月小田原攻めの陣中で病み、同年八月四日に五十八歳で没した。そして武川衆の支配は、次昌の嫡子折井九郎次郎次忠一人が担当することになった。それだけではなく、武川衆の一部は相模に知行を与えられ、その地に留まった。武川衆は再編成される一方、次第に分断されていくのである。ただ相模に知行を与えられた武川衆は、足柄郡・大住郡等、大久保忠世の居城小田原の周辺に配置された様子であるが、どのような任務についたのか、あるいは小田原の守衛に当たったのか否かは分明ではない。

一方、五ヵ国時代、徳川氏において甲斐・信濃を軍事的に掌握したのは大久保忠世であった。大久保が成瀬・日下部と直接の上下関係があったか否かは定かではないが、関東の徳川氏において西の備えは大久保の居城小田原のみであり、大久保の庇護した代官頭大久保長安が武蔵西部の要衝八王子に陣屋を構え、そこに武田旧臣の千人同心を配置したことを考えると、(23) 小田原・八王子・鉢形という後北条氏の拠点が、小田原を居城とした大久保氏によって掌握され西への備えとなっていたとも推察できよう。『寛政重修諸家譜』によれば、天正十九年九戸一揆に徳川家康が出陣したとき武川衆の山高氏・青木氏などが忠世の子大久保忠世に属して出陣し、慶長五年関ヶ原に向かう徳川秀忠が信濃上田城を攻撃したとき、武川衆の山寺氏・山高氏などが大久保忠隣に属して参加している。これらの事例から、武川衆は個々に所属したのではなく、衆として大久保氏の下に編成されていたものと推測できる。関東入封直後の武川衆は、大久保氏の軍団に所属していたからこそ鉢形と小田原に配属されたといえよう。

天正二十年三月三日、武川衆は大久保長安・伊奈忠次から連署をもって次の知行書立を発給された。(24)

渡申御知行之事

一五百六拾三石八斗壱升七合　武州　(万吉)まけち郷
一百六拾八石七斗八升五合　同　野原之郷
一四百四拾八石七斗七升五合　同　(小江川)老川之郷
一八拾八石三斗四升九合　同　(須賀広)すかひろ之郷

一百卅石五斗九升壱合　　同　せんたい（千代）之郷
一拾石九升壱合　　同　西富田之郷之内ニ而
一三百五拾九石弐斗九升九合　　同　とみ田之郷
一九百弐拾石六斗八升五合　　同　折原之郷
　右之内拾石、東国寺領ニ引、日下判はりかミ有
一三百拾三石八斗八升は　　同　飯塚之郷内ニ而
一百三拾壱石七斗仁升は　　同　今壱（今市）郷内ニ而
　右之外拾石、東国寺領ニ渡、日下判はりかミ有
　　合三千百四拾石九斗六升三合
右之分可有御所務候、田畠屋敷上中下高ニ振可被分候也、
　辰三月三日　　大久保　十兵衛　判
　　　　　　　伊　奈　熊　蔵　判
　　武　川　衆

このとき武川衆の知行は、いわゆる「大縄知行」として一括して給付されたが、折井次忠と弟の九郎三郎次吉兄弟のみは同日付で両名宛に都合九〇八石余の知行書立が発給されていた[25]。

　渡申御知行之事
一五百六石八斗六升八合　　武州　吉田之郷
一弐百五拾九石三斗四升八合　　同　西とみ田之郷内ニ而

一百四拾弐石六斗八合　同　四方田之郷

合九百八石八斗弐升五合

右之分可有御所務候者也、

辰三月三日　大久保十兵衛　判

伊　奈　熊　蔵　判

折井九郎次郎殿

同　九郎三郎殿

なお史料は現存しないが、米倉忠継も別個に知行書立を発給されていた様子である。ここに武川衆の統率者としての折井次忠の地位が、甲斐時代と比較すれば他と隔絶された待遇によって確定したのである。すなわち身分的序列を確定されて「衆」としての相互に対等的な結合を次第に改変されつつあり、一層深く徳川氏の軍団の中に組み込まれ位置づけられたといえる。もちろん「衆」としての軍団は、その構成員が一騎打ちによる互いの武勇をもって、戦功を立て勇名を馳せる戦法の中で機能するものであり、足軽隊・番組等を駆使した集団の駆け引きによる戦法において統率と軍令系統を秩序立て各軍団を機能させるには、相応の身分的序列の確定が不可欠であったと考えられよう。

また武川衆の知行は男衾・大里・幡羅・児玉郡一〇ヵ村とされたが、もちろんこの書立が発給されたとき、武川衆が始めて知行を給付されたのではなく、すでに給付されていた知行に改めて書立を発給したか、あるいは松平家忠の例に見られる如く替知となったものであろう。(26)さらに「田畠屋敷上中下高ニ振可被分候也」の記載から、徳川氏関東入封二年後にもかかわらずまだ検地が実施されておらず、その施行と石盛の決定が知行主の裁量に任されていたことが判明する。それは必然的に、給人の百姓の人身的支配の強化に繋がっていったと思われる。

ところで武川衆の知行となった一二ヵ村の内、いわゆる「鉢形領」[27]に属した村々は五ヵ村に過ぎず、その他は松山領・御正領・忍領・本庄領と、鉢形領の周辺に分散していた。おそらく当時鉢形領の大半は、成瀬・日下部の支配する蔵入地として設定されたと思われ、鉢形を守衛する武川衆も鉢形周辺のみに知行を集中することはできなかったのである。

慶長三年四月、武川衆は鉢形周辺の知行を上知され替知を与えられた。[28]

鉢形城廻替知行之覚

一六百拾五石石壱斗六合　　桜沢之郷

米蔵五郎兵衛殿分御蔵入ニ成、

此替地御正本郷ニ而渡、

一九百拾五石六斗八升五合　　折原郷

成吉・日下兵へ、市宿之替ニ渡、武川衆之分、

合千五百参拾石八斗五升

右之替地

一千廿壱石参斗四升弐合　　御正本郷

是ハ桜沢之替地ニ渡、

一四百八石九斗弐升　　同三ツ本

一廿壱石六斗八升　　今市分

一七拾八石九斗　　成沢之内ニ而

合千五百卅石八斗五升

右之分為替地渡申候間、可被成御所務候、今度五月朔日御寄合ニ而、何も加判可仕候間、其内之覚ニ而候也、仍如件、

戌四月二日　伊熊蔵判

武川衆

ここでまず注目されるのは「鉢形城」とみえることである。鉢形城は天正十八年の落城後、廃城となったと伝えられている。しかしそうであるならばこの時期に「城」という語を付する必要はなく、この時期に鉢形城が「城郭」として機能していたことを窺わせる。成瀬・日下部に武川衆・根来衆が付属され派遣されたのは、鉢形にある程度の軍事力を駐屯させるためであり、彼らの住居は城郭の内部に存在したと思われる。

一方、米倉五郎兵衛忠継が榛沢郡桜沢から大里郡御正本郷に替知となっている。米倉は甲州時代に折井と並び武川衆を統率し、関東入封後七五〇石を給付された。ただし前掲の天正二十年武川衆宛知行書立には、桜沢はみえない。米倉宛の知行宛行状は現存しないが、米倉も折井と同様に鉢形の周辺に武川衆とは別に単独で知行を得ていたことが判明する。その意味では、米倉も武川衆と知行を同じくするという甲州以来の編成は保持されていたのである。

他方、徳川氏は、成瀬・日下部の知行市宿を蔵入地にし、替知として武川衆の知行折原村を与え、武川衆には御正本郷・三ツ本・今市・成沢を給付している。ここで武川衆の知行の一部はさらに鉢形城から離れていき、大里郡御正領周辺に知行が集中していった。市宿は鉢形城下に存しかつ谷口集落として小市場圏の中心的位置にあり、山間村落の年貢上納のための産物換金の機能を保持していたことは十分推察される。この地を蔵入地にしたことは、鉢形を在方市として流通の中心とし発展させようとする政策の現れと見られる(29)。それは軍事的な重要拠点であった鉢形が、次

第に領国支配・領国経済の中で位置づけられていくことを物語る現象ともいえる。これが鉢形の廃城にも繋がっていったのではないだろうか。かつ今まで鉢形城を守衛していた武川衆が、次第に知行を城の遠隔地に移されていくとも、軍事的機能が希薄になっていく過程を象徴するものといえよう。

それでは武川衆が知行を集中した大里郡御正領において、知行所支配の実態はどのようなものであったろう。次の伊奈忠次手形はその片鱗を窺わせてくれる。(30)

已上

四ヶ村之儀、堰堀手前にて不罷成付而、無川(武)衆被上候、仍其、我等に被仰付候、堰之儀、御公方ゟ可被仰付候、成ヶ之儀ハ、一両年此方荒候所をハ、此日比百文なし候所をハ五十文、五十文なし候所をハ廿五文、半取ニ被仰付候、久荒候所をハ年貢なしに致し候ハん間、態々才覚候而、年貢をも引負わぬ百姓参候ハ丶、いかほともあつめ候而、きも入可被申候、御ちうせつ可為候、種子用をハ入次第借可申候、諸役可為不入、

正月十二日　　伊　熊　判

御正百姓中

この文書には年号がないが、知られるかぎりでは伊奈熊蔵忠次は慶長四年(一五九九)三月以前から駿河守を称し、のち備前守を称しており、それ以前の成立と考えられる。(31)一方、武川衆は御正四ヵ村を上知されているが、前掲二点の知行書立に登場した御正領の村々は、天正二十年(一五九二)に万吉村、慶長三年に御正本郷・成沢・三ツ本の都合四ヵ村であり、数が一致するので、以上の村々をさすとみられる。ここから文書の発給は、前掲の知行書立が出された慶長三年四月以降のことであろう。以上からこの伊奈忠次手形は、慶長四年正月のものと推定される。すなわち、一年も立たぬ内に、武川衆が御正領の知行を手放したことを物語っているのである。文言には直接記されてはいない

ものの、穿った見方をすれば武川衆の願いによって上知されているようにも受け取れる内容である。ただ替知をどこに得たかは不明である。

武川衆が御正四ヵ村を上知されたのは、用水堰が壊れ水田に引水できなくなり、荒地が増加して年貢が減少したためである。代わって御正領を支配した徳川氏の代官頭伊奈忠次は、用水の普請を「公方」すなわち徳川氏の負担とし、年貢を半減あるいは免除しながら、荒地の起返しと新田百姓の入植を推進し開発の進展に尽くしている。反面それは、武川衆が用水修復や新田開発など生産基盤を整備する能力が欠如していたことも窺わせるのである。代官と小禄の給人との地方支配における実力の差を、如実に示す事例といえよう。のちこの用水は、荒川扇状地の代表的な用水の一つ御正領用水として近世・近代を通じ大きな役割を果たしていく[32]。それも武川衆の手では成し遂げられず、伊奈氏の政策の所以であった。このように勧農の能力を欠如しながら、年貢・諸役の収奪を行なった武川衆に対し、知行所の百姓が抵抗を重ねたことは当然推測できよう。年代は前後すると思われるが、次の大久保長安書状がその様子を知らせている[33]。

尚々、武川衆之儀彼人肝煎被申候間、手前御尤ニ御座候共、手くミ之衆之断迄もて被申候間、様子被為聞、有様ニ御返し頼存候、かしく、

急度申入候、仍爰許其家中普請場はかゆき申候間、御心安可被思召候、御普請衆も一段御苦労之事ニ候、将又折井九郎次郎殿御知行之百姓、忍領へ参有之由被仰候間、様子被為聞被仰付、御返可被下候、返々無相違罷帰候やうに被仰付候て可給候、彼人儀は、武川衆物頭被致候間、以来手くミ之衆百姓参候共、彼方ゟ可被申候間、其次第様子被為聞御返し頼入候、恐々謹言、

卯月十日　在判

ふしみ占

小左様　　大十兵

伏見に滞在している大久保長安が、忍領の仕置に携わっていた「小左」なる人物に送った書状であり、内容から当時徳川氏が伏見城の普請を担当していたことが知られる。文禄三年(一五九四)二月から同年秋まで徳川氏が松平家忠を普請奉行として伏見城の普請に従事し、同年家康も伏見に留まっていることから、この書状はおそらく文禄三年のものと推定される。「小左」の姓名は不明であるが、家康の四男で忍城主であった松平忠吉の老臣であろう。忠吉の老臣の中には、付家老の小笠原三郎左衛門吉次をはじめ同監物・同半三郎・同左京等小笠原姓が多く、そうした一人と思われる(34)。

書状では、折井次忠の知行所の百姓が忍領に欠落したため人返しを命じている。また折井を武川衆の「物頭」といい、尚々書でもさらに「肝煎」と強調し、組下の武川衆の知行百姓が欠落した場合にも連絡があれば同様に人返しを実施するように依頼しているのである。この文言は、武川衆の知行から百姓が次々と欠落することをあたかも予想しているようである。後世この書状は折井の子孫に伝来していたことから、折井の訴えにより大久保が「小左」に通告したものであろう。欠落の続出を予測したのが折井ら武川衆であったか、あるいは大久保であったかは不明であるが、この背景に江戸城あるいは伏見城普請等の過重な夫役が存在していたことだけは確かであろう。

なお、この書状でも、武川衆が折井を頭とした一軍団を形成していたことを明確に示している。さらに「物頭」という語には、武川衆が甲斐に居住していた頃の地縁的・同族的な集団としての性格を変化させつつあり、統制がとれ上下関係の明確な軍団として編成されつつあることを窺わせるのである。

忍領は鉢形から見ると荒川の下流域に位置し、荒川扇状地の扇端に広がる沃野であり、この時期には河川改修・用水開削等に着手し始めながら生産基盤を整備して次第に新田開発を進展させつつあり、積極的に百姓の入植も進めていたと思われる。[35] この中で、生産基盤を整備するだけの能力がなく年貢・諸役の負担が過重な武川衆の知行では、百姓の抵抗も惹起し、その一つの手段として欠落が発生したと見ることができる。もちろん小給の武川衆の知行所支配が進展せず、百姓にとって過酷な支配が行われていた原因は徳川氏から賦課された過重な軍役であり、これをさらに百姓に転嫁したものにほかならなかった。

三　武川衆の軍役と大坂の陣

天正十八年（一五九〇）の関東入封以来、武川衆は徳川氏の出陣した全ての合戦に供奉した。翌天正十九年陸奥九戸政実の乱に出陣した武川衆は、小田原城主大久保忠世に付属され、文禄元年（一五九二）の朝鮮出兵に際しては、肥前名護屋には赴かなかったものの伊豆山から兵船用の木材を伐採する仕事に従事した。慶長五年（一六〇〇）の関ヶ原においては忠世の遺跡を継いだ大久保忠隣に付属され、秀忠に従って信濃上田の真田昌幸を攻めたため関ヶ原の合戦には間に合わなかった。甲斐時代と同様に武川衆は大久保氏に付属され、その軍団の一翼を担っていたのである。

慶長八年武川衆は甲府城番を命じられ、一部は甲斐に知行を与えられた。『寛政重修諸家譜』から知られるかぎりでは、折井長次郎次正・米倉加左衛門満継・同左大夫豊継・山寺甚左衛門信光・青木弥七郎信安・入戸野又兵衛門宗の六名が知行を甲斐に移されている。この時期次第に鉢形の軍事的重要性が希薄となったことを窺わせ、すでに鉢形は廃城になっていたとも考えられる。

翌慶長九年三月二日、武川衆一四名に対し知行が各二〇〇石から二〇石まで都合一二五一石二斗二升が加増された。[36] この措置は、前年将軍となった家康が、上級家臣を加増しながら全国に配置すると同時に下級家臣にも知行を加えて権力基盤の強化を図った一環とみられ、武川衆のみに特別の意味をもって加増したと考えることはできない。この時の加増知行書立は、大久保長安・成瀬正一の連署で折井次忠に宛てて出されており、ここに大久保・成瀬→折井→武川衆という支配系列が明確に現われている。また折井は別に一〇六石余の蔵入地も預かっており、武川衆の統率者としての地位を保持している。

武川衆のうち一四名のみが加増を受けたことは、彼ら以外の武川衆が甲斐に移っており、この時期に鉢形に残った者の数を示しているように思われる。ただ一四名のうち九〇石加増の折井長次郎次正・八〇石加増の青木与兵衛信安は、『寛永諸家系図伝』『寛政重修諸家譜』によれば、慶長八年に甲斐に知行を移されており、この推測に矛盾する。しかし折井・青木が慶長八年に甲斐に知行を移されたか、慶長九年以後に移されたものが、系図の作成の過程で錯誤をきたしたものか、あるいは知行が甲斐と武蔵に二分されたのかは分明ではない。

慶長十五年十二月、折井次忠は将軍徳川秀忠の年寄から次の文書を下された(37)。

請取申金子事

合参百弐拾四両弐分三朱は小判也、

右、是ハ武川衆上知行、巳午未申酉五ヶ年分請取申、則御土蔵へ入置申候者也、仍如件、

慶長拾五年戌
十二月廿七日

土　大　炊　印判
青　図　書　印判
伊　喜之助　印判
安　対馬守　印判

折井市左衛門殿

慶長十年以来武川衆の知行が上知され、その土地を折井が代官として支配し、五ヵ年分の年貢三二四両余を江戸に上納し、証文を年寄の安藤重信・伊丹康勝・青山成重・土井利勝から与えられたのである。この上知は、甲斐ではなく武蔵の旧領であろう。このとき折井は武川衆の旧領を代官として支配し依然として武川衆の統率者としての地位を保っていたが、武川衆の一部が次第に鉢形から去り甲州に移住し知行も移されていった事情を窺わせる。

ところで慶長八年、甲斐には家康の九男で四歳の徳川義直が二五万石で封じられた。幼少の義直が実際に甲斐に入封することはなく、傅の平岩親吉が甲府城代を勤め、同十二年尾張清洲五四万石に転じている。このとき平岩も尾張犬山に移った。武川衆が甲府城の守衛に当たったのは、平岩の指揮下に入ったものとも考えられるが、彼らは転封に従うことなくそのまま甲府に残っている。転封に当たって、武川衆は駕篭訴して尾張への移住を拒んだという[38]。ちなみに甲斐居住の武士団がすべて義直の家臣として尾張に移住することがなかったのは、一つには義直が幼少で、かつ実際には甲斐に居住しなかったこととも関係するであろうが、それだけではなく、徳川家の内部においてまだ個々の一門に「家中」が成立していなかったこと、換言すれば一門の大名が徳川宗家の「家」の中に包摂されており、自らの「家」を形成していなかったことを推察させる。それは義直の家臣に甲州の知行を宛行うのに、家康が自ら朱印状を発給している例からも窺えよう[39]。そして彼らが「家」「家中」を形成し、宗家から自立していく中で、近世武家の「家」が成立していくといえよう。それは兵農分離・小農自立の中で近世小農の家が形成されていく過程とも相通じるものであり、軍事体制の変化・身分制的階層秩序の確立という近世武家社会の形成にも関わっていくのである。

いずれにせよ、慶長十一年から同十八年まで武川衆十二騎が二人ずつ交代で甲府城番を勤めたという。慶長年間の甲府城番帳によれば、慶長八年に武蔵から甲斐に知行を移された前記の折井次正・米倉満継・同豊継・山寺信光・青木信安・入戸野門宗の六名のほかに、柳沢三左衛門・山高孫兵衛・馬場民部等が交代で城番に当たったといわれる[40]。

なおこの武川衆十二騎のうちには津金衆の小尾彦左衛門等も含まれており、(41)必ずしも武川衆のみで城番を担当したわけではなかった。

一方、武川衆が甲府城守衛に残った理由の一つには、ついで甲斐を支配したのが大久保長安であったためともいえる。(42)関東入封以来武川衆が大久保忠世・忠隣父子の軍団に付属し、忠隣が長安の庇護者であったことを考えると、武川衆は徳川氏の家中の一大勢力であった大久保忠隣の軍事力の背景を担っていたのである。こうした軍事力こそ、大久保忠隣が慶長期の江戸政権の中で重鎮となっていく背景であったと考えられよう。かかる擬制的な同族の結合とこれを中核とした軍事力の編成を解体し、番組を主体とした軍事体制を形成することが、家臣団の形成および近世武家の「家」の成立にも繋がっていくのである。

慶長十九年十月大坂冬の陣が勃発すると、武川衆は出陣し本多佐渡守正信に付属された。(43)当時、武川衆の物頭であった折井次忠は死の床にあり出陣できず、陣の最中の十一月二日に死去している。父に代わって十四歳の嫡子政次が、武川衆を率いて出陣した。慶長後期の徳川氏では、駿府政権を代表する本多正信と江戸政権の年寄大久保忠隣が抗争を繰り返していたが、慶長十八年に大久保長安が死去すると、疑獄事件を契機に駿府側が攻勢を強め、同十九年正月大久保忠隣を改易に追い込むのである。(44)こうして大久保の勢力は軍団とともに解体され、武川衆は大久保の政敵であった本多の軍団に吸収されたのである。本多は、自己の勢力を拡大するために大久保一門の軍事力を吸収することはできなかったであろうし、また関東入国後に高橋衆・網島衆・川越衆などを付属され自己の軍事力としており、(45)武川衆の場合組み込むことはたやすかったのであろう。ただ本多が家康の帷幄の臣であったため、武川衆は前線で華々しく活躍する機会はなかった。

翌慶長二十年五月の大坂夏の陣にも武川衆は参陣している。同年三月、江戸政権の年寄は連署の奉書をもって軍役

の改定を次のごとく命じた。(46)

急度申入候、仍此已前之御役積ニハ壱万石ニ鑓百本被仰付候へ共、向後之義は壱万石ニ鑓五拾本、相残五拾本之代ニ鉄炮弐拾挺可持之旨　上意候、右之外ハ最前被仰出之通相違無御座候、恐々謹言、

三月廿三日

安藤対馬守
重信　判
酒井備後守
忠利　判
酒井雅楽頭
忠世　判

武川衆中

従来一万石に鑓一〇〇本であった軍役を、鑓を五〇本に軽減する代わりに、鉄炮を二〇挺増加させる通達である。幕府は慶長十年八月、五〇〇石より五〇〇〇石までの軍役令を制定し、五〇〇〇石につき鉄炮一〇挺・鑓五〇本・騎馬七騎・旗三本と決定しているが、これを一万石に換算すると鉄炮二〇挺・鑓一〇〇本・騎馬一四騎・旗六本となり、鑓の数は軍役令と一致する。大坂冬の陣の直前、慶長十九年十月四日幕府はこの軍役令を再び布達していた。(47)夏の陣を前にして、幕府は鉄炮を増加し一万石につき鉄炮四〇挺・鑓五〇本・騎馬一四騎・旗六本と、軍役を改定したのである。武川衆の知行は合わせて五〇〇〇石程度であるのに対し、江戸年寄が一万石の軍役を通達したのは、五〇〇〇石以上の軍役を石高に比例して考えていたからに外ならない。その意味でこの奉書は、五〇〇〇石の規定を上限とする幕府軍役令が、それ以上の石高に対しても適用されることを明言しているのである。

なお翌年の元和二年八月に幕府は新たな軍役令を制定したが、ここでは五〇〇石から一万石までを規定し、一万石につき鉄炮二〇挺・鑓五〇本・騎馬一四騎・旗三本と、夏の陣と比較して鉄炮と旗を半分に軽減している。(48)夏の陣の軍役は、緊張が極度に達した段階での特例とされた様子である。

またこの十年以来統率者であった折井氏に宛てていた文書を、再び武川衆宛てにしているのは、折井次忠が死去して家督を相続した政次がいまだ十五歳であり、統率の能力に欠けると見ていたからと推定される。その意味では武川衆は再び衆的結合を発揮しているのである。

同じ三月二十三日、江戸年寄はさらに奉書を武川衆に通達した。(49)

急度申入候、去御陣之砌、年貢并夫丸已下、難渋申百姓於在之は、可被仰上候、恐々謹言、

三月廿三日

安藤対馬守
重信　判

酒井備後守
忠利　判

酒井雅楽頭
忠世　判

武川衆中

大坂冬の陣の時、年貢すなわち兵糧および陣夫役を忌避した知行所の百姓を幕府に言上するよう命じているのである。年貢と陣夫役の徴収が地方知行の重要な目的であったにもかかわらず、小禄の給人では百姓の抵抗に遭って徴発不可能な状態が続出していたことを物語っている。個別の弱小領主の支配が貫徹しない時、幕府は全領主階層を結集

し相互に依存しながら百姓の支配を強化し、彼らの意向を代表する形で幕府権力を強大なものとしているのである。この傾向は、既に文禄三年の大久保長安の書状に見出せるが、武川衆のごとき下層給人は、このような幕府の介入があってはじめて全領主階層の権力を背景とすることができ、支配を貫徹しえたのであり、個別の実力では支配は貫徹できなかったのであろう。

ただこの段階では冬の陣の処理のみを命じ、来たる夏の陣については言及していない。さらに三月二十八日、江戸年寄はまた武川衆に奉書を送っている。(50)

急度申入候、自然御上洛之御沙汰、又は伏見御番なとに被遣候ニ付而、他郷より百姓欠落仕参候は、御料所・私領ニ不限とらへ置、江戸へ可被仰上候、若不穿鑿と被申付、他所へにかし候ハ丶、以来相聞候共其所々給人可為越度候、并欠落候者抱置百姓は、無油断可被仰付候、恐々謹言、

三月廿八日

安藤対馬守
重信　判
酒井備後守
忠利　判
酒井雅楽頭
忠世　判

武川衆中

知行所百姓の欠落防止・人返しと、違反した給人および欠落人を匿った百姓の処罰を命じたものであり、ここでも前述の幕府の方針が貫徹している。(51)僅か五日の間に同内容の奉書を下し、それも処罰条項を追加しているところに、

打ち続く極度の軍事的緊張の中で膝元の関東において逃散など百姓の動揺と抵抗が顕在化し、幕府が危機感を抱いていたことを示している。具体的な事例は不明であるが、小禄の給人が目前に迫った夏の陣に陣夫役の確保も危うくなるような状態に陥ったのであろう。幕府にとって相手は大坂だけではなかった。かつ「自然御上洛之御沙汰」との文言から出陣が迫っていることを言外に匂わせており、事態は一層急を要していたのである。

それは同日に下された次の年寄奉書で一層明確になる。(52)

急度申入候、仍大御所様来二日ニ駿府を被成出御、尾州名古屋迄被為成之由申来候付而、公方様も近日可成御上洛候由被思召候間、其御用意は重而之御左右被相待候旨被仰出候、恐々謹言、

三月廿八日

安藤対馬守
重信　判
土井大炊助
利勝　判
酒井備後守
忠利　判
酒井雅楽頭
忠世　判

武川衆中

家康が九男義直の婚儀に列するため駿府から名古屋に向かう旨と、秀忠の上洛の予定を伝えており、駿府の家康と江戸の秀忠との連絡に駿府に派遣された年寄土井利勝が、家康の動静を携えて江戸に到着したため急に達した奉書で

あろう。この間土井利勝は絶えず駿府・江戸間を往復していたため、江戸年寄奉書にしばしば署名がみえない。ついで四月一日、江戸年寄は奉書を武川衆に下して夏の陣の出陣を命じた。(53)

尚以、路次中御扶持方、於当地銀子ニ而相渡候間、うけ取候人可存候、以上、
急度申入候、大坂国替之儀ニ付而、公方様今月九日・十一日両日ニ上方可被御出張之旨　上意候、左様ニ候へは、各其已前ニ近江瀬田迄切而罷上、於彼地去年仰出之御組衆と被申談、御下知を可相待之旨被仰出候、路次之儀は東海道・中山道何方成共手寄次第可有御上候、将又今度は壱万石ニ弐百人役ニ被仰付候間、人数ニ被入御念、鑓持已下ニ至迄そさう成者候ハヽ、御撰肝要候、右之外夫丸已下之ため、都合壱万石ニ三百人之御扶持相渡可申候間、可有其御心得候、恐々謹言、

四月朔日　安藤対馬守
重信　判
土井大炊助
利勝　判
酒井備後守
忠利　判
酒井雅楽頭
忠世　判

武川衆中

文中では将軍徳川秀忠の江戸出立を四月九日か十一日といっているが、実際に秀忠が出陣したのは十日であった。

武川衆は秀忠より以前に、東海道・中山道のいずれかを上って近江瀬田に到着し、去年のとおり下知に従うよう命じられている。さらに引率していく奉公人や陣夫につき、戦場の混乱の中でも役目が果たせるような人物を厳選するように達し、軍勢の強化を図っている。再三下された前掲の奉書で陣夫役の百姓に触れているのは、戦場での役割とも関係があったのであり、従来「軍役論」で課題となったような、単に百姓から陣夫役を徴発し人数を揃えるのみで済む問題ではなかった。

ところで夏の陣では、一万石に二〇〇人役と規定しながら、陣夫以下のために扶持は三〇〇人分与えると通達している。ここで「人数」とするのは、あくまでも戦闘要員ならびにこれを補助する鑓持等の下級奉公人を指し、陣夫は含まれていなかった。そして陣夫の人数は明確には定めておらず、その人数は給人等の裁量に任されていたようである。なおこのとき作成されたといわれる慶長二十年四月「御陣扶持積」[54]によれば、一〇〇石が一二人扶持、五〇〇石が二〇人扶持と、一〇〇〇石以下の扶持方が極端に下層過重なのに比べ、一〇〇〇石以上は一〇〇石に三人扶持の割合で石高に相応している。のち元和三年以降、扶持方は一万石につき一五〇人と定められ、以後もこの規定が継承されており、扶持方も軍事的緊張の極に達した大坂夏の陣における特例であったようである。

以上五通の江戸年寄奉書は、大坂の陣をめぐる武川衆の動向のみならず当時の幕政・給人の知行支配・軍役など多様な動静を物語っている。

甲府城番に当たっていた武川衆も同様に出陣した様子である。武川衆が秀忠到着以前に近江瀬田に集結したのは、この地の守衛に当たるためであったと思われる。大坂夏の陣においても武川衆は冬の陣同様本多正信に付属され、京都の警備などに当たった様子である。ただ米倉左大夫豊継は金掘りを率いて出陣しており、彼が武田旧臣として甲州金山の金掘りと関係があったことを窺わせ、かつ大坂城攻略に一定の役割を担ってはいたが[55]、これも戦闘の中心的存在とはなりえない部隊であった。徳川家臣団の中でも、将軍の旗本としての大番組・小性組等とは異なり、直属軍団の中からは疎外される一方、従来のごとく前線での活躍の場は与えられなかった。独自に足軽隊を持ったり、あるいは付属されたりすることがなければ、一軍団すなわち「備え」としての体裁を整えることはできず、武川衆は部将に付属されざるをえなかったのである。すでに武川衆の存在は大規模な戦闘の中心となるような軍団とはなりえず、後方の警備などに当たる補助的な軍団となり、その役割は次第に薄れていったのである。

四　武川衆の解体

大坂夏の陣の後、武川衆は再び甲府城の守衛に当たった。鉢形に居住していた武川衆がどのようになったかは明らかではないが、おそらく順次甲府に派遣されていき知行地も次第に甲斐に移されていった様子である。ただし武川衆とともに武蔵に移った中間等の下層奉公人は、鉢形周辺の知行地に土着したものもいた。[56]

元和二年(一六一六)八月二十三日折井市左衛門政次は、預地六〇〇石を杉浦正友に引き渡すよう命じられている。[57]

覚

一高六百(石脱カ)　津金衆上給

右之所、杉浦市十へ被下候間、当辰之年ゟ可有御渡候、以上、

元和二年

辰八月廿三日

伊　喜之助　印

土　大　炊　印

安　対馬守　印

酒　備後守　印

酒　雅楽頭　印

折井市左衛門殿　参

杉浦は、『寛政重修諸家譜』によれば大坂夏の陣に弓同心五〇人を率いて供奉し、のち納戸頭に進み、相模東郡、武蔵入間郡・橘樹郡のうちに知行六〇〇石を与えられたという。同書には杉浦が宛行われた年代は記されていないが、折井が引き渡した石高が一致するところからおそらくこの時であろう。折井政次は、武蔵・相模における武川衆・津金衆の旧領を預かり、代官として支配していたのである。

元和四年(一六一八)、甲府には将軍秀忠の三男忠長が二〇万石で封じられた。忠長の家臣団は秀忠から付属された家老鳥居成次・朝倉宣正をはじめ小禄の旗本や旗本の二、三男等から形成されていったが[58]、甲府に派遣された武川衆も忠長の家臣に編入されていった。『寛政重修諸家譜』によれば、折井政次を始め武川衆のほとんどが元和二年から同九年にかけて忠長に付属されている。ただし、忠長の家臣団の中で武川衆が以前のように一軍団として機能し、衆的結合を保っていたか否かは明確ではない。ただ成立直後でいまだ確定しない家臣団において、軍団としての纏まりを持ち本貫の地が新領の甲斐という武川衆は、貴重な存在として重宝がられたかもしれない。

その後忠長は加増と官位の昇進を得て駿府に城を移し、駿河大納言と呼ばれるが、大御所秀忠死去の直後の寛永九年(一六三二)改易され、家光政権確立の過程における犠牲として、翌十年には上野高崎に幽閉されて自殺を強いられた。忠長の家臣はすべて改易され、老臣は切腹・流罪等の処罰を受けた[59]。忠長に仕えていた武川衆も知行を奪われ牢人となったのである。以前の慶長十二年、徳川義直の尾張転封に際して甲府城を守衛していた武川衆はそのまま居残ったのに対し、忠長の改易に当たり家臣までも改易されたことは、すでに徳川一門の大名が独自の「家」「家中」を形成しており、幕府もこれを認めていたことを物語っている。改易ののち武川衆がどのような生活をしていたのか、あるいは武川衆同士の相互の扶助があったのかは明らかではないが、山高信保が本貫地の山高村に退いたと伝えられるところから、おそらく甲斐の旧領に蟄居謹慎した者も多かったと考えられる。いずれにせよ武川衆も改易され、これを契機に軍団としての衆的結合を解体されていったのである。武州筋に知行を持った者も多く、本来地下衆としての性格を持っていたため、土着もたやすかったのであろう(60)。

ただ忠長の旧臣のほとんどは、寛永十年から次第に召し返されて旗本に取り立てられた。同様に武川衆も、寛永十七年までにほとんどが召し返され一〇〇石から二〇〇石程度の幕臣となり、上総・下総等に知行地を分散して宛行われた。ただし、宝永三年に当主が早世したため改易された蔦木(知見寺)氏の一族が、改易後に元知行地の牧原村に土着したように、本貫地や元知行地との関係は長く続いたようである(61)。なお折井氏のみは一二〇〇石を宛行われ、元の知行の鉢形周辺を知行に与えられた。のち武川衆は従来の軍団としての組織を解消され、富士見宝蔵番・紅葉山御宮宝蔵番・三之丸広敷番等を勤めることになったのである。さらに四代将軍家綱の弟綱重・綱吉が分知を受け、それぞれ甲斐・上野館林に入封すると、武川衆の二、三男がこれに付属されていった。元禄期に武川衆の家系からは柳沢・米倉という大名が創出されるが、すでに他の武川衆との関係は断ち切られていた。こうして武川衆の伝統は、子孫の由緒の中に、甲州以来先陣を勤めた家柄として生きていくのである。

戦国以来武家の軍事力の中核は、一族郎等といった血縁・譜代の関係、あるいは衆的結合をもった地縁的関係であった。近世大名権力は、その下に服属した武家のかかる結合関係を解体し、改めて大名宗家を頂点とした主従関係に再編成していくのである。徳川家においてもそれは同様であった。しかし天正十八年(一五九〇)、武蔵忍一万石に入封した松平家忠が叔父・弟・従兄弟等九名に知行を分与していることは(62)、当時の徳川氏の部将の家中が一族郎党の族縁的結合関係を中核としていたことを示しており、大久保氏が武川衆を自家の軍団に編成して親から子へと引き継ぎ、また慶長年間に幕府歩行頭であった阿部正次が、弟の忠吉に自分の部下の歩卒を分け与えて家臣とさせたように[63]、軍事組織は各部将の擬制的な族縁的結合により形成されており、その意味では恣意的な所有物であった。しかし一騎打を戦法の中心とした小規模な合戦の時代においては、それ故にこそ強固な軍団を保持しえたのである。かかる一族郎等を中核に擬制的な族縁・地縁結合をもって構成される軍団を解体し、番組制を確立して近世的な軍事組織を形成するには、各家を分割して行かなければならなかったのである。近世前期に事例の多い二、三男の分家創出は、このような意味も持っていたのである[64]。一方でそれは、個々の武家の家族が分割されて独立し、各々が独自の「家」および「家中」を形成することでもあったといえる。

その意味では、当然武川衆は早くから解体されなければならなかったのである。徳川氏は折井氏を統率者として、武川衆の組織を衆的結合から番組制へ移行させるような政策を順次取ってはいたが、関東入封直後の状況、武川衆をその軍団に組み込んでいた大久保氏の政治的立場等から解体されることはなかった。もちろん、そこには徳川政権の内部抗争が絡んでいたのである。さらに大坂の陣にも出陣したように、まだ軍事組織としての役割を保っていたのである。しかし大坂において補助的役割しか果たせなかったように、すでに戦闘の中核となるだけの実力を失っていた。却って将軍直属の大番組・書院番組・小性番組等の軍事力が強大になっていたのである。のち徳川忠長に付属された武川衆は、徳川氏内部の権力抗争に翻弄されてついに解体されるのである。

注

（1）　戦国大名武田氏の研究、ことに家臣団編成の論考には武川衆の名が必ずといってよい程散見するが、武川衆のみを対象とした研究は、伊東氏・村上氏の他に、中山嘉明氏「武川衆山高氏の事蹟」（『甲斐路』五〇号）等がある程度で以外とその数は少ない。なお『武川村誌』上巻には、武川衆の歴史や各氏の系譜が詳述されている。

（2）『甲斐国志』。小林計一郎氏「『甲陽軍鑑』の武田家家臣団編成表について」（『日本歴史』二〇六、戦国大名論集一〇『武田氏の研究』に再録）、松平乗道氏「武田氏家臣組織考」（『甲斐史学』四）等。ただし、同論文には、武川衆に対する記述はない。
（3）永禄十年八月七日「馬場信盈等連署起請文」（『信玄武将の起請文』「生島足島神社文書」）。「天正壬午甲信諸士起請文」（『新編甲州古文書』三巻）。
（4）内閣文庫蔵『譜牒餘録』後編三十二。なお中村孝也氏『徳川家康文書の研究』上巻は、『寛永諸家系図伝』三十四から引用している。
（5）『譜牒餘録』後編二十三、『徳川家康文書の研究』上巻。
（6）同前。
（7）『徳川家康文書の研究』上巻。
（8）埼玉県大里郡寄居町「田中家文書」。『譜牒餘録』後編三十二。『記録御用所本古文書』七。『新編武蔵風土記』巻二百二十三。『徳川家康文書の研究』上巻。
（9）『譜牒餘録』後編三十一。『徳川家康文書の研究』上巻。
（10）『寛永諸家系図伝』第四。
（11）『譜牒餘録』後編三十二。『寛永諸家系図伝』第四。『徳川家康文書の研究』上巻。
（12）『寛政重修諸家譜』第三。
（13）『譜牒餘録』後編三十一。『新編甲州古文書』三巻。
（14）同前。
（15）同前。
（16）同前。
（17）北島正元氏『江戸幕府の権力構造』。所理喜夫氏『徳川将軍権力の構造』。本多隆成氏『近世初期社会の基礎構造』。『岡崎市史』二、中世。
（18）『譜牒餘録』後編三十一。『新編甲州古文書』三巻。
（19）『譜牒餘録』後編三十二。

(20)『寄居町史』通史編。『新編埼玉県史』通史編近世一。なお青木氏の知行となった男衾郡牟礼村に、天正二十年成立といわれる検地帳が残されているが（寄居町内田家文書、『寄居町史』近世史料編）、青木氏が知行を離れた以後の寛永期に書き直された形跡があり、徳川氏の関東入封に伴い幡羅郡三尻に五〇〇〇石で入封した三宅氏のような、軍役の負担と再生産の構造を（大舘右喜氏『幕藩制社会形成過程の研究』）見出すことはできなかった。

(21)重田正夫氏「御朱印寺社領の形成過程」（埼玉県立文書館『文書館紀要』創刊号）。千代田恵汎氏「徳川家康の関東入国と鉢形領の動向」（『近世史藁』創刊号）。『寄居町史』通史編。『新編埼玉県史』通史編近世一。

(22)同前。なお「小左」なる人物について、下村信博氏から小笠原吉次であるとの御教示を賜わった。

(23)村上直氏「幕府創業期における奉行衆」（『日本歴史』一六八）、「幕府権力と大久保長安」（『同上』二五〇）。和泉清司氏『徳川幕府成立過程の基礎的研』。『八王子千人同心史』通史編。

(24)内閣文庫蔵『記録御用所本古文書』七（『新編埼玉県史』資料編一七）。

(25)同前。

(26)長崎県島原市「片山家文書」（『新編埼玉県史』資料編一七）。拙稿「武蔵における譜代藩の形成」（村上直氏編『論集関東近世史の研究』）。

(27)『新編武蔵風土記』巻二百二十二。同書によれば、武川衆の知行のうち、鉢形領は富田・折原・飯塚・今市・四方田、松山領が野原・老川（小江川）・須賀広・吉田、御正領が万吉、忍領が千代となっている。「領」については、煎本増夫氏「江戸時代初期における武蔵山口「領」の在地支配の実相」（『大和町史研究』三）、林巖氏『近世初期・南武蔵の村落と支配』・沢登寛聡氏「近世初期の国制と「領」支配」（『関東近世史研究』一五）、同氏「近世前期における三田「領」の町・村後世と地域秩序」（東京都古文書集『吉野家文書』三）、岩田浩太郎氏「武蔵国の「領」と地域秩序」（『地方史研究』二〇〇）、白井哲哉氏「『領』編成と地域」（『近世の地域編成と国家』）等があるが、多くの論文が「領」の単位を『新編武蔵風土記』によって確定している。ただし、同書に見える「領」が、最終的に確定するのは享保期であり、近世初期の領とは大分異なるように見受けられる。

(28)『記録御用所本古文書』七。（『新編埼玉県史』資料編一七）。

(29)『寄居町史』通史編。『新編埼玉県史』通史編近世一。

(30)埼玉県立文書館寄託「平山家文書」（『新編埼玉県史』資料編一七）。

(31) 和泉清司氏『伊奈忠次文書集成』。
(32) 『新編埼玉県史』資料編一七。
(33) 『譜牒餘録』後編三十一。村上直氏「徳川氏の甲斐経略と武川衆」(『信濃』一三巻一)。
(34) 埼玉県史調査報告書『分限帳集成』。
(35) 大舘右喜氏『幕藩制社会形成過程の研究』。拙稿「武蔵における譜代藩の形成」。
(36) 『譜牒餘録』後編三十一。『新編埼玉県史』資料編一七。
(37) 『記録御用所本古文書』七。
(38) 『甲斐国志』巻百十三。なお、服部治則氏「成瀬家における武田遺臣」(『甲斐史学』特集号)によれば、平岩親吉が甲斐で取り立てた家臣のうちに御岳衆の出身者は散見するが、武川衆の出身者はいない様子である。
(39) 慶長十年五月十五日付青木長三郎宛「徳川家康朱印状」(『徳川家康文書の研究』下巻之一)。秦達之氏「初期尾張藩の家臣と給知」(林董一氏編『尾張藩家臣団の研究』)。前田弘司氏「一七世紀における尾張藩家臣団の構造」(同前)。
(40) 『甲斐国志』巻百十三。『甲斐国歴代譜』(『甲斐叢書』二)。『甲府御城付』(『甲州文庫史料』六)。
(41) 服部治則氏「近世初頭武士集団における親族関係」(『山梨大学教育学部研究報告』一六、磯貝正義・村上直氏共編『甲斐近世史の研究』上に再録)。
(42) 村上直氏「大久保石見守長安と甲斐」(『甲斐史学』一〇)。
(43) 『譜牒餘録』後編三十一。『寛政重修諸家譜』第三。
(44) 北島正元氏『江戸幕府の権力構造』。村上直氏「初期幕府政治の動向」(『日本歴史』二〇五)。
(45) 『朝野旧聞裒藁』第八巻、東照宮御事蹟第二百七十一。
(46) 『譜牒餘録』後編三十一。
(47) 内閣文庫蔵『武家要記』乾。
(48) 『武家要記』乾。北島正元氏『江戸幕府の権力構造』。佐々木潤之介氏『幕藩権力の基礎構造』。山口啓二氏『幕藩制成立史の研究』。
(49) 『譜牒餘録』後編三十一。

(50) 同前。

(51) 木村礎氏「逃散と訴」(岩波講座『日本歴史』一〇　近世二)。渡辺信夫氏「近世人返令の展開」(東北大学『日本文化研究所研究報告』別巻一五)。宮崎克則氏『大名権力と走り者の研究』。

(52) 『譜牒餘録』後編三十一。

(53) 同前。

(54) 『武家要記』乾。北島正元氏『江戸幕府の権力構造』。

(55) 『寛政重修諸家譜』第三。

(56) 『寄居町史』通史編。

(57) 『記録御用所本古文書』七。

(58) 古川貞雄氏「初期徳川家門大名領知の一考察」一・二(『信濃』二四巻五・六)。

(59) 同前。

(60) 『武川村誌』上巻。

(61) 『武川村誌』上巻。なお、兵農分離後に兵と農に分かれた一族の関係については、吉田ゆり子氏「近世における『国人領主』と旧臣・『本貫地』」(『史料館研究紀要』二九)、拙稿「近世前期土豪層の家伝と家意識」(『埼玉地方史』二一)。

(62) 『家忠日記』天正十八年十月二十日条。

(63) 『寛政重修諸家譜』第十。『公余録』。

(64) 竹内利美氏『家族慣行と家制度』に見える近世前期の武家の分家の事例も、以上のように理解しうると考えられる。また佐々木潤之介氏「藩家臣団の展開過程」社会経済史学」二八巻二)、大野瑞男氏「関東における譜代藩政の成立過程」(『関東近世史研究』一五)等に見える下層過重な軍役の賦課と譜代大名の分家の関係も、近世的な家族の成立と擬制的な一族郎党による軍団の解体という意味からも、考えることができよう。それは、自立した小農が個別の家意識を形成したように、武家も農民以上に強固な個別の家意識を形成したと考えられよう。極端な例を示せば、『寛永諸家系図伝』のように初期の武家の系図が傍系血族を多く含んだ複雑な血統の系図であるのに対し、『寛政重修諸家譜』は直系を中心とした単純な血統を表示している。これも、家に対する意識の変化の現れと見ることもできよう。

第二節　初期徳川氏の知行宛行と大番衆

はじめに

徳川氏の関東入封の考察は、いわゆる幕藩体制の原型として戦後多く研究が重ねられてきたが、その傾向は、第一に政治史的な問題の検討(1)、第二に江戸の建設(2)、第三に初期の地方支配(3)、第四に家臣団の配置と知行の分布であった。その中でも、第四の家臣団の知行分布については、神崎彰利・小暮正利・佐々悦久・和泉清司氏などにより(4)、精力的な統計が作成されているものの、徳川氏の家臣団のあり方が必ずしも明らかにはなっていない。それは第一に、従来の研究が知行の宛行と分布の数量的な解明に注目していたためであり、第二に文書・系図・由緒書・編纂物などをすべて史料としており、史料の性格については言及されておらず、第三に当時における徳川家康のおかれた状況を考慮に入れていなかったためでもあろう。ここでは以上に注目し、徳川家康の知行宛行状の検討を通じて、当時の下級家臣団の存在形態をかいま見てみたい。なお、相模国の旗本知行については、神崎彰利氏の詳細な研究があるので、ここでは武蔵国を中心に検討を加える。旗本の領主権についても多くの業績(5)があるが、ここでは触れなかった。

一　入国後の上級家臣団配置

下級家臣団の検討の前に、その前提として上級家臣団について若干の整理を行なっておきたい。天正十八年(一五九〇)八月、関東入封後の徳川家康がただちに実施した知行割により、万石以上を与えられた上級家臣は四四名であった。彼らの配置は、上野箕輪に井伊直政（一二万石）、同国館林に榊原康政（一〇万石）、武蔵忍に松平忠吉（一〇万石）、上総大多喜に本多忠勝（一〇万石）など、領国の縁辺に高禄の家臣を配し、北武蔵・下総など江戸に近づくにつれて一～三万石程度の家臣が多く配されていた。これらの支城は、おおむね後北条氏の支城を踏襲し、また江戸を起点とする主要街道および重要河川を押える要衝に位置していた。ただし当時江戸を起点とする中山道・日光道中等は整備されておらず、武蔵の主要街道は鎌倉街道と呼ばれた教条の街道であった。(6)このうち最も重要な一つに、多摩郡府中から久米川、入間郡を通り、比企丘陵を抜けて男衾・児玉郡等を貫き、上野藤岡に達する「上道」があった。入国当初この沿道には比企郡奈良梨に諏訪頼水（一万石）、男衾郡鉢形に武川衆、児玉郡八幡山に松平家清・清宗父子（一万石）、上野藤岡に松平康真（一万石）等の諸将が配されていたが、文禄元年に諏訪氏は上野総社に移されている。この例は、入国後間もなく徳川氏が旧来の幹道を整理し、江戸を起点とした後世の五街道中心の交通網を形成していったことを物語っている。上級家臣団の配置・交通網の形成等の政策は、軍事的配慮から実施されたことを窺わせる。関ヶ原における徳川勢が、東海道・中山道の両道を西上したことも、以上の配置や街道の整備と関係しよう。

天正十九年七月、川越で一万石を領していた酒井重忠は川越連雀町に宛てて次の証文を発給した。(7)

れんちゃく町新宿に立申上は、諸役ゆるし置候、若し火事出来候共、其まゝ居申候てけし可申候、但、法度は江戸次第たるへき者也、仍如件、

酒　与四

天正拾九年卯七月十六日　　重忠（花押影）

かわこへ

れんちゃく衆中

従来からこの文書は、川越の連雀商人たちが新たに町を立てることを申し出たのに対し、城主酒井重忠が諸役免許の特権を与え、積極的に川越の城下町の建設を企て、領国の市場振興政策をとったものと評価されている(8)。しかしそれらの説は、連雀町を「新宿」と同一と理解するのみで、「宿」の問題を考慮に入れていない。少なくとも宿は宿駅を指しており、それは宿泊機能と伝馬継ぎ立て機能を備えなければならなかったはずである。ことに伝馬は宿にとって大きな負担となったのである。新宿にしたので諸役免許をゆるすというのは、伝馬負担に対する代替え措置であり、連雀商人たちの商業活動の振興策とはいいがたいのである。のちの史料であるが、宝永二年(一七〇五)「川越惣町中伝馬小役御国役帳」(9)によれば、当時江戸町と改称されていた連雀町も伝馬役を提出しており、前掲の証文によって伝馬役を免除されてはいなかったのである。この江戸町が問屋が軒を並べて諸方人馬の継ぎ立てをしていたといわれており(10)、のちまで川越城下町における継ぎ立てを管轄していたのである。すなわち前掲の文書は、伝馬継ぎ立てを連雀商人に担当させ新たな交通網の形成を企てたものであり、その交通網が江戸を中心としていたからこそ法度を「江戸次第」と命じたのである。なお、天正十八年(一五九〇)十二月八日、児玉郡八幡山城主松平家清の子清宗がその城下の新宿に移住する者に諸役を免除しているが、「公方役」は宿中が相談して勤めるように命じている(11)。八幡山の新宿における「公方役」すなわち江戸の命じる夫役とは、伝馬役がその大半を占めていたのであろう。ここからも、徳川氏の関東領国に対する新たな交通網の形成を窺うことができよう。

ところで、支城の配置の諸大名に対抗する目的を有していたことは言をまたないが、その配置は上野・下野・常陸・安房など旧族大名と接する地域に偏り、甲斐・駿河など徳川氏の旧領国、すなわち豊臣取立大名の所領に対しては手薄である。ただし西への備えとして配置されたのは小田原城主大久保忠隣のみであるが、大久保は旧領主後北条氏の拠点であった八王子・鉢形の二つの要衝も掌握しており(12)、全く無防備というわけではなかったものの、旧族大名に対する配置と比較すれば明らかに手薄であった。このような特徴は、上級家臣団の配置に豊臣秀吉の意志介入があったことを推察させる。(13)もちろん領国を接した旧族大名との緊張関係は存在したであろうが、徳川氏は成立直後の豊臣統一政権を支える最大の大名であり、当時の奥羽状勢を考えれば、豊臣氏の東国支配を貫徹する前線基地であった。支城の配置はその指向をよく示している。かつ旧敵国に入封した豊臣系大名が領内の一揆に悩まされた事例が多いが、徳川氏の支城の配置は、新領国の内に対する治安維持の性格も持っていた。これら内外への対応については、全国を統一して領主層を結集した秀吉と家康の利害は基本的に一致していたはずであり、ここに秀吉の意志が介入しても、徳川氏を必ずしも不利にするものではなかったといえる。全国統一成就の後、必要なのは全領主層の結集と民衆支配の貫徹であったからである。

そのため当然、支城の配置には、占領軍としての徳川氏が領内の治安を維持するという目的もあった。入封時における盗賊の横行が『慶長見聞集』などにみえ、あるいは上野那波のうち一万石を領した松平家乗の弟真次が、慶長二年（一五九七）に武蔵・上野の賊徒が徒党したのを上野飯塚に討伐したという『寛政重修諸家譜』の記事など、領内の反抗する勢力を物語る史料は断片的であるが、徳川氏とその家臣が入封直後に領国の住人と互いに緊張状態にあったことは十分推測しえよう。諏訪頼水が入封した比企郡奈良梨に伝わる次の史料も、その緊張したさまを推測させる。(14)

於彼郷中、国替衆四壁并竹木伐執、惣而対地衆非分狼藉不可有之者也、仍如件、

寅十二月十二日　（黒印）

ならなし之郷

のうます

名　主

奈良梨において「国替」があったのは徳川氏の関東入封時しかなく、天正十八年(一五九〇)が寅年であることから、この史料は天正十八年に入封した諏訪氏が家臣団の非分・狼藉を禁じたものと考えられるが、黒印の主は不明であり、代官頭や頼水の周辺にも同一の印影は見いだせない。ただ文書の内容からは、冬に入って入封直後の諏訪氏の家臣団が家屋の普請や燃料の補給などに知行内の屋敷森や山林から竹木を伐採したり、知行地に多様な賦課や要求を重ね、知行地の不満が高まるなかで、諏訪氏の周辺がこの文書を発給せざるをえなかった事情を想像させる。このような緊張は領国の各地で顕在化したことであろう。なお支城の配置は、当時の江戸の城下町の機能が未熟のため家臣の消費生活を各地の中世末以来の小市場圏に保証させるという性格もあり、さまざまな必需品の入手が経済活動だけではなく、夫役とともに徴発という行為でなされたと推測される。

さて、八幡山城主松平家清は、天正十九年四月知行所一六ヵ村を検地し、各村の生産力に応じて上・中・下の三段階に村柄を分類している。このとき上とされた村は谷あいの谷戸、中・下は洪積台地上に位置し、ことに下の村は農業用水の確保が困難であった。すなわち当時最も生産条件が安定した村は、谷戸の村々であったといえる。(15) 北武蔵における支城の多くは、こうした村々を周辺に持つ台地・丘陵上に位置していた。支城の配置は当時の生産条件と村落立地にも規制されていたのである。ただしこれらの支城の多くは関ヶ原以後廃城となり、こうした立地とは異なる忍・川越・岩槻の三城のみが幕末まで存続するのである。忍は荒川扇状地の扇端に近い自然堤防上に位置し利根川・荒川の沖積平野を控え、川越は武蔵野台地の北端に位置し入間川の沖積平野を背負い、岩槻も岩槻台地に位置して中川の沖積平野を控え、いずれも広大な低湿地の沖積平野を背負っていた。慶長期に廃された城の多くは所領の村々が谷戸を基本としており、存続した三城の所領は台地および低湿地で、以後用悪水の開削や整備により次等に広大な耕地となる可能性を有した地域であった。

天正十八年八月二十六日忍城を与えられた松平家忠は、同二十九日入城し、九月七日埼玉郡上川上等九ヵ村、一万石の知行書立を与えられたが村高は記されておらず、検地の上過不足があれば知行を増減するとの但し書があった。(17)家忠は同月二十一日家臣田島新右衛門に一〇〇石の知行を宛行い、十月二十日には弟の忠勝はじめ親類衆九名に、計三二五〇石の知行を与えている。この時の家忠の所領は忍城の西方に当たり、荒川扇状地の扇端およびその周辺に位置する村々で畑勝ちの村が多く、忍城から六～一〇キロメートル程度離れていた。翌天正十九年正月二十六日より、代官頭伊奈忠次が忍領の検分を実施したのち、三月十七日家忠は代官所として一二ヵ村、一万石を預けられたが、この中には前年家忠に与えられた知行地五ヵ村が含まれていた。このため家忠は知行の替地を度々督促し、六月六日伊奈から新知行一万石の所付けを渡され、七月十二日改めて親類衆に知行割を実施している。この知行は忍城の東北に当たる利根川・会の川沿いの自然堤防上に位置し、城から五～七キロメートル程離れており、以前の知行と同様城付きとはいえなかった。

一方、天正十八年八月十七日には、家康の四男松平忠吉の家臣団が忍に屋敷を構え、翌十九年六月ころから忍領の支配にかかわっており、九月八日には忠吉の老臣寺西藤五郎が忍領の奉行として派遣されている。翌文禄元年二月十九日、家忠は忍城を引き渡して上総上代一万石に移り忠吉の城主としての地位が確定した。

一年半の忍在城中、家忠が幼少の忠吉の忍領支配および家臣団統制を補佐した形跡はみられない。かえって知行所の新市取立や年貢収納をめぐって、忠吉の家臣団と対立したほどであった。天正十九年十月二十一日、家忠は、所領の新郷の市日に、忠吉の知行である百塚に新市を取り立てるという情報を入手し、翌二十二日家臣の大原修理を江戸にいた忠吉の老臣小笠原忠重のもとに派遣し、知行荒地の件とともに交渉させている。同じ二十二日には、新郷の百姓新井監物が、忍にいる忠吉の奉行寺西藤五郎に昨年の年貢の件で拘束されたため、家忠は抗議して監物を引き取っている。同二十六日に家臣大原修理が江戸から帰っており、知行の荒地・新郷の市について妥協が成立したようである。[18] 監物が拘束されたのは昨年の年貢が未進になっていたためと思われるが、これと知行の荒地とが関係するか否かは明確ではない。ただ、忍城の水攻めなどにより周辺の村落が荒廃していた事実と、徳川氏の支配が安定する以前の混乱を窺わせるものといえよう。

『家忠日記』には、家忠が忍城の鷹部屋・馬屋の作事、橋普請、熊谷堤普請等に当たった記事が散見する。家忠は三河時代から各地の城普請を手がけ、小田原攻めには富士川の舟橋普請・秀吉の本陣作事等を行なっており、普請技術の才能を家康から評価されていた。[19] それゆえ家忠は忠吉入城が決定していた忍城の整備のため派遣され、小田原攻めの際に石田三成の水攻めで荒廃した忍城の修築に当たったと考えられる。[20] また同時に、代官頭伊奈忠次が忍領を検地している。家忠が忍城および城下の整備を、忠次が忍領の地方支配を分担したのは、忠吉の入封に備えた措置といえる。家忠が江戸城普請に参加するのは上代移封後の事であり、家康が江戸城修築を放置してまず領国の整備に当たったという逸話とも符合する。忠吉入封後、水攻めで荒廃した城付の農村・城下町行田が復興され、文禄三年には老臣の小笠原吉次が利根川の流路を変更し、[21] 低湿地の開発に着手した。かつ忠吉は、一〇万石の軍役確保のため家臣団を数多く召し抱えた。のち忠吉の尾張清洲入封後、慶長十二年の家臣団では、給人六九六人のうち忍取立てが三一一人と約半数を占め、うち五一名が武蔵出身と注記されており、北条・成田・太田氏等の遺臣が取立てられたことが窺える。ただし彼らの知行高は一五〇〜三〇〇石代が大半を占め、高禄でも五〇〇石であり、忍における遺臣の取立てが軍役確保のための下士層の取立てであり、中枢部への参画はなかった。[22]

二　知行宛行状の発給

関東入封時の下級家臣への知行宛行については、大道寺友山の『落穂集』(23)の記事を中心に諸研究から、次のように述べられている。榊原康政を惣奉行とし、その下に代官伊奈忠次など民政に熟練した地方巧者が実務を担当した知行割りは、上級家臣が領内各地の要衝に配置され、江戸に近づくにつれて三〜一万石程度の家臣が、さらにその内側に万石以下の家臣が配置されるという傾向にあったといわれる。のちに旗本となる中下級家臣は、武蔵・相模・下総などの江戸周辺に知行を与えられた。彼ら中下級家臣に対する知行割の方針は、江戸から「一夜泊まり」、すなわち江戸との間を一泊で往復できる距離、約一〇里程度の範囲内に知行を与えるというものであった。彼らの多くは、知行地に寺院や名主宅を利用して陣屋を構え、家族や家来とともに居住し、交替で江戸城の勤番などに当たったが、勤番のたびに城の周辺に小屋を建てたり、町屋に宿泊したりし、勤番が終わると再び知行地に帰るという生活を送ったという。

徳川氏の知行割は直ちに行われたと見られている。ただ、知行割と同時に知行宛行状が発給されたことは、前述の松平家忠などわずかの事例をのぞいては知られていないし、家忠に下されたものも、伊奈忠次の書立で家康の宛行状ではなかった。家康が知行の村と石高を明記した宛行状を複数まとまって発給したのは、入封の翌年の天正十九年(一五九一)五月のことである。ただし知られる宛行状は五二通のみであり、五月三日に三三通、うち二四通が相模、九通が武蔵に知行を宛行われている。五月十七日にも武蔵を宛行なった一四通が発給され、他に武蔵を宛行なった五通が年号のみで月日が不明である。他に十一月二十日付で伊豆が一通、年号のみで下総二通、上総一通あるが、検討の余地がある。(24)すなわち、武蔵・相模が宛行の中心となり、月日が分かる範囲においては五月三日と十七日に集中し

表17　天正19年5月3日相模国内宛行一覧

氏　　名	石高	郡	知　　行　　地		出　　　典
安藤与十郎正次	400	東鎌倉	安久和之郷	381.4	記6　神24　家58　寛17-194
		東高座	赤羽根之郷	18.5	
岡部宗六郎昌綱	350	東	円藤之郷	350.	記5　神13　寛21-280
坂本宮内貞吉	340	東	深見郷之内	340.	記11　神14　寛3-80
遠山新八郎安吉	330	高座	萩園村	330.	古14　神12　家84　寛13-99
松平孫太夫忠政	300	東	下寺尾之内	300.	記8　神13　寛1-174
寺田市丞	300	東	大庭之郷	300.	記1　譜46　神11
和田助右衛門光明	300	東	岡田之郷之内	300.	記1　譜40　神11　家65　寛19-184
本間忠三郎季直	300	東	香川之郷	300.	記1　神14　家56　寛6-124
河合次郎兵衛久吉	300	東	七木之郷内	300.	記2　神16　寛18-258
大岡吉十郎義勝	300	東	上鶴間之郷内	300.	記2　神9　家55　寛16-328
牟礼郷右衛門勝成	300	東鎌倉	野葉之郷之内	300.	記2　神25　家56　寛20-417
山岡庄右衛門景長	300	東	中島之郷	80.4	記1現存　神12　家60　寛17-365
		東	猿島之郷	219.6	
駒井孫四郎勝正	300	東	天沼之郷	118.5	記8　神11　寛3-224
		東	遠藤之郷	181.4	
石川勘二郎永正	300	東	上和田之郷	270.3	記1　神10　寛3-41
		東	懐島本社之内	29.6	
興津内記正忠	300	東	上寺尾	276.8	記5　神10　寛14-157
		東	千ヶ崎之内	23.1	
新見勘三郎正勝	250	東鎌倉	長谷之郷之内	250.	記4　神23　家55　寛3-317
朝日奈又三郎真直	250	東鎌倉	田谷郷	250.	記6　神23　家54　寛12-254
石川四郎三郎春久	200	東	早川之郷	200.	記1　神15　寛3-20
江原孫三郎金全	200	東	下鶴間之郷内	200.	記8　神15　寛15-292
戸田九平勝則	200	東	懐島之内失端	108.6	記1　神16　家60　寛14-351
		東	柳島之内	91.3	
長田喜六郎忠勝	200	東	葛原郷	182.8	記5　神10　寛9-19
		東	高田郷	17.5	
本多甚次郎光平	200	東鎌倉	長谷之郷之内奈瀬	103.	記1　古13　神25　家57　寛11-307
		東鎌倉	長谷加塩之内	96.6	
富士又一郎信重	100	東鎌倉	長尾之内台之郷	83.4	記8　神23　寛6-360
		東鎌倉	飯島之内	16.5	
木村三右衛門吉清	100	東	菖蒲沢之村	100.	記11　神11　寛7-292

注　記：記録御用所本古文書　古：古文書集　神：神奈川県史資料編8（数字は頁）
家：徳川家康文書の研究　中（数字は頁）　寛：寛政重修諸家譜（巻数-頁）

表18　天正19年5月3日武蔵国内宛行一覧

氏　　名	石高	郡	知　　行　　地		出　　　典
梶光助重弘	300	入間	所沢之郷之内	300.	梶隆氏所蔵文書　寛9-316
藁科彦九郎某	250	多摩	村山内三木之村	250.	記2　家61　寛15-251
大河内又次郎正勝*	250	多摩	三木村	250.	古14　家180　寛5-18
武蔵孫左衛門吉正	250	多摩	中里村	210.4	記5　家63　寛16-64
		入間	山口之内町屋村	39.5	

武蔵孫之丞秀貞	250	入間	山口之内大鐘村	95.4	記5	家 64 寛16- 65
		入間	三ヶ島之内	106.9		
		入間	山口之内新井村	47.6		
久松彦左衛門忠次	200	入間	山口之内堀口	147.	記12古4	家 62 寛17-316
		入間	三ヶ島之村	52.9		
竹本九八郎正吉	200	入間	久米之郷之内	200.	記3	寛15-255
高井助二郎直友	200	入間	久米之郷之内	200.	記3	寛18-225
糟谷与兵衛政忠	200	多摩	村山之内殿ヶ谷箱根崎		武州文書15	家 65 寛12-205

注　＊は日付を推定した文書

天正19年５月17日　武蔵国内宛行一覧

安藤彦四郎直次	1000	児玉	小平	232.6	記6	家 70 寛17-169
			穴師郷之内	654.		
			十条郷之内	113.7		
栗原大学介忠重＊	500	児玉	用土村		古4	家183 寛 3-183
			横山郷			
大森半七郎好長＊	330	児玉	児玉郡之内		古12	家184 寛 5-365
天野孫三久次	300	入間	小萱之村	300.	記10	家 67 寛14-184
芝山小兵衛正員	300	新座	大和田村		古4	家 68 寛 7-383
		入間	水子村之内			
		入間	中野村之内			
加藤源四郎正勝	300	入間	池辺之村	210.8	記3　古14	家 68 寛13- 34
		新座	内間木之村	17.		
		入間	大仙波之内	72.1		
神谷与七郎清正	200	多摩	南沢村	200.	記2	寛16-232
加藤茂左衛門正茂	200	多摩	南沢村	200.	古4	家 69 寛13- 42
大田甚九郎清政	200	多摩	清戸本村	145.4	記5	寛14- 65
		入間	水子村	55.		
朝比奈新九郎昌親	200	入間	水子之村	200.	記10	家 66 寛12-263
多門平次成正	200	入間	鶴間村	200.	記5	家 67 寛 8-153
榊原喜平次正成	200	入間	福岡之村	200.	古13	家 70 寛16-366
深津三蔵正重	150	新座	膝折之内浜崎村	150.	記8	寛17-148
渡辺小平六生綱＊＊	200		百卅塚	143.	古4	家 72 寛 8-116
		入間	大仙波之内	56.7		

注　＊は日付なし、＊＊は５月19日…17日の誤りか（寛８-116は17日）

天正19年　　武蔵国内宛行一覧

酒井極之助実明	450	多摩			古4	寛 9-221
市岡五右衛門忠吉	300	多摩	府中	300.	古4	家182 寛 7- 23
石谷五郎太夫清定	250	多摩	入間村	150.	古12	家180 寛14-233
			泉村	100.		
			十条郷之内	113.7		
渡辺孫三郎勝	200	＊			諸家感状録	家182 寛 8-135
有田九郎兵衛吉貞	126.9	橘樹	小机領内今井村	126.9	古4	寛 8- 46

注　＊都築・荏原のうちに賜るとあり

表19　天正20年正月27日宛行一覧

氏　　名	石高	郡	知　　行　　地		出　　典		
加々爪甚十郎政尚	3000	比　企	高坂之郷	2000.	記3		寛12-233
		東	一宮之内	1000.			

天正20年正月29日宛行一覧

酒井与九郎重勝	2000	比　企		1688.6	記11		寛 2- 63
		山　辺	土気之内	311.4			

天正20年２月１日宛行一覧

天野三郎兵衛康景	3000	香　取	大須賀領之内		記6	家203	寛14-164
服部与十郎政光	3000	埼　玉	太田庄之内		記1		寛18- 67
加藤喜助正次	2000	比　企		1669.1	記3		寛13- 52
		望　陀	（上総）	330.8			
高木九助広正	2000	比　企		1628.7	記4		寛 5-399
		葛　飾	松戸村之内	400			
森川金右衛門氏俊	2000	入　西		1643.1	記13	家198	寛 7- 85
		山　辺	（上総）	357.1			
水野清六義忠	2000		太田之庄内	1249.67	記4	家199	寛 6- 87
		土　気	（上総）	751.72			
神保安芸守氏張	2000	香　取	（下総）		記4	家202	寛18-134
榊原小兵衛長利	1700	入　西	・山林共	1320.	記11	家198	寛16-386
		葛　飾	（下総）	380.			
石川又四郎重政	1500	鎌　倉	鎌倉郡之内		古11	家195	寛 3- 22
蒔田源六郎頼久	1125	上総国	一庄寺崎郷之内		宮崎義司所蔵文書	家200	寛 2-245
筒井順斎政行	1000	足　立			記4		
斎藤次郎右衛門信利	1000	香　取	（下総）		記11		寛13-141
水野新右衛門長勝	800	男　衾	赤浜郷	629.5	記13	家197	寛 6-116
		男　衾	能増之郷・山林河原共	170.4			
天野伝右衛門景房	500	足　立	河原吹・野山共		古14	家196	寛14-174
芦屋善三忠知	500	市　原	七井戸之内		朝野旧聞裒藁	家201	
森川久右衛門重利	300	足　立	深作郷之内		記13	家196	寛 7-104
森川清八重次	200	足　立	深作郷之内		記13		

て発給されている。

天正二十年正月から二月にかけて、家康の宛行状は集中するものの、以後わずかである。ところで徳川氏の家臣のうち、武蔵に知行を与えられたものは数百に達するはずである。ちなみに六〇年後の慶安三年(一六五〇)頃、武蔵に知行を与えられた幕臣は六〇〇名を数える。[25]にもかかわらず何故、知行宛行状が五〇通余りしか現存していないのだろうか。もちろん四〇〇年の間に散逸したものも多いと思われるが、おそらく徳川氏は、知行を与えた家臣すべてに給付と同時に宛行状を下したのではあるまい。また知行宛行状を下された家臣たちは、すでに徳川氏に仕えていた者のみであり、このとき新たに仕官して知行を宛行われたとは考えられない。武蔵の村落を宛行なった二八通の知行宛行状は、ごく一部の家臣のみに、それもこの時期に新たに知行を与えたのではなく、何らかの理由で前年に給付した知行を安堵するために、下されたものと推測できよう。ちなみに天正十八年の知行宛行状は、松平家忠・牧野康成宛の伊奈忠次書立[26]など代官頭の証文を除き、家康の朱印状や判物[27]はすべて写本ではあるが、おそらく日付や文言に錯誤があるかあるいは偽文書であろう。

家康は、豊臣秀吉の命令で天正十九年正月五日、奥羽で勃発した葛西・大崎一揆鎮圧に、軍勢を率いて江戸を出立し、岩槻城に入った。しかし一揆鎮静の報せを受け、岩槻を動かずに同十三日江戸に戻っている。ついで閏正月三日、江戸を発して上洛、三月二十一日に江戸に帰った。しかし奥羽では九戸政実の乱が起こり、七月十九日再び奥羽に向けて発向した。家康は、榊原康政・井伊直政・本多忠勝らを率いて八月十八日に陸奥玉造郡岩手沢に至り、十月までここに陣して軍勢を指揮し、十月二十九日に江戸に帰着している。[28]この年、家康は忙しく奔走したが、知行宛行状が集中的に発給された五月が、ちょうど江戸で落ち着いた時を過ごし、関東の新領の経営に着手できた時期と考えられる。

なお前年に武蔵忍で一万石の知行を与えられた松平家忠が、この年三月に知行のうちに代官所支配地を設定されたためしばしば善処を訴えたことは前述したが、『家忠日記』には、五月四日に家臣原田内記を江戸に遣わし、八日に原田が江戸から忍に帰着したのち、知行に関する記事はみえず、六月六日に代官頭伊奈忠次から替え地を給付され、この問題が解決している。この場合は伊奈の発給した知行書立であったが、松平家忠の知行に対する嘆願も、五月のうちに受理され解決したのであろう。下級家臣への知行宛行状は家康の朱印状であり、家忠の場合と単純に比較することはできないが、何らかの事情があったことは考えられる。

天正十九年五月に徳川家康が発給した知行宛行状は、殆ど写本で伝わっており、書写の正確さに多少の疑問も残るが、概ね三類型に大別される。第一に、知行が一ヵ村のみを宛行なった次の例である。(29)

武州以所沢之郷之内三百石出置之者也、仍如件、

天正十九年辛卯

五月三日(朱印)

梶　光助とのへ

本書は原本が現存しているが、書止めが「出置之者也、仍如件」となっている。この梶光助は入間郡所沢で三〇〇石を宛行われた。「所沢之郷之内」という語句から、所沢郷すべてではなく、その一部のみが与えられたことが知られる。のち梶氏は断絶し、一族は本多忠勝に付属される。(30)『武蔵田園簿』によれば、慶安期の所沢村は五〇〇石、二〇〇石が天領、三〇〇石が旗本内藤主馬知行となっており、おそらく天正期から村高五〇〇石であったとおもわれるが、近世初頭に他にだれが所沢のうち二〇〇石を知行したのかは明らかではない。なお近辺の同郡久米村では、中根伝七郎・竹本九八郎・高井助二郎がそれぞれ二〇〇石ずつ相給で知行を与えられていた。この事例と同類型の朱印状

はすべて五〇石か一〇〇石単位の石高である。おそらく検地をせず、「抓み高」で知行が与えられたものであろう。なおこの類型は五月三日付が五通、同十七日付が三通ある。ただし、次のように二ヵ村の宛行いの場合もある。[31]

武蔵国村山之内殿ヶ谷・箱根崎於両村之内、弐百石出置之者也、仍如件、

天正十九年辛卯

五月三日(朱印影)

糟谷　与兵衛とのへ

各村の石高記載がないが、この時期には多摩郡殿ヶ谷・箱根崎両村はまだ村切りがなされておらず、寛文八年(一六六八)までは村山村のうちであり、翌九年に至り石畑・岸村とともに四ヵ村に分村している。[32]ただ近世初頭には実質的に四ヵ村となっていたのかもしれない。『武蔵田園簿』によれば、慶安期の村山村は三七八石九斗九升五合であり、このうち四ヵ村の石高は不明であるが、あるいは村切りがまだとはいえ殿ヶ谷・箱根崎両村の石高が二〇〇石程度で実質的には一ヵ村ずつの宛行いであったのか、または実質的に他の給人と相給であったのかは、明らかではない。

第二の類型は、一人の家臣が複数の村に知行を与えられたものである。[33]

武蔵国

一九拾五石四斗　　山口之内大鐘村

一百六石九斗　　三ヶ島之内

一四拾七石六斗　　山口之内新井村

合弐百五拾石

右出置者也、仍如件、

天正十九年辛卯
　　五月三日　御朱印
　　　　武蔵　孫之丞とのへ

知行高・村名が箇条書きになっているが、書止めが「出置之者也、仍如件」となっている。ここで注目されるのは、村高に一石以下の端数があることである。あるいはこれらの村々において指出か検地か、土地の生産力を把握する操作がなされたことを推測される。児玉郡の一例を除いて、その村々は狭山丘陵の東から柳瀬川流域にかけての山口領に点在しており、それらの地域では、検地や指出の徴収などがあったのかもしれない。武蔵孫之丞は、三ヶ島の一部と山口之内大鐘村および山口之内新井村に知行を与えられている。三ヶ島のみが相給で、その他は一ヵ村を宛行われたのである。なお「新井村」は、入間郡上新井か同郡下新井かとも考えられるが、「山口之内」とあり、のちに武蔵氏が新堀村を知行しており、「井」が用水や「堀」を意味していることも考慮すると、狭山丘陵の谷間に位置する入間郡新堀かと推定される[34]。この類型は五月三日付が三通、同十七日付が三通ある。

第三の類型は、書止めが前の二類型と異なる次の事例である[35]。

武蔵国新座郡内大和田村、入間郡之内水子村、并中野村之内、都合参百石、右出置之畢、永可令知行者也、仍如件、

天正十九年(ママ)
　　五月十七日　御朱印
　　　　芝山　小兵衛とのへ

この事例は、書止めが「右出置之畢、永可令知行者也、仍如件」とあり、前の類型より知行宛行状としての形式が

一層整っている。ただし、個々の村々の知行高が明示されておらず、総計も一〇〇石単位のきりのよい数値となっている。芝山小兵衛の各村の知行高は記されていないが、水子村は芝山の他に二名の相給となっており、太田甚九郎が五五石、朝比奈新九郎が二〇〇石と、宛行状に知行高が明記されている。芝山のみが知行高が見えない理由は明らかではない。『武蔵田園簿』によれば、大和田村は四五五石、うち芝山小兵衛に二五五石、一族の芝山権左衛門に二〇〇石の相給となっている。入間郡中野村は柳瀬川を隔てて大和田村の対岸に位置し、のち大和田村に併合された村であり、『武蔵田園簿』には記載がない。水子村は同書で八五二石九斗二升、うち天領が五〇七石余、他に幕臣三浦八兵衛知行一〇〇石、杉浦忠左衛門知行二〇〇石、芝山小兵衛知行四五石となっている。宛行状に記載はないものの、水子村の芝山知行は四五石であったと思われる。なお次のように一ヵ村の宛行いでも、知行高は一〇〇石単位となっている。(36)

武蔵国南沢村弐百石、右出置之畢、永可令知行者也、仍如件、

天正十九年

五月十七日　御朱印

加藤　茂左衛門とのへ

ただし南沢村は、神谷与七郎も二〇〇石宛行われており、「南沢村之内」とは記されていないが、相給である。

またこれに類するものとして次のような例もある。(37)

武蔵国多摩郡三木村弐百五拾石、令扶助之畢、全可令知行者也、仍如件、

天正十九年卯年(ママ)　御朱印

大河内　又次郎とのへ

「令扶助之畢、全可令知行者也」の文言は他と異なっているが、この例は日付がないなど、書写も不正確な部分があり、一応考察から除外しておく。なお後述するように三木村という地域性を考えると、日付はおそらく五月三日であろう。

なぜこの三類型の宛行状が発給されたのかは、明確ではない。少なくとも知行高・地域による区別は見いだせないのである。ただ、第二の類型は二ヵ村を宛行なった場合で各村が斗の単位まで記されており、第一・第三の類型にはそれがないことから、徳川氏による各村の把握のあり方が一つの要因であったと推測できる。第一・第三の類型の差は、あるいは知行割りを担当した役人か右筆の差によるものかもしれない。

ところで、同じ地域の武蔵入間郡荒幡村を近世初頭に知行した永井与次郎吉次は、天正三年(一五七五)家康に仕えて近習となり、関東入封後の文禄元年(一五九二)四十五歳で死去し、武蔵高麗郡荒幡山に葬ったと『寛政重修諸家譜』にみえる。(38) ただ明治初年成立の地誌『狭山の栞』(39)によれば、史料を示してはいないが、天正十九年五月三日から永井与次郎の知行となったと記されている。この日付は、梶光助らが朱印状を賜わった時と同じであり、現存しないが永井も同様に朱印状を賜った可能性もある。なお荒幡村は近世初頭には高麗郡に属していた。同書によれば、荒幡村の光蔵寺無量院は青梅金剛寺の末寺で荒幡山と呼ばれ、また同じく金剛寺の末寺本覚院喜福寺には永井与次郎の位牌が存在し、表に「文禄元季壬辰年五月二十五日　心月西光禅定門」、裏に「永井与次郎大江吉次」と刻まれていたという。これらから、関東入封直後から永井氏が荒幡村を知行していたことは確かであろう。現存する二八通の知行宛行状の他に、このような散逸した史料も多かったに相違ない。

翌天正二十年二月一日に宛行状を発給された一七名は、三〇〇〇石から二〇〇石までの家臣であるが、うち一〇〇〇石以上が一二名と天正十九年宛行の家臣と比べて知行が高く、宛行状も次のような形式となっている。(40)

武蔵国入西郡之内千六百四拾三石壱斗、上総国山辺郡之内参百五拾七石壱斗、合弐千石、并野山等事、右出置之畢、永可令知行者也、仍如件、

天正廿年

二月朔日　御朱印

森川金右衛門とのへ

他の宛行状の中には「山林野河原等事」「山林等之事」「野銭共」などと記されたものもあり、知行所に対する支配権を一層強く認めている。それは、徳川氏が領国により支配を浸透させたことと、家臣の知行が前年より広域となったこととも関係しよう。ちなみに、松平家忠が忍一万石から下総上代に転封されたのも、天正二十年二月のことである。『家忠日記』によれば、正月二十五日、知行のうち五〇〇〇石を下総小見川を与えられ、二月一日に家臣を下総の知行に派遣している。翌二月二日に、家康が朝鮮出兵のため出陣し、翌三日には残りの五〇〇〇石の知行について、家臣を小田原まで派遣している。なお家忠が忍を出立したのが二月十九日のことであり、同二十二日に上代に到着した。知行宛行状を出した二月一日は、家康が江戸を出立する前日というあわただしい時期であった。にもかかわらず、一部の家臣に宛行状を発給しているのは、緊急の事情があったために相違ない。

このような類型の相違と、知行の村々との関係や宛行を受けた家臣の性格の差などは、あまりにも事例が僅少であり明確ではない。ただ後述するように、日付と知行の地域差は見られ、あるいはそこから徳川氏の家臣団のあり方を考える手掛かりは見いだせよう。

以上の知行宛行状が一部の家臣のみに発給されたのであれば、その家臣はどのような存在だったのだろう。以下、地域別、発給の日付別に検討してみたい。なお家臣の経歴は『寛政重修諸家譜』『干城録』[41]などによる。

まず相模において五月三日宛行の家臣二四名をみると、四〇〇石から一〇〇石までの下級家臣のみである。松平孫太夫・戸田九平のように譜代の名門の傍系もわずかに存在するものの、多くは本間忠三郎・河合次郎兵衛・朝比奈又三郎のように父が今川旧臣であったり、岡部宗六・坂本宮内・駒井孫四郎のように父が武田旧臣などの新参、あるいは三河出身でも譜代の名門に属しないような土豪層出身とおもわれるものが目につく。また家臣のなかには大番を勤めたものが多く、松平のように文禄元年江戸番町に大番六組の屋敷割に携わったものもいる。一方で、関ヶ原に際しては、秀忠に供奉して信濃上田城攻めに加わったものもみえる。もちろん松平や江原孫三郎のように大番組頭となり、安藤与十郎のように普請奉行・国目付などに進んだ家臣もいるが、子孫も大番を勤めた家が多い。

次に武蔵において五月三日に宛行われた家臣を検討してみたい。彼ら九名は三〇〇石から二〇〇石の小禄である。『寛政重修諸家譜』によれば、梶光助は家康に小性として仕え、のち家康が急ぎ上方に上ったとき一人徒歩で従い、伏見に到着後疲労で倒れ死去したという。また武蔵孫之丞も、家康が伏見城に移るとき命じられて行列の先を勤めたという。このような主君の周辺を徒歩で警護する役割は後の小十人に当たる。梶の弟の系統はのち小十人となっている。宛行状は現存しないが、五月三日付で入間郡荒幡村四〇〇石を宛行われたという永井与次郎吉次は、天正三年から家康の近習を勤めたといい、同日に入間郡久米村の内二〇〇石を宛行われたという中根伝七郎正重は、慶長三年に城番を勤めていた伏見で死去したという。あるいは梶や武蔵氏と同様の役割とも推測される。なお久松彦左衛門は鷹方、高井助二郎は奥方番を勤めるなど、断片的な史料ではあるが、軽輩ながら君側を護る役割が目につく。おそらく『寛政重修諸家譜』において、戦国から近世初期に「近習」「小性」として家康に仕えたと記されているのは、のちの小性のみに相当するのではなく、職制の未確立の時代、のちの小性組・大番・小十人まで含んでいると推測されよう。なお小十人は、江戸幕府において御目見以上であるが歩行の士で、諸藩や旗本の家中の中小性に相当し、将軍の出行などに側に供奉したというが、『吏徴』[42]によれば、元和九年(一六二三)小十人頭が設置される以前は、小性組番頭が頭を兼帯したといわれており、寛永三年に大御所徳川秀忠の上洛では、各六組の書院番・小性組・小十人組が供奉したが、六人の近臣がそれぞれ書院番・小性組・小十人各組ずつの頭を兼任していた。[43]これらの事例からも、小性や君側の警護の衆のうち下層で徒歩のものから、小十人が次第に成立していったことを窺わせる。

他に五月三日付で武蔵に宛行われた家臣には、武蔵孫左衛門・糟谷与兵衛・大河内又次郎をはじめ、子孫が大番を勤めた家柄も多い。

五月十七日に宛行状を与えられた家臣は、二つの階層に分かれる。まず児玉郡に知行を与えられた三名である。一〇〇〇石の安藤彦四郎直次は使番から家康の出頭人に進み、のち紀州藩附家老かつ田辺城主となっており、五〇〇石の栗原大学介は子が大坂城番、三〇〇石の大森半七郎はのち使番、目付、持筒頭に進んでいる。彼らは、家康を警護する家臣のなかでも比較的高い地位にいたものと思われる。

もう一つの階層は、多摩郡・入間郡・新座郡に知行を与えられた三〇〇石から一五〇石の家臣である。これらの家臣も加藤茂左衛門・榊原喜平次・深津三蔵のように家康の小性出身もいるが、深津はのち大番となり、加藤源四郎も大番、他にも子孫が大番となったものが多い。また神谷与七郎・朝比奈新九郎・榊原など、天正十九年九戸出陣に供奉したものもおり、子孫が大番となるものも多い。

なお、武蔵におけるこれらの家臣のなかには、五月三日宛行の家臣のなかに武蔵・久松のように織田旧臣、高井・糟谷・大河内など今川の旧臣、朝比奈のように武田の旧臣が多く、五月十七日宛行の家臣の中には譜代であるものの、有力な譜代の一門ではなかったり、芝山のように井伊旧臣から酒井忠次の組下となったり、多門平次成立のように一族が本多忠勝の組下であったり、榊原のように有力な一門ながら本人が一時牢人したような者が目につく。いずれにせよ、徳川氏の家臣のなかでは有力な譜代の一門ではなく、あるいは織田・今川・武田旧臣など新参が多い。

以上の家臣のうち注目されるのは、高井のようにのち駿府で大御所となった家康に仕えたり、安藤彦四郎をはじめ天野孫三・渡辺小六など家康に仕えたのち紀州に付属されたものがいることである。もちろん江戸で幕臣になったものが多いとはいえ、そのような事例はのち先手鉄炮頭・伏見奉行などと進んだものであったり、天正十九年（一五九一）に宛行われた家臣は早く死亡し、子供が江戸で仕えた場合である。

すなわち知行宛行状を与えられた彼らは、家康に近侍して警護に当たった者たちであり、安藤彦四郎などを除けば、大番や後の小十人の役割を担った下級家臣であったといえる。さらに、彼らはおそらく番組として編成されていたものであろうし、武蔵において五月三日付で宛行われた家臣は、のちの小十人のような徒歩で近侍するような役割、相模で五月三日、武蔵で五月十七日付で宛行われた家臣は大番衆ではなかったかと推測できよう。知行宛行状は、組単位に発給されたものであろうし、その発給は家臣団の編成のあり方を物語っているといえよう。そして、前述の上級家臣団が軍事的に配置されたのと同様に、大番衆も臨戦体制下に直ちに動員ができるよう同地域にまとめられて知行を与えられたのではあるまいか。

ちなみに、天正二十年二月一日に宛行われた家臣は、天野三郎兵衛が、三河三奉行の一人であり、のち駿河興国寺城主一万石となり、水野清六が小田原陣の大番頭の一人、加藤喜助・高木九助・榊原小兵衛も小田原陣の先手頭、森川金右衛門も足軽五〇人を預かるなど、奉行・物頭層で多く占められている。ここからも知行宛行状の発給の日時の差が家臣団の編成を示すものであることを推測できよう。

大番組はのち幕府の親衛隊の中核となり、江戸城の警衛をはじめ大坂・二条城の在番などを勤めた。徳川氏における大番組の創始については、永禄六年(一五六三)の三河統一、天正十五年駿府移城、天正十八年小田原出陣の節など諸説があるものの明確ではない(44)。また天正十八年小田原出陣に五〇騎ずつ六組の大番組が編成され、松平忠左衛門・松平善兵衛・松平助十郎・松平十三郎・荒川次郎九郎・水野清六郎が頭になったといわれるが、その番士は知られてはいない。のち慶長十一年に九組に増加し、伏見城勤番が始まり、元和三年には大番のうち五四名を秀忠の三男忠長に付属したという。

いずれにせよ、大番に編成されたのは、支城に配置されたような上級家臣およびその一族や、組頭・奉行となるような中堅の家臣などではなく、譜代でも一族に有力な部将などのいない下級家臣か、有力な一族の軍団から離れた傍系の家臣、今川・武田旧臣など新参であったと考えられる。大久保彦左衛門忠教が初めから家康の旗本であったわけではなく、家康の部将の兄大久保忠世の軍勢の一員として活躍し、知行も兄から与えられており、家康の直臣となったのが、忠世の子忠隣が改易された慶長十九年(一六一四)以降のことであるなど、有力な一門はそれぞれ多くの庶子家を家のなかに包摂して知行を分与していた。それが各家の軍事力を構成していたのである(45)。そのような有力な家に属すことができないような家臣が、あるいは与力として新たに台頭した家康の旗本大将に付属されたり、あるいは大番など下級の親衛隊として編成されたといえよう(46)。前述の梶氏の例はこれをよく物語っている。天正十九年に知行宛行状を発給されたのは、このような下級家臣のうち親衛隊として編成されたものたちだったのである。

煎本増夫氏の分析によれば、寛永十年の大番四七五人のうち、三河譜代は三八パーセント余りにしかすぎず、他は武田・後北条・織田・今川・豊臣などの旧臣で占められているとされるが、[47]時代が下っているとはいえ、上述の傾向をよく示している。なおこの時期には、有力な譜代の庶子家も、家柄を誇りながらも次第に本家から自立していく。それらの家を編成したのが、大番衆よりものちに、江戸城の殿舎の建設とともに成立した書院番・小性組だったといえよう。

四　知行と村落景観

天正十九年（一五九一）五月十七日に加藤茂左衛門と神谷与七郎が二〇〇石を宛行われた武蔵多摩郡南沢村には、次のような伝承がある。[48]同村では、天正十八年に加藤と神谷が二〇〇石ずつを宛行われると、加藤は南半分を知行して同村の名主篠宮丹後宅を陣屋とし、神谷は北半分を知行し隣村の新座郡片山村に陣屋を設け、南沢村の陣屋には西川長右衛門を留守に任じ、平生陣屋に居住しながら時折江戸に出仕していた。翌十九年十二月に加藤は蔵米三〇〇俵に替えられて南沢村を去ったため、同村は神谷一人の知行となり、加藤の陣屋も神谷の所有するところとなった。神谷は南半分を篠宮丹後、北半分を西川を代官として屋敷を除地とし、給米二俵ずつを与え、年貢として南分から金九両一分余・米四一俵余・真綿五三〇目余など、北分から金九両余・米五一俵余・真綿五三〇目余などを上納させたという。南沢村は近世を通じて検地がない「抓み高」[49]の村であったようだが、幕末の元治元年（一八六四）の年貢は、米八七俵余・永五四貫五〇〇文・真綿一貫三〇〇目・荏二石二斗・蕎麦一石・春麦六斗であり、[50]永を一貫に二石五斗替えとすると、幕末まで年貢はあまり変化がなかったこととなる。また荏は、灯明用として真綿とともに近世初期の年貢に散見しており、おそらく初期から徴収されたと推測される。

さらに伝承では、西川が留守居となった陣屋は御座間が五間半に二間半、西川の居所が四間半に三間、米蔵が三間に二間半であり、西川は萱林を賜り新たに百姓を取り立てて周辺の荒地を開墾させ新田を開発したという。慶長十九年（一六一四）・翌年の大坂両陣には、同村の百姓栗原釆女の譜代一名と片山村の百姓二名、および津久井領から逃散してきた神藤清右衛門の伜が神谷に供奉した。神藤はのち紺屋を開業して村に居つき、また伜は屋敷に奉公して、正保元年（一六四四）には西川に代わり神藤氏が名主に任命されたという。

この伝承では、神谷が片山村も知行し陣屋を設けたというが、天正十九年五月十七日付の神谷宛行状には、片山村に知行を与えたという記載はない。ただ、のち慶安年間には神谷が南沢村四〇〇石とともに片山村のうち一〇〇石を知行しており、片山村が近世後期まで相給と村の散り懸かり形態の激しい村であり、多摩郡と新座郡との境界も不明瞭な地域であったため(51)、あるいは伝承が若干の事実を伝えているかもしれない。ことに村の支配を土豪層を通じて行っていることや、軍役負担を村に転嫁している事例は、この伝承が村側からの歴史の記述であることを考え併せると、ある程度の説得力を持つであろう。なお、加藤が南沢村の知行から離れた時期が、天正十九年十二月か否かは、同氏がのち徳川忠長に付属され改易された経歴を持つことから、その実態が明確ではない。

ところで知行宛行状に見出せる地名は、相模では鎌倉・東郡、武蔵では多摩・入間・新座および児玉郡に限定されている。このような地域に、大番などが知行を与えられた意味を以下武蔵を中心に考えてみたい。

武蔵において宛行状にみえる地域は、安藤彦四郎など比較的知行の高い家臣が与えられている児玉郡と、狭山丘陵とその周辺の武蔵野台地に多く集中している。この分布と発給の日付とを考えると、知行宛行状は三つに大別することができる。第一は五月三日付の宛行状一一通である。まず知行高は二〇〇～三〇〇石と低く、知行の村は狭山丘陵の周辺とそこに源を発する柳瀬川の流域であり、のちに「山口領」(52)と呼ばれた地域に当たる。第二に五月十七日付の宛行状のうち、入間・多摩・新座郡の村々を対象とした一一通である。知行高は一五〇～三〇〇石とやはり低く、知行の村は入間川・新河岸川・柳瀬川・黒目川などの流域であり、のちに「川越領」「野方領」と呼ばれた地域である。第三に五月十七日付の宛行状のうち、武蔵北部の児玉郡を中心に知行を与えられた三通である。知行高は三三〇〜一〇〇〇石と、前に比べて高く、なかには多摩郡にも分散している。かつ、これらの知行宛行状に記された知行村は、相給・分散の形態を取るものも多いが、三つに大別した地域の内にそれぞれ含まれている。

そのうちの一つ入間・多摩・新座郡において、近世の村々には、歴史的には二つのタイプがある。一つは、中世以来の歴史を持った古い村落であり、他は近世になって成立した新田村落であった。かつ地形的にも、それは二つに大別できる。中世以来の村落は、狭山丘陵の谷間や周辺の低い窪地を負った場所、あるいは柳瀬川など小河川が台地を削って低い崖を形成している辺りに散在し、近世における新田村落は武蔵野台地の中に成立している。

中世以来の集落が点在していたのは、丘陵の谷間や丘陵と台地の境、あるいは小河川が台地に谷間を刻んだ地で「ハケ」と呼ばれた崖の下にある狭い沖積地であり、そのような谷間や小河川の流域は、「谷戸」「谷津」「谷地」などと呼ばれていた。狭山丘陵沿いの谷間に存在した村々や、新河岸川・柳瀬川・黒目川流域の村々は、その典型ともいえるのである。このような場所は、丘陵と台地の縁辺やハケからは湧き水が流れ出、低い場所は湿地となり、その中央には谷頭からの水や湧き水が集まって小さな流れができているという地形であり、中世以来、人々はこのような地を水田として開発した。谷戸では湧き水や谷頭に溜池を築造したり、河川に堰をこしらえて簡単な用水を引き、比較的小規模な労働力で容易に湿田をつくることができたという(53)。

これら谷戸の田はどのように耕作されたのだろうか。近世中期以降の記録によれば、柳瀬川流域の入間郡坂ノ下村・本郷村や狭山丘陵沿いの町谷村・打越村などでは、種籾を田に直接蒔いて育成する「摘田」を耕作している(54)。摘田は一般に谷戸の湿田などで行われたといわれ、近世中後期、町谷村では反当たり八升から一斗、打越村でも九升から一斗程度の種籾を蒔いている。もちろん田植えを行う農法に比べて、生産力は劣っていたが、深田や泥田など湿田で田植えが困難な場所で実施されたという。また、用水は溜池や湧き水を利用したものの、小規模で不足しがちであり、排水も湿地帯のため不完全で、少々の出水でも直ちに冠水して稲が水腐れし、日照りになると田地はすぐに干からび、用水も不足して稲が立ち枯れするという欠点があった。『新編武蔵風土記』に、これらの村々では干害の憂いがあると記しているのはこのことを示している。

狭山丘陵沿いの村々には溜池が存在し、天正期に旗本が入封した多摩郡三ツ木村をはじめ、同様に谷戸の景観をもった同郡中藤村・廻田村、入間郡三ヶ島村・勝楽寺村・荒幡村などは、多くの溜池が見出せる。また入間郡勝楽寺・三ヶ島ともに、溜池の灌漑面積は、村内の田の半分以上に及んでおり、荒幡村の場合、明治十九年編纂の地誌に、田一〇町歩余のうち溜池で灌漑している田を七町歩余と記している。[55]これらの溜池がすべて近世以前に築造されたのか否かは断定できないが、少なくとも大半は近世初期には存在していただろう。ただし、溜池は広くて三町歩程度、狭ければ数畝歩程度の田しか灌漑できず、また谷間の低地をさらに開発して田を拡大する余地はなかった。また、柳瀬川沿いの入間郡本郷村では、近世後期に同村が「天水場」であると記されており、[56]湧き水や雨水など零細な灌漑方法で耕作していたことを物語っている。近世初期の様子も同様であったろう。

このような谷戸は、中世には代表的な耕地景観を形成した場所であり、一人の土豪が一族や下人などを動員する程度で、簡単に開発・耕作ができる土地であった。人々は、丘陵の下の微高地や台地の上に屋敷を構え、また畑を耕し、耕地や集落の背後には山林や原野が続き、そこから秣や木材・燃料も採集していたのである。[57]徳川氏の下級家臣が知行を宛われた村々は、このような地域であったのである。徳川氏が中下級家臣に対して、入封後直ちに谷戸の村々を知行として与えたのは、このような地域こそ最も生産力が安定していたからに外ならない。

近世以降の関東においては、大河川流域の沖積平地が関東郡代伊奈氏などの努力で大規模な開発が進展し、湿地帯や湖沼が干拓され、長大な用水が開削されて広大な田地が出現していく。このなかで既に開発がほぼ限界に達した谷戸は、生産力の発展が緩慢となり次第に取り残されていくのである。また谷戸の後背に位置する武蔵野台地で、原野や山林が次第に開発されて広大な畑地が出現し、新たな発展やそれに伴う紛争も惹起するのである。かつ農業生産力が高いのは、大河川流域の沖積平地に位置する現在の穀倉地帯と思われている。しかし、こうした地域は乱流する河川と後背の湿地帯であり、この地が穀倉地帯となるのは近世大名や幕府の強大な権力と厖大な労働力により、干拓と新田開発を行って以後のことなのである(58)。

五　大番衆の形成と徳川氏の軍制

大番組の成立については、前述のとおり諸説があるが、いずれにせよ徳川氏の大名権力確立の画期であったことは疑いえない。徳川氏は三河統一後、松平一門をはじめ三河の国人・土豪層を編成して、石川家成(のち数正)に西三河、酒井忠次に東三河の有力家臣を付属し、それに家康の旗本備えを併せて、「三備」体制を作ったといわれる(59)。その後、次第に領土を拡大する過程で、徳川氏は、有力家臣に自らの家臣団を形成させる一方、彼らに下級家臣ことに新征服地の領主層を与力として付属しながら、各部将の軍事力を増強させ、それが徳川氏総体の軍事力の拡大につながっていった。一方で次第に、鳥居・本多・榊原・大久保・井伊など家康の旗本部将も、与力を付属されながら、次第に「先手役」という第一線の部将としての実力を蓄えていった。家康の親衛隊たる大番組が成立したのは、旗本部将が独立して、旗本備えを、再編する必要があったからに外ならない。それは、一族郎党を中核としそこに与力が付属するような部将の私兵的な軍団ではなく、家康の馬廻りが組織化され、拡大して複数の番組となって番頭が置かれ、日常的には交代で主君の警護や城の警衛に当たり、戦時には馬廻りとして主君を警護するような部隊であった。これらの番衆と与力との差は、番衆があくまでも主君の直属の家臣であり、番頭からみれば部下であって私兵ではないのに対し、与力は本質的に部将の私兵であったことであり、だからこそ与力の多くがのち譜代大名の家臣団として編成されたのである。

部将たちが一族郎党を中核に家臣団を編成する一方で、下級家臣すなわち有力な一族から離れて自立した家臣や、一族に有力部将などを持たない土豪層は、与力となるか、あるいは家康の旗本備えとして編成されていったと見ることができる。そのような旗本備えが大番組であり、のちの大番よりも主君に近侍したため、『寛政重修諸家譜』などには「小性」として記載された場合もあったと推測される。そこにはのちの奥方番・小十人や鷹匠など、近侍する多様な職が包摂されていた。『寛政重修諸家譜』によれば、天正十九年に知行宛行状を与えられた家臣のうち、深津三蔵正重が天正三年に家康の小性となり、のち大番になったという記事や、梶光助重弘が、一族は本多忠勝の与力となり、自らは家康の小性として文禄四年に家康に徒歩で一人供奉して斃れた逸話や、弟が小十人となったこと、また同様に知行宛行状を与えられた長田喜六郎忠勝が、鷹方から大番となり、家康母方の久松一族でありながら一次牢人を経験した久松彦左衛門忠次が大番から鷹方となった事例などは、このような初期の大番のありかたを物語るものといえる。さらに小十人も、のちこのような番組のなかから徒歩の下級家臣が分離して成立したのではあるまいか。

天正十八年の関東入封によって、彼らは江戸の周辺に組ごとにまとまって知行を与えられたのであろう。ただ当時の村落立地から、比較的安定した旧村がある丘陵・谷戸に置かれたのであろう。それが日付・地域的にまとまった要因と考えられる。

なお、伊奈忠次・大久保長安などの知行書立については、初見が天正十八年九月七日、松平家忠に一万石、牧野康成に五〇〇〇石が与えられ、のち散見している。これは僅かな残存状況や『家忠日記』からみて、知行宛行の直後や知行替えの際など特別の事情のあった場合に発給されたものであろう。

関東入封ののち、有力家臣は、さらに与力を付属され、また関東の国人土豪層を取り立てながら部将としての軍事力を増強していく。武蔵忍城に一〇万石で入封した松平忠吉は、慶長五年尾張清洲五二万石に転封するが、同十二年に死去断絶したときの家臣団のうち約半数の三二五名が忍における取立であり、さらにうち五〇名が武蔵を生国としていることは、その一例ともいえる。(60) 幕臣に関東の出身が比較的少ないのは、各家臣が陪臣として登用したためであろう。一方で、有力家臣の一族のなかでは、惣領が一族や与力を家臣化して主従関係を確定していくとともに、惣領の兄弟などのなかにはそこから自立し分知されるものが出たり、与力のなかからも有力家臣の軍団から離れたりして、徳川氏の直臣となるものも出てくる。のち有力家臣の「家」から自立した幕臣、すなわち二、三男などを中核として小性組・書院番の両番が成立するのであり、そのゆえに両番は大番よりさらに主君に近侍し、格式も高くなったのである。さらに両番の成立は、幕府の開設と江戸城の建設、ことに御殿の建設とそこにおける儀礼の成立ともかかわってくるといえよう。

注

（1）中村孝也氏『家康公伝』・『家康の臣僚』。北島正元氏『江戸幕府の権力構造』。藤野保氏『幕藩体制史の研究』。川田貞夫氏「徳川家康の関東転封に関する諸問題」（『書陵部紀要』二一、『戦国大名論集』〈徳川氏の研究〉に再録）。煎本増夫氏『幕藩体制成立史の研究』。村上直氏「徳川氏の関東入国と小田原の位置」（『おだわら』五）など。

（2）文献による戦前からの研究を継承した研究に、北島氏前掲書、水江蓮子氏『江戸市中形成史の研究』、『家康入国』など。なお北島氏の著書は、一九六〇年頃までの他の分野の研究も総括している。そこに空間の論理を入れた研究に鈴木理生氏『江戸の都市計画』など。都市工学の立場からの研究に内藤昌氏『江戸と江戸城』・玉井哲雄氏『江戸―失われた都市空間を読む―』など。

（3）村上直氏「関東郡代成立の歴史的前提」（徳川林政史研究所『研究紀要』昭和四十三年度）・「関東郡代成立に関する一考察」（北島正元氏編『幕藩制国家成立過程の研究』）・「近世初期における幕領支配と代官―長谷川七左衛門長綱を中心に―」（『近世神奈川の研究』。北島氏前掲書。森安彦氏『幕藩制国家の基礎構造』。大舘右喜氏『幕藩制社会成立過程の研究』。和泉清司氏『徳川幕府成立過程の基礎的研究』。『神奈川県史』通史編近世一。『埼玉県史』通史編近世一。『八王子千人同心史』通史編。

（4）神崎彰利「相模国の旗本領設定」（北島正元氏編『幕藩制国家成立過程の研究』）。小暮正利氏「近世初期旗本領の形成」（『関東近世史研究』一四）。佐々悦久氏「幕藩制初期の幕臣団編成と知行割」（『旗本知行と村落』）。和泉清司氏前掲書。

（5）鈴木寿氏『近世知行制の研究』、関東近世史研究会『旗本知行と村落』、若林淳之氏『旗本領の研究』、川村優氏『旗本知行所の研究』、『旗本知行所の支配構造』、横浜文孝氏「旗本知行と村落考」（『関東近世史研究』三三）、白川部達夫氏「石高制知行をめぐる諸問題」（『近世社会と知行制』）など。

（6）埼玉県教育委員会『歴史の道調査報告書　鎌倉街道上道』。

（7）内閣文庫蔵『新編武蔵風土記』百六十二。

（8）『川越市史』第三巻近世編、『新編埼玉県史』通史編3など。

（9）川越市立図書館蔵（『川越市史』史料編近世II）。

（10）岡本一郎氏『川越の城下町』。

（11）埼玉県児玉町「平野家文書」（『新編埼玉県史』資料編一七）。

（12）本章第一節。

（13）川田氏前掲論文。

（14）埼玉県小川町「鈴木家文書」（『埼玉県の中世文書』）。

（15）葉山禎作氏「小農農法の成立と小農技術の展開」（『技術の社会史』二）。

（16）『家忠日記』。

（17）島原市「片山文書」（『新編埼玉県史』資料編一七）。以下の記述は本文書および『家忠日記』に依る。なお和泉清司氏は前掲論文で同じ史料を引用され、松平家忠が自身で知行地を検地したと主張されたが、天正十八年の知行書立と翌十九年のそれの知行地が全く異なる以上、家忠自身の検地は立証しえないと考える。

(18) 盛本昌広氏『松平家忠日記』。
(19) 続史料大成『家忠日記』解題。盛本氏前掲書。
(20) 松平家忠による忍城修築は、行田市郷土博物館建設の際の発掘調査により確認された。「忍城跡の発掘調査」(『行田郷土博物館研究報告』)。
(21) 『新編武蔵国風土記稿』巻百九十九。『新編埼玉県史』通史編三。『荒川』人文編。『羽生領水利史』通史編。
(22) 名古屋市立鶴舞図書館蔵『清洲分限帳』(埼玉県史調査報告書『分限帳集成』)。
(23) 『改定史籍集覧』一〇。
(24) 内閣文庫蔵『記録御用所本古文書』・『古文書集』・『武州文書』。中村孝也氏『徳川家康文書の研究』中。なお、天正十九年の宛行状には、十一月二十日の井出正次宛が黒印状となっており(「井出文書」)、また千葉氏旧臣の押田吉正宛朱印状(『古文書集』十四)などがあるが、検討の余地があり、考察の対象とはしなかった。
(25) 『武蔵田園簿』。
(26) 「片山文書」(『新編埼玉県史』資料編一七)。舞鶴市西図書館蔵「牧野家譜」(『同前』資料編一七)。
(27) 『諏訪史料叢書』一六「諏訪家譜」所収、天正十八年六月十日「諏訪頼水宛徳川家康判物」(中村氏『徳川家康文書の研究』中でも疑問を呈しておられる)。なお、『朝野旧聞裒藁』第二百七十二所収、天正十八年九月晦日「清水長左衛門宛朱印状」、『古文書集』三所収、天正十八年「渡辺孫三郎宛朱印状」、『記録御用所本古文書』所収、天正十八年「小笠原定信宛判物」など、天正十八年の宛行状は文言・日付に疑問がある。代官頭の知行書立については、和泉清司氏編の労作『江戸幕府代官頭文書集成』に、天正十八年三通・天正十九年一二通・天正二十年一六通が収録されている。
(28) 『朝野旧聞裒藁』第二百八十二。
(29) 愛知県幸田町「梶隆氏所蔵文書」(『所沢市史』近世史料二)。
(30) 『寛政重修諸家譜』巻五百六十四。
(31) 『武州文書』十五。
(32) 寛文八年『武州多摩郡山口領村山村申之御縄水帳』(武蔵村山市「荒田家文書」)。武蔵村山市史調査報告書一『荒田家文書目録』解説。

(33)『記録御用所本古文書』五。
(34)『所沢市史』上。
(35)『古文書集』四。
(36)『同前』四。
(37)『同前』十四。
(38)『寛政重修諸家譜』巻六百二十五。
(39)明治九年、多摩郡後ヶ谷村の杉本林志が、狭山丘陵沿いの多摩郡・入間郡の村々を踏査して編纂した地誌で、古碑・古文書なども掲載している。一九三九年に曾孫の杉本寛一によって刊行されている。
(40)『記録御用所本古文書』十三。なお、榎本直樹氏「旗本加藤家に伝えられた徳川家康文書」（『日本歴史』六一一）には、加藤正次宛朱印状が紹介されている。
(41)『内閣文庫所蔵史籍叢刊』五七～六四。
(42)『続々群書類従』七。
(43)『東武実録』寛永三年五月条（『内閣文庫所蔵史籍叢刊』一）。
(44)煎本増夫氏「初期江戸幕府の大番衆について」（『日本歴史』一五五）、『戦国時代の徳川氏』。
(45)本章第三節。
(46)藤野氏『幕藩体制史の研究』・煎本氏『幕藩体制成立史の研究』『戦国時代の徳川氏』などにみられる、家康の部将本多忠勝・井伊直政が付属の与力を核に家臣団を形成した形成過程は、この事実を示すものであろう。
(47)煎本氏「初期江戸幕府の大番衆について」。
(48)『南沢村根元之記』（『東久留米市史』史料所収「神藤正雄家文書」）。
(49)林巌氏「武蔵田園簿における抓み高について」（『歴史手帖』三―六）。
(50)元治元年『南沢村村高家数人別書上帳』（『東久留米市史』史料所収「篠宮信由家文書」）。
(51)『新編武蔵風土記』新座郡三。『新座市史』五。
(52)煎本氏「江戸時代初期における山口『領』の在地支配の実相」（『大和町史研究』三）。澤登寛聡氏「近世前期における三田『領』

の町・村構成と領主支配」(『吉野家文書』三)。白井哲哉氏「『領』編成と地域」(関東近世史研究会編『近世の地域編成と国家』)。

(53) 葉山禎作氏「小農農法の成立と小農技術の展開」(『技術の社会史』二)。『所沢市史』上。小川直之氏『摘田稲作の民俗学的研究』。木下忠氏編『湿田農耕』。高島緑雄氏『関東中世水田の研究』。

(54) 『所沢市史』近世史料II。長谷川正次氏「近世西関東における農業技術」(『所沢市史研究』七)。

(55) 『所沢市史』地誌。

(56) 『所沢市史』近世史料II。

(57) 葉山氏前掲論文。なお最古の農書といわれる『清良記』にも同様の記述がある。

(58) 村上直氏「関東郡代の成立に関する一考察」(北島正元氏編『幕藩制国家成立過程の研究』)。小沢正弘氏「近世初期武蔵国東部における伊奈氏の新田開発政策」(『埼玉地方史』二)。中野達也氏「武蔵国東部低地域における近世の耕地開発と村」(『葦のみち』二)。和泉氏『徳川幕府成立過程の基礎的研究』。

(59) 『徳川家康と其の周囲』下。中村氏『家康の臣僚』。煎本氏『幕藩体制成立史の研究』『戦国時代の徳川氏』慶長十二年『松平忠吉家中分限帳』(埼玉県史調査報告書『分限帳集成』)。跡部佳子氏「徳川義直家臣団形成についての考察(一)」(『金鯱叢書』一)。

第三節　家光政権成立期の幕臣団

はじめに

近世前期の幕政史研究の中で、家光政権の問題は、江戸幕府の支配体制の基礎がこの時期に形成されたという認識から、戦前の伝統的な制度史的研究以来多く取り上げられてきた分野の一つである。戦後、この問題に光をあてたのは辻達也氏であり、家光の近習出頭人の存在や実力に注目されながら制度の整備を論じられた(1)。これに対し北原章男氏は、家光の側近の存在に注目され、家光の権限の強力さが政権の確立をもたらしたと指摘された。(2) また福島貴美子氏が側近層の形成とその制度化を検討され、(3) 藤野保氏も譜代層の動向に注目されながら、側近層の役割と寛永期の政治の特色を分析された。(4) これらの研究は、戦前の政治史を発展させたものといえるが、将軍権力と職制が未確立時代、側近層の存在形態に注目されたものであり、その後の研究に大きな影響を与えた。

一方、北島正元氏は政治史に社会経済史の成果を採り入れ、(5) これを継承して煎本増夫氏は村落史の成果を加え、知行形態・軍事組織・直属軍の増強などに注目され、(6) 小暮正利氏は寛永十年(一六三三)の地方直しと村落支配・幕臣団の軍事体制強化を、(7) 佐々悦久氏は知行割や朱印改めに則して幕臣団の編成を論じられた。(8)

家光政権の研究が新たな発展を見せたのは、朝尾直弘氏が国家論の枠組みの下に、『江戸幕府日記』を利用しながら、権力構造の分析をより丁寧に考察されてからのことである。(9) 『徳川実紀』や『寛政重修諸家譜』のみで語られていた史実が、『江戸幕府日記』(10) や『細川家文書』などにより大幅な訂正を加えられ、以後の研究が進展した。藤井譲治・(11) 小池進・(12) 山本博文・(13) 小宮木代良氏(14) などによる最近の研究は、新たな史料を駆使しながら、権力の内部構造と個々の構成員の権力関係、政策決定・意志決定のあり方などを詳細に考察されている。

ただ最近の研究動向は、政権の権力構造の分析であり、それを支えた幕臣団の検討は、それほど深化はしていない。かつ当時の彼らの性格は、吏僚機構というよりも将軍の直属軍であった。従来の研究は番組などの組織を検討しながらも、(15) 幕府の軍事体制の中での位置づけが欠如しており、寛永期の軍事力増強が説かれながら、その実態を解明してはいなかった。かかる意味で軍制を明確に意識しているのは、笠谷和比古氏(16)・高木昭作氏(17) であるが、そうした立場からこの時期の幕臣団の概要を検討し、家光政権の幕臣団の統制・再編や、成立した直属軍の性格を持ったのかを考察した研究は見いだせない。かつ、従来の研究は政権による編成・統制に重点がおかれ、幕臣の自律的・主体的な側面を見いだそうとはしなかった。[18] さらにその背景にある武家の「家」の問題を無視していたと思われる。小稿では、寛永十年前後の幕臣団の動向をその政治的背景を絡めて検討しながら、以上の問題を考察したい。

一　秀忠の死去と遺金の分配

寛永十年（一六三三）正月二十四日、大御所徳川秀忠が江戸城西之丸で死去した。秀忠は、元和九年（一六二三）将軍を家光に譲り大御所となって以来、朝幕関係を幕府優位の下に確定し、譜代大名・直臣層に朱印状を発給して武家を統合し、また幕府の意志も主導権を握るなど、実質的に国家の頂点に立っていた。[19] 秀忠の死後、幕政の実権は将軍徳川家光に移り、幕政は新たな段階に進んで、支配機構・幕藩関係・鎖国制、さらに農政などが確立する。これは、幕政史研究の中でも一九六〇年代以来成果も多い分野である。ただ、幕政の実権を掌握していた生前の秀忠が、権力構造の基盤である幕臣団を如何に掌握し、それを通した家光との関係はいかなるものであったのかは、ほとんど研究が見られない。小稿ではまず、かかる問題を考察してみたい。

秀忠死去前後における幕臣団の構成を検討するには、秀忠の遺物・遺金配分を示す史料が現在のところ最良と考えられる。寛永九年二月七日から二十六日にかけて、幕府は秀忠の遺物および黄金六万五五〇〇枚、銀四一万七七〇〇枚を、ゆかりの女性および諸大名・幕臣に配分した。その様子は『東武実録』[20] に最も詳細に示されている。同書巻三十五、寛永九年二月条には、次のようにみえる。

公薨御ニ依テ　将軍家、次ニ御家門ノ面々、列侯以下幕下ノ諸士・遠国ノ役人等ニ至ルマテ　御遺物ヲ賜ル、
将軍家エ
不動国行ノ御太刀・江雪正宗ノ御太刀

（以下腰物・掛物・茶入）

会津正宗ノ御脇指・一休面壁御掛物　　尾張大納言エ

（以下紀伊・水戸宛）

中宮ノ御方エ

大判金二十枚　白銀一万枚

一小判金五万両　銀二万枚　天樹院ノ御方

（以下縁者の女性三一人）

大判金合四千六百枚　小判金合六万八千枚　銀合五万六千枚

銀三万枚　尾張大納言

同三万枚　紀伊大納言

同二万枚　水戸中納言

同一万枚　加賀中納言

（以下大名・高家・寄合等）

大判合千百十枚　銀合二十九万九千百枚

以下『東武実録』は、巻三十八までこの記事が続いて表20に見える構成となっており、書院番・小性組、年寄・番頭・奉行層、小性・小納戸、大番組、小十人、納戸以下諸役人、台所・賄方、与力・同心・歩行、坊主衆、中間・小人・八王子千人同心までに金銀が配分され、その人数は女性三三名、大名以下幕臣二一六六名、目見以下の与力・同心や奉公人など、左記のように人数だけが記されているもの三八〇七名に上っている。

大御番与力同心　　　植村出羽守組
小判金二百両　　　与力十騎
銀百枚　　　歩同心二十人

『東武実録』は、近世前期に江戸町奉行・勘定頭などを歴任した松平忠冬が、天和三年(一六八二)徳川綱吉の命を受けて編纂した秀忠の伝記であり、元和二年から寛永九年までを史料を引用しながら編年で叙述し、本文は楷書片仮名交り、史料としての文書・法令などを草書で、同じく記録を楷書で記載している。秀忠の遺金配分の記事は楷書で記されているが、引用した史料は管見のかぎりでは現存せず、他にこれほどの詳細な内容の拝領記事は見いだせない。(21) かつ『江戸幕府日記』も、この時期は散逸している。(22)

表20　『東武実録』秀忠遺金配分の記事の構成

巻	グループ　拝領物	大判(枚)	小判(両)	銀(枚)	配　分　先	人数のみ
35	1 刀剣・茶道具				家　光	
	2 刀剣・掛物				御三家	
	3 金銀	20		1,0000	中　宮	
	4 〃	4600	6,8000	5,6000	縁者の女性　32名	
	5 〃	1110		29,9100	大名・高家・寄合　229名	
	6 〃		2,0760	3600	書院番・小性組　504名	
36	7 〃		50	5,2000	年寄・番頭・奉行　194名	
	8 〃		2970	700	小性・小納戸　49名	
	9 〃		2,1030		大番組　472名	
37	10 〃		2300		小十人　103名	
	11 〃	62	9590	1600	納戸～番外　305名	12名
38	12 〃		1042		台所・賄方　76名	105名
	13 〃		6020	1,4180	与力・同心・歩行	1619名
	14 〃		90	788	坊主衆　195名	
	15 〃		20	2877	中間・小人	1778名
		5792	13,1972	44,0145		

この記載は、拝領した人物の身分・序列から、表20に示したように、一五のグループに分類することができる。だが『徳川実紀』と比較すると、『東武実録』の記載はいくつかの問題点がでてくる。表20の第五グループ、すなわち大名・高家・寄合層二二九名を例にとると、『徳川実紀』では、二月七日に家門・外様大名七九名、同十二日に御三家と譜代筆頭の井伊直孝・松平忠明、十四日に譜代大名七七名、二

十六日に高家・寄合・大坂役人など五〇名が記されている。『徳川実紀』は出典の一つに『東武実録』を掲げているが、『東武実録』には拝領日の記載はなく、人名も『徳川実紀』に見える日付の順ではなく、拝領高の順に記載されている。そのうえ、第五グループの大名などは、『徳川実紀』では二一名と『東武実録』よりも一八名不足している。それは単に『徳川実紀』の記載漏れとも考えられるが、この差異の明確な理由は不明である。また『徳川実紀』では、『紀伊記』『水戸記』なども出典としているが、その内容は確認できない。ただ『東武実録』が、拝領した人名を身分序列にしたがって並べなおした可能性は否定できない。なお第六グループ以降の幕臣すべても、『徳川実紀』によれば二十六日に下賜されている。

ただし、身分の順を考えれば、第六グループの書院番・小性組と、第七グループの年寄・番頭・奉行層は順を反対にしたほうが適切であるが、両番が将軍の親衛隊として近侍するという関係を考慮しているのかもしれない。また第一一グループと第一二グループは一連の内容を紙幅の都合で二つに分割したように見受けられる。

それでは、原史料はどのような性格の史料であろうか。内容から多少の操作はしたものの、幕府が作成した遺金配分の帳簿であると推測できよう。そして第五グループの記事は、拝領日ごとに作成されていた帳簿を、並べなおしたものかも知れない。

なお第五グループの拝領の基準は、例外も多いが、官位・石高・将軍との親疎関係により概ね次のようになる。御三家のうち大納言が銀三万枚・中納言が二万枚、外様の中納言が一万枚、中将が五〇〇〇枚、侍従で二〇万石以上が三〇〇〇枚、同じく一〇万石以上が二〇〇〇枚、従四位下および家門・譜代の五万石以上が一〇〇〇枚、五万石以上の外様および二万石以上の家門・譜代が五〇〇枚、二万石以上の外様および一万石以上の譜代が三〇〇枚、一万石以上の外様および万石以下の譜代が二〇〇枚、万石以下の寄合・高家などが一〇〇枚・五〇枚となる。(23) これについては、

表21　幕府職制一覧

職　掌	人　数		職　掌	人　数		職　掌	人　数	
諸大名・寄合	229		御細工方	3		百人組同心	(200)	2組
番頭・奉行	194		御馬屋方	9		御歩行衆組頭	(20)	
西之丸書院番	126	6組	御金奉行	6		御歩行衆	(460)	16組
本丸書院番	93	4組	殺生方	8		御数奇屋坊主	78	
西之丸花畠番	163	6組	医師衆	16		御広間坊主	117	
本丸花畠番	122	6組	二之丸衆	3		御中間頭	7	
小姓	29		国母之御所衆	5		同御馬取頭	4	
御小納戸	20		御鷹匠衆	10		同小組頭	(9)	
大番	472	11組	大坂御役人	18		同御持鑓	(20)	
小十人組	103	4組	千人衆	10		同御馬取	(35)	
御納戸	54		黒鍬小細工	9		同御駕篭頭	2	
御膳奉行	13		御歩行目付	32 他(10)		御中間	3	
諸道具奉行	7		夜居間	(12)		同御駕篭之者	(44)	
御腰物役人	16		御灯燈奉行	4		同御旗指	(35)	
御腰物奉行	11		火之番	18		並御中間	(327)	
奥方御番	12		番　外	6		御小人	21	
御鉄炮撃衆	5		御台所衆	76		同御草履取	(18)	
御鉄炮役人	4		下　男	(42)		同御刀者	(12)	
道奉行	2		御賄方	2		同御小道具持	(24)	
御破損奉行	3		御賄同心	(63)		同御馬験持	(5)	
御鉄炮奉行	2		大番与力	(110)	11組	並御小人	(202)	
御具足奉行	2		大番同心	(220)	〃	御長柄千人衆	(1000)	
御材木奉行	3		御弓鉄炮与力	(151)	32組			
御幕奉行	1		御弓鉄炮同心	(668)	〃			
御馬預り	8		留守居組与力	(20)	2組	計	2166 (3807)	
御馬屋衆	5		留守居組同心	(100)	〃			

注　内、大名寄合・番頭奉行を除くと1937。番方1079。(　)内は氏名なく人名のみ。

大名の序列、幕藩関係の確定を考える上で検討が必要であるが、後の課題としたい。

また幕閣以下幕府の中核となる第七グループの年寄・番頭・奉行層では、年寄は侍従・一〇万石以上が銀二〇〇枚、他の年寄が一〇〇枚、書院番頭が五〇〇枚、留守居・小性組番頭・町奉行・勘定頭・大番頭が四〇〇枚、小性組与頭・長崎奉行が三〇〇枚、使番・目付・先手頭・小十人頭が二〇〇枚、旗奉行・裏門番・関所番・舟手が一〇〇枚を拝領している。第六・第八グループの番士層では、知行二〇〇〇石以上が銀一〇〇枚、大番組頭が小判六〇両、切米二〇〇俵以上が小判五〇両、一〇〇俵以上が小判二〇両であり、与力が小判二〇両、同心が銀五枚、以下奉公人が銀五枚から一枚を拝領している。

次の問題は、『東武実録』の記事が幕臣団を網羅しているか否か、もし否であればどの程度漏れがあるのかである。『東武実録』の遺金拝領記事にみえる身分・職名の一覧を表21に示した。ここから指摘できることは、第一に勘定衆・代官・蔵役人など勘定方がないことであり、幕府の要人でも、後に関東郡代となる伊奈半十郎忠治、松平信綱の実父で代官の大河内金兵衛久綱、勘定頭となる曽根源左衛門吉次など、いわゆる勘定方と推測される人物が見いだせない。ただし、勘定頭の一人と目される杉浦内蔵允正友は、将軍家の家政や出納を司る納戸衆の筆頭にみえ、決して勘定方の職掌が脱漏しているわけではない。試みに、幕府職制を簡潔に示す向山誠斎『吏徴別録』(24)から表21に見えない職掌を示すと、小普請方は寛永九年(一六三二)七月五日に四名が任命されたのが最初であり(25)、同様に畳奉行は同年十月八日に一名、蔵奉行は寛永十二年五月に三名、勘定衆は寛永十五年十二月に一二名が任命されたのを創始としている。本書は幕末の編纂物で錯誤も多いとはいえ、勘定方にかかわる職制の多くが遺金配分後の設置とされており、代官を除けばこの時期に多くの勘定方の役人がいたとは考えられない(26)。かつ、これらの職務は勘定頭の家臣などが実務を担当していたと推測される。ただ代官などが遺金配分から除かれたとは考えられず、彼らの名が『東武実録』の記事にみえないのは、遺金配分の帳簿の一部が、天和年間には散逸していたことを示すものであろう。あるいは配分に彼らが係わったために、帳簿が他とは別に作成され保存されていたのかも知れないが、確証はない。

表21からの指摘の第二は、寄合のような大身の無役幕臣を除き無役の小身が元百人組与力・元大番や山川検校など番外六名の他にみえないことである。この他に後世の小普請のような大量の無役がいたとは考えられない(27)。

以上から遺金配分記事は、記載を整えた可能性はあるものの、原史料を比較的正確に書写しており、かつ若干の職を除き幕臣のほとんどを網羅していると推察しうる。

二　秀忠晩年の幕臣団の特質と幕府の軍事体制

『東武実録』の遺金配分記事から幕臣団の構成を示したものが表21である。ここから秀忠死去時の幕臣団の特徴を考察してみたい。指摘できる幕臣団の特徴は、第一に軍事部門を担当する「番方」が大半を占めることである。それは近世前期の武家家中の特徴として当然ではあるが、第二に親衛隊である書院番・小性組が西之丸・本丸に各々設置され、秀忠と家光が独自に軍団を所持していることである。ただし、幕府軍団のうち最大の規模を誇る大番組は二分されていないが、これは元和九年家光の将軍就任とともに秀忠から家光に譲られていた。[28]このように二分されていた幕府の軍団を、秀忠の死後直ちに一元化し、将軍家光を頂点とする軍団に再編することが、家光政権の緊急の課題であり、それが幕臣団の掌握に繋がったのである。[29]

番方についで、大御所・将軍の身辺を司る「側方」が下級の幕臣として各々に存在し、行政担当の「役方」はごく僅かにすぎないのが、第三の特徴である。ただし側方・役方といえども番方の性格を色濃く含んでおり、成立期の家光政権は文字通り軍事政権であったといえる。なお代官などがみえないことが役方の少ない要因でもあるが、もし記載されていたとしても、番方の厖大さに圧倒されるはずである。かつ役方の僅少さは、様々な支配が完成された機構によってではなく、年寄や奉行など一部吏僚の個人的な努力によって貫徹されていたという当時の未熟さをも示すものである。このことが、行政組織を中心とした機構の整備を家光政権が課題の一つとした原因でもあったのである。

なお秀忠が大御所の時代、幕府の政策は秀忠が優位の下に家光との意志疎通が図られたことが知られており、[30]その意味で役方は一本化されていたと見られるが、側方は秀忠・家光それぞれに付属していた様子である。『東武実録』に登場する人物を『寛永諸家系図伝』『寛政重修諸家譜』などで検索するかぎりでは、例えば表21のうち小性は家光に付属し、奥方番は秀忠に付属しており、小納戸・納戸・腰物奉行・台所衆などは両者に付属していたものの、秀忠のほうが多人数であったと推測される。その意味でも、幕臣団全体を秀忠が掌握としていたといえよう。

さて幕臣団の中核であった第七グループ、すなわち年寄・番頭・諸奉行層の構成を考察し、幕臣団の性格をさらに検討していきたい。彼らは幕政を担当し、また幕府直属軍団を指揮していたのである。彼らの職掌を『寛政重修諸家譜』等で推測し、一覧にしたのが表22・23である。ここでも年寄・書院番頭・小性組番頭・近侍が西之丸・本丸に並立し、大御所・将軍の意思決定を代弁し執行する職掌、近侍および身辺警護の親衛隊が各々設置されている。秀忠大御所時代、西之丸・本丸ともに年寄が四名ずつおり、幕府の意思決定が、西之丸年寄筆頭の土井利勝、本丸年寄筆頭の酒井忠世によって調整され、西之丸優位のもとに決定され老中奉書が発給されたことは、藤井譲治氏の研究(31)に詳細であるが、秀忠が死去の直前に土井利勝を本丸年寄に移し、西之丸年寄の森川重俊が秀忠に殉死したため、本丸年寄は五名となり、西之丸年寄は二名に減少している。なお西之丸書院番が六組なのに、番頭が五名しかみえないのも、年寄の森川重俊が番頭を兼任していたためである。以上のように表22・23では、秀忠晩年の実態ではなく、秀忠死後に若干変更があったことを考慮に入れる必要があろう。

年寄に続く書院番頭・小性組番頭の特徴は、まず年寄の兼任が多いことである。ただし、年寄筆頭の酒井忠世・土井利勝は兼任がないが、本丸年寄の酒井忠勝は書院番頭を兼任して鉄炮百人組を預かり、同じく稲葉正勝は小性組番頭、内藤忠重は書院番頭・小性組番頭をともに兼任している。西之丸年寄は一層顕著であり、永井尚政・青山幸成は、ともに書院番頭・小性組番頭・小十人頭を兼任し、青山はさらに鉄炮百人組を預かっている。年寄が、筆頭の酒井・土井を除き、大御所・将軍の親衛隊を指揮し、それも二組以上を掌握する例も多い。軍事的緊張が続く中で、側近である年寄が、平生近侍する書院番・小性組・小十人組を掌握する必要から、かかる措置がとられたともいえるが、そ

表22　年寄番頭奉行層一覧

	人数	10万石	5万石	3万石	2万石	1万石	9千石	8千石	7千石	6千石	5千石	4千石	3千石	2千石	1千石	5百石	不明
本丸年寄	5	2	1	1		1											
西丸年寄	2	1				1											
本丸書院番頭	4(2)		2(1)		1	1(1)											
西丸書院番頭	5(2)		1(1)	2		2(1)											
本丸小性番頭	6(2)			1(1)		5(1)											
西丸小性番頭	6(4)		1(1)	2(1)	1(1)	2(1)											
西丸奏者	4(1)			1(1)	1	2											
町奉行	3										3						
留守居	2								1								1
勘定頭	2(1)				1(1)		1										
大番頭	11					3	1			1	3	1	2				
西丸近侍	11				1	1					1	1	3	2	1		1
小性組組頭	9										1	1	3	2	1	1	
歩行頭	16									1		2		2	5	4	2
長崎奉行	1				1												
先手頭	32					1				1	3		4	5	11	5	2
留守居番	1												1				
書院番組頭	10												2	3	3	2	
使番	29												6	4	13	6	
目付	14												3	3	6	2	
普請奉行	2															2	
下田奉行	1												1				
舟手	4									1		1			2		
小田原守衛	1					1											
槍奉行	2														2		
今切関所番	2											1			1		
山田奉行	1									1							
甲賀組預	1												1				

旗奉行	2				1	1					
持弓頭	1								1		
小十人頭	4(2)	1(1)	1(1)							2	
持筒頭	1				1						
寄合	3				1		2				
三崎走水番	1							1			
小田原町奉行	1								1		
裏門番頭	2									2	
家光近侍	3			1			1				1
大簟罰奉行	1									1	

注　（　）内は兼任

ればかりではなく、幕府年寄に一軍を持たせる必要があったことを示すものであろう。幕府年寄にとって、行政吏僚としての実力だけではなく、軍団を指揮し軍事力を誇示すること、すなわち武将としての器量が大名統制に必要であったためと推測される。それは、番士が番頭の私兵的性格を持っていたことも意味するのである。ただ年寄筆頭の酒井忠世は一二万石余、土井利勝は一四万石余の大名として自ら一軍を構成しうる大名であり、番頭の兼任は不要であったといえる。その意味で、年寄が武将としての性格よりも、行政吏僚としての性格を強め、幕府軍団における番頭の私兵的性格を払拭するのも、家光政権の課題であった。

かつ本丸小性組六組の番頭が、年寄の稲葉正勝・内藤忠重のほか、松平信綱・阿部忠秋・堀田正盛・三浦正次であることは注目される。翌寛永十年に六人衆[32]として家光政権の中核になる彼らが、小性組番頭である意味は、将軍家光に近侍して警護しただけでなく、軍団を指揮して武将としての体裁を保つことが、のち年寄に進んで幕政を担当する前提となったと見ることができよう。いわば書院番・小性組の番頭は年寄およびその予備軍ともなっていたのである。

表23　年寄・番頭・奉行層の上位者

氏名	知行	銀	役職	在所	氏名	知行	銀	役職	在所
酒井雅楽頭忠世	122500	2000	本丸年寄	上野前橋	松平大隅守重則	?	400	留守居	
土井大炊頭利勝	142000	2000	本丸年寄(西丸)	下総佐倉	山口修理亮重政	15000	400	奏者番・御伽	
酒井讃岐守忠勝	80000	1000	本丸年寄	武蔵川越	松平右衛門太夫正綱	22100	400	小性番頭勘定頭	相模甘縄
			書院番頭百人組預		伊丹播磨守康勝	9000	400	勘定頭	
永井信濃守尚政	89100	1000	西丸年寄	下総古河	植村帯刀泰勝	9000	400	大番頭5	
			書院小性小十人頭		保科弾正忠正貞	3000	400	大番頭11	
稲葉丹後守正勝	40000	1000	本丸年寄小性番頭	下野真岡	植村出羽守家政	4000	400	大番頭1	
青山大蔵少輔幸成	16000	1000	西丸年寄百人組預		松平出雲守勝隆	6500	400	大番頭7	
			書院小性小十人頭		小笠原壱岐守忠知	5000	400	大番頭3	(同年杵築)
内藤伊賀守忠重	10000	1000	本丸年寄	常陸真壁	皆川志摩守隆庸	14000	400	大番頭9	下野皆川
			書院小性番頭		安部摂津守信盛	5250	400	大番頭2	
酒井山城守重澄	25000	500	書院番頭	下総生実	水野備後守元綱	10000	400	大番頭10	
安藤右京進重長	56600	500	書院番頭	上野高崎	松平豊前守勝政	5000	400	大番頭6	
酒井阿波守忠行	20000	500	西奏者	上野板鼻	堀市正利重	10000	400	大番頭4	
高力摂津守忠房	31500	500	西奏者書院番頭	遠江浜松	松平縫殿頭真次	3000	400	大番頭8	
井上河内守正利	45500	400	西小性番頭？	遠江横須賀	本多美作守忠相	5000	300	秀忠近習	
水野監物忠善	35000	400	西書院小性番頭？	下総山川	土屋民部少輔利直	21000	300	秀忠近習	上総久留里
板倉内膳正重昌	11800	400	西書院小性番頭	三河深溝	鳥居石見守忠頼	1500	300	秀忠近習	
秋元但馬守泰朝	15000	400	西小性番頭	上野総社	堀采女正直政	3000	300	小性組組頭	
島田弾正少弼利正	5000	400	元町奉行		池田帯刀長賢	3000	300	小性組組頭	
加々爪民部少輔忠澄	5500	400	町奉行		朽木民部少輔稙綱	2000	300	小性組組頭	
堀式部少輔直之	5500	400	町奉行		服部玄蕃頭政久	1000	300	小性組組頭	
牧野内匠頭信成	7000	400	留守居		稲垣若狭守重太	700	300	小性組組頭	
松平伊豆守信綱	15000	400	小性番頭1		三枝土佐守守恵	3000	300	小性組組頭	
阿部豊後守忠秋	15000	400	小性番頭2		朝倉織部正豊明	1000	300	歩行頭・家光近習	
三浦志摩守正次	10000	400	小性番頭3		太田釆女正資宗	5600	300	小性組組頭	
堀田加賀守正盛	10000	400	小性番頭4		佐野左京亮正直	1100	300	歩行頭	

注　知行の単位は石高。拝領銀の単位は枚。

書院番頭・小性組番頭にすべて万石以上の人物が補任し、幕臣団のなかでは年寄に次いで石高が高いのも、以上の理由からであろう。

これに対して、直属軍の前線部隊を指揮する大番頭は、一〇名のうち一万石台が三名、他は万石以下である。書院番・小性組番に比べ大番のほうが番衆の人数は多いものの、彼らの知行が低いことが関係しよう。ただ、のちに大番頭が書院番頭・小性組番頭より知行の高位の者が補任されており、大番組が書院番・小性組より軍事力も強大となっていることを考えると、この時期には大番が余り重視されていないようにも見える。しかし、それは書院番頭・小性組番頭が年寄の兼務であったり、年寄の予備軍であったためであり、かかる性格が払拭されると、相対的に大番頭の地位が上昇するのである。

表22・23からも、幕臣の職掌のほとんどが軍事的な番方や将軍に近侍する側方に属することが見て取れる。この時期には、側方も番方同様軍事的な性格を色濃く持っているが、若干ではあるが行政担当の役方も存する。それは、町奉行・勘定頭・普請奉行とともに、長崎奉行・下田奉行・山田奉行・小田原町奉行の遠国奉行などである。なお目付は番方・役方双方に関係する職掌といえよう。後世の幕府職制と比較すると、役方の僅少さが顕著である。ただし、遺金配分の記事から見た彼らの序列は、町奉行の加々爪忠澄・堀直之、元町奉行の島田利政が五〇〇〇石台とはいえ、万石以上の小性組番頭と同列であり、勘定頭の松平正綱も西之丸小性組番頭を兼ね、同じく伊丹康勝も九〇〇〇石と番頭と同様の地位を保っている。配下の吏僚機構が脆弱であったとはいえ、いや脆弱であったからこそ、彼らの個人的資質と実力によって幕府の行政面での支配が貫徹されたのであり、かかる奉行層は重視されていたといってよい。

それに対し番方は、前述の書院番頭・小性組番頭・大番頭をはじめ、その配下の組頭、さらに歩行頭・小十人頭・先手頭など歩兵・足軽隊、軍監としての使番、さらに将軍の武器を管理する槍奉行・旗奉行・持弓頭・持筒頭など、さまざまな職掌が見られ、ある意味では戦国以来の武家の軍事組織の発展の帰結を見いだすことができよう。

それでは確立した江戸幕府の軍事体制がどのようなものか、秀忠・家光の二元的な組織が再編され、家光政権が完成した寛永末年以降のありさまを、金沢市立図書館加越能文庫蔵の「当家御座備図」(33)から窺ってみたい。本書は座備図とあるように、幕府直属の全軍団が床几に座した将軍を中心に布陣した図であり、管見の限りで当時の軍事体制を最もよく示している。ただしこの史料が金沢藩に伝来した経緯は詳らかではない。図3はその略図であるが、先頭に一之先として、大番組一二組が各々先手鉄炮組二組ずつを前に並べて展開する。先手鉄炮組は先手鉄炮頭が指揮する足軽鉄炮隊であり、与力が五〜一〇騎・同心三四〜五〇人、大番組は一組が番頭一騎・組頭四騎・組衆五〇騎で構成され、番頭に与力一〇騎・同心二〇人が付属する。次に二之先として書院番一〇組が各々先手弓組一組ずつを前に並べて布陣する。先手弓組は先手弓頭の下に与力一〇騎・同心二三人で構成される足軽弓隊で、書院番は番頭一騎・組頭二騎・組衆二五騎、番頭に与力一〇騎・同心二〇人が付属する。ついで旗本として持筒組三組・持弓組二組が与力一〇騎・同心五〇人ずつ一列に並び、その後ろに大目付・出頭人・側衆が並び、さらに旗奉行・持鑓奉行・貝と太鼓が縦に並ぶ。ついで取次衆・身近衆がおり、御馬所に将軍が手廻りを従えて本陣を構え、後ろに持筒組・御小人中間・持弓組が一組ずつ、さらに黒鍬衆が控える。御馬所の左右に使番・奥小性・中奥小性・小納戸が、その外側に徒一〇組・小十人組五組ずつが、さらにその左右に脇備として小性組五組ずつ、新番三組ずつ、納戸・小普請組が備える。本陣の後方には火消・同朋・右筆・勘定衆などが控え、さらに後備として寄合・高家・小大名が幾つかの組に編成されて連なっている。ある意味では、職制図とは異なる幕府のもう一つの支配機構を示したものといえよう。

近世の軍制を、騎馬隊・足軽隊・小荷駄隊に分類して各々の役割を明らかにしたのは笠谷和比古氏であるが(34)、大番・書院番・小性組・新番は騎馬隊に属し、小十人・歩行は士分に準じた歩兵隊、持組・百人組・先手組は足軽隊に相当する。騎馬隊の武士は各々供廻りの家臣・奉公人を率いており、緩急の場合は彼らが戦闘の中心となり、歩兵隊・足軽隊は基本的には騎馬隊の補助部隊である。かつ、供廻りの基準が軍役令であることは言を俟たない。さらに注意すべきは、近世の軍隊は騎馬隊の武士の一騎討ちで勝負が決定し、敵の首級を獲得することで手柄が承認されるという個人戦を基本としており、足軽隊の編成など集団戦の要素はあるものの、それらは一騎討ちの個人戦を支援する補助部隊にしか過ぎないことである。(35) その意味で、大番・書院番・小姓組が軍団の中核となっていたことであり、ことに先陣の大番が最も強力な部隊でなければならなかったのである。

以上、大番が先手鉄炮組を先にたてて先陣となり、二陣に同様に先手弓組を立てた書院番が展開し、次に将軍の本陣が位置する陣備となっている。敵に直面する大番・書院番が大規模な軍団であり、側小性・小十人・歩行・小性組・新番・持組・百人組などが将軍の周囲を警備し、後方に諸役人・諸職人・寄合などが位置しているが、小荷駄は省略されている。

ただし、大番が一二組に増加するのは寛永九年(一六三二)四月八日のことである。(36) なお翌十年四月二十三日、留守居・町奉行・大番頭・書院番頭などが一斉に加増されたとき、大番頭が一律四〇〇〇石ずつ、書院番頭が一律三〇〇〇石ずつと、大番頭が優位に立ち、(37) 八月二十二日には大番頭が乗輿を許され、以前に比べて大番頭の地位が向上しており、このころから大番組の増強が図られていったと思われる。また、書院番が一〇組となるのは寛永十年七月、(38) 小性組が一〇組となるのは寛永十八年六月二十日、新番が四組設置されるのは寛永二十年八月七日、六組に増加するのは慶安元年(一六四八)六月十三日のことである。慶安三年九月三日には番組の一部が家綱に付属され、書院番が八組に削減されるので、この当家御座備図に相当する幕府の軍制は、慶安元年から三年のものであり、家光晩年の様子を示したものといえる。(39) 表21に示した寛永九年二月の段階では、書院番が二陣を担当するほど増強されてはおらず、か

図3　当家御座備図

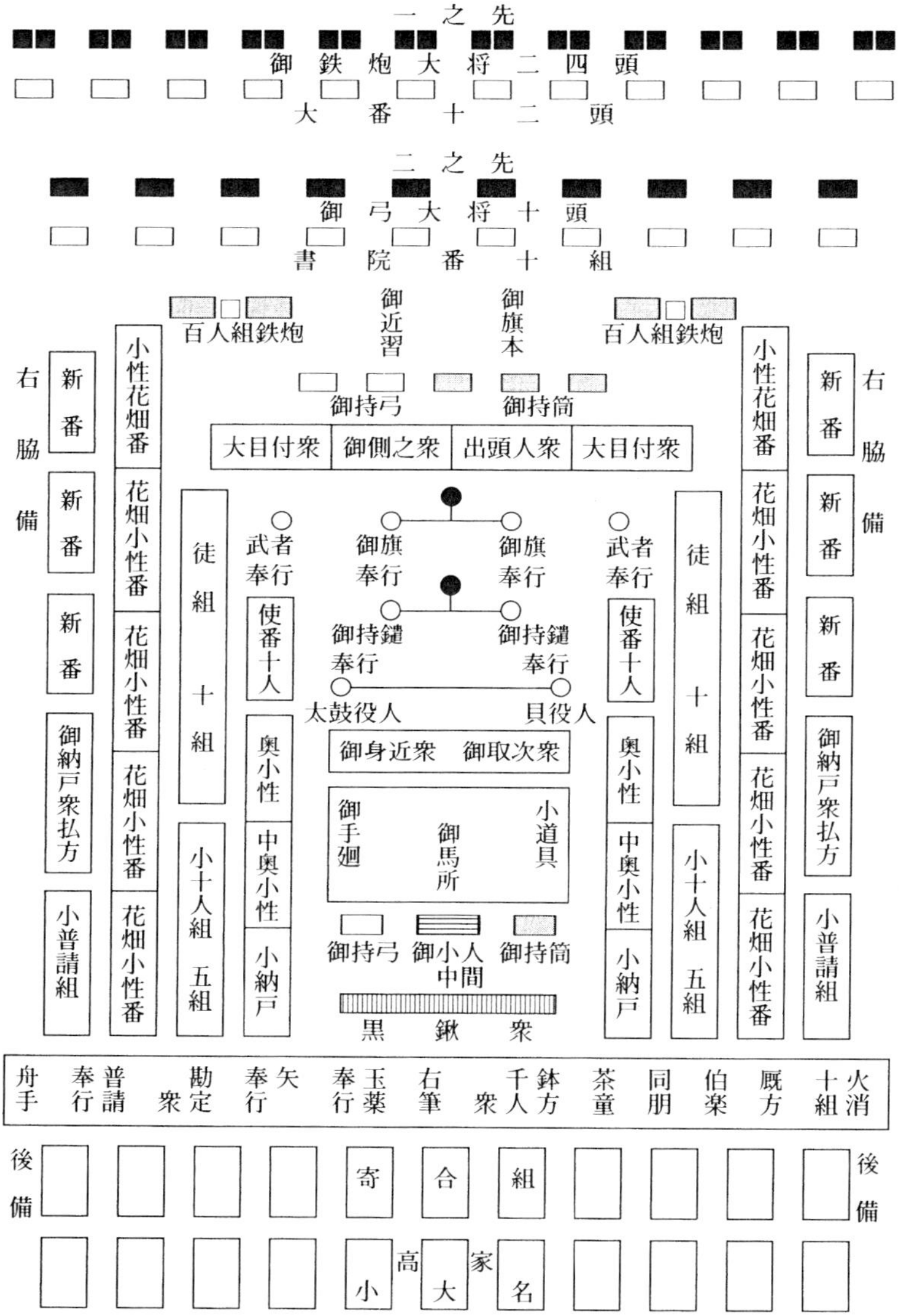
一之先
御鉄炮大将二四頭
大番十二頭
二之先
御弓大将十頭
書院番十組
百人組鉄炮
御近習
御旗本
百人組鉄炮
御持弓
御持筒
大目付衆
御側之衆
出頭人衆
大目付衆
右脇備
新番
新番
新番
御納戸衆払方
小普請組
小性花畑番
花畑小性番
花畑小性番
花畑小性番
花畑小性番
徒組十組
小十人組五組
武者奉行
使番十人
奥小性
中奥小性
小納戸
御旗奉行
御旗奉行
御持鑓奉行
御持鑓奉行
太鼓役人
貝役人
御身近衆
御取次衆
御手廻
御馬所
小道具
御持弓
御小人中間
御持筒
黒鍬衆
舟手
普請奉行
勘定衆
矢奉行
玉薬奉行
右筆
鉢方千人衆
茶童
同朋
伯楽
厩方
火消十組
後備
寄合組
高家
小
大
名

えって小性組の人数が多く、図3のような体制は形成されていない。すなわち、家光政権が幕臣団を再編し、図3のような将軍を頂点とした軍事体制を如何に形成したかを考察する必要があろう。

三　書院番・小性組の編成

この時期の幕臣団が軍事部門の番方中心であったことは前述したが、そこで中堅となるのが大番・書院番・小性組のいわゆる三番と称する番士層である。表21から見ると、番士層は幕臣のうち五五・七パーセントであるが、中堅層の多くを占めている。このうち大番組については煎本増夫氏の業績があり(40)、大番衆の出自・世襲の問題・知行形態などを解明し、家光政権の直属軍増強の問題と関係づけておられる。また小性組については小池進氏の研究があり(41)、『東武実録』を史料に番士層の家柄の問題、代替りの危機を克服した軍事力の増強を説いておられる。小稿では、これらの研究を参照しながら書院番を中心に番士層の動向を論じてみたい。秀忠の晩年、書院番は小性組と同様に西之丸と本丸双方に設置されており、家光政権がこれをどのように一元化し将軍を頂点とする軍団に再編するかという問題でも、検討対象としてふさわしいと思われる。

書院番を検討する前に、小性組の特徴を見ると、表24に示されるように西之丸・本丸ともに六組設置され、一組の平均人数は書院番より多いが、番士の知行高の平均は書院番より低い。さらに小池氏によれば、番士の出自が西之丸では徳川譜代が四二・八パーセントであるのに対し、本丸では五三・八パーセント、さらに関東入封以前に臣従した今川・武田旧臣を加えると、西之丸では六〇パーセント、本丸では六三・五パーセントという。そこから小池氏は、秀忠付の幕臣より家光付属に譜代が多い傾向を見いだし、次第に由緒・格式が重んじられる傾向を指摘している。

寛永九年(一六三二)二月には、書院番は西之丸に六組、本丸に四組あり、組数では西之丸が優位に立っているが、

表24　番士の人員・禄高

		西丸書院番	本丸書院番	西丸花畠番	本丸花畠番	大番	小十人	計
組組・人数		6組126人	4組 93人	6組163人	6組122人	11組472人	4組103人	1079人
一組平均人数		21人	23.3	27.2	20.3	42.9	25.6	
知行取人数		85(67.5%)	49(52.7%)	61(37.4%)	16(13.1%)	255(54.0%)	2(1.9%)	468(43.4%)
蔵米取 〃		30(23.8%)	36(38.7%)	91(55.9%)	81(66.4%)	172(30.1%)	96(93.2%)	506(46.9%)
無　足 〃		11(8.7%)	8(8.6%)	11(6.7%)	25(20.5%)	45(9.5%)	5(4.9%)	105(9.7%)
総　知　行		105,311,5石	80,662.	67,881.6	33,730.	134,483.	11,670.	433,738.1
一組平均高		17,551.9	20,165.5	11,313,6	5,621.7	12,225.7	2,334.	＊1俵＝1石
番士　〃		915.8	948.9	446.6	344.2	314.9	119.1	として計算
知行取	5000石台	人	1					1人
	4000	1	1					2
	3000	3	2	2				7
	2000	12	7	3				22
	1000	36	23	14	5	5		83
	900	1	1	1		1		4
	800	4	1		1	2		8
	700	4	1	4		3		12
	600	1	3	3		8		15
	500	17	6	13	7	45		88
	400	1	1	4	3	31		40
	300	4	1	11		87		103
	200	1	1	6		73	1	82
	以　下						1	1
蔵米取	1000俵台		1					1
	800		1					1
	500	9	27	3	6	1		46
	400	1	2	1	5		9	
	300	11	4	17	37	53	8	130
	200	9	1	45	30	102	1	188
	100			25	3	16	87	131

表24に見えるように、一組ごとの人数・知行高はともに本丸が充実している。かつ本丸書院番の中には、織田・豊臣の旧臣など譜代以外の歴戦の士が目につく。そのことは、譜代の歴戦の士が出世して番頭や物頭など、さらには大名に昇進していたこととも関係しようが、書院番がこのような形で軍事力を増強されていたことを窺わせる。このような傾向の一面、譜代の番士は若年層が多いように見受けられる。歴戦の士の多さはこれを補完したものであろう。西之丸の番士の経歴も、やや本丸と同傾向にあるが、本丸よりも譜代が多いように見受けられる。

若年層の番士の割合が本丸に多

い傾向は、俸禄の形態からも見いだせる。本丸に比べ西之丸のほうが知行取の割合が多く、反対に本丸は蔵米取の割合が多い。蔵米取が多いのは何を意味するのか。皮肉な叙述ではあるが、大久保彦左衛門忠教の『三河物語』から窺うことができる。(42)

然共、子共よく聞け、只今ハ御主様之御忝御事ハ、毛頭なし、定めて汝共も御かたじけなく有間敷、其をいかにと申に、他国之人を御心おきなく御膝元近く召使われ、又ハ何の御普代にもあらざる者を、御普代と被仰て御心おきなく召使わされ、汝共が様に御九代迄召使わされける御普代をバ、新参者と被成て、計立の三斗五升俵之三年米を、弐百俵・三百俵ヅヽ、何れモに被下て、何とて忝存知可奉、然共、其儀を御不足に存知奉らで、よく御奉公可申上、御金剛を直し申と、御意ならバ、弐百俵之事ハさておきぬ、弐俵不被下候ても、御草履取に成トモ御馬取に成てモ、御家を出て別之主取有間敷、

忠教は、譜代以外のものが重用される傾向に憤慨しながらも徳川家への忠節を説いているが、蔵米を譜代でない新参者が給付されるべき俸禄と認識しており、本来知行取であるはずの譜代が蔵米取となる傾向を嘆いている。それは、蔵米取として取り立てられる者が、譜代層の部屋住や分家などで占められていることを物語っており、これに対して譜代層が反発していることを推測させる。すなわち蔵米取は、譜代の若年層に集中しているといえよう。表24のように、蔵米取の割合が書院番より小性組に多く、かつ西之丸より本丸に多い傾向は、譜代の若年層が本丸の小性組、すなわち将軍家光の近侍にもっとも多く存在していたことを物語っている。かつ当然ではあるが、小性組より書院番、本丸より西之丸のほうが軍事力が強化されていることも示唆している。

知行取・蔵米取りと並んで、俸禄形態で注目されるのは無足である。(43)無足は知行を持たぬ武士であり、一般に知行も与えられぬ最下級の武士や、百姓でも水呑を称したりするが、ここに見える無足は、まだ俸禄を与えられていない

表25　書院番・小性組の同族と無足

	西書1	西書2	西書3	西書4	西書5	西書6	本書1	本書2	本書3	本書4	西花1	西花2	西花3	西花4	西花5	西花6	本花1	本花2	本花3	本花4	本花5	本花6	計
組の総人数	25	18	24	19	19	21	23	24	24	22	24	31	28	30	25	25	25	20	19	21	17	20	504
組に一族が存在（ケース）	4	2	2		1	2	1		2	1		2		2	2	2	3	2	4			1	
一族の総人数	9	4	5		3	4	2		4	2		4		4	4	4	7	5	8			3	72
いずれか無足（ケース）	1	1	2				1			1					1		1	1	2			1	
無足人数	1	1	4	2	2	1	4	2	0	2	1	0	2	2	2	4	5	4	5	4	3	4	55
後に家督	1	1	3		1					1				2		1	1	1		2	1	1	16
後に別家				2	1		3	1		1	1				1		3	1		2	2	2	20

上中級旗本の嫡子や二、三男などの部屋住などである。寛永五年二月九日付の旗本出仕時供連人定には「無足又は堪忍分被下候といふとも、親之分限にしたかひ若党召列へし、[44]」とあり、基本的には親と同様の軍役を提出しなければならなかったのであり、従来のイメージで見ることはできない。書院番・小性組の無足をまとめたのが表25である。番士の総数五〇四名中無足は五五名と一〇・九パーセントであるが、西之丸書院番が八・七パーセント、本丸書院番が八・六パーセント、西之丸小性組が六・七パーセント、本丸小性組が二〇・五パーセントと本丸小性組に集中している。それも部屋住など若年層がどの組に多いかを示すものであるが、彼らのその後の動向を見ると、書院番・小性組とも西之丸の無足が家督を相続する傾向があるのに対し、本丸では別家する者が多い。前述のごとく、彼ら本丸小性組は、出自から見れば最も譜代層の出身が多かった。ただその後の動向から見れば、本丸小性組は一方で由緒・家柄が重視されながらも、二、三男が新規に出仕し新たな家を創設する手段でもあったといえる。家光の近習に六人衆を典型とするような新規取立が多いのも、この傾向を示すものであろう。

書院番・小性組における無足の存在は、他にも特徴がある。同一の組の中に一族がいる番士が多いことである。『東武実録』遺金配分の記事のうち、西之丸書院番一番組を例にとると、表26のようになる。

このうち島田五郎兵衛・同十右衛門は兄弟、同庄五郎は両名の甥に当たり、同様に森・同次郎兵衛は従兄弟同士、天野左兵衛と同三郎兵衛も伯父甥の関係になり、三郎兵衛は無足である。これらを整理すると表25のように、同一の組のなかに一族が存在するケースが三三例を数え、うち一二例が無足を含む一族同士となっている。また蔵米取を含む例は二一例となり、知行取同志の例は三例のみである。なかには親子が同一の組に属する例も二例あり、その場合に子はすべて嫡子であり無足となっている。縁戚関係を考慮すれば、かかる事例はさらに増加しよう。

一般に近世的な番組の編成は、戦国期の地縁・血縁的結合や擬制的な寄親寄子関係等に象徴される血縁関係を、排除しながら形成されたという認識があろう(45)。しかし別稿に示したように、近世の軍制は家を単位とし一騎討ちを基本とした軍隊であり、最小の単位は馬上の武士一騎と供廻りの戦闘補助員や輸送要員で構成されていた(46)。その意味で、一族が助け合いながら戦うという構図は当然であった。ことに蔵米取・無足の多くは若年層で、戦闘能力も一人前とはいいがたいものも存在して

表26　西之丸書院番一番組番士

氏　名	石高	俵高	略　歴
津田平左衛門正重	4011		父は織田・豊臣に歴仕
桑山内匠貞利	3000		父は元豊臣家臣
岡部主水元清	2000		母が秀忠の乳母
島田五郎兵衛	2000		元町奉行島田重次二男の嫡子
山岡半兵衛景次	1450		寛永1、遺跡、同8、小性組
森左兵衛可久	500		父は森可政二男
杉原四郎兵衛	1000		北政所の縁で出仕
松平日向守知乗	1000		大給松平家乗二男
前田左助正信	1000		父は前田玄以二男
戸田次郎九郎	1000		田原城主戸田尊次の二男
島田十右衛門春世	822		島田重次嫡子
三宅杢助康政	500		伊勢亀山城主三宅康信弟
矢橋与吉重頼	500		祖父は近江牢人、慶長14秀忠に勤仕
小沢牛右衛門忠秋	500		元能見松平氏
島田庄五郎利氏	500		島田重次四男の嫡男
桜井甚左衛門	305		
戸田掃部	500		
天野左兵衛康勝	500		天野康景二男、蟄居の後寛永5、西丸書院番
小出甚太郎重堅	500		和泉1万石小出三尹の弟
金森左兵衛重義	500		郡上城主金森可重の二男
井戸忠右衛門治秀		300	大和国人、妻は明智光秀女
森次郎兵衛重継		300	1860石使番森重政子、森可久の従兄弟
水野大膳		200	
本多藤太郎		200	
天野三郎兵衛康宗	無足		天野康景孫

いた。かかる無足の存在は、少なくとも臨戦態勢下における合戦を前提として、旗本の軍事力を最大限に活用したものといえる。従来、かかる動向は軍役論の中で指摘されており、下層過重の軍役賦課による軍事力の確保から論じられてきたものの、戦闘形態が考慮されることはなかった。(47)しかしそればかりではなく、後述する近世の武家の「家」の問題からも考える必要があろう。

四　幕臣団の再編

従来の政治史の成果では、家光政権成立期において代替りの緊張状態のなかで、直属軍の増強が課題となったことが指摘されているが、(48)小稿でもこの時期の幕府軍団の再編を考察したい。

成立期における家光政権の幕臣団統制の課題は、第一に西之丸・本丸に別個にあった組織を一元化し、将軍を頂点とした幕臣団に再編することであった。寛永九年(一六三二)四月八日、幕府は西之丸・本丸書院番一二組、西之丸・本丸小性組一〇組、大番一一組という従来の番組を解体し、書院番八組・小性組六組・大番一二組に編成替えした。(49)もちろん番頭の多くも更迭されたが、この時に補任された書院番頭については煎本氏の研究に詳しい。彼らは秀忠の直臣から家光に付属されて近習になった経歴の者で、一名を除き一万石以下であり、多くは三河譜代の庶流の嫡子であるが、太田資宗・朽木稙綱など新参も登用されたという。(50)

小性組番頭のうち四名は、本丸小性組番頭であった松平信綱・阿部忠秋・堀田正盛・三浦正次が留任し、(51)他に二名が任命されたが確定はできない。『仕官格義弁』によれば、阿部重次・内藤出羽守が任命されたというが、『江戸幕府日記』では、阿部重次は太田資宗とともに寛永九年十二月十四日に任命されており、(52)内藤出羽守なる人物に該当するものは見当たらない。なお『柳営補任』では、内藤出羽守と、このとき大番頭に補任された内藤信広とを混同している。ただし、小性組は以前からの本丸の番頭が主に掌握し、ついで同年十二月に阿部重次・太田資宗が加わることにより、家光政権の中核となり幕政に参画した六人衆が成立したのである。その意味で小性組は、名実ともに家光政権の親衛隊として再編増強されたといえる。また彼ら小性組番頭も、書院番頭と同様の性格といえ、かつ一層新参の性格が強い。

書院組頭・小性組番頭とも、数組の番頭を兼任するものがいなくなり、ことに年寄が番頭を兼任しなくなったことが前代との相違といえる。これまで年寄は、自身の軍勢を所持しながら番頭として幕府直属軍団をも指揮していた。そして初期以来、井伊直政・本多忠勝など徳川取立大名の多くが自身の組下を家臣に編成しながら家臣団を形成しており[53]、家臣と組下の区別が明確ではなかった。例えば、慶長期に歩行頭阿部正次は、自身の組下を弟の忠吉に分与して家臣とさせ[54]、寛永九年にも大番頭小笠原忠知が四万石で豊後杵築に入封したとき、与力を家臣とし[55]、翌十年には先手頭森川氏信が与力六名を直臣に推挙しているが、六名はすべて森川一族であった[56]。このような年寄・番頭層による組下の私兵化は日常化しており、直臣と陪臣の区別をも曖昧にし、一族郎党的な性格さえ見られたのである。寛永九年以後もこれらの関係が皆無ではなかったとはいえ、番組の再編は、以上のような関係を否定し、直臣と陪臣の区別を明確にして身分階層序列を確定することにも繋がったのである。

番士の動向については、小性組について小池氏の研究に詳細であるが[57]、同組から他に転出したものは西之丸小性組に多く、大番・書院番・小十人等に多く転出している。本丸小性組から他に転出したのは西之丸の三分の一程度にすぎず、それも小性組と同様将軍の親衛隊としての書院番や将軍の生活の場を守衛する中奥番が多いという。家光に近侍して主従関係の深い本丸小性組の面々は、そのまま家光の親衛隊としての地位を保ち、秀忠の小性組が主として他に転出していったのである。

以上のように寛永九年四月八日、書院番・小性組の編成替えを行い、大番組を一組増設した幕府は、以後矢継ぎ早に直属軍の増強を企てた。(58)この背景として、日光社参、熊本藩加藤氏の改易、徳川忠長の改易と自害、家光の健康状態、年寄層の動向、支配機構の整備の過程など政治動向を考えねばならないが、(59)ここでは幕臣団を再編した直属軍の増強のみに注目したい。それは第一に各組の増設、第二に荘厳な軍装の統一、第三に指揮命令系統の制度化と軍役の確定、第四に番士の知行の加増などである。

第一については、四月八日に続き六月二十一日、年寄酒井忠勝の預かっていた鉄炮百人組を本多三弥正貫に預けて年寄の頭兼任を解き、同二十五日、持組のうち持筒を三組から四組に、持弓を一組から三組に増加し、各頭に与力五騎ずつを預け、歩行頭に与力一〇騎ずつを付属させ、先手組三二組を弓組一〇組・鉄炮組一五組に改編した。先手組の減少は、持組の増加や歩行頭への与力付属などによるものであろうが、持組の増加が将軍の身辺警護を増強したものといえよう。また各頭には家光の側近を数名ずつ任命しており、この日、槍奉行大久保忠教を旗奉行に、松田定勝らを槍奉行に任命するなど、大幅な改組を実施している。さらに八月二日、小十人組を二組増設して六組とし、同じく十八日には使番を新たに一四名任命している。

ついで翌寛永十年(一六三三)二月十二日、元西之丸年寄青山幸成の鉄炮百人組預りを解き、日根野吉明に預けた。ここにおいて年寄が直属軍団を指揮下に置くことが廃止されている。ただし、家光の近習出頭人であった小性組番頭松平信綱・阿部忠秋・堀田正盛・三浦正次・太田資宗・阿部重次の六名は別であった。彼らは三月二十三日に六人衆として幕政に参画することとなり、四月十九日には太田資宗・阿部重次が持筒・持弓組を指揮下に置き、軍事力・政治力の双方を掌握して家光政権の基礎を固めるのである。同年七月二十四日、書院番を二組増設して一〇組とし、翌々二十六日には小性組を二組増設し八組とした。ここにおいて、番組の再編強化はほぼ確定したと見られる。なお、寛永十二年三月十九日に書院番頭に与力を、三月十一日には同心を付属しており、のち寛永十八年六月二十日に小性組を二組増設して一〇組とし、同二十年八月七日に新番四組を新設している。

ところで寛永期の書院番は、平時には江戸城白書院紅葉之間に勤番していた。これに対し小性組は、さらに奥の黒書院西湖之間に勤番していた。この詰所は黒書院の将軍の座所の脇、中奥御錠口の側に当たり、表と奥を結ぶ場所を占めて将軍の身辺を警護していた。なお詰所の庭前に花畑があったため、花畑番とも称された。のち寛永二十年に大奥の女性の縁者を編成したと伝えられる新番が設置され、中奥御錠口の前に新番所が設けられると、小性組は書院番の詰めていた白書院紅葉之間に移され、書院番は遠侍の虎之間に移された(60)。それ以前、書院番の平時の役割は名称が示すように殿中の警護であり、小性組は将軍の身辺の警護であったが、新番の創設により小性組が殿中の警護に回された。書院番はすでに寛永十六年正月二十日に駿府城番を交替で勤めることとなっており、また図3に見えるように前線部隊として増強され、それぞれ役割を変化させるのである。それは将軍警護の親衛隊という受け身の性格から、江戸城以外の城の守衛を担当したり侵攻用の前線部隊となるという、攻撃的な性格への変化ともいえよう。

以上の軍備増強とともに、第二の綺羅を飾った荘厳な軍装を制定していくのもこの時期である。『武家要記』には次の記事がみえる(61)。

一寛永九年六月廿一日、惣御番母衣・指物并御徒陣羽織、弓鉄炮腰指等之儀、番頭・物頭之面々江被　仰付候、

番頭・物頭に番士や組下の軍装点検を指令したものであるが、おそらく組毎の統一した母衣・指物を制定したものであろう。前述の「当家御座備図(62)」には、図3の備図に続いて次のように記されている。

江戸御旗本衆出立

大御番十二組　折掛出ハ面々

一番黒地白紋　二々赤字黒紋　三々紺地朱紋　四々紺地金紋
五々赤地金紋　六々濃浅黄地金紋　七々赤地白紋　八々紫地朱紋
九々浅黄地朱紋　十々紫地白紋　十一々白地朱紋　十二々白地紺紋

御書院番十組　母衣

一番黄　二々紫　三々浅黄　四々地白中ニ黒筋　五々黒　六々白
七々白黒幅交　八々浅黄紫幅交　九々白地赤乱星　十々白赤幅交

御小性組十番　切さきしない

一番赤根　二々紫　三々上半分白下半分黒　四々濃浅黄
五々上半分浅黄下半分紅　六々赤白段々　七々黒　八々上下白中黒
九々白黒方身替　十々白赤幅交

各組の指物を、大番組は折掛、書院番は母衣、小性組は切先撓と制定し、各々華やかな色彩で統一されている。ついで九月二日、使番柳生宗矩、目付井上政重など八名が黒書院に召し出され、徳川家の使番の象徴である五之字の指物を許され、使番も残らず召し出されて年長者一〇人に五之字の指物を、その他は赤母衣を用いるよう命じられ、普請奉行四名も使番並みの指物を許された。のち寛永十八年(一六四一)六月二十五日には、貝太鼓役人を設置するなど、華やかな軍装が形成されている。高木昭作氏の指摘された綺羅を尽くした軍隊が、(63)こうして成立する。

第三の指揮命令系統の制度化や軍役の確定は、寛永九年五月七日、諸番士法度七ヶ条を次のように定めて以後、次第に整備されていく。(64)ただしこの制度化の特徴は、上からの上意下達と統制の強化だけでなく、番士層の奉公への意欲を喚起する政策をとったことである。

条々

一於　殿中喧嘩口論有之刻、其番切に可計之、他番之輩は其番所に有之而、御側近き面々并番頭・組頭可随指図事、附、火事之時可為同前事、

一結徒党之儀御停止之間、弥守其旨一味不仕間舗事、

一当番不参可為曲事事、

一番代之儀可致厳密事、

一番中之面々善悪之儀、無依怙贔屓有様に可致言上事、

一不申上して不叶御用之儀は、時節不計可申上事、

一不依何事御法度を相背、并不形儀之輩、或は死罪、或は流罪・改易、又は過料、可依科之軽重事、

右之条々堅可相守此旨、御法度之趣違背之族を見のかし聞のかし、於令用捨は、番頭・組頭可為曲事、

寛永九年五月七日

喧嘩口論・徒党の禁止・勤務の精励・処罰などの条項は、秀忠時代からの諸番士法度を継承したものに他ならないが、注目されるのは第五・六条である。ここでは、番士の勤務評定の公正、命令に対する報告を直ちに上申するなどを命じている。すなわち、番士の動向を把握するだけでなく、番士と将軍の意志疎通を図ろうとしており、法令の遵守だけを強制しているわけではない。かつ番士に対してのみならず、番頭・組頭の監督責任と譴責についても規定しており、一方的な上意下達だけではなく、各々地位にしたがった責任をも要求しているのである。さらに同日、小性組に対して特別に次の小性組法度三ヶ条が申し渡された(65)。

条々

一御小姓組へ先日被　仰出候御法度之趣、能々相嗜候様に可申渡事、
一御番中此以前は少之儀にも過料出し候得とも、唯今よりは過料御赦免被成候、歴々之者之儀ニ候間、被加御慈悲、被　仰出候、此　上意忝存、弥万嗜候様に可申渡候、此儀疎ニ存候ものハ別而不届ニ被　思召事、
一加様に被　仰出上、御法度背もの於有之は毎日言上可仕、科之軽重により或は死罪或は流罪、又は其品により当座之過料可被　仰付者也、

寛永九年申五月七日

第二条で、小性組が「歴々之者」なので、家光の慈悲により特に失態に対する過料を免除するといい、相応の勤務を督励しているが、第三条では、違反者を毎日上申するように命じ、厳格な処罰を申し渡している。この小性組法度には、「被　仰出」「上意」「被　仰付」などの語句が散見し、文言に将軍の姿がみえるのに対し、前掲の諸番士法度はそれがない。かつ諸番士法度が法度に準じた機械的な処罰なのに対し、小性組法度は、処罰に将軍の恣意が直接反映される文言となっている。封建的な主従関係とは、法の整備や統制の強化によって確立するものではなく、主従の人間的な結合の強化によって成立するものであり、その意味で相互に非常に恣意的な関係を意味していた。将軍に近侍した近習出頭人が番頭となり、親衛隊としての性格をさらに明確にした小性組に対して、家光は親密な主従関係を強調して特別の恩恵を与える一方、相応の奉公を要求している。こうして家光は、直属軍の中核たる番士層の掌握を図り、ことに小性組をより強力に自己の指揮下に置こうとしたのである。

寛永九年(一六三二)九月二十九日、幕臣へ諸士法度九ヶ条が発布された(66)。

条々

一侍之道無油断、軍役等可相嗜事、

一不寄何事、其身の分限に応へし、私の奢仕間敷事、
一死罪におこなハるゝ者有之時、被　仰付者之外、一切其場へかけ集るへからす、違背之輩は可為曲事事、
附、喧嘩・火事之時も同前、但火事ハ内之者并親類縁者は非制限、
一徒党をむすひ、或荷担或妨をなす時、堅停止事、
一構有之奉公人、不可抱置事、
一跡目之儀、養子は存生之内可得　御意、及末期忘却之刻雖申之、御もちゐ有へからす、勿論無筋目もの御許容有間敷也、縦雖為実子、筋目違候遺言御立被成間敷事、
一物頭・諸奉行人依怙於有之は、急度曲事可被　仰付事、
一諸奉行人并代官以下、買置商売仕におゐてハ、可為曲事事、
一諸役人其役之品々常可致吟味、油断有之ハ、曲事たるへき事、
右条々、可相守此旨者也、
寛永九年申九月廿九日

本書は寛永十二年(一六三五)諸士法度の前提としてあまりにも有名であるが、ここに登場する職掌は物頭・諸奉行・諸役人であり、番頭・組頭・番士はみえない。すなわちこの法度は、直接には物頭配下の歩行、先手組や持組の与力・同心など、および諸奉行配下の役方の下級役人など、番士層以外に宛てた法度であろう。軍役の嗜みや奢侈の禁止、治安・徒党禁止・頭の依怙贔屓などに関する条項は一般的なものであるが、跡目・養子の条項は前述の番士法度・小性組法度にはみえない。それらとこの諸士法度とは性格も異なるが、幕臣の中核である番士層にとっては、跡目相続だけでなく二三男の分家による新規出仕も問題となっている時期であり、跡目相続の問題はすでに慣例と

なっていたと思われる。それを番士層より下層の幕臣にまで及ぼしたのが、この諸士法度であろう。ちなみに寛永十二年の諸士法度は、文言のなかに番頭が登場しており、それにより諸士法度は旗本全体を対象としたと見られる。ここに掲げた諸士法度は、下層幕臣の地位を保証し、幕臣全体を掌握しようとしたものと考えられる。

さらに寛永九年十二月十七日には、大坂町奉行水野守信、使番柳生宗矩、目付秋山正重・井上政重を惣目付に任命した。[67]大目付の創始とされるが、彼らに発布された法度によれば大名だけではなく旗本をも対象とし、年寄から諸役人・代官以下までを監察するよう命じられており、幕臣の統制は一層強化されたといえよう。

『東武実録』によれば、寛永九年に小性組番頭堀田正盛が、命により諸大名ならびに幕臣の分限帳を作成したという。『武家要記』[68]には六月十四日のことと、次のようにみえる。

一寛永九年六月十四日、諸奉公人領地物成十ケ年以来上中下書付可差上旨、番頭・物頭・諸役人江於御白書院ニ老中申渡之、堀田加賀守奉　仰、諸侯及幕下諸士之分限帳成之、

他の諸書にはこの記事が見えず確認する術もなく、この日付には疑問が残る。ただこの時期に分限帳が作成されたことは首肯できよう。いずれにせよ堀田は家光の近習出頭人であり、翌年六人衆の一人として幕政に参画することを考えると、ここに幕府は将軍を頂点として諸大名・幕臣を掌握したといえる。

翌寛永十年(一六三三)正月七日、諸番士・歩行・先手同心等に宿直の順番が申し渡され、翌二月十六日、一〇〇〇石より一〇万石までの軍役令が発布され、同十九日には二〇〇石から九〇〇石までの詳細な軍役令が発布された。十六日の軍役令は、井伊直孝・松平忠明・土井利勝・酒井忠世によって申し渡されており、井伊・松平が申渡しに加わっているのは、旗本だけでなく大名ことに譜代大名を対象としているからであろう。[69]これに対し十九日の軍役令は、小性組・書院番・大番一〇〇〇石以下と、明確に対象が定められており、番士層を各組の編成に位置づけ、各々の番士

に最も効率的な軍事的役割を担わせるためのものであった。なおこの意義については、高木昭作氏が募臣の動向やかぶき者と関連づけられて詳細な研究をしておられるが(70)、以後幕末までこの軍役令が使用され、ここに名実ともに江戸幕府の軍役が確定したのである。

第四の幕臣への知行加増については、寛永十年二月番士層を対象とした寛永地方直しが注目されているが(71)、この前後に多様な階層に加増が行われている。まず前年の寛永九年六月十四日、幕臣の知行物成一〇ヵ年分を書き上げるよう命じたのち、八月二十五日に小十人を一〇〇俵から二〇〇俵に、同様に歩行を五〇俵二人扶持から七〇俵五人扶持に一斉に加増し、同年十二月三日に無足の書院番・小性組・大番の番士に蔵米を給付している。翌寛永十年二月七日、書院番・小性組・大番の番士一〇〇〇石以下に一律二〇〇石ずつを加増し、蔵米を知行に換えるといういわゆる寛永の地方直しが実施されたのである。ついで二月二十三日大番組頭一四名に五〇〇石、四名に四〇〇石、一八名に三〇〇石を加増し、四月二十三日には留守居二名・町奉行二名・奏者番二名・大番頭五名に四〇〇〇石、留守居一名・書院番頭八名に三〇〇〇石、書院番組頭七名に七〇〇石を加増した。同年十二月十九日、大番組頭二名に五〇〇石、三名に四〇〇石、二名に三〇〇石を、巡見使を勤めた使番・書院番に二〇〇石ずつを、同二十六日長崎奉行曽我古祐および目付五名・使番一四名に一〇〇〇石ずつを、翌二十七日には持弓頭二名・持筒頭二名・先手頭二名に七〇〇石、先手頭十五名・歩行頭七名・小十人頭八名に五〇〇石を、さらに二十八日には使番・普請奉行・書院番組頭・旗奉行・鑓奉行などに一〇〇〇石から五〇〇石を加増している。翌寛永十一年五月十四日、使番・膳奉行・鉄炮薬込・腰物持ちなどが加増されているが、これは同年の家光上洛に関係するものであろう。

寛永九年から十年にかけての幕臣への加増は、歩行・小十人などの下層幕臣から大番頭に至るまでほとんどの主たる階層が一律に加増され、それも下層から順に実施されているところに特色がある。この加増を直属軍の増強と結論づける研究が多いが、単にそれだけでは説明しきれない問題がある。直属軍が増強されたのは事実であるが、それはあくまでも将軍警護のための軍隊であり侵攻用ではない。侵攻用の前線部隊は大名、ことに譜代大名を中核とした軍隊であり、譜代大名の創出と配置換えによって編成されていた。寛永十年前後の譜代大名の転封は、多くの場合一族を同地域に配して組み合わせており、それは西国に顕著であった。寛永九年十月肥後加藤氏改易による転封では小笠原一族が豊後に集中し(72)、翌十年三月には永井一族が山城に(73)、十二年七月には久松松平一族が伊予へと纏まって移されている(74)。寛永十六年三月に譜代筆頭松平忠明が播磨姫路に転封したのは、対外関係の緊張のなかで、西国の軍事指揮を執るためであったという山本博文氏の指摘がある(75)。軍事力の強化を問題にするなら、かかる点に注目しなければなるまい。その意味で、幕臣の加増のみで幕府の軍事力強化を強調することはできない。

それでは、幕臣の加増にどのような意味が含まれるのか。当時の幕臣の動向と幕府の対応・統制といった面から考察する必要があろう。

五　幕臣の不満と反抗

元和八年(一六二二)十一月十五日、幕府は目付六名に対し、幕臣ことに番士層の監察に関する次の法度を下した(76)。

定

一当番不参之事、改易たるへき事、
一当番卯之刻以前於退出は、其年知行可被召上事、
一寝番の輩、酉の刻以後出仕之事、過料銀弐枚、
一他番と請取渡之事、可為相手代、明番之儀是亦同前之事、

附、参勤之刻限遅参の輩、過料銀弐枚、
一当番之輩用事なくして他の座敷ニ在之事、過料銀弐枚、
一当番の面々差当急用有之時、番頭・横目に不申断罷出候事、改易、
一紙燭之事、過料銀弐枚、
一夜詰以後有明の外燈立る事、過料銀弐枚、
一楽書之事、本人曲事、おとなハ死罪、小人ハ流罪、本人しれずハ其座敷之当番過料銀拾枚、但番衆多少によるへき事、
一不依何事相背御法度者、并無形義之者、或死罪或は流罪、又は過怠料之軽重によるへき事、
一番頭・組頭不念ニ申付、若猥之輩於有之ハ、其頭中過料可出也、但事により可有軽重事、
一於城中ニまた若党并小者不依何事背法度、無形儀者の事、本人ハ成敗、見のかし候ハヽ、其所之番衆越度たるへき事、過料銀弐枚、
一諸ケ条之内、不申上候而不叶事をは、不依何時可令言上、必毎月晦日に諸法度善悪之儀可披露、但時分により年寄共迄も可申事、
右之条々堅可相守此旨もの也、
元和八年戌十一月十五日
加々爪民部少輔とのへ
(以下宛所五名略)

十二日前の十一月三日小性組が四組から六組に増設され[77]、新たに番入するものも多く、翌年七月に家光が将軍に補

任されることもあって、番組の再編が進んでいたことと関係しよう。目付の番士に対する厳重な監察の内容からは、当番の番士の不参・遅参、頭の命に背いたり詰所を勝手に離れるなどの不行儀、陪臣の不作法、火の不始末、はては落書きが日常的に存在したことが窺え、当惑している幕府の姿が浮かび上がる。そのため落書きに死罪が適用され、その他流罪・改易・過料など厳重な処罰が制定されている。のち寛永八年（一六三一）正月には江戸城で多数の番士が警備に当たっていたにもかかわらず、家光居間の次の間まで不審な人物が入り込むという事件も起きており、番士の勤務ぶりが窺える。(78)当番に怠惰な番士が多く出現しているとともに、番士層の役割が、戦場など緊張状態における将軍の警護から、殿中における勤番や儀式への参加などに替わり、将軍の権力が増大すればするほど江戸城の建物が巨大化して番士も殿中儀礼にかかわるようになり、行儀作法に対応しきれない番士も多かったことを物語っている。

寛永元年八月十一日の城中番士法度は、番士層の別の側面を窺わせる。(79)

条々

一於殿中不依何事一切口論仕間敷候、申掛候もの御改易可被仰付事、
一傍輩中万悪敷儀ニ男道たて申合一味仕間敷候、若於相背は可為御成敗事、
一若衆狂一切仕間敷候、若相背輩あらハ、本人之儀は可為御改易、其間之使を致候もの御成敗被　仰付事、
一奥之御小性衆と中好、知音ふり不可致、於相背は可為曲事、
一用事なくして他之番所へ寄合咄申間敷候、相背族あらハ過料可被　仰付候事、
一番頭・組頭申渡義、万事少も違背仕間敷候、於相背は急度曲事ニ可被　仰付事、
右箇条之旨可相守もの也、

寛永元年子八月十一日

前年に家光が将軍となり、この年に西之丸の御殿を増築して九月に秀忠が移り、十月に家光が本丸に移ることになっており、新将軍付の本丸の番組が更めて増設されたのであろう。殿中での喧嘩口論に改易という厳しい処罰を用意する一方、傍輩が「男道たて申合」せて徒党を結んだり、若衆狂いをするなど、かぶき者の行動を強く戒め、成敗や改易にすると申し渡している。殊に若い番士層に支配の枠を超えた放埒な結合がみられ、番頭による支配系統が弛緩しているさまが窺えよう。かつ他の条も「知音ぶり」「寄合」など、支配の枠組みを超えた結合を示す語句が並んでいる。ことに新将軍家光に付属された若い幕臣たちの放埒な行動が、年寄・番頭・奉行層などに、強い危機感を抱かせたのであろうが、一方で幕臣たちにとっても、現状に対する不満や鬱憤があり、その捌け口がかかる行動となっていたと見ることができよう。それは、元和八年十一月の法度も参照すれば、いまだ臨戦態勢を強要されながらもそれを発揮する場が与えられず、殿中の堅苦しい儀礼に束縛され、一方で臨戦態勢のもとで育まれた「男道」や殺伐とした意地を否定されるという矛盾でもあったといえる。(80) ただこの矛盾の解決策はなく、以後取締を強化して様々な政策が実施されたものの効果はあまり見えず、不満を他に向けさせたりし時を待つほかはなかったのである。(81)

寛永二年十二月幕府は翌年に秀忠・家光父子の上洛を通達し、幕臣に対し奉公人に暇を出すことを禁じた。(82) 五月に秀忠が、七月に家光が上洛し、八月には供奉の諸大名が昇叙され、九月二条城に後水尾天皇が行幸し盛大な祝宴が催され、十月に家光がついで秀忠が江戸に着いた。(83) 供奉した大名・幕臣たちにとっては半年におよび行軍と洛中の生活を強いられたのである。翌寛永四年正月、定十二カ条を出し、侍・中間・小者に至るまで一季居を禁じ、召し抱えた主は過銭、一季居の者は牢舎か譜代奉公人、請人は牢舎か過銭という処分を通達した。(84) 年季奉公人の大量の放出による治安の悪化を危惧したものであろう。幕臣は上洛のために抱えた多くの奉公人を解雇できなくなったのである。

寛永五年(一六二八)二月九日の旗本出仕時供連人数定は、この矛盾をさらに進化させるものでもあった。(85)

定

一二百石　侍壱人
一三百石ゟ四百石迄　侍弐人
一五百石ゟ七百石迄　侍三人、但八百石ゟ上ハ千石ニ附へし、
一千石ゟ千七百石迄　侍四人、但千八百石ゟ上ハ弐千石ニ附へし、
一弐千石ゟ弐千七百石迄　侍六人、但弐千八百石ゟ上ハ三千石ニ附へし、
一三千石ゟ三千七百石迄　侍七人、但三千八百石ゟ上ハ四千石ニ附へし、
一四千石ゟ四千七百石迄　侍八人、但四千八百石ゟ上ハ五千石ニ附へし、
一五千石　侍拾人、

右之通出仕并江戸中往還之時、若党召列へし、是よりすくなくハくるしからす、多くつるゝ義ハ可為無用、此御定之儀ハ、人をも致吟味為可被召抱被　仰出候間、其旨を可存、無足又は堪忍分被下候といふ共、親之分限にしたかひ若党召列へし、諸役人ハ非制之限、但御陣・御上洛之時各別也、

寛永五年辰二月九日

この供連人数は当然ながら軍役人数より少ない。幕府は幕臣に対して上洛に召し抱えた奉公人の確保を命じ、かつ平生軍役人数や武器の確保を命じながらも、それを発揮する場を作らなかったのである。それは、幕臣たちが召し抱えた奉公人を供揃えに多数召し連れて登城したり、江戸中を徘徊したりし、幕府の通達に反抗していたことを窺わせる。従来軍役は過重が問題となり、負担軽減を課題として論じられてきた傾向があった。寛永期における軍役と供揃え、武士の気風と幕臣の統制を綜合的に考察されたのは、高木昭作氏であるが(86)、当時の武士にとっては過重な負担と

して忌避したいという意識よりも、武士としての嗜みを誇示する機会として積極的に受け止める幕臣が、かえって平和時にこそ多かったはずであり、それが男伊達やかぶき者などに反映したと思われる。そして、幕臣たちが自らの嗜みを誇示する機会が、平時の供廻りにしかなくなったとき、幕府はそれを一層制限したのである。もちろん鷹狩(87)・鞭打ち(88)・馬揃え(89)など軍事訓練や模擬戦はあったとはいえ、幕臣全体が参加するものではなく、ごく一部の側近や番士が軍役より軽い供廻りで供奉したにすぎなかった。

幕府は同日の寛永五年二月九日、歩行若党百姓等衣類制限覚を発布し、歩行・若党・足軽の衣装を絹・紬までと制限し、百姓の衣装を布・木綿と定めた(90)。ただし武家奉公人に対しては、主人から賜わった衣服の着用は例外として免している。武家奉公人と百姓の衣装が一緒に制限されているのは、武家奉公人の供給先が何処かを物語るものであろう。ただかぶき者の特徴が、第一に異様な風体、第二に上級武士も含まれるが武家奉公人が中心、第三に主従関係より武士としての意地や義理を重視したことを考えると、この覚はかぶき者の抑制を狙ったものであろう。同日に出された旗本出仕時供連人数定と合わせれば、華美で異様な供廻り、それも主人の意を超えたような異様な風体を禁止し、各武家の支配の枠組みを確定しようとしたものといえる。しかし奉公人の年季化が定着するなかで、個々の幕臣が自家の奉公人を抑えることができたかは疑問であり、却って上下の間に挟まりジレンマに陥ったかもしれない。

寛永八年十一月五日付の奉公人衣類・侍自称停止等覚は、さらに奉公人の衣装を厳しく制限する(91)。

覚

一徒侍衣類之事、ねり羽二重より上之着物着用すへからす、若猥の輩あらハ来年四月ゟ可剝取候事、

一小者自分として侍ニ成候者於有之は、元主人江相断改之、急度曲事可申付事、

一家造作并振廻以下、不依何事其分限ニ不相応過分之儀堅御停止也、但常之振廻ハ此已前ゟ定之通たるへき事、

寛永八年未十一月五日

三条の規定から、幕臣を対象に通達したものであろうが、歩行の衣装については練羽二重までを許しており、歩行と若党以下を区別しながら身分的序列の強化を図っている。だが、小者が勝手に奉公先を去り他の主人に武士として仕えるなど、幕府の意図に反した武家奉公人の浮遊化や身分的序列の無視が一般的になっていることを示している。少なくとも、幕臣のなかでも番頭・物頭の私兵的存在であり、頭の裁量で抱えられる与力・同心など下級武士にとっては、自身の地位を脅かす状況と映ったであろう。ある意味では、将軍を頂点とした身分階層序列が、頂点に近い部分で確定され荘厳な儀礼化に修飾されていく中で、それを支える幕臣の奉公人という基底部で未確定であり流動化していたのである。その間に挟まっていた幕臣、ことに下層の者にこそ矛盾のしわ寄せが集中した。ここに幕臣の不満の本質が隠されていたといえよう。番士層へ奉公の意欲喚起、諸士法度の制定による下級幕臣への保証、あるいは地方直しによる知行増加など、一面統制強化策と見られる政策も、幕臣のさまざまな不満を解消させる側面があったと推測できよう。特に親衛隊たる番士層を将軍の下への結集させ、将軍を頂点とした新たな軍事体制を構築することが、代替りの危機を乗り越えるために不可欠であったが、番士層にも相応の不満が蔓延していたのである。

六　『三河物語』にみる番士層の憤懣

かかる幕臣の不満が蔓延するなかで、かれらの幕府に対するさまざまな抵抗が生まれた。上級旗本までかぶき者となる傾向は、当時の武士の気風がしからしめたとはいえ、消極的ながら抵抗の一つであったろう。その他に、幕臣の不満がいかばかりであったか、史料には表立って現われることはない。ただ『三河物語』にみえる大久保忠教の憤懣が、ある程度幕臣の心情を代表しているように思える。(92)ことに彼の一門は多様な階層にわたっていたが、最も多いのは書院番・小性組・大番に属する番士層であり、彼の子息四名も書院番・小性組に所属していた。本書は、以下に引用する下巻に寛永三年(一六二六)六月の奥書があるが、それ以降にも加筆・訂正を施しているといわれており(93)、寛永前期の様子をよく物語る史料といえよう。ただし当然『三河物語』には、かぶき者に対する批判はない。忠教は、当時の出世の様子を次のように表現する。

第一に地行を取事、一にハ、主に弓を引、別儀・別心をしたる人ハ、地行をも取、末も栄へ、孫子迄も盛ると見へたり、二つにハ、あやかりをして人に笑われたる者が、地行を取と見へたり、三つにハ、公儀をよくして、御座敷之内にても立廻り之よき者が、地行を取と見へたり、四つにハ、算勘のよくして、代官身形之付たる人が、地行を取と見へたり、五つにハ、行方もなき他国人が、地行をバ取と見へたり、然共、地行を望ミて、夢々此心持つべからず、

諸書に引用される著名な文章であるが、出世して知行を与えられるのは、主君に叛意のある者、卑劣なふるまいで人々に笑われるもの、行儀や殿中の作法を心得て世間体のよい者、経済に明るく地方支配の巧みなもの、出自も明らかでない新参者であるといい、ことに行政手腕を持つ能吏の出世に憤慨している。この文章に続いて、知行を与えられぬ者を、忠義な者、武辺者、礼儀作法を知らぬ不調法者、経済に暗い老人、古くからの譜代であると記している。これは大久保忠教個人の憤懣だけではなく、番士層を中心とした中堅幕臣の不満を代弁しているものといえよう。ここで非難の的となっているのは、行政手腕を持ち殿中での作法や儀礼を心得た役方である。彼我の境遇の差を、忠教は次のように落涙しながら語っている。

子共聞きたるか、其古、人につかわれ、草履取一人にて世をめぐりたる衆が、御前へ出、人を大勢召連れたり、又今度大坂にて、恐ろしくもなき所にて逃げたる者が、過分に地行を取て、人を多く召連れて平押に歩く、我等

共ハ又、武辺したる事もなし、猶々逃げたる事もなし、先祖の御忠節も際もなし、又我等辛労も際もなし、御主様にハ、当将軍様迄御九代之御普代なれ共、か様に被成ておかせられ候らへバ、右之衆が人多にて通れバ、脇へ乗寄せて通る時ハ、さりとハ御情なき御事かなと思へバ、人知れず、大橡のせいなる涙がはらく〳〵とこぼれけれ共、何の因果かなと思ひて、心と心を取なおしてこそ、歩き候へ、

「武辺」こそ武家の本分でありそれが階層序列となるべきなのに、無視されたことを怒り、譜代の旗本の不遇を嘆きながら意地と瘠せ我慢を説いている。なおここでは、江戸市中における武家の行列の行粧が身分序列を示すものとして、視覚的に人々の目に映っていたことを語っている(94)。ある意味では、この行粧こそ武辺の象徴であったにもかかわらず、幕府は前述のようにこれに制限を加えていたのである。忠教の憤懣は、年寄・番頭・奉行などのうち今年に役方で出世したものばかりではなく、大名・寄合をはじめとする外様に対しても向けられる。

上方衆のやうに、いたいけらしき声づかいして、小雛のやうに出立て、軽薄を云事ハ罷成間敷けれ共、しかしながら、恐らくハ、御用に立ち申事におひてハ、御普代衆に上越す事ハ、恐れながら日本にハ有まじけれ共、只今ハ御用づくハ、御国もおさまりて天下不入なるうへ、いらざると思召て、御普代衆にハ御言葉がけも不被成候う哉。

作法や儀礼を心得、弁舌に巧みで軽薄な上方衆を重用しているが、「御用」すなわち軍役の用に立つのは譜代の他にはいないと主張しながら、平和時で不要なので将軍から言葉もかけられないと嘆いており、番士層の心情を代弁していることを窺わせる。寛永九年五月七日、前述したように家光が小性組を「歴々之者」と称え親密な主従関係を強調したのは、かかる番士層の不満に対応したものともいえよう。だが番士の不満はそればかりではない。次の文章も同様である。

他国衆ハ、只今ハ御座敷にてハ御用に立たんと云て、肩衣に目をつかせて歩く共、取詰めて之御用にハ、御座敷之上にて屈みたる御普代衆にハ、中々思ひもよらず、成間敷、

ここからも殿中の作法や儀礼に対する、番士層の反発が見いだせよう。さらに次の一文は大名への金銀分配を批判したものであり、数年後に実施された秀忠の遺金配分を予測したような内容である。あるいは、『三河物語』の加筆・訂正が寛永九年以降まで行われていたのかも知れない(95)。もしそうであれば、この文章は秀忠の遺金配分が大名にまで行われたことに対する非難であったともいえよう。

さて又日本之諸大名に金銀宝物を被下給ふ事ハ、海河へ投入れさせ給ふごとくなり、其をいかにと申に、大名ハ百姓道前にて、此前々も草の靡きにて、強キ方へ計つきけれバ、後世にもかく可有、何のいらざる諸国之者ハ、御身にも成間敷者に、過分の御地行を被下候ても、其うへに御気遣い可被成、

強大な勢力に靡きながら、節操もなく生き延びてきた諸大名や他国の新参者に対し、金銀の配分だけでなく、過分の知行を与えることさえ批判しているが、他方で旗本は、次のように窮乏している。

御前御奉公を申せ共、百俵・百五十俵・二百俵・三百俵被下候らへバ、御前之御奉公を申せバ、髪を結ひ申、若党の一人も二人も連れでハかなわず、御城歩きにもならざるとて、徒歩裸足にてもならざれバ、小者の五人三人持たでもならず、百・二百・三百俵被下候う物ハ、年中之上下一衣、又ハ若党・小者の扶持給にも足らず候らへバ、内儀ハ昔、親・祖父の生業のごとくなる、稗粥の体なり、各々御普代衆之末々の暮し申なり、

旗本窮乏の原因の一つとして、忠教は「御前御奉公」すなわち殿中での勤仕を挙げ、些少の蔵米を給付されても、相応の身なりや衣服を整えたり若党・小者を召し抱えなければならないが、その扶持さえ捻出できず(96)、窮乏の中で耐え忍んだ三河時代の父祖と同様の生活を送っていると論じているのである。ここでは「御用」すなわち軍役の過重さ

が、旗本窮乏の原因であるという意識はない。忠教にとって、それは「武辺」の嗜みとして当然のことなのである。それよりも譜代の子弟が新参者と同様に蔵米取となることこそ、憤慨しているのである。その背景には、武士は領主であらねばならないという強烈な意識があった。かつ知行取であれば、知行地からの百姓夫役で小者が賄えることもあったかもしれない。ただ前節でも指摘したような旗本の蔵米に対する拒否反応がここからも窺え、知行加増が「地方直し」とならざるをえなかった事情を物語っている。

『三河物語』は未定稿のうちから写本が作成されるほど流布した。(97)その記述が、大久保忠教個人の感情の発露ではあったが、譜代の幕臣ことに番士層の心情を代表していたためであろう。もちろん彼が代表しているのは幾多の戦場をかいくぐってきた歴戦の老武者であり、かならずしも若い番士の行動や心情に同意しているわけではない。同書自体が若い幕臣への教訓である。しかし同書にかぶき者の批判が見えないなど当時の気風を容認もしており、幕府への不満は幕臣全体に通じるところがあったと思える。当時の幕臣の感情を物語る史料が少ないなかで、必ずしも一般化しえない部分があるとはいえ、以上のように幕臣の幕政批判としての面からも貴重である。さらに彼は「御普代衆を悪しく被成候うことハ、上様之御失墜を御存知なきなり、」と批判し、「然共、子共よく聞け、只今ハ御主様之御忝御事ハ、毛頭なし、」とまで記して秀忠・家光を罵り、譜代の幕臣に対する待遇に憤慨しているのである。しかしそれにもかかわらず、「信光様より此方御代々相国様迄之御憐ミを、我等之代々深く蒙り申」と、譜代として代々の御恩を語り、「其儀を不足に存知奉らで、よく御奉公可申上」と徳川家への忠誠を説き、子孫が遺言に背いて徳川家に不忠を働けば、喉笛を食い殺すぞ、と叫ぶように記している。この強烈な「武辺」者の「譜代」意識に、『三河物語』の特徴がある。

七　近世武家の「家」と軍制

大久保忠教の憤懣の背景に、本家の大久保忠隣の改易による一門の凋落があったことは、常に指摘されることであるが、大久保一門がどのような状況におかれていたのかを、以下検討してみたい(98)。大久保氏は、三河譜代の中でも松平家三代信光以来に仕えた岩津譜代であり、系図によれば、松平清康に仕えた忠茂から一門を創出していく。もちろん、一門が以後増加したことを示すものではなく、戦国大名化する松平氏とともに、大久保氏も勢力を拡大しながら一門を創出していったことを示すものである。

『寛永諸家系図伝』『寛政重修諸家譜』などにより作成した図4に示したように、忠茂の子息四名が分立し、さらにそれぞれ子孫を分立させた。長男忠俊の家系は、近世には小性組・書院番、そこから使番・目付・徒頭に昇進する者が多いが、中には大番・小十人など一段下層の幕臣も出た。二男忠次の家系は、多く徳川一門の大名に付属されている。三男の忠員の子孫は、嫡男忠世が三河時代より旗本大将から一手の旗頭となって一門から傑出し、大久保一門の惣領としての地位を築き、嫡孫忠隣は秀忠の年寄として権勢を誇った。忠隣は、家康の近習出頭人本多正信との政争に敗れ、一時は失脚したものの(99)、子孫は大名に返り咲き幕閣に進むものも多く、大久保嫡流としての地位を固めた。傍流は書院番・小性組に番入りし、そこから番頭・物頭層に昇進するものも多かった。ちなみに大久保忠教はこの傍流に属し、自らは槍奉行・旗奉行を歴任した。忠茂の四男忠久の家系は、書院番・小性組より一段下の大番として定着している。以上、忠茂の子息四名の家系は、戦国期に徳川氏に忠勤を尽くしたという由緒を共有しながらも、別々に家を成立させ、各々が別個の家格を獲得し、さらに分家を創出していったことが判明しよう。なお『寛永諸家系図伝』は、大久保氏を忠員系を他の一門の系図から独立させ、忠員系を先に記しており、忠員系を嫡流として認めてい

図4　大久保一門の系譜

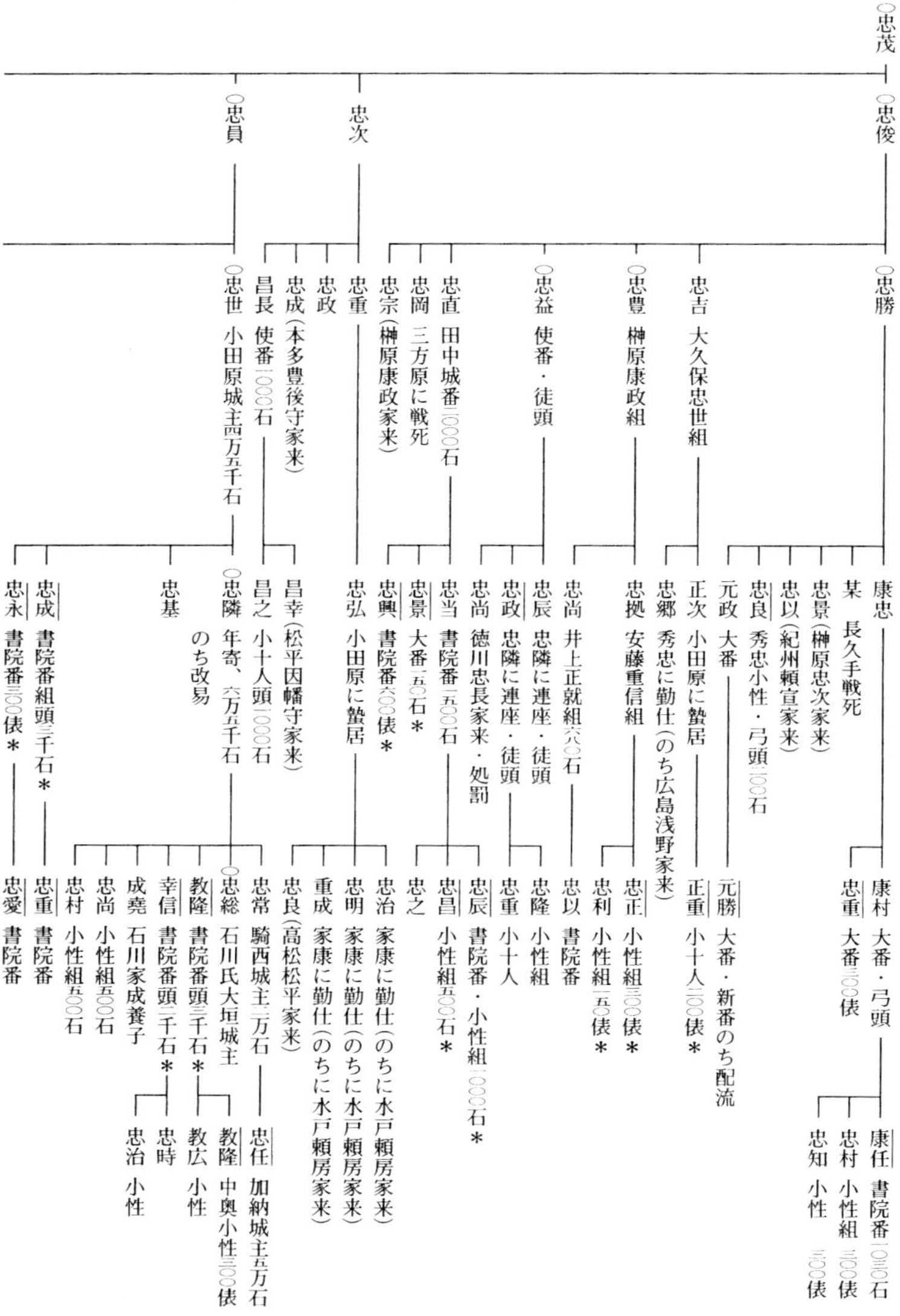
○忠茂
○忠俊
忠次
○忠員
○忠勝
忠吉　大久保忠世組
○忠豊　榊原康政組
○忠益　使番・徒頭
忠直　田中城番二〇〇〇石
忠岡　三方原に戦死
忠宗（榊原康政家来）
忠重
忠政
忠成（本多豊後守家来）
昌長　使番一〇〇〇石
○忠世　小田原城主四万五千石
康忠
某　長久手戦死
忠景（榊原忠次家来）
忠以（紀州頼宣家来）
忠良　秀忠小性・弓頭一〇〇石
元政　大番
正次　小田原に蟄居
忠郷　秀忠に勤仕（のち広島浅野家来）
忠挙　安藤重信組
忠尚　井上正就組六〇〇石
忠辰　忠隣に連座・徒頭
忠政　忠隣に連座・徒頭
忠尚　徳川忠長家来・処罰
忠当　書院番一五〇〇石
忠景　大番一五〇石＊
忠興　書院番六〇〇俵＊
忠弘　小田原に蟄居
昌幸（松平因幡守家来）
昌之　小十人頭一〇〇〇石
○忠隣　年寄、六万五千石
のち改易
忠基
忠成　書院番組頭三千石＊
忠永　書院番三〇〇俵＊
康村　大番・弓頭
忠重　大番三〇〇俵
元勝　大番・新番のち配流
正重　小十人三〇〇俵＊
忠正　小性組三〇〇俵＊
忠利　小性組一五〇俵＊
忠以　書院番
忠隆　小性組
忠重　小十人
忠辰　書院番・小性組一〇〇〇石＊
忠昌　小性組五〇〇石＊
忠之
忠治　家康に勤仕（のちに水戸頼房家来）
忠明　家康に勤仕（のちに水戸頼房家来）
重成　家康に勤仕（のちに水戸頼房家来）
忠良（高松松平家来）
忠常　騎西城主二万石
○忠総　石川氏大垣城主
教隆　書院番頭三千石＊
幸信　書院番頭三千石＊
成堯　石川家成養子
忠尚　小性組五〇〇石
忠村　小性組五〇〇石
忠重　書院番
忠愛　書院番
康任　書院番一〇三〇石
忠村　小性組　三〇〇俵
忠知　小性　三〇〇俵
忠任　加納城主五万石
教隆　中奥小性三〇〇俵
教広　小性
忠時
忠治　小性

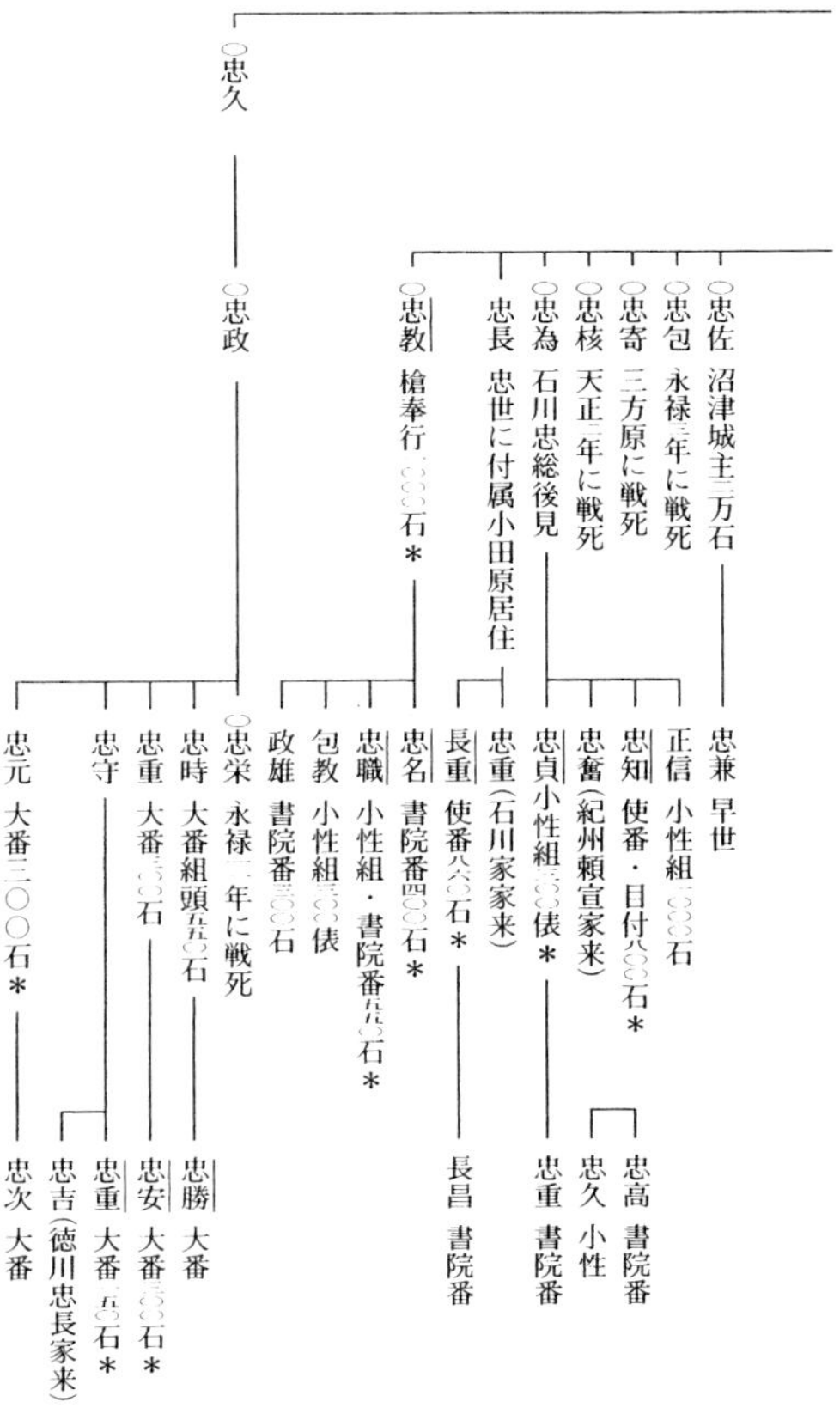

注 『寛永諸家系図伝』『寛政重修諸家譜』『三河物語』を参照した
〇人名 『三河物語』に活躍が記されている人物
人名 寛永一〇年前後に幕府が勤仕していた人物
＊ 寛永の地方直しで加増された人物、ただし俸禄は加増以前

る。ただし『寛政重修諸家譜』では、忠俊系を先に記して兄弟の順に並べ、忠俊系を嫡流としている。

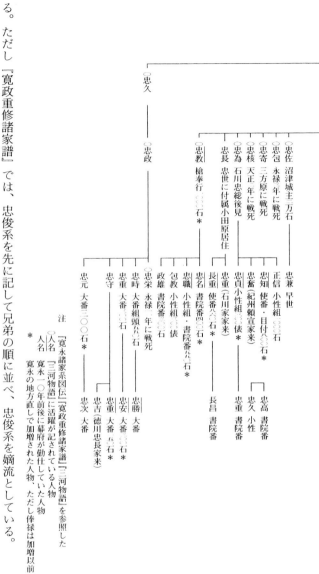

ところで、忠俊系のなかには大久保忠隣改易に連座した者がおり、忠次系にも大久保忠世に付属した者もいる。忠俊の長男忠勝が慶長六年死去すると、忠隣の所領小田原の大久寺に葬られ、忠教自身も本家の忠隣の領内で二〇〇〇石を知行しており、駿府の家康に仕えて幕府から知行を給付されたのは、忠隣改易後の慶長十九年のことであり、(100) 甥の正信は寛永十年（一六三三）に寄食していた本家を離れて知行一〇〇〇石を給付され、小性組に番入りしている。近

世初期に至るまで、大久保一門が中世以来の大家族的な「家」を保ち、忠世・忠隣父子を旗頭に一軍団を形成していたことを物語っている。そこから内部の小家族が次第に独立しながら、大番・書院番・小性組など将軍の直属軍団に編成され、大久保一門の軍団が解体されていくさまを見ることができよう。ことに大久保忠隣の改易で一門の求心力がなくなり、大久保一門の解体は加速された。そして忠教が『三河物語』を著作するころには、彼の兄弟七名は悉く鬼籍にあり、譜代としての輝かしい大久保家の家名は、彼一人の肩に掛かっていたのである。[101]かつ、一門の次三男が新規に出仕すると蔵米知行取となるなど、忠教の憤懣はさらに増長した。しかし彼が、中世以来の家や一族の軍団解体に意識的な不満を抱いていたわけではない。子息たちの独立は、かえって喜んだはずである。ただ譜代の名門に似合った知行が与えられないのが不満であった。それだけではなく、譜代の名門大久保氏の凋落に重ね合わせた漠然とした不安と、当時の風潮である譜代の軽視や新参の台頭などの不満が交錯し、自身が時代から置き去られていくことが耐えられなかったのである。

かかる事例は、大久保氏独自のものと見なすことはできない。一族を与力とした前述の森川氏信のような例も見られたし、『東武実録』の著者松平忠冬の曾祖父で深溝松平氏嫡流の家忠も、天正十九年(一五九一)七月、所領の武蔵忍一万石のうち三二五〇石を親類衆九名に給付している。[102]また天正十八年武蔵騎西城二万石に入封した松平康重は、弟金七郎忠喬を江戸に小性として差し出したが、彼には知行も切米も給付されなかったため、康重は合力として知行五〇〇石を弟に与えたという。[103]のち忠喬は、慶長十三年に兄康重の居城常陸笠間で卒しており、徳川氏に出仕しながらも実家から離れえなかったような近世初期の武家の存在形態を彷彿させる。近世初期には惣領に一門の知行を含めて知行が給付されており、大久保忠教の例も決して特殊ではなかった。それは、番頭・組頭など一軍を統率するものが組下を私兵化した傾向にも通ずるものがある。かつ、三河以来一族を挙げて徳川氏に尽くしてきた譜代層こそ、幕臣の中では最も巨大で複合的な家を形成していた。これに対し新参の幕臣は、複合的な家を出て個々に召し抱えられたものであり、譜代層に比べて「家」を解体されることが少なかったといえよう。

『寛政重修諸家譜』により、家族動態の側面から武家の分家を分析された竹内利美氏によれば(104)、大名・旗本の分家は、家康・秀忠治世の天正十八年から元和九年まで三十四年間に一五九件、家光代の寛永元年から慶安四年まで二十七年間に一四七件、家綱代の承応元年から延宝八年まで二十九年間に一〇三件、以下綱吉代に五五件、家宣から吉宗代に二四件と、年ごとの平均は家光代が最も多く、ついで秀忠以前となっており、綱吉以後は激減する傾向にある。一方で、養子が家綱代以降に漸増していくとされる。かつ、分家は譜代層に最も多くみられるという。ここからも家光政権前後に武家の「家」が成立し、それが以後固定される傾向にあったことが窺える。

近世以前の戦争は基本的には「家」対「家」の戦争であり、それら「家」の内部も、「家中」と称されるように複数の「家」に分かれており、その最小単位も「家」であった。幕府は中世以来の複合的な幕臣の家を解体し、内部の小家族を独立させながら、一族郎党の結合による家の軍事力を一騎の馬上の武士とその供廻りという最小の戦闘単位に分割し、それを有機的に番組に編成して将軍を頂点とする近世的な軍団を組織するとともに、旗本を再編成して近世武家の「家」を創出させる政策を断行したのである。しかし基本的には、一騎討ちで勝敗を決定するという当時の戦闘形態から、一族の結合を多少考慮せざるをえなかったのであろう。それが無足など、一組のなかに一族が含まれるという形となるのである。のちに幕臣の臨戦態勢が弛緩し番士が主に殿中儀礼を司るようになると、無足はもちろん一族が一組のうちにいるような状況はなくなっていく。いわば緊張状態の緩和と「平和」の到来によって、近世武家の「家」は成立したのである。家光政権期は、その大きな画期であった。すなわち農村における名田地主の解体と小農自立とに相当するような動きが、武家のなかでも存在したと見ることができよう。それが『寛永諸家系図伝』の複合的な大家族の系図と、『寛政重修諸家譜』に見える嫡流中心の単一の家の系図の差に示されているのである。

家光政権成立期に断行された幕府直属軍の再編は、将軍の代替りの危機を乗り切るという政治の課題に対応していた。だがそればかりではなく、幕臣の軍役の嗜み・殿中儀礼の堅苦しさ・家計の窮乏・将軍との親疎関係など様々な不満や、その反抗的態度としてのかぶき者的行動・若者の逸脱など、多くの課題を止揚しようと強権をかざしながら試みた結果でもあった(105)。ただし幕臣の不満や窮乏を解消しながら、彼らを将軍の下に結集させて主従関係を強化し、彼らの奉公への意欲を喚起する政策を取らざるをえなかったのである。かつその社会的背景に、武家の「家」が小家族化しながら近世的な性格を整えていく傾向があった。そのような傾向は自然発生的なものではなく、「大家族」に包摂されていた個々の武家が、自己を主張しながら積極的に自立を試みていたのである。いわゆる「寛永の地方直し」は、そのように自立しつつあった個々の脆弱な武家に、加増して経済的基盤を保証し、かつ知行取りすなわち領主として一人前の武家としての体面を与え、それによって個々の武家の不満を和らげる一方、近世的な軍制を形成する基礎に置くという意義があったといえる。成立期の家光政権は、これを契機に譜代層を始めとする複合的な家を積極的に解体させ、幕臣団の再編を断行したのである。ただこの結果として、家光政権は幕臣団の掌握に成功したものの、矛盾が解決したのではなく、かぶき者の気風は根強く残り、寛永末年の大飢饉においてもやっと自立した脆弱な領主としての幕臣団動揺の危機に直面するのである(106)。

注

（1）　辻達也氏「近習出頭人について」（『大類伸博士喜寿記念史学論文集』、『江戸幕府政治史研究』に収録）、「寛永期の幕府政治をめぐる若干の考察」（『横浜市立大学論集』二四―二・三、『同前』に収録）。

（2）　北原章男氏「家光政権の確立をめぐって」（『歴史地理』九一―二）。

(3) 福島貴美子氏「江戸幕府初期の政治制度について」(『史艸』八)。
(4) 藤野保氏「寛永期の幕府政治に関する考察」(『幕藩制国家成立過程の研究』)。
(5) 北島正元氏『江戸幕府の権力構造』。
(6) 煎本増夫氏「初期江戸幕府の大番衆」『日本歴史』一五五、『幕藩体制成立史の研究』。
(7) 小暮正利氏「初期幕政と寛永の地方直し」(『駒沢史学』二一)、同「近世初期旗本領の形成」(『旗本知行と村落』)。
(8) 佐々悦久氏「幕藩制成立期の幕臣団編成と知行割」(『旗本知行と村落』)。
(9) 朝尾直弘氏「将軍政治の権力構造」(岩波講座『日本歴史』一〇、『将軍権力の創出』に収録)。
(10) 小宮木代良氏「『御実紀』引用『日記』の検討」(『日本歴史』四八六)。
(11) 藤井譲治氏『江戸幕府老中制形成過程の研究』、『徳川家光』。
(12) 小池進氏「若年寄制の成立過程」(『東洋大学大学院紀要』二二)、「若年寄の成立をめぐって」(『東洋大学文学部紀要』三九)、「成立期江戸幕府『大老』に関する若干の考察」(『東洋大学文学部紀要』四一)他。
(13) 山本博文氏『幕藩制の成立と近世の国制』、『寛永時代』。
(14) 小宮氏前掲論文、「家光政権『将軍親政』の再検討」(『近世日本の政治と外交』)。
(15) 前掲煎本論文が大番組を考察しているほか、南和男氏「江戸幕府御徒組について」(『日本歴史』二一四)、横山則孝氏「江戸幕府新番成立考」(『日本歴史』三〇二)、小池進氏「将軍「代替」における江戸幕府軍隊の再編について」(『東洋大学大学院紀要』二五)、「幕府直轄軍団の形成」(『新しい近世史』一)、「旗本「編成」の特質と変容」(『歴史学研究』七一六)、藤井譲治氏「平時の軍事力」(『日本の近世』三)など。
(16) 笠谷和比古氏『近世武家社会の政治構造』。
(17) 高木昭作氏『日本近世国家史の研究』。
(18) 高木氏が前掲書に、「寛永期における統制と抵抗」と章を立て、軍役との関わりを論じられている。なお小池氏が「旗本「編成」の特質と変容」で、旗本の主体性を集団訴訟などから論じておられるものの、あまり積極的な評価とは感じられない。
(19) 朝尾直弘氏『日本の歴史』一七、鎖国。藤井譲治氏『江戸幕府老中制形成過程の研究』。
(20) 内閣文庫蔵。『内閣文庫所蔵史籍叢刊』一。

(21)『徳川実紀』にも引用されている『元寛日記』(『内閣文庫所蔵史籍叢刊』六六)には、家光および御三家への刀剣・茶道具配分の記事を掲げたのち、諸大名・幕臣への遺金配分記事を省略して「諸大名金銀賜之記録有別之、」と、記録があることを示唆しており、『寛明日記』(『同書』六六)には、二月七日に配分を受けた諸大名として八一名が記されているが、『徳川実紀』とは異同があり、その後の配分は省略されている。他に『天享吾妻鑑』(内閣文庫蔵)などにも見えるが、詳細な記述のある史料は見いだせなかった。
(22)小宮氏「『御実紀』引用『日記』の検討」。
(23)家門・譜代・外様や寄合・高家などの語句は使用されていないが、後の格式から類推して便宜的に使用した。
(24)『続々群書類従』第七。
(25)ただし『江戸幕府日記』によれば、この日補任されたのは御普請奉行四名である。なお本稿では、内閣文庫蔵『柳営録』を『江戸幕府日記』として利用した。
(26)大野瑞男氏「江戸幕府財政の成立」(『幕藩制国家成立過程の研究』、『江戸幕府財政史論』に収録)。
(27)正徳二年の『御家人分限帳』によれば、旗本二万二八九一人中、小普請は二四八二人であり、一〇・八パーセントである(鈴木寿氏編『御家人分限帳』)。寛永期にそれほどの小普請がいるとは考えられず、後述するように二、三男の新規取立が多い時期であり、無役の幕臣は少なかったと思われる。
(28)元和九年十月十六日「細川忠利書状」(『細川家文書』九)。
(29)煎本氏『幕藩体制成立史の研究』。小池氏「将軍「代替」における江戸幕府軍隊の再編について」。藤井氏「平時の軍事力」。
(30)藤井氏『江戸幕府老中制形成過程の研究』。
(31)藤井氏前掲著書。
(32)辻達也氏「近習出頭人について」。小池氏「若年寄の成立をめぐって」他。
(33)類似の図が『日本歴史大系』三、第三章「幕藩体制(Ⅰ)」に掲載されているが、先陣の大番組の部分が欠損している。
(34)笠谷氏『近世武家社会の政治構造』。
(35)本書第一章第一節。
(36)『東武実録』『徳川実紀』同日条。

(37) 以下『江戸幕府日記』『徳川実紀』を出典とした時は、注記を省略した。
(38) 『吏徴別録』等には八月六日とあるが、この日は『江戸幕府日記』によれば書院番与頭の補任である。
(39) 『吏徴別録』によれば、慶安三年に先手鉄炮組が二四組に増加したと記されており、それが正しければ「当家御座備図」は慶安三年の様子を示した図となるが、他書で先手鉄炮組の増加が確認できない。
(40) 煎本氏前掲論文、著書。
(41) 小池氏「将軍「代替」における江戸幕府軍隊の再編について」、同「幕府直轄軍団の形成」、同「旗本「編成」の特質と変容」。ただし、第二論文で、小性組が書院番から分離して成立したと推測されているが、疑問が残されている。
(42) 『日本思想大系』二六所収の『三河物語』を引用した。
(43) 寺尾宏二氏「無足人の研究」(『経済史研究』一六―四・六)。平山敏治郎「大和の無足人について」(『人文研究』六―九)等。
(44) 『東武実録』同日条。
(45) ただし、寄親寄子制は専ら中世史でその性格が論じられ、近世史では既に解消しているものとして問題にされることなく、中世から近世へ移行の過程でどのように解消するかという研究は見られないようである。
(46) 本書第一章第一節。
(47) 佐々木潤之介氏『幕藩権力の基礎構造』、北島正元氏『江戸幕府の権力構造』、山口啓二氏『幕藩制成立史の研究』など、幕藩制構造論および軍役論を論じた諸論文に共通している。
(48) 小池氏前掲論文。山本氏『寛永時代』。藤井氏前掲著書、『徳川家光』。
(49) 『徳川実紀』『柳営補任』『仕官格義弁』(『古事類苑』官位部三)など。
(50) 煎本氏前掲著書。
(51) 『柳営補任』『仕官格義弁』など。
(52) 『江戸幕府日記』寛永九年十二月十四日条、『徳川実紀』同日条。なお以下の記述で『江戸幕府日記』『徳川実紀』を出典とした場合は、注記を省略した。
(53) 藤野氏『幕藩体制史の研究』。煎本氏前掲書。新行紀一氏「徳川家康の時代」(『新編岡崎市史』中世二)。
(54) 『寛政重修諸家譜』第十。

(55)『寛政重修諸家譜』第四。
(56)『東武実録』寛永九年九月四日条。『寛政重修諸家譜』第十。
(57)小池氏前掲論文。
(58)小池氏前掲論文。煎本氏前掲著書。
(59)藤井氏『江戸幕府老中制形成過程の研究』、同『徳川家光』。山本氏前掲著書。
(60)『仕官格義弁』。
(61)内閣文庫蔵。
(62)金沢市立図書館加越能文庫蔵。
(63)高木氏前掲著書。旗幟については、拙稿「江戸幕府の軍制と旗幟」(『近世社会と知行制』所収)。
(64)『東武実録』同日条。
(65)『東武実録』同日条。
(66)『東武実録』同日条。
(67)藤井氏前掲著書。山本氏前掲著書、同氏『江戸城の宮廷政治』。
(68)内閣文庫蔵。
(69)藤井氏前掲著書。
(70)高木氏前掲著書。
(71)小暮氏「初期幕政と寛永の地方直し」。
(72)『徳川実紀』寛永九年十月十一日条。山本氏『江戸城の宮廷政治』。
(73)『徳川実紀』寛永十年三月二十六日条。『寛政重修諸家譜』。
(74)『徳川実紀』寛永十二年七月二十六日条。『寛政重修諸家譜』。
(75)山本氏『幕藩制の成立と近世の国制』。
(76)『東武実録』同日条。
(77)『徳川実紀』同日条。

(78)『細川家文書』八六四、寛永八年二月「細川忠興書状」。山本博文氏『江戸城の宮廷政治』。
(79)『東武実録』同日条。
(80)北島正元氏「かぶき者考」『近世史の群像』。氏家幹人氏『江戸藩邸物語』。
(81)かぶき者の消滅については、塚本学氏『生類をめぐる政治』が示唆的である。
(82)『東武実録』同日条。
(83)『徳川実紀』。
(84)『東武実録』同月条。
(85)『東武実録』同日条。
(86)高木氏前掲論文。
(87)鷹狩の動員の実態については、『川越市史』通史編三巻等。
(88)村井益男氏「江戸図屛風の歴史的背景」(『江戸図屛風』)、小澤弘・丸山伸彦氏編『江戸図屛風をよむ』。
(89)『江戸幕府日記』寛永十年八月三日条。『徳川実紀』同日条。
(90)『東武実録』同日条。
(91)『東武実録』同日条。
(92)以下『日本思想大系』二六所収の『三河物語』を引用した。なお同書に関する近年の研究には、高木昭作氏「三河物語の成立年について」(『東京大学史料編纂所報』五)、斎木一馬氏「『三河物語』考」(『日本思想大系』二六)、笠谷和比古氏『主君「押込」の構造』、福田千鶴氏「主君の「器用」と譜代主従制の論理」(『近世日本の政治と外交』)などがある。
(93)高木氏・斎木氏前掲論文。
(94)高木氏『日本近世国家史の研究』。
(95)高木氏前掲論文では、『三河物語』の加筆の下限を寛永九年としている。
(96)この時期の「御用」の用法については議論があるが(小池進氏「近世前期の史料用語に関する一考察―「御用」と「訴訟」をめぐって―」『白山史学』二九)、大久保忠教の意識としては、軍役以外にはなかったであろう。
(97)斎木氏前掲論文。

(98) 以下大久保一門の系譜は、『三河物語』および『寛永諸家系図伝』『寛政重修諸家譜』を参照した。
(99) 煎本前掲著書。
(100) 『三河物語』『寛政重修諸家譜』。
(101) 斎木一馬氏「『三河物語』考」。
(102) 『家忠日記』天正十九年七月十二日条。
(103) 『石川正西聞見集』。長田礼氏編『松井松平家御家譜』。
(104) 竹内利美氏『家族慣行と家制度』。
(105) 家光が強権的な恐怖政治に取り組んだのは、山本博文氏『幕藩制の成立と近世の国制』、『江戸城の宮廷政治』など。
(106) 藤田覚氏「寛永飢饉と幕政」（『歴史』五九・六〇）。高木昭作氏「幕藩体制（Ⅰ）」（『日本歴史大系』三）。

第三章　大名家臣団形成の諸相

第一節　近世前期における佐倉藩堀田氏家臣団の展開と牢人

はじめに

近世の武家は、原則としては幕藩領主階層として編成され、大名・旗本・陪臣などとして位置づけられていたものの、そこに属さない牢人も存在した。かつ武家社会には厳格な身分階層序列が存在したとはいえ、その間の交流や序列の移動が否定されていたわけではない。ことに徳川氏新規取立大名の家臣団と牢人との出入は、以上の特徴の一面を物語るとともに、個々の武家が主君の強大な権力に飲み込まれながら編成されたのではなく、主体的・自律的な行動を展開しながら、自身の身分上昇を志向し、さらに社会の展開に翻弄されていったことを窺わせる。ここでは、近世前期、佐倉藩堀田氏の家臣団の形成と、堀田氏の改易を通して、かかる実態をかいま見たい。

近世前期に堀田氏が佐倉を領したのは、寛永十九年(一六四二)より万治三年(一六六〇)まで十九年間ではあったが、同氏は、家光政権期の新規取立大名として正盛一代で大名に発展した家であり、寛永期の幕政に大きな役割を果たした。また「佐倉惣五郎事件」の伝承、堀田正信改易事件など、近世史上にも数々の足跡を残している。しかし、それらの事件の実態は不明な問題が多いだけでなく、堀田氏研究の基礎となるべき近世前期の佐倉藩政に関する研究[1]は、史料的制約もあって未開の分野が多く、佐倉惣五郎との関係[2]で触れられるのが注目されるに止まる。一方、佐倉藩は、武蔵忍・川越両藩などとともに、幕府の関東領国体制の中で大きな位置を占めており、近世前期の幕政史の上からも重要な地である。[3]小稿は、前述の問題意識とともに近世前期の堀田氏および佐倉藩政の特質を、家臣団の展開過程を通じて考察しようとするものである。

一　堀田氏の台頭と家臣団の成立

堀田氏は尾張の小土豪に出自し、代々土岐氏・織田氏などに仕えたというが、勘左衛門正吉の時、織田信長・浅野長政・小早川隆景に歴仕し、慶長十年(一六〇五)に至って徳川家康に仕え、書院番となり五〇〇石を知行した。正吉は元和元年大坂の陣の功により三〇〇石の加増をうけ、翌年使番、同五年西丸目付とすすみ、寛永二年(一六二五)二〇〇石を加えられて一〇〇〇石となり、同六年二月、五十七歳で没した。正吉は、小早川家出仕のころ同家の老臣稲葉正成の長女を妻に迎えた。正成の後妻は、明智光秀の老臣斎藤内蔵肋利三の女で、三代将軍家光の乳母となった春日局である。正吉が西丸付すなわち家光付になったところに春日局の配慮が窺われるが、その子正盛は、春日局の後援により飛躍的な出世を遂げることとなる。[4]

堀田三四郎正盛は慶長十三年正吉の長男に生まれ、元和六年(一六二〇)閏十二月十三歳で家光に召し出された。このとき家光の近習には、のちともに六人衆・年寄に列して幕政に参与する松平信綱・阿部忠秋らが勤仕していた。元和九年正盛は相模のうちで七〇〇石を知行し、同年家光が将軍に補任されると十二月従五位下出羽守に叙任され、のち加賀守となった。同時に十二歳年長の松平信綱が伊豆守、六歳年長の阿部忠秋が豊後守に叙任している。寛永二年、正盛は加増により相模・常陸のうち五〇〇〇石を知行し、二十歳となった翌三年には上野において五〇〇〇石を加えられ、都合一万石を領するのである。阿部忠秋が一万石となるのは同年、松平信綱は翌年のことであった。以後、正盛は、知行高・官位ともに年長の信綱・忠秋に先行して昇進していく。(5) 正盛は、寛永三年に小性組番頭に任じられ将軍親衛隊の中枢に位置するに至った。ただ松平信綱・阿部忠秋の両名はすでに元和九年に小性組番頭に就任しており、実力で将軍家光の側近としての立場を確定していた。これに対し正盛は、春日局の縁によって両名を超えて出世をとげたものと推測される。そのような彼の立場が、家光政権成立後の幕政上の役割にも関わってくるのであろう。いずれにせよ正盛は、将軍家光の近習出頭人として台頭したのである。(6)

この過程で正盛の家臣団はどのように形成されたのだろうか。この様子を直接示す史料は残念ながら見いだしえない。後世の史料からその一端を窺ってみよう。佐倉厚生園文庫蔵『天保校訂紀氏雑録』(7)七所収『高瀬一無物語其外留之写』は、正盛の出仕以後五〇〇〇石を知行するまでに仕えた家臣の氏名・俸禄などを列記している。同書は「元禄三年五月八日、一無八十余歳之時物語共」と奥書があり、高願一無という老人の覚書である。一無の経歴は不分明で、同書記載の家臣の中にも見いだせない。また、多少の錯誤・脱漏が存する様子である。例えば同書には、「服部権兵衛乱心ニ而熊谷次郎太夫・若林杢左衛門・野村善右衛門三人を切殺候由」という記載がみえるが、殺害された筈の野村善右衛門には、「松本ニ而不調法有之、追放」と註記があり矛盾する。このように、同書をすべてを信用することは無理であるが、他に史料が見当たらず、一応の目安として掲げてみたい。

表27は同書をまとめたものである。元和六年正盛が出仕したとき、正盛の家臣団はまず父正吉からの附人若干により成立し、また正盛が家光に近持して江戸城二之丸に起居したため、幕府から料理人・徒衆などが附せられた。これが二之丸附人であるとされる。(8) 二之丸御殿は将軍の私的な空間とされ、寛永七年には茶屋や泉水の普請があり、同十

表27　元和６～寛永２年の家臣団

	人数	1万石時出仕	乱心追放	暇	
100石	4(2)	2(1)	2		
50俵	1(1)	1(1)			
40俵	1				
30俵	3(2)	2(2)			
無　足	9(1)	3	1		
小　性	4			2	
中小性	2	1	1		
児　禿	1				
二之丸附人	11	1			料理人2　禿1　公儀御徒衆4
計	36(6)	10(4)	4	2	

注　(　)は父よりの附人
『高瀬一無物語其外留之写』(『紀氏雑録』七)

表28　１万石時代の堀田氏家臣団

	人数	以前から	附人	処　罰　者	役　　　職
300石	2	2	1	追放1	家老2
200石	5	2	1	切腹1　暇2	奏者物頭2　万用人本方1　物頭1　右筆1
150石	3	2	2		万用人払方1　小性差引役1　物頭1
100石	4	1			万用人本方1　奏者番1　代官2
不　明	6			欠落1	小性6
無　足	26	3		暇1	供廻5　同広間番1　同右筆2　同目付3　小納戸3　歩行頭2　広間番1　医師1　代官1　料理人1　奥年寄1　奥方広敷番1　厩別当1　小間使1　膳番1　草履取1
計	46	10	4		

注　『宗卜様御鷹匠町御屋舗ニ而壱万石之御身躰之節御家人高之覚』(『紀氏雑録』七)

表29　寛永16年松本10万石時代の
堀田氏家臣団

石	3000	1000	400	300	200	150	100	計
年　　　寄	1	5						6
物頭奏者番				2	2			4
小　　　性			1	2				3
大　小　性					1			1
目　　　付					2			2
右　　　筆				1	3			4
馬　　　乗				1	1			2
無　　　役				1	13	20	21	55

注　ただし知行取のみを記載。
『加州様松本御拝領之節分限帳』(佐倉市史編さん室所蔵「篠丸文庫」)

二年には曲輪が拡張され、翌年対面所などを簡略化する一方、水舞台や釣殿・茶屋など遊興性の強い御殿を建設している(9)。のち正盛が二之丸における家光の動向について諸大名などの取次に特別な権限を持ち(10)、また年寄辞任後も家光の側近的な存在として幕政に影響力を持ったのは、ここに要因の一つがあると推測できる。

ただ正吉附人と二之丸附人は表にみえる家臣の約半数に相当し、正吉附人が上位を占めて家臣団の中核となっていた。二之丸附人は、下層の家臣や奉公人が中心であったと考えられる。さらに寛永二年までに正盛自身が多くの家臣を召抱えている。これらの家臣のうち、寛永三年正盛が一万石を領した時に残っている者は、三七名中わずか一〇名にすぎない。二六名が堀田家を去った事情は明確ではないが、高瀬一無の覚書によると、殺害された者二名、病死三名、乱心の上死去した者一名、追放三名、暇を願った者二名とみえる。こうして堀田家を去った家臣の実数は、この数値より多かったろう。成立直後の家臣団は定着性がなく流動的で、必ずしも後の堀田氏家臣団の中核を構成したとはいいがたいのである。

寛永三年正盛は一万石を領し、のち寛永十年に五〇〇〇石を加増される。この頃の家臣団の様子を、『宗卜様御鷹匠町御屋舗ニ而壱万石之御身躰之節御家人高之覚(11)』から検討したい。本書も、前掲『高瀬一無物語其外留之写』と同様の性格をもつ覚書と思われるが、筆者などは不明である。同書には、表28の如く四六名の家臣が列記されている。表27にみえる家臣はすべて加増をうけ、一〇〇石の者は三〇〇石に、五〇俵は二〇〇石、三〇俵は一五〇石から二〇〇石へと上り、家臣団の上位を占めている。同書にみえる各家臣の役職は整然としており、当時の職制そのものとは思えないが、各家臣が分担していた役割を後世に確立された職制に当てはめたものかもしれない。この役職は、家老を筆頭として奏者番・右筆・小性など正盛に近侍する側方、万用人・代官・小納戸など家政や所領支配担当の役、物頭・歩行頭・供廻りなど軍事・警護担当の番方に大別できよう。ところで、正盛が五〇〇〇石の頃から仕えていた家臣は家老・奏者番・万用人などに任じられており、なかんずく家政や所領支配を管掌した万用人はすべて彼らが占めており、この役割が古くから仕え信頼された家臣に任されていたことが推測される。一方、知行の増加によって家臣団のうち拡大された部分は側方と番方、とりわけ番方だったのである。それは、幕政に参画しつつあった正盛の勤仕を補佐する役と、出仕の供廻りとして平生主君を警護し小性組番頭としての正盛の軍役を支える者が、家臣団内部で比重を多く占めていたことを窺わせる。こうした家臣団の性格は、正盛とともに家光の近習出頭人として出世した松平信綱・阿部忠秋らも同様であったろう。ただし、番方の職掌の中に番頭・組頭がないことは、堀田氏の家臣団が未だ「備」としての体裁を持ち得なかったこと、すなわち一軍団を形成してはいなかったことを物語っている。ある意味では、小性組の番士を指揮下に置くことによって、「備」を形成できたのである。

寛永九年正月、大御所秀忠が死去すると、家光は秀忠・家光に分割されていた幕臣団を統一的に掌握し、側近を幕政に参画させながら急速に自らを頂点に位置づけた政権を確立していく。寛永十年三月二十三日、正盛は家光の近習出頭人松平信綱・阿部忠秋・三浦志摩守正次・太田備中守資宗・阿部対馬守重次とともに六人衆に任じられ、同五月五日には信綱・忠秋らと同じく年寄並となって幕政に参画するに至った。正盛らは小性組番頭を兼任しながら幕政に参画したため、前述の性格を持った家臣団がさらに拡充されたと推測される。

さて前掲表28の四六名中、切腹一名・追放一名・欠落一名・暇三名と、六名が処罰され又は堀田家を去っている。前述の五〇〇〇石頃のほどではないが、家臣団の流動的な性格を見いだせよう。これらの処罰や退去の理由は不明だが、いずれにせよ家臣団が所領の増加により急激に拡大されたために、主君正盛との間に封建的主従関係を確定していないだけでなく、家臣相互の関係も形成されておらず、さまざまな軋轢が発生したことを窺わせ、これに対し正盛が処罰をもって家臣団を統制し絶対的な権力を示す手段としていたことを思わせよう。

二　家臣団の拡充

寛永十年（一六三三）十二月二十八日、甲斐のうち五〇〇〇石を加増された堀田正盛は、同十二年三月一日に二万石加増のうえ武蔵川越城に封じられ、三万五〇〇〇石を領することになった。前後して、松平信綱は寛永十年五月武蔵忍三万石に、阿部忠秋は同十二年六月下野壬生二万五〇〇〇石に封じられている。同十二年十月二十九日、正盛・信綱・忠秋の三名は年寄として奉書加判を命じられ小性組番頭を免じられた。こうして家光の近習出頭人は、前代からの年寄に代わって次第に幕政の中枢を掌握する一方、幕府直属軍団の中枢という地位から、江戸城の外郭に当たる関東の諸城を守備する役割に転換を遂げた。そして城と城附地を中心とする領地を得て名実ともに大名となった彼らは、藩領の支配機構を新たに確立する必要にせまられたのである。

ここに正盛の家臣団は、幕閣に列した正盛の勤仕の補佐とともに、川越城の守備・川越藩領の支配機構をも担当することになった。川越における正盛の家臣団の構成は不明だが、番方・役方など急速な職制整備と同時に、加増された知行に相当する軍役の確保のため、家臣団の拡充が行われたに相違ない。

寛永十二年（一六三五）六月、正盛は新規に召し抱えた香宗我部左近貞親（初名親和）に次の知行宛行状を発給した。(12)

知行方之事

高千石者

右武蔵国川越領分之内を以令扶助訖、全所領知者也、

寛永拾弐　　　　堀田加賀守

寅六月廿八日　　　　　（黒印影・印文「正盛」）

宛行状に所付がなく、川越藩における堀田氏がすでに蔵米知行を採用していたことを窺わせ、地方支配の実態もかいま見ることのできる史料である。

香宗我部氏は中世土佐に割拠した国人領主であったが、のち長曽我部氏に服属し、長曽我部元親の弟親泰を養子に迎えた。親泰は長曽我部氏の有力部将として四国統一を助けたという。長曽我部氏は、元親の子盛親が関ヶ原に西軍に属して改易され、のち大坂の陣に豊臣方として戦い、戦後処刑された。

貞親は親泰の次男に当たる。彼はわずか十歳で関ヶ原に遇い和泉堺に逃れた。はじめ家臣たちも従ったようだが、次第に国元に帰り帰農していった。のち貞親は肥前唐津城主寺沢志摩守堅高に仕え、三〇〇石を知行した。寛永初年ころに牢人し大坂や江戸で暮らしたが、寛永十二年堀田正盛に仕え一〇〇〇石を知行することとなった。長曽我部元親の妻が春日局の叔母に当たり、春日局は正盛の祖母であったから、かかる縁戚関係から貞親は堀田氏に仕えたのであろう。次の書状は家臣団の積極的な拡大を窺わせる。

尚々、少も御かまい等有之候へば、何方に而も不成事候間、其段能分別可然候、貴所今迄之御奉公ぶり不頼体候間、御暇申事も可成故と存申事候、以上、

一筆申入候、先書如申、我等儀不存寄川越江有付申候、然は貴殿事今迄之御奉公ぶり一入笑止に存候、無相違御暇被申上儀は成間敷候哉、左候ハヽ、我等事は少身体候間、抱置申儀不成事候間、何とぞ肝煎候て見申度候、先年大坂御陣之砌貴所手柄之段、何も被申通慥承届候、我等在所衆之内、其方事別而頼母敷存故、何とぞ身立見申度存、如此申入事候、猶期後音之時候、恐々謹言、

香宗左近

香曽我部左近太夫とのへ

九月十三日　　　　　　　親和（花押）

能勢惣兵衛殿

参

香宗我部貞親は、川越で堀田正盛に仕官すると早速、同郷で長曽我部遺臣であった高知藩士能勢惣兵衛に書状を送り、堀田氏への仕官を勧誘したのである。書状には、自分は小身なので召し抱えることができないと、旧主としての複雑な心情を覗かせる一方で、もし無事に高知藩から暇を得られれば仕官を斡旋すると説き、能勢の大坂陣における手柄を褒めそやし、さらに仕官を迫っている。それは堀田氏が、寄せ集めの家臣団を充実させるため、武功の士を揃えようとしていたことを反映するものであろう。さらに仕官を禁止される奉公構えを忌避しているこの書状からは、積極的な家臣団の拡充を図る新規取立大名の政策とともに、よい仕官の条件を求めて大名の間を渡り歩く牢人達の姿をかいま見ることができる。長曽我部氏の遺臣吉田孝世が宝永五年（一七〇八）に著わした『土佐物語』によれば、長曽我部遺臣のうち一〇三名が各地に仕官しており、土佐高知山内氏および支族・陪臣に仕官した三四名を除けば、最も多いのは伊勢津藩の藤堂氏へ一九名、ついで堀田氏に一五名、肥後熊本藩の細川氏に七名となっている。堀田氏への仕官が多いのは、香宗我部貞親の積極的な勧誘の結果でもあろう。この書状は、近世前期に幕藩制的主従関係の未確定の時代、武士の仕官に対する心情を如実に示すものであり、武士たちのこうした渡り奉公が当時一般的であったことを物語っている。堀田氏家臣団の流動性の要因もここに存したのである。

寛永十五年（一六三八）三月八日正盛は年寄を免じられ、六万五〇〇〇石加増のうえ信濃松本に移封され一〇万石を領することとなった。正盛が年寄から離脱したのは病気が理由とされているが、年寄免職に伴って将軍家光の側衆的存在となり、以後の家光政権は表向きを松平信綱・阿部忠秋・阿部重次を中心とした年寄が、奥向きを正盛が掌握し、家光の近習出頭人を中心とした合議により幕政が運営されたといわれる。のち正盛は幕政の表面に出ることはなかったが、老臣の席次では、松平信綱・阿部忠秋らの上席に着いており、[13]引き続き幕政に参画したと推測できる。

一方、松本藩主となった正盛は寛永十五年五月八日に江戸を立って松本に入り、六月十日に帰府した。[14]松本において正盛は、ことに藩支配機構の整備に力を尽した様子である。五月十五日松本に遣した家臣のうち奉行三名・郡奉行三名・代官七名・町奉行二名・横目二名から誓詞を提出させている。[15]同日、香宗我部貞親に知行一〇〇〇石、与力給三〇〇石の知行宛行状を発給しており、[16]転封に従った家臣団への知行支給も一斉に行われたのであろう。川越と同様、松本においても家臣団は蔵米知行であった。同六月四日には松本惣侍中および千国口番所役人二名から誓詞を取って帰府したと思われるが、のち十二月二十八日には金銀其外万事請取払方四名、翌十六年六月六日には玉薬役、八月六日には山奉行から誓詞をとっている。[17]順次こうした役職が整備されていったと思われる。これらの誓詞のうち、奉行・惣侍中のそれを掲げておく。

一松本侍中并町人・百姓等に至迄、何にても出入御座候ハヽ、何も致相談可然様可申付候、若滞儀於有之は急度
　言上可仕候、
　附、中間として間悪敷不仕、万事御為可然様ニ無遠慮令吟味、多分ニ付可申付候事、
一不寄何事御後くらき儀不存、勿論公事裁許之砌、縦雖親類・縁者・知音、依怙贔屓なく有体可申付候事、
一諸役人之面々其役を令油断者有之は、急度可致言上候事、
右於相背は、（ママ）

寅五月十五日　　小川　十右衛門

佐竹内記

品川六郎右衛門
羽田八郎右衛門
豊永　利右衛門

この五名は奉行として公事裁許に当たり、諸役人を指揮して領内の行政を管掌した様子であるが、彼らに合議により公正を図らせている。おそらく正盛は江戸に居ることが多く、領内の行政は彼らに任せたのであろう。同日浅田治兵衛・浅井甚右衛門・若林杢左衛門を郡奉行に任命し、百姓の吟味に当たらせ、代官を支配し、検見を実施して年貢を決定するとともに年貢勘定を司らせ、吉田猪右衛門他六名を代官に任命し、村々を支配して勧農および年貢収取に当たらせ、それぞれ起請文を提出させており、領内支配機構が一応整備されたことを窺わせる。

一万被仰出候御法度之趣、違背仕間敷候事、
一傍輩中一味連判・依怙贔屓仕間敷候、并傍輩之中をかき我まゝを申、上下に不寄悪敷様ニ仕間敷候、
一万御為を存知御奉公可申上候、御影之儀疎ニ存間敷候、殊にハ御家之取沙汰いたすましく候、
右於相背は、

寅六月四日　　　　　　　　松本侍中

法令の遵守を説き、家臣間の徒党や私的な結合および私怨・私闘を禁じ、主君の恩を強調し、堀田家についての評判や批評を噂することを禁じている。家臣団の実態を裏返ししたものであろう。

寛永十五年(一六三八)五月十五日、松本に供奉した香宗我部貞親は、故郷の土佐で本貫の地を守っていた旧臣の一人渋江用斎に一通の書状を遣わした。そこには次のような一節がある。

一松本へ此拾三日に入部候故、我等儀一切不得透、此状さへやう〳〵相調申候へは、七郎兵衛・中山五郎右取不

申候故、はる〳〵よび候ても、先々堪忍つゞき不申候へは如何候歟難成候、貴様まごも有之由候へ共、我等身躰少立あがり候ハヽ、よび候而、連々其身も能様ニ候へは能候へ共、未此躰ニ而は、下り被申候へと申儀も難成候、猶近々可申候、

そこには、松本に移った慌ただしさを報告しながら、多少故郷に近くなって満足だと記し、故郷の何人かを呼びたいが今後も堪え忍ばなければいけないし、現在の状態ではこちらに来るようにとはいえないと、嘆きとも諦めともとれるような文章が記されていた。あるいは、自分が仕官するまで何くれとなく世話を掛けてきた旧臣たちを、自身の家来として召し抱えたかったのかもしれない。ここには、香宗我部が堀田氏の家臣とは別の一面を持ち、中世以来の本貫地や一族郎党との繋がりを保っていたことを物語っている。

松本において香宗我部貞親は与力給三〇〇石を与えられ、のち寛永十九年堀田氏の下総佐倉転封に従い、のち組頭となり組下二〇騎を従え、慶安五年(一六五二)には三〇〇石加増されて一三〇〇石となった。この間土佐出身の数名が堀田氏に仕えているが、あるいは貞親の推挙によったものであろう。

寛永十七年正月、正盛はさきに奉行に任じたもののうち三名に松本在住家臣の支配を任せ、さらに、城代格一名・旗奉行一名・鉄炮頭一二名・弓頭四名・長柄頭四名等を任じ、また江戸役人として触流三名・奏者番六名・使番五名・持筒頭一名・鉄炮頭三名、持弓頭・弓頭・長柄頭各一名を任命した。かつ、緩急の場合松本領の境目に当たる塩尻口・本山口・千国口・搭原口・刈谷原口・保福寺口・三方山口・山辺中入口に派遣すべき家臣五〇名を定め、物頭一五名に城下火事の時出勤して警備すべき部署を指令している。さらに松本在住の家臣のうち六〇名を六番に分け、六十日交替で江戸屋数に詰めるよう定めている。(18) 以上、ことに六組の番組が編成され足軽を指揮する物頭(鉄炮頭・弓頭・長柄頭など)が多く任命されており、「備え」としての体裁が整って軍事力が増強されたことを思わせる。

さて寛永期は譜代大名の加増がピークに達し、これに伴い譜代大名の軍事力が増強された時期である。それは、幕府軍事力の強化をとともに、譜代大名が幕府の軍役・普請役を負担する基礎ともなったことを意味する。松本において任命された物頭が、

右之役人之分、江戸御番ニ参候而も御下屋舗ニ罷在、御普請并作事方之儀は不及申、何にても足軽・小人之差引可任旨、被仰出候、

と指示をうけているのは、足軽が公儀普請・作事に動員されていたことを物語っている。[19] 寛永十八年八月正盛の家臣が江戸城二之丸石垣築造の功により将軍家光から物を賜わっており、[20] 足軽はこうした普請に動員されたことを窺わせる。

普請役に領内の農民だけでなく足軽まで動員したのは、農民への賦課だけでは賄えないほどの過重な普請役だったからであろう。すなわち農民への年貢諸役の賦課は、その極限にまで達していたと考えられる。松本藩において堀田氏の苛政が伝承として残り、[21] 寛永十九年八月寛永の大飢饉のなかで松本藩領の四ヵ庄二百数十ヵ戸が凶作・苛政により逃散しているのは、この現れである。[22] 前述した緩急の際の境目への人数配置の指令は、『於松本悪党人欠落仕砌左右次第ニ可被向追手口々之次第』と表題が付けられている。「悪党人」が領主に抵抗する人々を指すことは言をまたない。家臣団の軍事力強化は、緊張状態にある藩領の支配・治安維持をも目的としていたのである。[23] なお寛永十八年六月一日には大野川錫山奉行、同三日には錫山目付が誓詞を提出しており、[24] 堀田氏が藩内の諸産業の開発に努力していた一端を物語っている。

寛永十九年六月二十八日、堀田正盛は一万石加増のうえ下総佐倉に転封となり、一一万石を領した。八月二十八日、代わって松本に入封した水野忠清は松本城を請取るとともに、本丸に備えられていた番具足一三〇領、空穂四六穂・

鉄炮一三一挺、二之曲輪籾蔵の城付米二〇〇〇石を引き継いでいる。[25]

三　佐倉時代の家臣団

寛永十九年(一六四二)七月、佐倉一一万石に移封された堀田正盛は九月二十日はじめて佐倉に入部する暇を賜わったが、翌閏九月七日将軍家光が正盛の別邸に臨んでいるところから、[26]この時は江戸に戻っており、佐倉に腰を据える暇はなかったようである。以後も正盛の地位から考えると、彼はほとんど江戸で暮したことだろう。このため、佐倉の領国支配は家臣に多く任されたと思われる。こうした家臣団による支配機構の概要を『堀田加賀守正盛分限帳』[27]から窺ってみよう。その前に同書について若干述べておきたい。

同書は『天保校訂系譜備考』[28]に次の解題がある。

正統院様・帯刀様と申事有之候ニ付、正信公御代之分限と奉存候、正盛公慶安四年之御逝去、帯刀正国公は明暦元年の御誕生、右正盛公御逝去より五ヶ年目に正国公御誕生御座候、且又、正盛公奥様を正統院奥様と御院号を記し有之候に付、正信公御代之分限帳に相違有之間敷候、

同書のなかに、正盛の後室正統院および正盛死後に生まれた帯刀正国の附人が記されているところから、正盛の子正信の代の分限帳であると考証している。すなわち同書は、正国の生まれた明暦元年(一六五五)から正信改易の万治三年(一六六〇)までの間の家臣団構成を示すものといえる。

同書を俸禄により階層表にまとめたのが、表30である。参考のため後期堀田氏の二種の分限帳を掲げておいた。正信の弟正俊が下総古河で一三万石を知行していた天和・貞享頃の『拾三万石古河分限帳』[29]、延享三年(一六七五)佐倉に入封した正亮の『正亮公御代分限帳』[30]である。これらの比較から、前期堀田氏の家臣数の多さ、なかんずく高禄の家

臣の多さが判明しよう。それは前期堀田氏が、軍事力の増強に尽力していたことと関係するのである。
本書は家老以下一〇八種の番方・役方の職名が列記され、各家臣の俸禄・氏名、軽輩は人数のみが記載されている。それによると家臣団は、家老・年寄・触流・側用人など藩主を補佐する老臣を頂点に構成され、中級の家臣の多くは番方に編入されていた。

表30　堀田氏の家臣団構成

	正信代 11万石	正俊代 13万石	正亮代 11万石
5000石	1		
3000	1		1
2000	1	3	
1500	5		
1000	12		
800	1	1	
700		2	1
600	3		2
500	14	6	5
400	16	2	3
300	30	11	11
200	82	45	19
100	113	76	109
80	5		29
50	7		
45	1		
5	27		25
1	7		
小　計	326	146	205
135俵	1		
100	3	4	1
80	1	3	
70	4	4	
60	8	4	
50	44	15	19
40	54	56	35
30	43	27	73
20	32	5	87
10	7		146
5	1		19
3	1		
小　計	199	118	380
100人扶持		1	
70			1
50		2	
40		1	
30	6	3	1
20	13	24	2
10	20	7	59
5	11	1	4
1	9		26
小　計	59	39	93
金50両	1		
20	1		
15	2		
10	6	54	4
5	18	55	5
4	12	5	38
3	12	9	84
2	19	1	12
1	10	6	2
2分		11	
銀 3枚			1
1			2
小　計	81	141	148
四季施その他	11	1	16
計	676	445	842
与力同心・中間・職人など	1242	1082	705
総　計	1918	1527	1547

注　正信代　『堀田加賀守正盛分限帳』（『紀氏雑録』七）
　　正俊代　『拾三万石古河分限帳』（『紀氏雑録』七）
　　正亮代　『正亮公御代分限帳』（『紀氏雑録』十）

堀田氏家臣団における番方の編成は、おおむね次の如くであった。まず一〇名の組頭に各二〇名前後の六〇〇石から五〇石程度の中堅藩士を番士として附属した番組が、戦時には騎馬隊として部隊を形成する。また旗奉行二名・鉄炮頭一七名・弓頭三名・長柄頭四名が足軽隊を率いる。さらに本陣には、近侍をはじめ大小性・中小性が各頭に率いられて藩主を囲み、持筒頭四名・持弓頭三名・青貝頭二名が各鉄炮・弓・鑓足軽隊を率いてこれを取り圏く。青貝頭は持鑓頭であろう。これらを総計すると、騎馬二〇二・鉄炮四四〇・弓九五・鑓二五〇となるが、『正盛公御定』[31]のうち軍役積には、堀田氏の軍役を次のように記している。

御陣

馬上　三百騎　物頭共、此下兵三千人、但壱騎ニ付拾人積

鉄炮　五百挺　一二後詰、此人数六百四拾六人

弓　百張　一二後詰、此人数百三拾人

長柄　弐百本　此人数弐百四拾人

旗　五拾本　此人数百拾人

主従都合四千四百武拾六人

右之外ニ、家中与力・馬上・鉄炮・弓・長柄・旗有り、

寛永十年(一六三三)二月の幕府軍役積では、一〇万石の軍役を馬上一七〇騎・鉄炮三五〇挺・弓六〇張・鑓一五〇本・旗二〇本としている。[32]これと比べると一一万石の堀田氏の軍役は、馬上は一七万石相当、鉄炮は一四万石相当となり、知行高よりはるかに強大な軍事力を擁している。さらに家臣の与力・鉄炮などを加えると、軍事力は一層増大する。『正盛公御定』の中には「新参衆披召抱候衆其年御合力米并御扶持方御定」がみえる。これは新規に仕官した家臣に

対して払うべき合力・扶持を定めたものであるが、彼等の知行については一〇〇石から一〇〇〇石までの規定がある。すなわちかなり高禄で家臣を召し抱える場合もあったことを想定させ、堀田氏がさらに家臣団を拡大し、軍事力を増強していた様子を窺わせる。

『堀田加賀守正盛分限帳』には、他に大名分として高禄の家臣一三名がおり、幕府の寄合に相当していたと推測される。なお軽輩のうちに料理人とともに肴奉行・菓子奉行などがみられるところに、家光がしばしば屋敷に訪れたような堀田氏の性格も窺うことができる。ただ、役方として領国支配を担当する職は貧弱であった。

奉行	三名	三〇〇～四〇〇石	奉行物書　一名　二五俵　足軽六名預
郡奉行	二名	二〇〇～二五〇石	手代二名・足軽四名・小者二名預
町奉行	二名	二〇〇石	足軽六名預
勘定奉行	(二名)	一〇〇～二〇〇石	勘定人　六名　二〇～五〇俵
			小勘定　五名　二五～三〇俵・六石　足軽二名預
山奉行	(一名)	一五〇石	
蔵奉行	一名	八〇俵	侍一名・小間使一名・小人一〇名・女一名預
金奉行	四名	四〇～七〇俵	
佐倉破損奉行	二名	(内一名)　五〇俵・一〇〇石	
		手代二名・大工四名・木挽二名・左官二名・桶屋一名・屋根屋一名・小人一三名預	
房州郡奉行	一名	二〇〇石	
同代官	二名	(内一名)　四〇俵・八〇石	

代官　　二一名（内七名）四〇〜七〇俵・一〇〇〜一五〇石　　足軽二二名預

佐倉扶持方奉行　　二名　　三〇俵

御城廻山奉行　　五名　　七石・二〇〜三〇俵　　〔注（　）は番方の兼務〕

その他軽輩に、佐倉下目付四名、郷目付三名、佐倉牢番一名、御城米定番一名がいたが、以上が佐倉にあったと思われる役方である。前述の松本時代の職制から推して、奉行が役方を管掌し、その下に郡奉行・町奉行・勘定奉行などを配して領国の支配に当たったのであろう。郡事行は手代・足軽・小人を預り、代官二一名を支配して地方行政を担当した。代官は鏑木・本町・酒々井・千葉・土気・東金・布川・相馬・小張・川崎・伊野の二組に分れ、伊野を除き二名ずつ任命され、各足軽一名を預けられていた。また安房には房州郡奉行一名、代官二名がおかれ、庄屋二名にも扶持が与えられている。万治三年（一六六〇）十月二十五日印旛郡郷部村の年貢割付状は、郡奉行二名・勘定奉行二名が連署しており、[33]年貢徴収が郡奉行・勘定奉行によって管掌されていたことを物語っている。代官はこの下で実務を担当したのであろうが、具体的役割は不明である。

ところで、この『堀田加賀守正盛分限帳』における役方の記載は、二形式に分かれる。これを土気組の代官を例に掲げて検討したい。

土気組

一　　佐久間九太夫

一五拾俵　　小島　亦内

一方は俸禄が記され、他方は記載がない。だが佐久間は安藤志摩組の中にも氏名を見いだすことができ、そこには一〇〇石と記されている。佐久間は本務は安藤志摩の指揮をうける番士であり、代官は臨時の職として兼務しているにすぎないのである。このように、番方から出向して行政を担当する役方は、用人・勘定奉行・山事行・小納戸・祐筆・代官などのうち四二名に達する。この中には用人・勘定奉行など要職も含まれている。すなわち行政機構を担当する役方が臨時の職として軽視され、軍事力を構成する番方が重視されていたことを示している。もちろん、この傾向は幕府・諸藩において一般的なものではあった。

堀田氏が番方を重視し多くの牢人を召し抱えたことは、当時各方面に知られていたようであり、『老士語録』にみえる次の逸話もこれを物語っている。

牢人関織部は、妻子を本国に預け江戸本郷三丁目に居を構えて仕官を運動していたが、不幸にして成功しなかった。貯えも尽きて絶食一〇日に及んだ関は、近所の米屋に行き、近所の迷惑を考えて自殺せずに餓死するから、死後の跡始末を頼むと話した。この話を聞いた幕府歩行頭矢部四郎兵衛は、日頃出入していた堀田上野介正信に語り、何かの折に役立つ者だと堀田家への仕官を依頼した。そこで堀田氏の家臣が様子を見に行くと、関は道具も敷物もない空家同前の家に、莚一枚を敷いたのみで具足櫃に寄り掛って端座していた。この事を聞いた正信は、早速一〇〇〇石で召抱えたという。

この関織部は『堀田加賀守正盛分限帳』に舟木武兵衛組の番士としてみえるが、俸禄は三〇人扶持となっている。一〇〇〇石と三〇人扶持の差は如何にも誇張された逸話ではあるが、実在の家臣であり、かかる経緯で仕官した者の存在したことを推測させる。そして堀田氏が武辺者を積極的に召し抱えていたことを窺わせるのである。

ただ堀田氏が召し抱えたのは武功の士のみではなかった。正保元年(一六四四)正月十日、堀田正盛の家臣滝野長庵が、『寛永諸家系図伝』撰定に参与した功により、幕府から白銀二〇枚を下賜されている。(34)学問・知識のある者も必要としていたのである。

だが、出仕した家臣への待遇は、必ずしもよいものではなかったようである。正保年間(一六四四—四八)頃の諸大名の家中の事情を一覧し、牢人の仕官の手引書となったという如儡子『堪忍記』には、堀田正盛の家中を、「物成四つならし、米払ひあしく、家中すりきり、堪忍難成シ」と記し、正盛を「主下々也」と、主人としては最低と誹謗している。(35)

一方、こうして召し抱えた多数の家臣を擁しながら、堀田氏は一一万石に及ぶ藩領をわずか二〇余名の代官に任せていたのである。そして、各代官を輔けるのは足軽一名のみであった。この領国支配機構の未確立な状態にもかかわらず、「佐倉惣五郎事件」で周知の如く堀田氏は高率の年貢を徴収していたのである。(36)

ところで、こうした年貢の高率は、佐倉藩に限ったことではなかった。武蔵忍藩では松平信綱が入封した寛永十年(一六三三)頃から年貢増徴の傾向がみられ、(37)同十六年阿部忠秋入封後、寛永末から元禄初年にかけて藩政期最高の収取率を示している。武蔵川越藩においても寛永十六年松平信綱入封後、年貢増徴の意図を読みとることができる。(38)これらの事例にはいくつかの共通点がみられる。まず忍・川越・佐倉はともに江戸城の外郭に当たり、関東の諸城中で最も重視された軍事的要衝である。かつここに入封した松平・阿部・堀田の三氏は、いずれも徳川家光の近習出頭人として幕政に参与し、小禄から大名に出世した典型的な徳川氏新規取立大名である。そして彼らは、幕閣の中枢に位置した寛永十年代に関東の要衝に入封している。

このため彼らは、幕府の関東領国体制の要めとして江戸城の外郭に当たる各居城の守備を厳重にし、かつ彼らが幕閣として勤仕し、諸大名・旗本らと接し、江戸で生活するために、これを支える家臣団や賄うための費用を獲得しなければならなかった。以上から家臣団は、知行高相当の軍役人数以上に必要だったに相違ない。小禄から大名に出世した彼らにとって、家臣団を急激に拡大するには様々な努力・費用を要したことであろう。さらに彼らの江戸生活および幕閣としての地位は、多額の出費を伴ったと思われる。一例を掲げれば、将軍家光は寛永十四年七月から慶安二年十月までの二十二年間に、実に七八回におよび堀田正盛邸を訪れている(39)。このとき堀田氏は、将軍や供奉の者への接待・饗応・献上品などに多額の費えを要したであろう。以上の費用の総額や明細を語る史料は残っていないが、膨大なものであったに相違ない。

なお、『正盛公御定』(40)には、次の如き定書がみえる。

従江戸佐倉江被遣候衆、其年役米之御定、
一正月より五月迄　役米皆可出候、
一六月より九月迄　半分可出、
一十月より十二月迄　御免、
従佐倉江戸江被召寄候衆、其年役米之御定、
一正月より五月迄　御免、
一六月より九月迄　半分可出、
一十月より十二月迄　皆可出、

これによると堀田氏は全家臣から役米を徴収しており、佐倉在住の者が江戸に勤番するか、江戸定府の者が佐倉に出張した場合には、時期により役米を減免している。この定書がいつ発布されたか、臨時の定めか恒常的な法令かなど詳細は不明である。だが、佐倉藩が高率の年貢を収奪しながら、積極的に拡大した家臣団からまで役米を微収せねばならながったところに、堀田氏の財政規模とその状況が窺えよう。そのような財政規模は、正盛の出自・地位の特質から必要となってはいたが、正盛の子正信は幕政に参与できなかったにもかかわらず、父の地位を夢みて父と同様

の体制を固持し続け、かつ軍事力の増強に努めていたことは、後世伝えられる正信の逸話からも窺い知れる。

しかし忍藩阿部氏・川越藩松平氏・佐倉藩堀田氏の特質は、以上の共通点とともに見逃し難い相違点もみられる。忍藩においては、慶長五年（一六〇〇）から寛永三年（一六二六）まで幕領となり、代官の支配をうけて幕府農政のモデルケースとなっており、この間に農政が確立されている。(41) また川越藩においても、慶長六年から同十四年まで八年間幕領となっている。そして寛永十年川越藩主酒井忠勝は、領内に小農民の成長を図った二一ヵ条の定書を発布しており、一応の農政の確立が窺えるのである。さらに川越藩では、寛永十六年松平信綱の入封後、二毛作の普及などの農業指導・大規模な治水事業・新田開発などが実施され、幕政に先行する形態で幕府農政のモデルケースとなって農政が行われているのである。(42) 今この時期の佐倉藩の農政を明らかにすることはできないが、前述のごとき脆弱な領国支配形態や、堀田正信が改易された万治三年（一六六〇）の年貢を幕府代官が減免していることなどからみて、(43) 農政が確立していたとは考え難い。

いずれも高年貢率を維持しながら、「佐倉惣五郎事件(44)」の如き伝説を生んだ佐倉藩と、忍・川越藩との相違は、こうした農政に対する態度であったろう。万治三年の堀田正信改易事件も、単に正信の性格に帰するだけではなく、以上の如き堀田氏の出自や幕政における地位、幕府関東領国体制における佐倉藩の位置などに、要因の一つがあったと推定できよう。

四　堀田氏の改易と家臣団の解体

慶安四年（一六五一）四月二十日三代将軍家光が病死すると、同夜、堀田正盛は子の正信・正俊らと最後の盃をかわし、切腹して家光に殉じた。時に四十六歳という。跡を襲った正信は時に二十歳であったが、同月二十八日、次の如

く家臣に申し渡した。(45)

一今度加賀守殿仕合別而残多存候、侍中も同前ニ可存候、併常々病者ニ罷成御座候処、御不例中無事御勤被成、此節御供之儀冥加御叶候と存候、

一跡目之儀無相違於被仰出は、何も如前々不相替可召遣候間、弥万事無油断様ニ奉公可仕候、

一大納言様御仕置等被仰付候上は、御別条有之間敷候得共、未御幼年ニ被成御座候間、如何様之御奉公向可有之も難計候、我等儀は一筋ニ御奉公不仕候ハてハ不叶者之事に候間、いつれも心掛之儀常々油断は有之間敷候得共、猶以人々相嗜可申候、委細は金井七左衛門ニ申聞遣候、以上、

卯月廿八日　　上野介（花押影）

惣侍中へ

正盛の死による家臣の動揺を押えると同時に、正信自身が幕府の登用を期待し、堀田家が将軍家と特殊な関係にある家という意識を示しており、幼少の将軍家綱のために粉骨するという気負いを感じさせる。(46)

同年八月十四日正信は正盛の遺領のうち一〇万石を相続し、弟の正俊に一万石、正英に五〇〇〇石、正膳に三〇〇〇石を分知した。

その後、正信は、幕府の要職に就くことはなかった。『徳川実紀』に正信の名は、将軍の名代として日光東照宮・家光廟への参詣が七回、江戸に下向した勅使らが上野寛永寺・芝増上寺に参詣した時の警衛が四回見いだせる程度である。儀礼の場では一〇万石の譜代大名としての格式を与えられたとはいえ、幕政に参画することはできなかったのである。襲封時の気負いに幕閣から肩すかしを受ける中で、正信は武備の増強に尽力していた様子である。『武野燭談』『明良供範』などの逸話集には、正信が武備の充実を誇示して、外祖父の大老酒井讃岐守忠勝や伯父の酒井修理大夫

忠直からたしなめられた逸話がみえている。

万治三年（一六六〇）九月二十八日、堀田正信は寛永寺の家光廟に参拝したのち、幕府に無断で佐倉に帰った[47]。十月八日付けで、正信は将軍補佐の保科肥後守正之・老中阿部豊後守忠秋に一通の諫書を提出した。そこには、幕閣の失政を非難し旗本の困窮を論じて、自分の所領を献上するから旗本を救済してほしいと記されていたという。同十一日、幕府は弟の堀田備中守正俊らを上使として遣わし、正信に佐倉城からの退去を命じた。十一月三日に至り幕府は正信の所領を没収し、身柄を弟の信濃飯田藩主脇坂中務少輔安政に預け、正信の子正休に、正盛の孫の故をもって特に一万俵の扶持米を与えて家名の存続を許した[48]。

翌十一月四日、幕府は正信の江戸屋敷を収公し、鉄炮方田付四郎兵衛円方に勤番を命じた。江戸在住の堀田氏家臣は住居を失ったのである。九日佐倉城請取として上使朽木民部少輔稙綱らが江戸を出発し、十一日には領地請取の実務のため代官・勘定衆らが江戸を発った。翌十二日佐倉藩領の年貢につき、二月十五日まで収納の分は正信の子正休に与えるべき旨が命じられ、十三日佐倉城請取の将軍黒印状・老中下知状が発給され、十五日には同様の旨の高札が佐倉城下に建てられた[49]。朽木稙綱を城請取の上使とし、安藤重博を本丸在番、新庄直好を二之丸在番、安藤忠次・猪飼正景を目付として、佐倉城は収公された。万治三年の年貢のうち収納分は堀田正休に与えられ、領民には混乱がないよう奉公人や貸借の取扱などにつき触渡された。だが、すでに数度領主の交替を経験していた領民が、この一件でさほど動揺したとは思えない。むしろ対岸の火事として冷やかに眺めていたかもしれない。

しかし、禄を失った堀田氏家臣団はそうはいかなかった。彼らは上使到着後三〇日以内に屋敷を明け渡して城下から退去するよう命じられた。幕府が退去の者に宿を貸すことを命じ、残留を希望する者に、それを許可する処置をとっているのは、旧臣の動揺を防ぐ一手段だったろう。こうして堀田氏家臣団は解体したのである。

ごく一部の家臣は正信に供して信濃飯田に移った。飯田藩主脇坂安政が正信の実弟だったこともあり、正信は彼の地でかなり自由な生活をしていた様子である。[50]寛文十二年(一六七二)五月二十五日安政が播磨竜野に転封となると、正信は叔父の若狭小浜藩主酒井修理太夫忠直に召預け替えとなり、二〇〇〇俵を賜わった。預人とはいえ、正盛の子ということもあり、正信は幕府から優遇されていた。延宝五年(一六七七)正信が密かに上洛し将軍家綱の嗣子誕生を清水寺と石清水八幡宮に祈願したのも、緩慢な監視と自由な生活の故である。しかし、これを知った幕府は、罪人が勝手に上洛したことを怒り、同年六月十四日正信を阿波徳島藩主蜂須賀阿波守綱通に預け替えとした。[51]八月九日には、正信の家臣四八名を伊予松山藩主松平隠岐守定直・伊勢桑名藩主松平越中守定重・播磨竜野藩主脇坂安政に預けている。これだけの家臣が、飯田・小浜時代の正信に附せられていたのだろう。徳島において、正信は堀田大蔵(実は正信子)・正木内記・松崎大学・津田主計・塚原数馬右衛門の五名の家臣を伴ったのみで、帯刀・刃物も許されず、鉄炮衆が配置された住居で厳重に監視された。延宝八年五月二十日将軍家綱の死去を聞いた正信は、鋏をもって自殺を遂げ、家綱に殉じた。時に五〇歳という。[52]

前年の延宝七年に老中となっていた弟の堀田備中守正俊は、家綱の死去に際して綱吉を五代将軍に擁立することに成功した。同八年八七日には農政専管の老中となり、翌天和元年二月に下総古河九万石、十二月遂に大老に進み、同二年正月四万石を加増されて一三万石を領し、後期堀田氏の礎を築いた。その子孫正亮は、延享三年正月佐倉に入封して一〇万石を領するのである。[53]

正信に供した以外の旧臣はどうなったろうか。『堀田加賀守正盛分限帳』からうかがってみたい。前掲の『天保校訂系譜備考』には、下のように分限帳を考証している。

扨小書に何守様へ先知に而書存上候有之候は、後年浪人仕候者共、諸家様へ召抱に成候を承り書加へ候事と拝見

致申候、

この記事のごとく、分限帳には次のような記載がみえる。

①一　三千石　植松庄左衛門
　二十五人扶持
②一　千五百石　野々口丹波
　酒井修理大夫(忠直)殿江先知
③一　弐拾人扶持　深美吉左衛門
　水野隼人(忠直)殿江
④一　三百五拾石戸田軍太夫
　六人扶持、水戸(光圀)殿江先知
⑤一　弐百石　野原新兵衛
　五人扶持、松平美濃守(信興)殿江
⑥一　弐百石　小林猪右衛門
　備中様(堀田正俊)　江
⑦一　百石　松倉太左衛門
　三人扶持、備中様江
⑧一　弐千石　神尾図書

以上八種の事例を掲げたが、左脇の注記は前掲『天保校訂系譜備考』にみえる「小書」であり、いずれも正信改易後の旧臣の動向を示すものである。①は家老植松庄左衛門の例であるが、「二十五人扶持」とのみある。植松は、正信に従って飯田に移ったか、あるいは一万俵を賜わった子の正休の家臣になり、そこで二五人扶持を得たものと推定される。②は、牢人後「先知」すなわち佐倉時代の俸禄で小浜藩主酒井忠直に召し抱えられたものである。③は、牢人後信濃松本藩主水野忠直に召し抱えられたものの、「先知」と記載がないので、俸禄は佐倉時代とは異なったのであろう。④は、改易後六人扶持で正信か正休に仕えたのち、改易以前の俸禄で常陸水戸藩主徳川光圀に仕官した例である。⑤は、正信か正休に仕えたのち、松平信興（信綱五男、寛文二年五〇〇〇石・天和二年土浦一万七〇〇〇石）に仕えたが、俸禄は佐倉時代と異なっていた例である。⑥は牢人後に正信の弟正俊に仕え、⑦は正信か正休に仕えたのち正俊に仕えた例である。⑧は記載がなく、仕官せずに牢人したものであろう。

以上の注記を何時、どのような目的で誰が書いたものかは分明でない。またこの分限帳が、堀田正俊の家系に伝来して現存しているにもかかわらず、延宝九年九月二十二日正俊に仕えた佐治茂右衛門[54]が「備中様江」と註記されているのに、翌九月二十三日に二〇〇人扶持で召し抱えられた神尾図書[55]が⑧の記載例のごとく註記がなく、脱漏も多いと推定される。しかし、改易後の正信旧臣の動向は本書以外には判明しないし、大方の傾向は把握できよう。この記載をまとめたのが、表31であり、三七九名が落着先きを得ている。

表31から、旧臣が仕官した大名は多くが徳川氏取立の親藩・譜代であり、外様は少なくことに旧族大名はほとんどみえない。旧族大名が早くから家臣団を固定させていたのに比べて、徳川氏取立大名の家臣団が未だ定着していなかったことを物語っている。大名の中には堀田氏の縁者が散見する外、幕閣に列した大名も多い。また旧臣が全国の大名に仕官していることは、江戸において仕官の運動を行なったことを窺わせる。旗本に仕官し下級の御家人となった者がいることは、これを物語っている。佐倉を退去した旧臣は、江戸で仕官の伝手を求めたのであろう。なお正

表31　堀田正信旧臣の動向

	知行高	続柄・所領	召抱数
[一門・親類]			
堀田　正休	＊1.	正信子	218
堀田　正俊	1.3	正信弟	14(3)
堀田　正英	0.5	正信弟	2(2)
脇坂　安政	5.3	信濃飯田1)	2(1)
酒井　忠直	12.	若狭小浜1)	2
稲葉　正則	9.5	相模小田原	2(2)
松平　定直	15.	伊予松山	1(1)
南部　重信	8.	陸奥盛岡	1
[大名]			
徳川　光友	61.9	尾張名古屋	4
徳川　頼宣	55.5	紀伊和歌山	3(1)
徳川　光圀	28.	常陸水戸	8(5)
徳川　綱重	25.	甲斐府中	4(1)
徳川　綱吉	25.	上野館林	5(1)
奥平　忠昌	11.	下野宇都宮	2
保科　正之	23.	陸奥会津	3(2)
本多　忠平	11.	陸奥白河	3(1)
内藤　信照	5.	陸奥棚倉	1
戸沢　乗盛	6.8	出羽新庄	1
松平　忠弘	15.	出羽山形	1
堀　　親昌	2.	下野烏山	1(1)
酒井　忠清	13.	上野前橋	2(1)
真田　信澄	3.	上野沼田	2(2)
土屋　数直	4.5	常陸土浦	1
新庄　直好	1.3	常陸行方	1
土井　利重	10.	下総古河	1
板倉　重郷	5.	下総関宿	2(2)
板倉　重常	4.5	〃	1
久世　広之	5.	〃	1(1)
松平　乗久	6.	下総佐倉	3
松平　直矩	15.	越後村上	3(1)
前田　利次	10.	越中富山	1
松平　光通	52.5	越前福井	2
松平　直留	5.	越前大野	1
前田　綱利	119.5	加賀金沢	1
前田　利常	22.	加賀小松	1
真田　信之	11.2	信濃松代	3(1)
水野　忠職	7.	信濃松本	5(3)
水野　忠直	7.	信濃松本	1
仙石　政俊	6.	信濃上田	1(1)
井伊　直好	3.5	遠江掛川	1
小笠原長矩	4.	三河吉田	2
土井　利長	2.3	三河西尾	1
三宅　康勝	1.2	三河田原	1(1)
板倉　重種	5.	三河中島	1(1)
松平　定重	5.	伊勢桑名2)	2
藤堂　高久	32.2	伊勢津	2(1)
井伊　直澄	35.	近江彦根	1
本多　俊次	7.	近江膳所	2
永井　尚長	7.3	山城淀	1(1)
本多　政勝	15.	大和郡山	1(1)
青山　幸利	4.5	摂津尼崎	3
青山　宗俊	5.	大坂城代	2(1)
松平　康信	5.	丹波篠山	4(1)
松平　忠晴	3.8	丹波亀山	1
京極　高直	3.5	丹後田辺	1
榊原　忠次	15.	播磨姫路	2(1)
浅野　長直	5.3	播磨赤穂	3(3)
池田　恒元	3.	播磨宍粟	1
森　　長武	18.	美作津山	1
水野　勝直	10.	備後福山	1
加藤　泰興	5.	伊予大洲	1
松平　定房	3.	伊予今治	2(1)
黒田　光之	43.3	筑前福岡	2(1)
立花　忠茂	11.	筑後柳川	2(1)
久留島通春	1.4	豊後森	2
松浦　鎮信	6.3	肥前平戸	2(1)
細川　光尚	54.	肥後熊本	1
細川　行孝	3.	肥後宇土	1
有馬　康純	5.3	日向延岡	1
宗　　義直	2.	対馬	1
[旗本]			
松平　信興	0.5		1(1)
藤懸　永俊	0.5	下館城番	1
五島　盛清	0.3	寄合	1(1)
黒川　正敦	0.18	小性組	1(1)
榊原　久政	＊0.08		1(1)
神保　定之	0.02		1(1)
幕府　徒			2(2)
同　　与力			8(4)
小納戸同心			1(1)
代官　手代			1(1)
[農民]			
百姓　養子			1(1)

注　『堀田加賀守正盛分限帳』(『紀氏雑録』七)
知行高の単位は万石、＊は単位が俵、1)正信を預かる、2)正信家士を預かる。
脇坂安政は正信の実弟、酒井忠直・稲葉正則は叔父、松平定直は岳父、南部重信は弟が養子となる。

信・正休に仕えたのち他家に仕えた者も六二名に達する。彼らの中には、正信に供して飯田・小浜と移り、のち他家に出仕した者も多かったと思われる。

こうして、前期堀田氏の家臣団は解体した。彼らのうち牢人した者がどのような生活を送ったかは分明ではない。二十年後、堀田正俊が加増をうけ天和元年(一六八一)下総古河九万石を領し、翌年四万石を加えられて一三万石となると、彼は積極的に兄正信の旧臣を召し抱え、後期堀田氏家臣団の基礎を構築するのである。(56)

五　旧臣の動向と「家」

堀田氏は、堀田正盛が将軍家光の近習出頭人として出世を遂げ大名に列した家であった。正盛は最初、家光に近侍して次第に幕政に参与する一方、小姓組番頭として幕府直属軍団の中枢に位置した。そのため、堀田氏の家臣団は、正盛の勤仕と江戸生活を支え、かつ軍役を負担する存在として成長した。寛永十二年(一六三五)正盛が武蔵川越藩主となったことは、家臣団の性格をも変化させた。彼らは、依然として正盛の勤仕と江戸生活を支えながら、江戸城の外郭として重視された川越城の守備と藩領の支配を担当しなければならなかったのである。これにより、家臣団は急激に拡大し、かつ財政規模も膨張した。のち信濃松本から下総佐倉に移っても、家臣団は性格を変えることなく、さらに拡大していったのである。ことに軍事力の増強はめざましかった。このように新参でありかつ急激に拡大し、幕閣として江戸生活を余儀なくされた堀田氏の藩政は、膨大な出費を伴い、領内からの過重な年貢・諸役の収奪を必然化させた。子の正信に至っても、不必要にこの体制を維持したことが「佐倉惣五郎事件」の伝承を生み、遂に改易に至って、家臣団をも解体させる要因の一つとなったと思われる。

前述の香宗我部貞親は、佐倉からしばしば土佐の縁者や香宗我部旧臣に書状を遣わし、国元の様子を尋ねているが、知己の訃報に悔やむ書状が次第に多くなり、本貫の地にたえず思いを馳せながらも寂寥の感が伝わる文言となっている。故郷と次第に疎遠となる中で、彼は万治三年(一六六〇)七月七十歳でこの世を去った。一方で土佐の縁者や旧臣は、高知藩主山内氏に郷士として取り立てられていった。貞親には子がなく、正盛の妹を娶っていた堀田家中の高井源左衛門の子親重を養子にした。親重が遺跡を相続した年の十月、正盛の後を継いだ堀田正信は突然改易されてしまった。牢人となった香宗我部親重は、正信の弟で下総守谷藩主堀田正俊に身を寄せたが、のち仙台藩伊達氏の老臣柴田外記を頼って、寛文十三年（一六七三）伊達氏に仕えた。(57)親重も子がなく、土佐から香宗我部一門の中山秀治の子久秀を養子に迎えている。貞親の死後血縁は絶えたが、まだ土佐との関係は続いていた。

堀田正俊が五代将軍に綱吉を擁立して大老に進むと、天和三年（一六八三）親重は再び堀田氏に仕えることとなった。以後香宗我部氏は、延享三年（一七四六）堀田氏の佐倉入封に従い幕末まで仕えた。佐倉転封後には、土佐から来た僧侶に様子を聞く程度になり、土佐との関係は次第に疎遠となったようである。また家系は仙台藩伊達氏の家中にも残った。

近世前期、大名の改易に伴って多くの武士が牢人となった。戦前に栗田元次氏はその数四〇万と推定し、諸書にこの数字が引用される。しかしそれに匹敵する新規取立大名もいた。かれらが家臣団の拡大に牢人を取り立てたことを考慮に入れないと、牢人の正確な把握はできないだろう。また藩の家臣団が家中として大名の家の内部に編成され、それが藩国家の中核となるという見方があるが、それぞれの武家の「家」が、主君の「家」と別の形で結合していること、外様の旧族大名はともかく、ことに新規取立大名や小大名の家臣にそれが顕著に見られることは、もっと注目してよいと考えられる。香宗我部氏の流浪の歴史と、多くの武家の系譜から同様な事例を見いだすことができる。

従来、大名家臣団の研究は、権力の下にいかに編成されていき藩権力の中核となっていったかが課題であったと思う。しかし武家自身がそれとは別に藩国家や身分を超えて「家」の繋がりを保ち、ある程度の自律性をも保持していたことを考えるとき、近世の武家の性格は従来の評価とは異なってくるのではなかろうか。

注

（1）檀谷健蔵氏「佐倉藩政史要」（『佐倉市誌資料』第一輯・二輯）、大島四郎氏「堀田加賀守正盛」（『同前』第一輯）、木村礎・杉本敏夫氏編『譜代藩政の展開と明治維新』、木村氏「佐倉藩」（『新編物語藩史』三）、『佐倉市史』一巻、『成田市史』中世近世編などが、佐倉藩政に関する主な成果といえよう。

（2）佐倉惣五郎事件に関する研究は戦前から多数にのぼるが、檀谷健蔵氏「佐倉藩政史要」（『佐倉市誌資料』第一輯）、児玉幸多氏『佐倉惣五郎』、大野政治氏『地蔵堂通夜物語の研究』、横山十四男氏『義民伝承の研究』があり、最近の業績では鏑木行廣氏『佐倉惣五郎と宗吾信仰』などが主たるものといえよう。木村氏「佐倉藩」でも、前期堀田氏に関する記述の多くを、同事件に費やしている。

（3）藤野保氏『幕藩体制史の研究』、北島正元氏『江戸幕府の権力構造』、大野瑞男氏「関東における譜代藩政の成立過程」（『関東近世史研究』一五）。拙稿「武蔵における譜代藩の形成」（『論集関東近世史の研究』）。

（4）『寛政重修諸家譜』巻六百四十四。巻六百七。

（5）林亮勝氏「松平信綱と阿部忠秋」（『大名列伝』幕閣篇上）。

（6）辻達也氏「近習出頭人について」（『大類伸博士喜寿記念史学論文集』）、同「寛永期の幕府政治に関する若干の考察」（『江戸幕府政治史研究』）、北原章男氏「家光政権の確立をめぐって」（『歴史地理』九一巻二・三号）、煎本増夫氏「家光政権の一考察」（『江戸幕府と譜代藩』）、朝尾直弘氏「将軍政治の権力構造」（『将軍権力の創出』）。山本博文氏『寛永時代』。藤井譲治氏『江戸幕府老中制形成過程の研究』・『徳川家光』。以下、寛永期の幕政についてはこれらの論考を参照した。

（7）本書は、天保期佐倉藩堀田氏が家譜編纂のため収集した史料を収録したものである。『佐倉藩紀氏雑録』（千葉県史料　近世編）に所収される。

（8）二之丸附人は幕府からの附人であるが、近世初期幕府からの附属の士卒を家臣に編入した例は多い。たとえば阿部忠秋の父忠吉は、幕府大番頭であった兄正次から附属の歩卒二五名を譲られている。拙稿「忍藩阿部氏家臣団の形成」。

（9）伊東龍一氏「二丸御殿の構造と機能」（『江戸城』〈歴史群像名城シリーズ〉七）。

（10）藤井譲治氏『江戸幕府老中制形成過程の研究』。

（11）『天保校訂紀氏雑録』七。

(12)『香宗我部記録』(『続々群書類従』四、以下、香宗我部氏に関する記述は本書を引用する)、『土佐国蠹簡集』。栗田元次氏「江戸時代の牢人政策(二)」(『史学雑誌』三六篇九号)。在地を離れた武士と本貫地・旧臣との関係については、泉正人氏「『旧臣帳』考」(『中近世の史料と方法』)、吉田ゆり子氏「近世における『国人領主』と旧臣・『本貫地』」(『史料館研究紀要』二九)。
(13) 藤井氏『江戸幕府老中制形成過程の研究』。
(14) 藤井氏前掲著書。
(15)『天保校訂紀氏雑録』五。
(16)『香宗我部記録』。
(17)『天保校訂紀氏雑録』五。
(18)『同前』五。
(19)『同前』五。
(20)『寛政重修諸家譜』巻六百四十四。
(21) 児玉幸多氏『佐倉惣五郎』。
(22) 青木虹二氏『百姓一揆総合年表』。この逃散の前月、堀田正盛は佐倉に転封を命じられており、この逃散は転封による一時的な藩権力の空白状態に乗じたものと思われるが、勃発の契機となった苛政は、新領主水野氏のそれではなく堀田氏のものであろう。また寛永年中に安曇郡松川村の百姓が、堀田氏の苛政のために大勢逃亡したという(『編年百姓一揆史料集成』一)。
(23) 寛永十四年十月二十六日、幕府は東国一一ヵ国の御料・私領に対し、五人組強化・悪党追捕・不審者穿鑿など九ヵ条の法度を触れており、寛永十年代の東国における治安の悪化を窺わせる(『御当家令条』二七七)が、その国々の中には信濃も含まれている。煎本増夫氏「江戸幕府と小田原藩」(『神奈川県史研究』一四、『江戸幕府と譜代藩』に再録)。
(24)『天保校訂紀氏雑録』五。
(25)『信府統記』巻二二・二五(『新編信濃史料叢書』六巻)。
(26)『大猷院殿御実紀』巻五十二、同日条(『徳川実紀』三篇)。
(27)『天保校訂紀氏雑録』七。『佐倉市史』巻一所収「総州佐倉分限帳」は、同系統本と思われるが、多少の異同がある。
(28) 佐倉厚生園文庫所蔵。

(29)『天保校訂紀氏雑録』七。

(30)『同前』十。

(31)『天保校訂紀氏雑録』五。

(32)『武家厳制録』二(『近世法制史料叢書』三巻)。

(33)児玉幸多氏『佐倉惣五郎』。

(34)『寛政重修諸家譜』巻六百四十四。『堀田加賀守正盛分限帳』の医師の項に「弐百石　瀧野長庵」とみえる。なお、『大猷院殿御実紀』同日条(『徳川実紀』三篇)には、「松平加賀守光高が医長庵」とみえるが、『寛政重修諸家譜』巻二百三十一、前田光高条にはこの記事がない。加賀守から、『大猷院殿御実紀』では堀田正盛と前田光高とを誤ったものであろう。

(35)深沢秋男氏「如儡子の『堪忍記』(1)~(3)」(『近世初期文芸』五、七、八)。

(36)児玉氏前掲書。佐倉藩の年貢については鏑木行廣・須田茂氏の精力的な研究がある。鏑木氏「佐倉藩の年貢」(『成田山教育文化福祉財団研究紀要』六号)、「近世前期における埴生郡長沼村の年貢」(『成田市史研究』三号)、「下総における田安領の成立と年貢」(『国史学』一〇五号)、『佐倉惣五郎と宗吾信仰』。須田茂氏「近世前期佐倉領における貢租税について」(『千葉県の歴史』七号)。なお、寛永末—慶安期の年貢率に変動があり、平均すると低率となるのは、寛永の大飢饉の故であろう。

(37)大舘右喜氏『幕藩制社会形成過程の研究』。

(38)大野瑞男氏「近世前期譜代藩領農村の特質」(『日本社会経済史研究』近世編)。

(39)『大猷院殿御実紀』によれば、家光の堀田正盛邸への御成は、寛永十七年から正保元年までの五年間に六十五回と集中しており、年寄辞任後に家光との関係が一層親密なものとなったことを窺わせる。

(40)『天保校訂紀氏雑録』五。

(41)大舘氏前掲著書。

(42)大野氏前掲論文。酒井家文書『空印様御書下写』。

(43)大舘氏前掲著書、拙稿「関東譜代藩領の形成」。

(44)児玉氏前掲書。

(45)『天保校訂紀氏雑録』五。

(46) 児玉幸多氏『佐倉惣五郎』。
(47) 尾藤正英氏『元禄時代』(小学館『日本の歴史』)・林亮勝氏「松平信綱と阿部忠秋」などが、正信改易事件について適切な説明を加えている。なお内閣文庫蔵『糟粕手鏡』『総葉概録』『堀田上野介一件』には堀田正信の諫書が収録されているが各々字句に大幅な異同があり、後世の創作か改竄を加えられたものかと思われる。
(48) 『厳有院殿御実紀』巻二十(『徳川実紀』四篇)。以下正信改易に関する史料は、本書に拠った。
(49) 『御当家令条』巻三十五(『近世法制史料叢書』二巻)。
(50) 児玉氏前掲書。
(51) 同前。尾藤氏前掲書。
(52) 同前。『徳島藩職制取調書抜』上。
(53) 『寛政重修諸家譜』巻六百四十五。正俊の家系が将軍綱吉に冷遇されたことは、山室恭子氏『黄門様と犬公方』参照。
(54) 『天保校訂紀氏雑録』七。
(55) 『同前』七。
(56) 木村氏・杉本氏『譜代藩政の展開と明治維新』。
(57) 『伊達世臣家譜』巻之十(『仙台叢書』一)。同書によれば、香宗我部氏親重の叔母が大坂夏の陣で伊達政宗の軍勢に捕らえられ、彼女を政宗が老臣の柴田氏に与え、生まれたのが柴田外記であり、親重と外記は従兄弟であったという。

第二節　忍藩阿部氏家臣団の形成

はじめに

近世大名家臣団の研究は、戦前には郷土史の中で構成や職制、戦後には地方史・藩政史研究の進展とともに、知行制・軍役などの問題を絡め、構造的な視角を採り入れながら数多く行われてきた。ただ史料的制約もあってか、研究は大藩の旧族大名、織豊取立大名に集中する傾向にあり、徳川取立大名の家臣団の特質については、あまり論じられてはいない[(1)]。また近世前期を対象とした家臣団の研究は、藩の統制による整備・確立の過程が検討され、個々の家臣の自律性を持った様相やその位置づけは、近年の笠谷和比古氏や高野信治氏などの研究[(2)]を除けば、あまり顧みられてはいない。以上から本稿では、近世前期における忍藩阿部氏の家臣団を素材に、兵農分離を経験したのちの武家が、大名の家臣として幕藩領主層の末端に編成されていく様々な過程、これに対応した彼らの行動をかいま見たい。

阿部氏は、幕府大番頭阿部忠吉の子忠秋が、徳川家光の小性から近習出頭人[(3)]として出世し、家光政権の成立に寄与しながら老中に進み、さらに家綱政権を支える一方、加増を重ねて下野壬生・武蔵忍藩主を歴任したという徳川新規取立大名の典型である。阿部氏は、この由緒の故に、旧族・織豊取立大名・徳川武功取立大名とは性格を異にする。それは同氏の家臣団の形成をも特徴づけたのである。なお同氏は、寛永十六年(一六三九)から文政六年(一八二三)まで、百八十五年間忍を領し[(4)]、代々が老中など幕府の要職に就任しており、それも家臣団の形成を特徴づけている。

なお、本稿で使用する主たる史料は、学習院大学史料館寄託「阿部家文書」である。

一　近世初期の阿部氏

阿部氏は、累代三河松平氏に仕えた三河譜代というが、その出自は詳らかではなく、善九郎正俊からその名が知られる[(5)]。正俊の子甚五郎正宣は松平清康に仕え、清康の死後に子の松平広忠が伊勢に逃れたとき供奉し、広忠の三河帰国後には御旗大将を勤めたという。その子善九郎正勝は、家康に人質時代から扈従し、数多の合戦に従軍した。天正十年(一五八二)家康の安土訪問・上洛に供奉した正勝は、本能寺の変ののち家康の伊賀越えに行動をともにし、同年

〔阿部氏略系〕

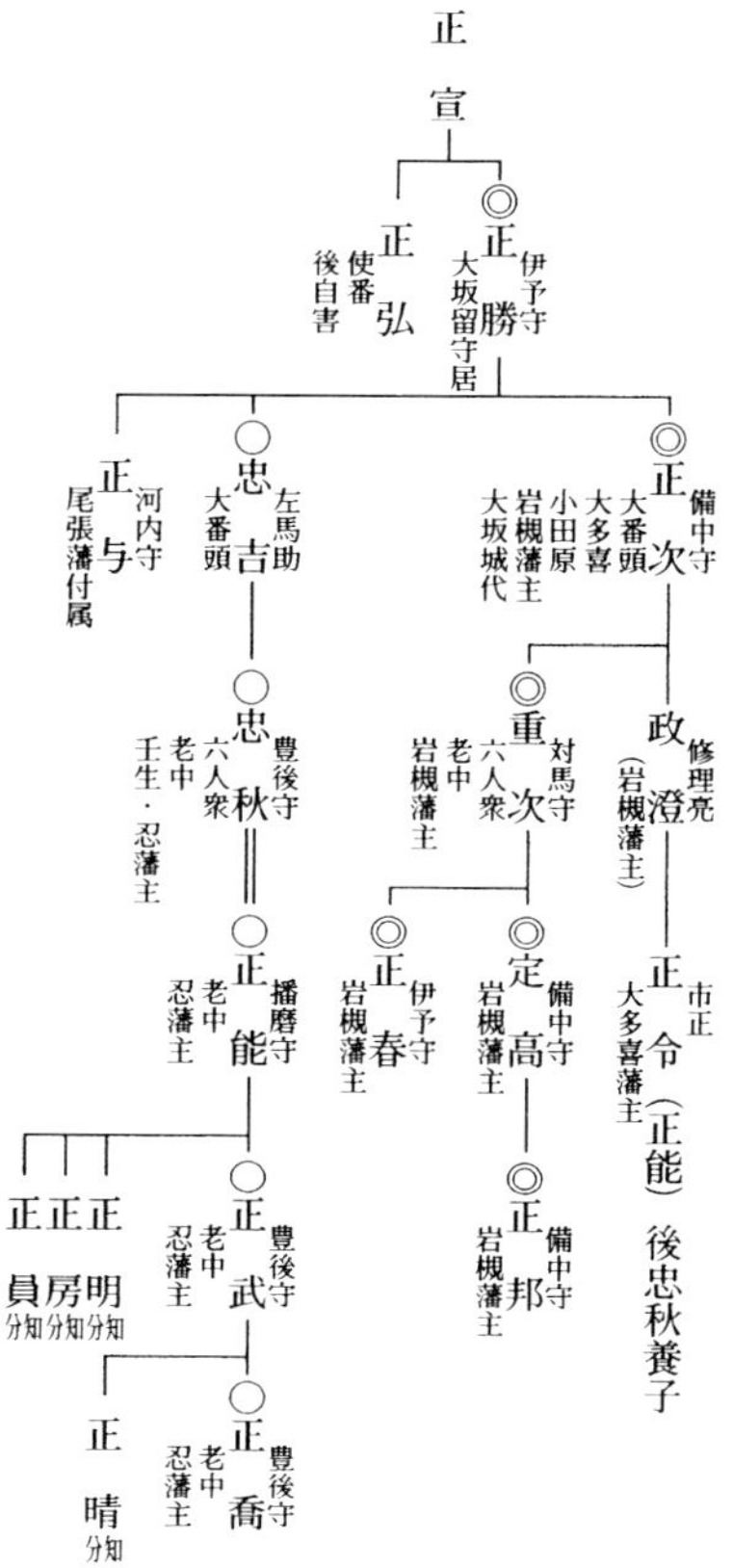

の甲斐経略には井伊直政ら一七名とともに、武田遺臣の本領安堵を奉行している。(6) 天正十四年従五位下伊予守に叙任し、同十八年徳川氏の関東入国に従って武蔵鳩ヶ谷五〇〇〇石を知行、慶長三年大坂城西之丸の留守居となり、翌五年四月、大坂に歿した。

正勝の長子善九郎正次は、幼少より家康に近侍し、天正十七年徳川氏が領内総検地ののち郷村に公布した「七ヶ条定書」(7)を、伊奈忠次らとともに下している。正次は、家康近臣の吏僚層として頭角を現わしたといえる。ただし当時吏僚と武将が明確に分離していなかったことは、正次が慶長五年父の遺跡を襲いだのち書院番頭、さらに慶長十六年大番頭となって伏見城番を勤めていたことからも窺える。大坂冬の陣には和議の使者として大坂方と交渉し、夏の陣には大坂城に突入し、豊臣秀頼が隠れた糒蔵を囲んで鉄炮を撃ち込ませ、秀頼を自殺に追い込んだ。この間しばしば加増を受け、上総大多喜、相模小田原、武蔵岩槻等に転封を重ね、寛永三年八万六〇〇〇石を領して大坂城代に進んだ。このとき五万石の軍役で大坂を守り、岩槻には嫡子の政澄を置いている。寛永十四年（一六三七）十一月、島原の乱勃発の報に接して、正次は江戸の命令を待たずに九州の諸大名に出兵を命じた。この措置により正次は、後世大坂城代の鑑として称賛されることになった。(8) 正保四年（一六四七）十一月、正

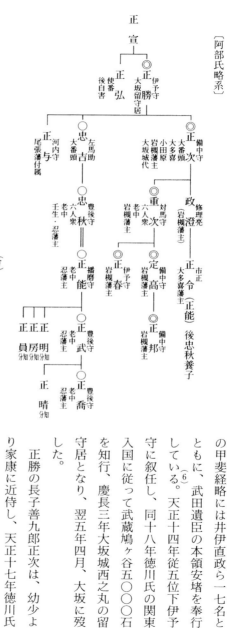

次は大坂城内に七十九歳で没した。嫡子政澄が早世していたため、次子重次が襲封した。なお政澄の嫡子正令は、大多喜に一万石、のち一万六〇〇〇石を与えられていたが、承応元年六月、父の従弟忠秋の養子となり、忍藩主となっている。

重次は、慶長三年江戸に誕生し、はじめ三浦重成の養子となって三浦山城守と称し、秀忠の近習となったが、のち阿部氏に戻り三〇〇〇石を知行した。小性組与頭・小性を歴任し、寛永五年には兄政澄の死により嫡子となり、寛永九年秀忠の死後、家光に仕えて小性組番頭となり、翌十年従弟の忠秋とともに六人衆に任じられ(9)、同年家光の命により高崎に幽閉されていた徳川忠長に自害を強いた(10)。同十五年には老中となり、五万九〇〇〇石を領して岩槻を居城とし、慶安元年には父の遺領を襲いで九万九〇〇〇石を領したが、慶安四年四月、家光の死に殉じた。のち子孫は岩槻から丹後宮津などを経て備後福山に入封し、維新を迎えている。

忍藩主となった忠秋は、正勝の次子忠吉の嫡子である。忠吉は、はじめ遠江横須賀城主大須賀康高の婿となって横須賀に居住した。天正十八年(一五九〇)小田原征伐で戦功を立て、慶長四年(一五九九)家康に召し出され一五〇〇石を知行し、徒頭となった。のち家康の駿府移住に供奉し大坂冬夏両陣に出陣するなど、家康に仕えたが、元和二年(一六一六)家康の死後江戸に移り、大番頭に進み五〇〇〇石を知行した。寛永元年正月に五十五歳で死去している。その子忠秋は、家光に幼少から小性として仕え、近習出頭人として家光政権の成立に尽くし、忍藩阿部氏の祖となるのである。忠秋は、慶長七年江戸に生まれ、同十五年家光に仕えた。元和三年膳番、同九年家光の将軍就任により小性組番頭、翌寛永元年(一六二四)六〇〇〇石、同三年一万石、同六年一万五〇〇〇石、十年に六人衆に進み年寄並、十二年下野壬生二万五〇〇〇石に入封し年寄に昇り、家光政権の中枢に位置した(11)。ついで寛永十六年、武蔵忍五万石に転じ、正保四年(一六四七)六万石となった。この間、家綱の傅役となり、慶安四年の家光死後は家綱政権の老中として活躍したが、寛文二年(一六六二)盟友の松平信綱が死去すると、幕閣内部に譜代門閥層が台頭して次第に孤立した。[12] 寛文三年二万石の加増を受けたが、同五年老衰を理由に評定所出座を免じられ、翌六年老中を辞した。同十一年致仕して家督を養子の正能に譲り、延宝三年(一六七五)五月、七十四歳で没した。正能は、岩槻城主阿部正次の嫡男政澄の遺子で、母は加藤清正の女である。父の政澄が早世したため、正次の跡は正澄の弟重次が継ぎ、正能は大多喜一万六〇〇〇石を与えられていた。承応元年、正能は所領を幕府に返還して忠秋の養子となり、忠秋の隠居後には老中に昇進している。のち代々の子孫は多く幕府の要職に就き、文政六年(一八二三)陸奥白河に移り、慶応二年(一八六六)には同国棚倉に転じて維新を迎えている。

なお正勝の三男正与は、家康の四男松平忠吉に付属され、慶長十二年忠吉の死後は尾張義直に仕え、子孫は尾張藩の重臣として存続した。

以上、阿部一門は、三河譜代として徳川氏の創業から家康に近侍し、吏僚的な活躍を見せる一方、徒頭・大番頭・小性組番頭など幕府の親衛隊を統率する立場にもおり、文字通り旗本として徳川氏に仕えた。のち家光が六人衆を任命したとき二名までを忠秋・重次と阿部一門が占め、かつ六人衆に抜擢されたもののうち、三河譜代の名門は阿部氏のみであったという事実は、阿部氏が三河譜代のなかでも吏僚的な性格をも兼ね備えていたことを物語るものであろう。

二　家臣団の構成と特質

近世前期における忍藩阿部氏家臣団の構成を、まず分限帳を手掛かりに見ていきたい。ただ近世前期の分限帳は原本が現存せず、阿部家文書中に『忠秋様御代慶安年中分限帳写』[13](以下『慶安分限帳』と略称)という写本が現存するにすぎない。そこには、城代・家老以下、忍船船頭に至る七二の役職名と各就任者の俸禄・姓名を列記している。ただ姓名が記されるのは士分以上の四六〇名であり、歩行以下足軽・奉公人など八二四名は人数のみである。

ところで同書には、忠秋が忍六万石を領していた慶安年中（一六四八—五二）の成立と表題には記されているものの、内容にはいくつかの疑問が見いだせる。第一に、役職のなかに「忍秩父山廻」「秩父鉢形賄人」「忍秩父諸色請払役」「秩父炭改役」など、秩父支配に関わる名が散見する。忠秋が秩父を所領とするのは寛文三年（一六六三）であり、慶安年中にかかる職掌はありえない。第二に、番頭が六名みえるが、阿部氏の家史『公余録』[14]によれば、六名になるのは正徳五年五月のことであり、慶安年中には五名以下のはずである。第三に、物頭として掲載される一九名のうち、『公余録』の物頭補任記事と照合すると、慶安以前に任命されたと判明するものは三名にすぎず、以後の承応四年（一六五五）・万治二年（一六五九）・同四年・寛文三年に任命されたものが各一名、寛文四年に任命されたものが四名と、少なくとも八名は慶安以後に任命されている。かつ、物頭の一人としてみえる平佐丑之助が、万治二年に藩主忠秋の命に背いて討手を差し向けられ、屋敷で討死しているが、[15]『慶安分限帳』にはそれ以降物頭に任命された者も併記されており、ある特定の時期の物頭を記しているとは認められない。さらに、平佐丑之助討伐に向かって討死した足軽八名の子孫が、のち「八人之者」と称され徒士上席に据えられたが、同書には彼らも記載されており、平佐の記載と彼の死後の職名とは時代的に矛盾する。なお、後述する『寛文五年御家中親類書』[16]から、同書にみえる家臣のうち少なくとも六二名は万治期以降の出仕と推測される。

第五に、『公余録』から経歴の判明する家臣の数名に、慶安期にはありえない記載がみえている。まず家老平田弾右衛門の知行が二〇〇〇石と記されているが、彼は慶安元年に七五〇石、万治三年に一〇〇〇石、寛文四年に二〇〇〇石と加増を重ね、寛文九年十月に死去しており、同書に見えるのは寛文四年以降の知行である。また使番一五〇石

表32　寛文期の阿部氏家臣団構成（「忠秋様御代慶安年中分限帳写」）

	石以上							俵以上					扶持以上					両以上				人数
	2000	1000	500	300	200	100	50	100	50	30	20	10	50	30	20	10	1	10	5	3	1	
城　代	1																					1
家　老	2	1	2																			5
中　老			2										1									3
番　頭			5	1																		6
用　人			2	1																		3
小性頭					1	5																6
小性共																		2	11			13
客会釈			1	1				1							3	2						8
詰　衆																	4					4
中小性頭					3																	3
中小性									8	15						2	3		1			29
儒　医						2			1		2			1	2							8
者　頭			2	12	5																	19
小　頭											19											19
使　番				6	3	3																12
目付之者						1	4															5
右筆馬廻				1		3			2													6
馬　廻				3	22	60																85
川俣番馬廻							8		2	1												11
馬乗厩役					1				3	1	2									1	1	9
川俣定番											4											4
忍屋敷番						1	2			3	1					1			1			9
忍屋敷守																					1	1
廊下番										3	2											4
忍裏門番										3	3											6
子　供							1	1								2	7			1		12
無　役										1	3	1								1	3	9

町奉行		2											2
同支配									3		2		5
歩行頭	1	1											2
同組頭					3	1							4
八人者					2	4							6
歩行目付						8							8
（歩行之者）						41							41*
金奉行		1	1										2
郡奉行		2											2
郡　役			2										2
代　官					13								13
忍秩父山廻						2					4		6
秩父鉢形賄人											2		2
忍秩父諸色請払役											3		3
秩父炭改方											1		1
（郷中足軽）										170			170*
勘定奉行		3											3
大納戸				1	5								6
勘定之者					5	3						1	9
蔵役						7	1						8
買物使						3							3
武具方			1	3	4			1					9
鉄炮鍛冶					1	1							2
弓手入手伝					1	1					1		3
塗師細工												1	1
（小細工之者）												4	4*
破損奉行			1		5	1							7
杖　突						2							2
大工分						1			3				4
広間帳付			1	2	2				3				8
台所之者料理人			2		4	4					5		15
中屋敷台所役											2	2	4

同賄役																				1	1
忍賄方											1										1
茶道頭										1	3	3									7
(坊　主)												38									38＊
中間頭											2	1							1	1		5
中間小頭																				3	3
(中　間)																			290		290＊
(忍　抱)																				30	30＊
(台所小間遣)																				11	11＊
(忍秩父中間)																				180	180＊
(郷　夫)																	50				50＊
(忍舘割役)																	6				6＊
(忍船船頭)																			4			4＊
士分　計	3	1	14	25	36	84	23	2	22	73	80	6	1	1	5	8	23	2	14	24	13	460
	[小計]						186					183					38				53	
( )内〈人数のみ〉											41	38					56	170	4	290	225	824＊
歩行・足軽以下計	[小計]											79					56				689	

注　＊は人数のみの記載

の安食彦兵衛が、「使番料金一枚」を給付されているが、彼が小身を理由に番料として金一枚を春と暮に分けて給付されたのは、寛文十年二月のことである。(17) さらに馬廻り一〇〇石の井口十郎兵衛の箇所には、「使番百石と外ニも有之、不知是非」と注がつけられ、使番のなかに同人が知行二〇〇石として記されている。同様の例として、川俣番馬廻り七〇石の西郷吉左衛門が、広間帳付に同知行として記載され、六〇石の青木市郎左衛門が武具方と台所之者料理人に、三〇俵二人扶持の香取十郎左衛門が勘定之者と台所之者料理人に重出している。

第六に、寛文十一年五月に忠秋の家督を襲った正能の治世の実態は、同書に反映されていない様子である。同年十一月、小性五名が新たに召し出されたが(18)、その氏名は同書からは見いだせない。同十三年正月、城代中村隼人の二男で六〇〇石を分知された忠右衛門(19)が、同書には客会釈のうちに一〇人扶持とみえ、未だ分知以前の状態を示している。

以上から『慶安分限帳』は、表題に記された慶安年中の成立とはいえない。ただ、寛永から寛文期に至る忠秋の治世という期間を考えると、その内容は全くの虚構ではない。その内容は、特定の一時期における家臣団の状態を示すというよりも、忠秋の治世に設置された職名とその就任者を列記したものといえよう。ことに、忠秋の晩年に当たる寛文末年の実態に近いと推測される。とすると、同書は当時の分限帳をそのまま書写したというよりも、後世の編纂物としての性格を持つものであり、あるいはのちに諸記録の中から忠秋の治世に関わる家臣や職名を摘出し、当時の分限帳として構成したものかもしれない。そのため定員より多い氏名が記載されたり、同一人物が重出したりしたのであろう。

ただし、同書には顕著な特徴が見いだせる。それは、承応元年(一六五二)に忠秋の養子となった正能の家臣がほとんど含まれていないことである。前述したように正能は本来阿部氏の嫡流であり、父政澄が早世したために上総大多喜一万六〇〇〇石を領していた。所領は、忠秋の養子となってからも寛文十一年(一六七一)五月に忍を襲封するまで変わることなく、したがって家臣団も養父とは別に抱えていたのである。

それでは何故、「慶安」という年号が記されたのか。まず正能の家臣の記載がないことから、あるいは元の分限帳が正能養子以前、すなわち「慶安」以前の成立であったか、あるいは正能の家臣の記載がないことを知った後世の人物が、養子以前の「慶安」という年号を記したかとも思われる。他方で慶安期は、家光政権の晩年に当たり、忠秋が松平信綱とともに政権の中核に位置して、世子家綱の傅役となるという、いわば出世の絶頂にあった時期であった。また忍入封後一〇年余を経て、藩政も安定するようになった時期かと思われる。これらの事情は家臣団形成にも影響を与えたことであろう。後述するように、家臣団の取立がピークに達したのも、この時期でもあった。以上諸般の事情が絡み合って、忠秋の治世の分限帳が「慶安」に仮託されたのかもしれない。

そのような制約があることを前提にして、以下『慶安分限帳』を検討する。まず、寛文十一年十二月に定められた年始の拝謁順と比較してみたい。忠秋が隠居し、正能が襲封した年に当たるが、次のように定められている。(20)

家老　大名分　用人　番頭　旗奉行　家老之嫡子　中小性頭　小性頭　大名分嫡子　用人之嫡子　番頭之嫡子

近習　物頭　町奉行　鑓奉行　郡奉行　普請奉行　金奉行　惣〆之者　奥年寄　歩行大頭　目付　右筆　馬廻

中小性　小役人

『慶安分限帳』の記載と概ね重なっているものの、みえない職名も散見する。大名分という名が『慶安分限帳』にないが、同書には家老のうちに一門の阿部甚左衛門が記されており、これが相当しよう。また家老の嫡子は『慶安分限帳』の中老・客会釈に、用人之嫡子・番頭之嫡子は同書の詰衆に相当するようである。ただし、旗奉行・鑓奉行などは、この分限帳の規模の家臣団であれば、番方の職掌として当然あるべきものであるが、『慶安分限帳』から相当の職を見いだすことはできない。ここからも同書は、何らかの史料を基にしてはいるものの、後世に編纂されたものと推察しえよう。

さて、寛文十一年(一六七一)の席順と比較すると、『慶安分限帳』の職名は概ね位の順となっているが、頭・奉行の下にその配下の役人などが纏められる場合があるために、多少その順が前後している。例えば、中小性頭の次にその配下の中小性が、歩行頭の次に、同組頭・歩行目付・八人之者・歩行が、郡奉行・郡役・代官・忍秩父諸役人などが纏められて記されていることなどである。ただし、番頭とその配下の馬廻りや、者頭と配下の足軽などは離れて記載されるなど例外も多いが、反面小役人などの詳細な職掌やその支配系統などを窺うことができる。

『慶安分限帳』にみえる職掌は、まず城代・家老・中老を頂点として、用人・小性頭・客会釈・詰衆・使番・右筆・広間帳付など、藩主の幕閣における勤務の補佐を担当する表方、儒医・金奉行・勘定奉行・大納戸・勘定・蔵役・買物使・破損奉行・台所之者・賄役・茶道頭・中間頭など、藩主の日常生活の世話や家政・財政を担う側方・役方、番頭・中小性頭・中小性・者頭・馬廻・歩行頭・武具方など、藩主の周辺の警備や供廻りおよび忍城の守衛を担い軍役の中核となる番方、さらに町奉行・郡奉行・代官・忍秩父山廻りなど領内の支配を担当する役方に大別される。すなわちこれらの役職には、江戸における藩主の勤務の補佐や日常生活の世話・家政を担う役割と、忍城の守衛と領内の支配に当たる役割が与えられていたのである。

なお、足軽・中間・小間遣・郷夫など領内からの夫役が、下層の奉公人の多くを占めていることは、近世前期の特徴を物語っている。本書にみえる職名のうち、人数の多いものを位次順に並べると、馬廻・中小性・歩行・坊主・足軽となる。おそらくこれが、家中の基本的な階層序列であったと考えられる。もちろんこれは、序章に記したように、諸大名・幕臣の家中における武家の基本的な階層序列とも一致しているのである。その意味でも『慶安分限帳』は、当時の家臣団の様相を反映していると考えられる。

次に俸禄の種類から、その構成を考察してみたい。表33に示したようにその種類には、知行を表す「石」、切米としての「俵」、そして扶持と給金の四種類が見える。まず上級家臣を構成する知行取は、城代・家老・用人など重役や町奉行・勘定奉行・郡奉行など奉行層と、番頭・物頭・馬廻など番方によって構成されており、ことに馬廻が約半数を占め、家臣団の中核を構成している。当時の忍藩が地方知行制を採用していたわけではなく、すでに蔵米知行となっていたが、一人前の武士は領主であり、かつ武者でもあるという当時の武士の意識が貫徹していることが窺えよう。つぎの階層となる切米層は、上層が重役の子弟の部屋住や番方、中下層になるにつれて、藩主の身辺の世話や生

表33　阿部氏家臣団の変遷

	寛文頃	享保 8	文政頃		
			忍	江戸	計
石 2000	3	1			
1000	1	4	4	1	5
500	14	17	9	3	12
300	25	28	17	1	18
200	36	41	24	16	40
100	84	84	45	46	91
50	23	53	35	23	58
不明					
計	186	228	134	90	224
俵 100	2				
50	22	18	5	3	8
30	73	66	26	16	42
20	80	79	44	51	95
10	6	8	24	17	41
不明				5	5
計	183	171	99	92	191
扶持 50	1				
30	1	3			
20	5	9	3	4	7
10	8	16	12	10	22
5	12	10	4	4	8
1	11	16			
計	38	54	19	18	37
両 10	2	8	3	3	6
5	14	92	18	46	64
3	24	112	69	88	157
1	13	20	7	7	14
不明				23	23
計	53	232	97	167	264
不明			2	5	7
総計	460	685	351	372	723

注　寛文頃：『忠秋公様御代慶安年中分限帳写』
享保 8：『拾万石軍役之訳分限帳』（『公余附録』四）
文政頃：『江戸忍御例順』（長谷川宏氏編『武州埼玉郡忍行田史料拾遺』二）

活を支える側方、行政の実務・事務などに携わる役方、すなわち小役人が目につく。一方、扶持方は、上層の役職にも見いだせるが、これらは重役の嫡子で部屋住の者が多く含まれているようである。他方で扶持方には、町奉行支配の忍・熊谷の町役人、忍領の割役や郷夫などがおり、領内の扶持としても支給されていた。給金は、士分では小性・子供などおそらく元服前の出仕が多く、その他忍・秩父の在地の小役人などであり、士分以下では足軽・中間・小間遣などに対するものとなっている。

以上から、家中における俸禄の支給は、馬廻以上に知行、中小性・小役人・歩行に対しては切米、領民の負担に対しては扶持、足軽・中間には給金を原則とし、士分でも部屋住・子供に対しては扶持・給金を与えていたと見ることができる。もちろん例外もあるが、俸禄の種類は家臣団における基本的な階層の差を示しているといえよう。

『慶安分限帳』が、一定の時期の家臣団の構成を示したものではないことは前述した。そのため、同書の数値で家臣団の数を把握することはできない。参考のため、表33には享保八年『拾万石軍役之訳分限帳』[21]と文政期の『忍江戸御礼順』[22]の数値を掲げた。ただし史料の性格から、足軽・奉公人以下の人数のみの記載は省略してある。『慶安分限帳』と比較すると、享保期・文政期の数値が近似しており、享保期には家臣団の形成が一応完成し定着していたことを思わせる。また『慶安分限帳』に比べ、享保期以降は知行取りが漸増しているが、顕著なのは給金取りが五倍に激増していることである。『慶安分限帳』が阿部氏の所領高が六万石から八万石の時期のものであり、享保期以降は一〇万石となっていたことを考慮すると、所領の拡大に伴って家臣団を拡大するなかで、殊に下層家臣を大量に取り立てていったことを物語っている。

ところで、文政期の『忍江戸御礼順』をみると、忍在住の家臣より江戸定府のほうが人数が多い。ただ知行取りの上層家臣は忍在住が多く、江戸定府で著しく多いのは下層の給金取りである。忍の知行取りの多くは番頭四名に所属する給人(馬廻)であり、番方の中核として忍城の守衛を主な役割としており、江戸の給金取りの大半は藩主の江戸生活を支える小役人層である。なお享保期にも、知行取り層の大半を占める給人(馬廻)六組のうち四組が忍に在住しており、この傾向がすでに享保期には確定していたことを推測させる。

阿部氏の家臣団が忍よりも江戸に多く在住していたという近世中後期の様相は、近世前期にもいえるのであろうか。『慶安分限帳』からは、その数値が得られないものの、忍城下の形成を考えると、ある程度の推測が可能である。寛永十六年(一六三九)の忍拝領後、藩は忍城下において明暦期と元禄期の二度にわたって侍町を拡大している[23]。ことに元禄期には忍城および城下町の修築と整備が行われ、元禄十六年(一七〇三)に完成した。この間、藩は元禄七年十二月に侍町の建設に伴って足軽一組を忍に移し、同十四年三月にも二組を移住させている[24]。給人(馬廻)の移住は、具体的には明らかではないが、侍町の建設が彼らの屋敷の拡充であったことは疑いの余地はあるまい。この時期、阿部氏は所領を固定されており、以後家臣団の顕著な拡大はなかった。かつ忍城と城下の完成により、江戸定府と忍在住の人数もおのずから固定されることとなった。とすれば、文政期の数値は、元禄期以降の家臣団の実態を推測させるものであり、元禄期に家臣団の一部を忍に移住させていることから、それ以前には江戸定府の人数がさらに多かったと考えられよう。

すなわち、近世前期の阿部氏家臣団は、藩主の幕閣での勤務を補佐し江戸の生活を支える江戸定府の家臣と、江戸城の外郭であり中山道を扼する忍城の守衛・領内の支配に当たる忍在住の家臣とに分かれており、人数は江戸定府のほうが多かったのである。

三　『寛文五年御家中親類書』の批判

阿部氏家臣団の形成過程および特質を分析する史料として、『寛文五年御家中親類書』（以下『親類書』と略称）[25]を使用する。まずその概要を示し、史料批判を加えたい。

寛文五年、忍藩では家臣に親類書を提出させた。その写本として現存しているのが『親類書』であり、二九六名分の家臣がそれぞれ親類を書き上げているが、元来二冊あり、幕末には江戸屋敷御用部屋に備えられていたという。その内容は、提出家臣の本国・生国、年齢、出仕年代、古主、出仕の際の肝煎・寄親、および親・兄弟・叔父・従兄弟・甥・舅・婿などが記されている。ただし母方の親類の記事はほとんどなく、当時の親族意識を窺わせる。『親類書』には、次のように記されている。

一　本国信州　生国信州　平田　弾右衛門　年六十五
　古主小笠原右近太夫殿

一寄親　古　加藤三右衛門

五拾年以前被　召出、

一親　小笠原兵部大輔殿家来　相果　平田　新左衛門

一兄　水野出羽守殿家来　相果　平田権太夫

一同　水野出羽守殿家来　松林　加右衛門

一姉婿　堀田上野介殿家来　樋口　治左衛門

一甥　立花左近将監殿家来　平田　平右馬介

一従弟　小笠原右近大夫殿家来　平田六郎右衛門

一舅　林　勘右衛門

一世倅　生国武蔵　平田　新左衛門　年三十八

一同　生国同　平田治部右衛門　年三十一

一同　生国同　恒屋甚兵衛　年廿五

一同　生国同　平田　吉右衛門　年十九

以　上、

家光の面前で、主君の阿部忠秋とともに、増水した隅田川を馬で乗り切り面目を施したと、講談で伝えられる平田弾右衛門(26)を例に掲げた。『親類書』はおおむねこのような書式であり、書留文言や提出の日付を欠いている。それらは後世に書写された際に、省略されたものと考えられる。平田は、信濃松本藩主小笠原忠真の旧臣で、『親類書』では五十年以前すなわち元和二年(一六一六)に仕えたとみえるが、『公余録』では元和三年六月十一日に阿部家に出仕したとあり、他の諸書でも元和三年と記されている。恐らく『親類書』には、四九年と記すところを約五〇年と記したと思われる。元和三年小笠原氏が松本から播磨明石に転封しており、平田は当時十六歳であったが移封に伴い扶持を離れたのであろう。「御家旧記」によれば、七〇俵三人扶持で召し抱えられたという。のちしばしば加増を受け、寛文四年(一六六四)には一〇〇〇石加えられ二〇〇〇石を知行した。『親類書』からは、兄二名がその後松本に入封した水野氏に仕え、姉は寛永期に松本に入封した堀田氏の家中に嫁ぎ、従弟が小笠原氏の転封に従って明石から豊前小倉へと移っているなど、親類が様々な藩に散在している。肩書がない人物は阿部家中であるが、弾右衛門は妻を家中において娶ったのであろうか、舅が家中におり、子供たちもすべて親の元にいるか、あるいは家中の養子となっており、平田家が忍藩阿部氏の家臣として定着していることが知られる。

『親類書』成立の事情については定かではないが、平田弾右衛門『古日記』(27)によれば、寛文五年二月十六日、平田が祖父・父・妻子および譜代家人・女中を含めた「宗門手形」を提出し、同年六月二十五日には、平田の許に同居していた牢人の樋口次左衛門が『親類書』を提出している。同書には、平田自身が提出した『親類書』についての記事は見当たらないが、同年七月六日、「宗門之覚」として、平田家の若党一八名・中間二三名・女中二八名を書き上げており、この時期に幕府が全国に施行した宗門改め制度の確立と関わって、これらの文書が作成されたことが窺える。おそらく『親類書』も、かかる事情から提出されたものであろう。

さて、『親類書』は二九六名の書上であるが、記述の中には、物故したり隠居した祖父・父・兄弟、部屋住の子息で出仕している家臣など、提出者に含まれない阿部氏の家臣が登場しており、同書に見える家臣は総計三七六名に達する。このうち、寛文五年当時に阿部氏に勤仕していた家臣は、表34に示したように『親類書』の提出者も含め三一三名である。

ところで『親類書』にみえる家臣が、家臣団のなかでどのような位置を占めているのかも、検討する必要がある。同書にみえる家臣のうち、前述した『慶安分限帳』に登場するのは一九五名と約半数、うち寛文五年当時物故者が一八名であるが、両書を比較してみると、まず『親類書』の順は、概ね『慶安分限帳』の城代、家老、中老、用人、番頭、中小性頭、者頭、使番、奉行層・馬廻、小性、中小性、小役人に相当しており、それは、前述の寛文十一年十二月の年始拝謁順にも近似している。次に、両書に一致する者は、小性など若年の部屋住層を除けば、原則として知行取りおよび切米五〇俵以上に限られている。すなわち、『親類書』の順は家中における序列を示しており、それが原則として役職によって規定されていること、さらに同書に見える家臣は中小性・小役人以上の御目見え以上であり、以下の徒士・足軽などは含まれていないことが確認できる。

ただし、三一三名のうち四割以上に当たる一三六名が『慶安分限帳』には含まれていない。それはまず、『慶安分限帳』が後世の編纂物であるという前述のような性格に由来しているが、ことに忠秋の養子正能の家臣が記載されていないことも理由の一つである。正能には、養子以前からの家臣とともに、養子以後忠秋から付属された家臣もおり、そのような家臣が『慶安分限帳』にはほとんどみえないのである。かつ『親類書』の記載順は、忠秋の家老・中老の次に正能の家老、忠秋の小性の次に正能の小性など、忠秋の家臣に準じて正能の家臣が並んでおり、ことに正能の家臣がまとまって掲載されているのは、家老など重臣層と小性・中小性である。付属の重臣と小性・中小性が多いのは、世子の家臣としての特徴を示している。そのため、『親類書』の分析には、正能付属の家臣の存在を考慮しなければならない。ただ、おそらくこの三一三名が、寛文五年における阿部氏の目見得以上の家臣と考えて差し支えなかろう。

表34　阿部氏家臣団の出仕

	寛文5年親類書						御家旧記	正能付由緒	
年代	総人数(内死者)	新規出仕	子弟出仕	正能付属	子弟出仕	現出仕数			
正勝代							3	2	忠吉、慶長4年徒頭1500石
慶長10	1	1				1	1		
11									
12	1(1)	1					1		忠吉駿府に移住
13									
14									
15	1	1						1	忠秋家光付属
16									
17								2	
18									
19	1	1				1	3	1	
元和1								1	
2							1		忠吉江戸に移住、大番頭5000石
3	1	1				1	1	1	忠秋膳番
4									
5	1	1				1			
6									
7									
8									
9	1			1		1			忠秋小性組番頭1000石
忠吉代							8		
寛永1	1	1							忠吉死去、忠秋6000石
2									
3	1	1				1	3		忠秋10000石
4									正能誕生
5									政澄死去　正能10000石

＊政澄代							3	2	
6	1	1				1			忠秋15000石
7	6	4	2				1		
8	1(1)	1							
9							1		
10	3	2		1		2	9		忠秋六人衆、老中並
11	10	10				9	4		忠秋上洛供奉
12	15(2)	15				10	5		忠秋壬生25000石、老中
13	7(1)	7				4	1		
14	3	3				3			正能大多喜10000石
15	11(2)	10	1			7	6		
16	16	13	1	2		12	11		忠秋忍50000石
17	11(2)	8	1	2		8	3		
18	8	6	1	1		7			
19	8	5		3		8	1		
20	10	8	1	1		10	2	1	
寛永中	4	4				1	25		
正保1	9(2)	9				6	2	1	
2	11(1)	7	4			9	2		
3	3	2	1			3	1		
4	5	5				5			忠秋60000石　正次大坂に死去
＊正次代							1	3	
慶安1	4(1)	3		1		3			
2	10	6	3	1		10	3		
3	10(1)	6	4			9			正能　大坂加番
4	6	2	1	2	1	6	1		家光死去　重次殉死　正能16000石
承応1	9	4	4	1		8	1		正能、忠秋の養子
2	8	5	3			7	1		
3	5	5				5			
明暦1	5	3	1	1		5	2		
2	7	3	4			7	2		

3	13	3	5	3	2	13	1		
明暦中							6		
万治1	3	2	1			3	1		
2	5	1	2	1	1	5	2		
3	7	1	3		3	7	1		
寛文1	2	1	1			2			
2	4	2	1	1		4			
3	10	3	7			10	2		忠秋80000石
4	19	11	3	2	3	19	5		
5	3	2	1			3			
6							2		
7							1		
8							1		
9							2		
不明	95(9)	33	54	6	2	76	40	8	
	376(23)	224	110	30	12	313	168	23	

四　忠吉・忠秋期における家臣団の形成過程

以上を前提として、『親類書』の分析から阿部氏家臣団の形成を考察していきたい。便宜上、阿部氏の大名としての性格・規模が家臣団形成の主体的条件と考え、次のように六時期に区分する。

(1)　初代忠吉の時代　元和九年まで
(2)　忠秋襲封後、下野壬生入封以前、小性・番頭の時代　寛永十一年まで
(3)　下野壬生在城時代　寛永十五年まで

(4)　武蔵忍在城　五万石時代　正保三年まで
(5)　武蔵忍在城　六万石時代　寛文二年まで
(6)　武蔵忍在城　八万石時代　寛文五年まで

その他、慶安三年に忠秋の養子となった正能の家臣団形成にも、触れておかなければなるまい。

初代忠吉時代　左馬助忠吉は、元亀元年(一五七〇)正勝の次男として生まれ、天正十四年(一五八六)徳川家康の命により遠江横須賀城主大須賀康高の女婿となり横須賀に赴いた。天正十八年小田原において大須賀康高に属し、北条氏邦の兵と戦い戦功を立てたが、『阿部家譜』には、このとき加藤半次郎・筧竜之助・鈴木角右衛門等を率いたと記される。慶長四年(一五九九)、忠吉は家康に召しだされて徒頭となり、翌年父の死去に伴い一五〇〇石を分知された。初期の家臣の一人石岡道是の聞書『石道夜話』(28)によれば、忠吉は父から加藤半次郎・川野主税を付属されたという。

慶長五年の関ヶ原合戦に阿部忠吉が従軍した史実は、阿部氏の系譜をはじめ『寛政重修諸家譜』にもみえないが、『板坂卜斎覚書』(29)には、徳川家康が九月十五日関ヶ原に勝利し、ついで石田三成の居城佐和山に軍勢を進めていた十七日、次のような記事がみえる。

十七日に、小荷駄さいけんなく来候、をそれ候てひかへ、とおり不申候処に、小荷駄馬共不残通り候と御直に御意、荷付馬三十計通り候、つきへ野陣こや道具つけ候馬三疋来、此こや道具つけ候は誰かそと直に被成御尋候、おそれ候て不得申上、馬をひかへ居候に、とい候へと頻に御意、御傍之衆参候て、尋申候得は、阿部左馬助小荷駄と申候、それを被為聞、とゝかぬ今時のわかきもの、是ほとの陣へこや道具、沙汰のかきりと御腹立、むかしの者はかやうにはなきにと御腹立、(下略)

軍勢に交じって多く進む小荷駄が渋滞しているのを見て、家康が不興を示しているところへ、小屋道具を積んだ小荷駄三疋が通った。家康が誰の小荷駄かと尋ねさせると、阿部忠吉の小荷駄という答えであった。家康は、今時の若者がこれしきの陣に小屋道具を持参するとは言語道断であり、昔はこのように大仰な装備はなかったと立腹したというのである。この逸話は、武士たちが出陣に多様な道具を携行し小荷駄が増大するようになり、かつ陣夫として知行地の百姓などが多く動員された事例として、諸書によく引用されている[30]。ここから忠吉は、当時家康の旗本として仕えており、知行に不相応の小荷駄を抱えて関ヶ原に出陣したと考えられるが、阿部氏の系譜にみえないのは、家康の不興を買ったという逸話を自家の歴史に記すことができなかったからであろう。

慶長八年、家康の将軍宣下拝賀の参内に、忠吉は供奉し、のち家康の駿府移住に従った。江戸にも、西之丸大手際に屋敷を賜わったという。この時期、徳川氏の家臣団は家康付きと秀忠付きに分かれていたが、忠吉は家康の家臣として位置づけられていたのである。慶長十九・二十年の大坂陣に、忠吉は家康に従って出陣した。夏陣では家康の旗本が総崩れになるなかで、小高い丘に部下や家来をまとめ、鳥毛の三階笠の馬印を押し立て、折り敷いて鑓衾を作らせて踏み止まり、小幡勘兵衛景憲とともに馬を馳せて味方を督励したという[31]。元和二年四月家康が死去すると、翌年に忠吉は霊柩を日光に送るとき供奉し、のち江戸に移って麻布に屋敷を賜わり、秀忠に仕えて大番頭に進み、五〇〇〇石を知行した。ついで元和五年伏見勤番、同五年秀忠の上洛供奉、同七年大坂勤番、同九年秀忠の上洛供奉と、相次いで勤仕し、寛永元年正月江戸に没した。

話が前後するが、慶長後年、忠吉は大番頭であった兄正次から付属の歩卒のうち二五名を譲られた[32]。歩卒の氏名は分明ではないが、この逸話は、番頭などの付属の歩卒がいまだ私兵化していたことを物語っており、あるいはこの歩卒からのちに家臣に取り立てられる者もあったことを窺わせる。さらに一門が、部下をも含めて阿部の「家」の軍団としての意識を持っていたことも、推測させよう。

元和七年(一六二一)九月、忠吉の従兄弟で二〇〇〇石を知行していた阿部善八は、一〇〇〇石の永井長十郎と殿中で口論となった。善八は場所柄を弁えて自重したものの堪えかね、長十郎の退出を待ち受けた。北之丸天守閣の近くで退出する長十郎を認めた善八は、忠吉の家臣加藤半次郎とともに襲いかかった。加藤が馬上の長十郎を斬って落馬させ、二人で若党や下人を蹴散らし、長十郎を刺し留めたという(33)。のち善八は高野山に隠れ蟄居したと伝えられるが、復讐に加わった加藤は咎めも受けず、のち忠秋の代には家老に進んでいる。この逸話も、阿部氏が吏僚としてよりもまず武将として徳川氏の創業を支えていたとともに、陪臣が共有されるなど、一門が「家」の軍団という意識を持っていたことを物語っている。

『親類書』には、この時期に家臣として出仕したものは六名にすぎない。ただ『御家旧記(34)』には、忠吉に取り立てられた家臣が一八名おり、その子孫が「十八家」と称していると記されており、『親類書』の忠吉代に出仕した六名がすべて含まれている。なお『親類書』には、「十八家」と同姓のものが一三家みえており、すでに代替わりしていたために表には現れておらず、その意味で表は初期の様相をみるには限界がある。なお、小田原合戦で忠吉に従った家臣のうち、箕竜之助は「十八家」に属しておらず、定着しなかった家臣も多かったことを推測させる。『親類書』にみえない「十八家」も、うち二家が鑓持・扶持方と記されており、徒士以下の『親類書』に記載のない階層に属しているのかもしれない。『慶安分限帳』には、「十八家」が城代・家老・番頭などのなかにみえており、彼ら古参の家臣で定着したものが、家臣団の中核となっていたことを物語っている。

忠吉の家臣団は、まず父正勝からの付人によって成立し、知行の加増にしたがって増加していった。忠吉自身が、徒頭・大番頭として与力・同心を取り立て支配したために、そのような下層武士が家臣になったことも考えられる。『親類書』から「十八家」の本国・生国をみると、多くが徳川氏旧領の三遠駿甲信および関東であるが、中には出羽・

伊勢などの出身もおり、阿部氏の家臣団が徳川氏創業時の性格を保持しながらも、次第に各地の牢人を加えていった様子を窺わせる。ただ、この時期の家臣団は、番方の頭として徳川直属軍団の一翼を担った忠吉の、軍役負担を主たる任務としており、その意味で部下の番士・与力・同心と同様の性格を持っていたと見ることができよう。ことに与力・同心は番頭の私兵的存在であり、家臣との区別も明確ではなかったかもしれない。

忠秋の小性・番頭時代　忠吉の子小平次忠秋は慶長七年(一六〇二)に誕生し、同十五年将軍秀忠の世子家光に仕え小性に列した。慶長十九年二〇人扶持を賜り、元和三年御膳番となり食禄三〇〇俵、同五年に五〇〇俵、同九年小性組番頭に進み、武蔵埼玉郡のうち一〇〇〇石を知行し、同年七月家光の将軍宣下の上洛に供奉して従五位下豊後守に叙任された。翌寛永元年(一六二四)、父の遺跡を襲って六〇〇〇石、同三年家光の上洛に供奉し、上野新田郡のうち四〇〇〇石を加増され一万石となり、松平信綱とともに近習小性頭となった。寛永六年には武蔵賀美・上野甘楽両郡のうち五〇〇〇石を加増され、小性組番頭に復している。またこのころ、和田倉脇に屋敷を賜わったという。忠秋の急速な知行の加増と出世は家光の信任によるものであり、のち家光政権の中核に位置する前提となったが、この時期の忠秋の役割は、家光の身辺の警護を担当する親衛隊としての小性組の統率であり、その意味では番方の頭としての役割を色濃く持っていたということができる。

寛永九年正月、大御所秀忠の死去により家光が政権を掌握すると、彼の側近層が次第に幕政の中枢に進出していく。(35)同年十一月、松平信綱が宿老並に進んだのち、翌十年三月、忠秋は松平信綱・堀田正盛・三浦正次・太田資宗・阿部重次とともに「六人衆」に抜擢され、幕政の小事を担当するようになった。同年五月、忠秋と堀田正盛は松平信綱と同様の宿老並に進んでいる。六月には千住・浅草辺の洪水を見分し、十二月には徳川忠長の自害の処理に上野高崎に派遣された。翌十一年四月、家光の上洛に供奉した忠秋は、閏七月従四位下に昇進し、年寄としての官位を整えた。

忠秋の襲封前の家臣団について詳細は不明であるが、『石道夜話』に、忠秋が九歳で家光に仕えたころ、父の忠吉が家臣として原治左衛門を付属したとの記事があり、若年のころは父からの付人で構成されていたのであろう。『公余録』には、元和九年、忠秋が知行一〇〇〇石を拝領したとき、忠吉は殊のほか喜んで知行所の請取りに種々指図を加えたという。当時忠秋は江戸城に詰め切りで、知行のことは放念していたと記されている。(36) このような様子から、忠吉の死後、家臣団とくに家政機構はそのまま忠秋に仕えたと推測される。以後、家臣団は番方の頭としての忠秋の勤務を支えるとともに、拡大する知行の支配にも当たるようになる。ことに上洛の供奉をはじめ、家光の猪狩りや馬揃え・武芸上覧などに動員され、家臣団の負担は大きかったに相違ない。寛永八年に行われた鴻巣の猪狩りでは、家臣たちが犬を駆って大猪を仕留め、一番の手柄だと喜んでいると、公儀目付から家光の御前で仕留めなかったのは粗相だと叱責され、草を被せて隠しておき、後で密かに運んで上覧で仕留めた獲物の中に加えたという。(37) のち寛永十二年板橋の鹿狩りには、家中の勢子二四〇・足軽中間一五を差し出し、勢子頭は白地に肩に黒筋二本の羽織、足軽は柿色山路の羽織、中間は紺単物と衣装をそろえて鹿を追い込んだ。寛永十年の品川の馬揃えでは、忠秋自身は白羅紗に赤丸の羽織、(38) 金梨子地の鞍、孔雀の羽の尻鎧を馬につけ、配下の小性組番士を率いて行進したが、家臣たちは馬場の東に幕を張り、毛氈や花筵を敷いて酒茶や菓子を用意し、上覧終了後に忠秋が小性組を慰労するのに備えたという。(39)

寛永二年、忠秋は勤務不良の大番衆を預けられ、切腹に際して家臣に介錯させており、同六年には配下の小性組番士の若党が欠落したとき、自身の家来や足軽に命じて若党を討ち取らせている。(40) 忠秋は番頭として公儀の治安の一翼も担っており、家臣はそれをも支えていたのである。

『親類書』からみたこの時期の出仕者は二二名であり、うち寛永七年に六名、同十一年に一〇名と集中している。もちろん『親類書』の数値が当時の実数を示しているものではないが、寛永七年は前年の五〇〇〇石の加増、寛永十一年は同年の上洛供奉による家臣の取立が、その要因であろう。ただし、寛永十一年の場合には、翌年下野壬生に入封したとき取り立てた家臣が混在している可能性もある。『御家旧記』に、「寛永十一年壬生ニテ被召出」と注記のある家臣が二名おり、うち一名は『親類書』の出仕年代と一致している。いずれにせよ、忠秋の知行の拡大に伴い、家臣団は増加の傾向をみせている。また、このころから幕府は「大名」を一万石以上と規定しており、それにふさわしい家臣団の拡大も必要になったのであろう。出仕者の本国・生国も、筑後・讃岐・播磨・近江・越前など西国に広がっており、忠吉代の出仕者が徳川氏旧領国に集中していたのに対して、変化が見られる。次第に各地の牢人が仕官を求めて江戸に集まる傾向も、窺うことができる。

なお、出仕時の年齢が判明する者が一六名いるが、うち三〇代二名、二〇代七名、一〇代六名、一〇歳以下一名と年齢層が低い。主君の忠秋自身が二〇代前半から三〇歳ころの時代であり、若い家臣団が形成されたと推測できるが、おそらくこの時期の家臣団は、父の時代からの老臣の外に、忠秋の身辺を世話する小性と、登城時の警備担当の中小性・徒士などから構成されていたと推測されるから、ことに一〇代以下は小性として登用されたのであろう。のち、忠秋の出世と知行拡大に伴い、彼らの大半は馬廻りに昇進し、一部は重臣層に登用されていくのである。

『慶安分限帳』によれば、この時期の出仕者は家老・用人など重臣層が若干みえるほか、知行取りで番方の中核となる馬廻りが多い。また武具方などもみえ、次第に職掌が分化し、兵站とはいえ半ば吏僚的な役人も成立しながら、定着していくさまを窺うことができる。元和三年(一六一七)に七〇俵三人扶持で出仕した平田弾右衛門は、寛永三年(一六二六)知行一五〇石、同六年二五〇石と加増されており、家臣も次第に知行を拡大していた。『親類書』で、寛永七年に家臣の子弟が出仕していることは注目される。忠秋の知行の拡大と幕府での出世、それに伴う家臣団の拡大や個々の家臣の知行増加などにより、二代にわたって出仕し譜代化するという家臣団の定着が確認できるのである。

一〇代以下の小性登用についても、触れておかねばならない。忠秋はのちに温厚篤実な性格と評されたが、『石道夜話』の次の逸話は、若年のころにはかぶき者の振る舞いがあったことを物語っている。(41)

一忠秋公御年若之時ハ御大酒被成、御心易御客の節ハ、大島の伊達成る御衣類、鮫さやの大御脇指、或ハ御謡後ハ小歌に成、風呂振舞之時ハ御あかり場にて御酒盛、小性衆迄裸にて御給仕いたし候、

伊達な衣装や裸での宴会、それを接待するのは小性たちであった。また『同書』には、忠秋が紅茶裏の上下で登城し、伊達政宗にからかわれ、脇差に手を掛けてにらみ付けたという逸話もみえる。そのような雰囲気の中で若い小性などが登用されていた。それは、忠秋自身の嗜好のためのみではなかった。『同書』によれば、忠秋はしばしば小性の踊りを家光の上覧に供していたのである。

一上覧之おとり、指南は可児与右衛門并役者幸若清五郎仕候、小性衆奥にて十六人、表にて十四人、伊達なる結構の装束、金銀の筋にて模様付、団扇之踊品々有之、大笠・ほこを立置、鼓笛にてはやし候由、

幸若清五郎の指南を受けた三十人の小性が、鼓と笛に合わせて伊達衣装で踊りまくり、将軍家光の無聊を慰めるのも、忠秋の家臣団の役割の一つであったといえよう。若い忠秋の新しい家臣団は、後世とは別の主従関係やかぶき者の風潮を含んで形成されていったのである。

忠秋の壬生領有時代　寛永十二年(一六三五)六月、忠秋は下野壬生二万五〇〇〇石を拝領し、十月には小性組番頭を免じられた。忠秋は親衛隊の番頭から昇進して名実ともに城主となり、幕政の中枢に位置することになった。翌十一月、家光によって断行された将軍親裁の諸職直轄制の下で、忠秋は土井利勝・酒井忠勝・松平信綱・堀田正盛とともに老中となるのである。

翌寛永十三年四月、家光は日光社参の帰途忠秋の居城壬生に一宿し、忠秋の老臣たちを謁見して物を賜り、七月に

は忠秋の江戸屋敷に臨んだ。こうして忠秋は、家光の寵臣としての立場を一層明確にしたのである。さらに寛永十五年十一月、秀忠以来の年寄であった土井利勝・酒井忠勝の両名が大老に昇格し、老中は「六人衆」出身の松平信綱・忠秋・阿部重次の三名となった。ここに家光政権は一応完成し、江戸幕府の老中制度も確立するのである。以後忠秋は長く幕政の中枢を掌握していくのである。

壬生入封は、家臣団の性格を一変させる結果となった。それまで家臣団は、幕府直属軍団の頭である忠吉・忠秋の軍役負担が主たる任務であり、江戸に居住していた。だが忠秋の壬生入封によって、彼らは、北関東における江戸城の外郭であり、日光にも近い壬生城を守衛するという任務を与えられた。かつ、藩領の在方支配と治安維持にも当たることとなった。そして藩主である忠秋は江戸で幕政に参画しており、家臣はその補佐に当たり主君の生活をも支えなければならなかったのである。家光に壬生で謁見した老臣に、城代加藤三右衛門、家老中村隼人・平田弾右衛門がおり、重臣たちが壬生に派遣されたさまを物語っている。平田は入封に当たり加増されて四〇〇石となったといい、他にも家臣たちが加増されたのであろう。また『御家旧記』に「壬生ニテ町奉行」と注記のある家臣がいることから、領内支配機構の整備を推測させる。

忠秋が老中に進んだことにより、彼の執務を補佐し諸大名やその留守居役との交渉に当たる家臣も、当然充実させねばならなかった。その詳細は不明であるが、『石道夜話』の次の記事から、若干かいま見ることができよう。

一忠秋公御老中被遊候節、始て御用向御家老衆にて鈴木宇右衛門・可児与右衛門被相勤候由、一両年過候て田代源右衛門・小寺平兵衛・宇野八右衛門三人を被差添、以後御家老衆は御免にて、表之御用相勤候、

忠秋が老中となったとき、御用向すなわち幕政に関わる仕事は家老の鈴木・可児が勤めたが、一、二年過ぎてから田代等三名を御用向とし、以後家老は表方すなわち藩政全般に専念したという。鈴木は「十八家」の一人で忠吉から

の家臣であり、可児は福島正則の老臣で関ヶ原に活躍した可児才蔵の裔と伝えられ、『親類書』によれば、寛永三年から仕えている。田代等三名は『慶安分限帳』には中小性頭とあり、『御家旧記』では田代・小寺の両名が寛永年中に小性として仕えたとある。『親類書』には小寺が寛永十年、宇野が寛永十八年の出仕となっており、宇野の場合、忠秋が老中となって一両年過ぎてから御用向に添えられたという『石道夜話』の記事は当たらない。ただ幕政の補佐を家老がはじめに担当したことは、家老が壬生と江戸とに分かれたことからも推察しうる。また、のち幕政に関わる専任の職ができる過程で、忠秋の登城に警備として付き従う中小性頭が代行するようになったか、あるいは専任の職となった家臣が、のち中小性頭として登城に付き添ったか、という職掌の整備と分掌の過程を窺うことはできよう。

この時期は四年間にかかわらず、『親類書』では出仕者三六名に上っており、多くの家臣が召し抱えられている。また出身も薩摩・肥前・長門・伊勢・越後・出羽・陸奥など各地にわたっている。出仕者の年齢が判明するもの二二名のうち、三〇代二名、二〇代一六名、一〇代三名、一〇歳以下一名と、前の時期に比べて二〇代の比率が大きい。城郭の守衛などに当たる者の採用が、この傾向から推察できる。『慶安分限帳』によれば、この時期の出仕者は馬廻りが中心であるが、番頭・者頭・使番などがおり、ことに番方の充実が図られたことを物語っている。ただし、阿部氏が役方の整備をおろそかにしていたというわけではない。この時期の出仕者には『慶安分限帳』の用人も含まれている。役方の実務に携わる小役人層は、『親類書』にはほとんど現われていないが、かかる階層も多く採用されたことは疑いをえない。

忠秋の忍領有五万石時代　寛永十六年(一六三九)正月、忠秋は二万五〇〇〇石加増の上、壬生から武蔵忍に移され、五万石を領した。のち正保四年(一六四七)正月一万石を加増されるまで、八年間を一時期として分析したい。壬生から忍への忠秋の転封は、忍から川越へ移された松平信綱の後任であるが、この移封によって忍城は「老中の城」としての性格を明確にした。かつ川越に松平信綱、忍に忠秋、岩槻に阿部重次と、家光政権の老中が江戸の外郭に当たる武蔵の城を独占したことは、この時期の武蔵が、政治的にも幕府の基盤となっていることを物語るものである。(42)それは、幕領・旗本領などと所領が錯綜していた忍領の支配にも影響を与えることとなる。

忍城は城代加藤三右衛門・家老平田弾右衛門が人数を率いて、松平信綱の家老和田理兵衛から受け取った。(43)『石道夜話』によれば、忍拝領以後、番頭として松井勘左衛門・石坂彦右衛門・矢野貞右衛門の三名を任命し、馬廻組三組を設置したという。ただし、『公余録』所収「高木与三兵衛筆記」には、矢野は忍拝領のころは者頭であり、正保二年五月に番頭に進んだともいい、(44)年代に多少の齟齬があるが、この時期に番頭が設置され、知行取層の大半を占める馬廻りが編成されたことは確かであろう。それは、阿部氏の家臣団のなかに騎馬隊が成立したことを意味する。『同書』には、寛永年中に足軽隊を統率する者頭が一一名いたとあり、寛永十八年には持弓頭が設置されたという。(45)断片的な事例ではあるが、阿部氏の家臣団が、前線の補助部隊としての足軽隊、合戦の中心となる騎馬隊、さらに本陣を構成する部隊に編成され、一軍団としての体裁を持つこととなり、大名の家臣団としての格式を整えたのである。忠秋にとって、家光の親衛隊を指揮する小性組番頭を免じられてから、自身の家臣をこのように編成することは一つの課題であり、それが忍入封後に実現したとみることができよう。二年前には忍から松平信綱が島原に出陣しており、軍団の編成を整えることは、忠秋にとっても緊急の課題であった。また、江戸の麻布・和田倉両屋敷に、乗馬五〇疋・小荷駄五〇疋ずつを揃えたといい、(46)馬廻りなど上層家臣の乗馬を整えるとともに、絶えず江戸と忍との間で連絡や運送が行われたことが推測できる。

寛永十八年、忠秋は酒井忠清・内藤忠興など譜代大名とともに、江戸城二之丸御殿の作事手伝いを命じられ、家中の惣奉行として原治左衛門・平田弾右衛門、惣肝煎として矢野貞右衛門・酒井又右衛門、他に大工方・材木請取・石方・壁方・小買物方・絵張付・人足割など諸奉行・諸役人多数を任命した。また家中から一〇〇石に一人の夫役を提出させたが、役人が半分の賦課、忍在住の面々が免除されている。[47]忍在住の家臣が免除されたのは、城の警護を担っていたためであろう。のちの時期ではあるが、忠秋は、正保四年に江戸城二之丸櫓、承応元年には紅葉山大猷院廟の普請手伝いを勤めており、この以後普請役も家臣に賦課されていくのである。

『親類書』によれば、この時期の出仕者は七一名におよび、二倍の加増の結果家臣団の拡大が急速に行われたことを如実に物語っている。かつ、このうち家中の子弟の出仕が九名を数え、家臣の譜代化の傾向も示している。彼らを『慶安分限帳』からみると、馬廻り層が多いが、番頭・中小性頭・者頭・使番など番方の中核とともに、勘定奉行・郡役・広間帳付など役方も散見しており、次第に家臣団の組織が確立していったことを窺わせる。

忠秋の忍領有六万石時代　正保四年(一六四七)七月、忠秋は武蔵吉見領一万石を加増され、六万石を領し、慶安三年九月、忠秋は世子家綱の傅役となって侍従に進み、翌年四月家光の死去によって家綱が将軍となると、保科正之・酒井忠勝・松平信綱らとともに家綱政権の中枢に位置して幕政の運営に当たった。家光の死に、忠秋とともに六人衆から老中に進んだ従兄の阿部重次は殉死をとげ、その遺領のうち六〇〇〇石が、重次の兄政澄の遺児正令(正能)に分知されることとなった。のち承応元年六月、正令が忠秋の養子に迎えられるが、これによって阿部氏家臣団の性格は複雑なものとなっていく。

この時期、慶安・承応の牢人事件、明暦の大火など種々の動揺が起こる中で、幼少の将軍を擁立しながら幕政の安定を図らなければならない一方、忠秋ら家光の近習出頭人の台頭で、幕政から疎外されていた門閥譜代層の若手が、酒井忠清などを中心に次第に幕閣に登用され、信綱・忠秋ら「寛永の遺老」と対立していくという微妙な時期であった。ただ忠秋にとっては、家綱の世子時代以来の傅役として、家光政権以来の路線を踏襲しながら、幕政の中枢に位置するという地位の安定した時代でもあった。[48]

他方、拡大しつづけた阿部氏の家臣団統制も矛盾を顕在化させる。承応元年九月、牢人の蜂起が未遂に終わった承応事件では、忠秋は手勢を出動させるなど町奉行等とともにその鎮圧に当たったが、逮捕者の中には家臣の山本兵部が含まれていた。[49] 山本は武田信玄の軍師山本勘助の子孫に当たる軍学者といい、事件への関与は消極的ではあったというが、幕府の牢人政策に批判的な者が、家臣の中に存在していたのである。忠秋は、幕閣の中で牢人統制の強化に反対したと伝えられるが、家臣団の急激な拡大の中で、多くの牢人を登用したことと無関係ではなかったと推察できよう。なお、この事件に忠秋が手勢を出動させたり、山本を拘束した家老平田弾右衛門が、自身の長屋に仮牢を設け家人に監視させたりしており、家臣の軍事的な役割は未だ機能していた。

万治三年（一六六〇）十二月、忍において、者頭平佐丑之助が配下の足軽を殺害し、忠秋の命に背き一族郎党をもって屋敷に篭もった。忠秋は者頭三名に足軽を添え、平佐の屋敷に向かわせた。平佐は鉄炮を撃って抵抗し、屋敷に放火して討死したが、このとき鎮圧側の足軽八名も討ち死にした。のち忠秋は、この足軽の子孫を「八人之者」と名付け、徒士上席に取り立てて常に乗物の跡に供奉するよう命じたという。[50]

以上、幕府の政策や藩主の命令に抵抗を示した事例は、ある意味では牢人やかぶき者が横行したこの時期の社会の歪みでもあり、阿部氏の家臣団に限ったことではないが、急激に拡大した家臣団の弱点を露呈したものともいえよう。ことにかかる事件は、若い小性などを登用しながら家臣団を形成してきた阿部家中の矛盾の顕在化でもあり、平佐の事件は、このような家臣団の性格を転換していく契機の一つになったともいえる。戦死した足軽の子孫を武功の家柄と位置づけて昇進させたことは、武功や忠勤の由緒によって譜代の関係を形成し、藩主と家臣との家を結合させようとする「家中」形成の試みが、新規取立大名の阿部氏においてもみられるようになった事例として注目される。

なお、明暦三年には、忍城を修築して城下町を拡大し、侍町を建設して家臣の一部を江戸から忍に移している。あるいは明暦の大火によって江戸の家臣の減少を図ったとも考えられるが、前述のような家臣団の役割をさらに明確にし、整備をしたものともいえよう。

正保四年(一六四七)から寛文二年(一六六二)まで、『親類書』によれば新規出仕五二名、子弟の出仕三三名、都合八五名の出仕者を数える。依然として牢人などから登用する新規出仕が多いものの、家臣の子弟が以前よりさらに多く召し抱えられ、世襲化が進行しているさまをみることができる。新規の出仕者を『慶安分限帳』によって確認すると、馬廻りが多いものの中小性が次第にみえるようになり、町奉行・勘定奉行・郡奉行・金奉行・大納戸・右筆など役方の諸役も多く召し抱えられている。ただしこの役職は、仕官当初から奉行などの要職に就任したというよりも、のち忠秋の晩年までに昇進したことを物語るものであろう。士分の最低に位置する中小性が散見し、それが子弟の場合が多いのは、部屋住の家臣がまず中小性として出仕し、のち次第に昇進するようなルートおよびそれに対応する家臣団の職制が形成されつつあったことを推定させる。

忠秋の忍領有八万石時代　寛文三年(一六六三)二月、忠秋は二万石を加増され所領を八万石とした。しかし前年三月、家光の小性以来の盟友松平信綱が死去し、ついで七月に大老酒井忠勝が死去すると、幕閣のなかで家光政権以来の「寛永の遺老」は忠秋一人となり、酒井忠清をはじめとする門閥譜代層が次第に勢力を拡張する。寛文三年四月に家綱の日光社参に供奉した忠秋は、五月の武家諸法度の改定に際して幕閣のなかでひとり改定に反対し、次第に孤立していくこととなった。同五年八月、忠秋は老衰を理由に評定所出座を免され、翌六年三月老中を罷免された。同時に酒井忠清は大老となり、以後「下馬将軍」として幕政を左右することとなる。(51)忠秋はその政治姿勢を鋭く批判したというが、すでに家光政権の政治理念が顧みられることはなかった。忠秋は同十一年五月致仕して家督を養子の正能に譲り、延宝三年五月三日、七十四歳で没している。

『親類書』では寛文三年以降同五年までの出仕者しか明らかにしえないが、新規出仕一六名、子弟の出仕一一名、都合二七名の出仕者を数える。ただ彼らの多くは『慶安分限帳』によれば小性・中小性であり、二万石の加増で重職に相当するような武士を新たに召し抱える必要はなく、小性・中小性などの若者を召し抱えれば足りるほど、家臣団は一応形成されていたのであろう。『親類書』にはみえない寛文五年以後も、忠秋の動静から推測すれば、家臣団は上述の傾向と大きく異なることはなかったと考えられる。

『公余録』によれば、寛文四年に足軽組のうちに米見組を設置しており、年貢収納の機構が整備された様子を窺わせ、また同七年には持筒組・持弓組足軽の切米を加増している。この時期以降は、士分よりも士分以下の下層家臣団や奉公人などの組織が整備されていくのかもしれない。

五　正能による家臣団の形成過程

寛文十一年(一六七一)六月、忍藩二代藩主となった阿部正能(52)は、阿部政澄の嫡子として寛永四年(一六二七)江戸に生まれた。父は、大坂城代で武蔵岩槻城主であった阿部正次の嫡男であり、父に代わって所領の岩槻城の守衛に当たっていた。母は加藤清正の娘であるが、同年正能誕生直後に死去している。翌五年八月、父政澄が死去したため、幕府は、祖父正次の跡を叔父の重次に相続させることとし、幼少の正能は阿部家の嫡流の座を失った。寛永十四年、正次が関東の所領のうち岩槻四万六〇〇〇石を重次に、上総大多喜のうち一万石を正能に譲ったため、正能は大多喜に居所を定めて別家した。寛永十七年には江戸城清水門番を勤め、正保二年九月、大多喜に初めて入部し、慶安三年(一六五〇)四月大坂加番を命じられた。

大坂入城の行粧は、旗三本・鉄炮三〇挺・弓一五張・長柄四〇本・持長柄一〇本・持筒五挺・弓立二筒、供奉は旗奉行二名・足軽大将二名・弓大将一名・鑓奉行一名・騎馬七騎・家老二名・小性頭一名・乗懸三〇匹・医師一名・坊主二名・料理人台所人六名・賄方二名・歩行四〇名・六尺一二名・草履取六名、上下合わせ八〇〇余名であったという。(53) 一万石の軍役としては過重な数であるが、祖父が長く城代を勤めた地であり、あるいは老中であった叔父重次の援助があったのかもしれない。ただし、正能が自身の家臣団を形成しており、それがこの軍役の中核となっていたことは疑いえない。

のち慶安四年、正能は、家光に殉死した重次の遺領のうち六〇〇〇石を譲られ、一万六〇〇〇石を領したが、承応元年六月、忠秋の養子となった。このとき大多喜一万石は依然として領したが、六〇〇〇石は重次の子で岩槻城主の阿部定高に返還している。

『親類書』によれば、正能が忠秋の養子になるまでに取り立てた家臣は一七名であり、最古の梅村金右衛門は正能誕生以前の元和九年出仕、寛永十年出仕の向坂五左衛門は、父が岩槻阿部家中であり、正能の家臣団が生家の岩槻阿部家からの付き人によって成立したことを物語っている。祖父正次から一万石を分知されて以後の寛永十六年に出仕した二名は、いずれも岩槻阿部家中の斡旋によって仕官しているが、うち一名は摂津尼崎藩主青山幸利家中からの牢人であり、のち次第に牢人の仕官も増加しており、生家の援助を受けながらも独自の家臣団を形成していく過程をかいま見ることができる。また慶安四年に出仕した室文右衛門の父は、牢人から正能に仕官した者であり、次第に二代にわたった家臣も出現し、家臣団が定着していく様子を物語っている。『御家旧記』によれば、正能が養子に入ったとき引き連れた家臣のうち二四名の中に、曾祖父正勝代からの家臣が一名、祖父正次代からが五名、父政澄代が一名、叔父重次からの付人が二名いたという。ここからも、上述の傾向が窺えよう。

また『御家旧記』によれば、正能が引き連れた家老は、富加須庄兵衛・甲斐外記・川勝弥右衛門の三名で、富加須は正次代、甲斐・川勝は政澄代から仕えており、このうち甲斐は、実は加藤清正の妾腹の子で、正能の母の輿入れに従ったものという。このとき忠秋からは、高松左兵衛・三沢助之進が家老として付属されたといわれる。

正能は養子ののちも大多喜一万石を領し、承応三年には紅葉山御霊屋の修造の手伝普請を課せられるなど、独自に大名としての勤めを果たしており、忠秋から若干の家臣は付属されたとはいえ、基本的に別個の家臣団を所持していた様子である。また江戸屋敷も、忠秋は和田倉門内、正能は小石川と別に居住していた。

寛文三年四月、将軍家綱の日光社参に、忠秋は家綱に近侍して供奉し、騎馬三騎・徒以上の侍八三名・足軽二六名・又者奉公人三四一名、都合四五三名と手廻りの人数のみを率いたが、正能は鉄炮八〇挺・弓二〇張・長柄六〇本、騎馬三五騎・徒以上の侍一一六名・足軽二二一名・又者奉公人八四一名、都合一二一三名を率いて供奉した(54)。このとき忠秋の家老で知行一〇〇〇石の平田弾右衛門は、鉄炮一挺・弓一張・鑓二本、侍九名、中間一七名を率いて、正能の行列に供奉していた(55)。なお、正能の武具の数は足軽部隊の持ち物であり、平田の武具の数はそこには入っていない。正能は忠秋の代わりに、忍の家中に自身の大多喜の家中を加えて、手勢を整えていたのである。あるいはこの措置は、忍の家臣団を正能に移譲する布石となったかもしれない。前述の寛文五年『親類書』に忠秋・正能の家臣団がともに掲載されていることも、その推測を可能にしよう。正能は、以後所領の大多喜とともに、忍にもしばしば赴くようになっている。

寛文十一年五月、忠秋が隠居して正能が家督を相続し、次第に正能を頂点とする家臣団に移行していった様子である。ただ翌六月、忠秋は正能に対して、奉公・家臣団の統制・藩政につき次のように訓戒を与えた(56)。

覚

一公儀を重んし御奉公之道昼夜油断有へからす、此段は不及申儀候へとも、我等事無二之御取立御厚恩不浅候といへとも、なにたる御奉公も不申上、無念千万に候、第一其方冥加之為と申、我等に対してハ不及申、先祖達へ之孝行、他事有之間敷候間、御奉公之儀にをゐてハ並を不見合、其身に不相応之儀たりといふとも可被相勤心かけ専一候事、

一召仕候者之儀念比ニ仕候ものたりといふとも、其方に対し不忠不儀不作法は不及沙汰、惣而其方心に不応ニをゐてハ、少も用捨有之間敷候、又行義作法をつゝしミ、忠義を重んし、悪事無之にをゐてハ、家来上下によらす念比いたされ、慈悲専に可被召仕、我等取立念比に仕候者之内、右之通にをゐてハ、二代之忠義不浅候之間、可被存其旨事、

一天下静謐に付武道之心入をこたり、武芸に稽古仕候者すくなく、分限に応せさる奢をいたし、家業にあらさる費をなし、内証には欲心ふかく百姓を困窮せしめ、家中之輩に非道之仕置をいたし、倹約の筋をあやまり、武士道の嗜をこたり、風俗をみたる族みえたり、不及申候へとも其方自分のつゝしミ第一也、尤家中之輩下々に至まて武士之風俗をわすれ、作法取みたさゝるやうに心を付らるへき儀肝要候事、

右之通無油断心にかけられ尤候、其外之儀は不及注之候間、右之趣を以可被相考候、仍如件、

寛文拾一辛亥

六月廿八日　　豊後守（花押）

阿部　播磨守殿

公儀への奉公、家臣団の統制、領主・主君としての心構えを諭し近世武家政権の統治理念を論じているが、「其身に不相応之儀たりといふとも」奉公を勤めるように諭しており、個人の能力を精一杯出しながら奉公に勤しんだ近習出

頭人としての阿部忠秋の真骨頂を物語ると同時に、家門・譜代の論理が次第に浸透し、分限相応の奉公しか要求されず、それによって幕政が運営されていく状況に対する忠秋の不満を窺わせる。一方で、家臣団の統制を当主となった正能に任せ、かつ「二代之忠義」を尊重しながら、個人同士の信頼関係による一代限りの主従関係から、譜代の関係に移行させ、家臣団を確定していこうとする態度を示している。藩主の相続を契機に、家臣団も固定し安定した主従関係を形成しようとする態度が窺えよう。

同年十月正能は忍に入部し、ついで十一月日光に社参したのち、忍において家老・用人・番頭に代替りの誓詞の提出を命じ、ついで家中に料理を振る舞い、条目を読み聞かせた。また領内を巡検したのち、十二月には家中に対して翌年の年始に正能に謁見する御礼順を定め、以後この次第を乱すことを禁じている。(57)その御礼順には、家老以下小役人に至るまで規定され、中に富加須庄兵衛をはじめ大多喜以来の家臣の名も並んでいた。延宝元年(一六七三)十二月、正能は老中に進み従四位下に叙任された。父についで老中となったことにより、家臣団の性格も父の時代から大きく変化することはなかったであろう。延宝三年五月、養父忠秋の死去により、正能は名実共に二家に別れて成立した家臣団を統合し、忍藩阿部家中を掌握したのである。

六　出仕の存在形態

寛文五年(一六六五)の『親類書』には、古主・肝煎・寄親という記載がある。これらの記事は、阿部氏家臣団の形成・各家臣の出仕の事情をよく窺わせ、さらに、近世前期における武家社会の形成をも示唆する内容を含んでいる。以下、この記事を整理・検討しながら、上記の問題を考えてみたい。ただし、新規の出仕にはすべて古主・肝煎・寄親が必要であったはずであるが、『親類書』には記載がない例のほうが多い。一部、親類の構成などから推測が可能な者もいるが、とりあえず記載のある家臣に限定して検討を加えたい。

古主　『親類書』提出者二九五名中、一〇一名が古主を記載している。その内訳は、大名を古主とする出仕者八一名、幕臣を古主とする出仕者二〇名である。一方、古主として記載された大名は六三名、幕臣二〇名になる。古主が大名の場合、改易・断絶に遭った大名一三名、彼らを古主とする出仕者一九名、寛文五年当時存続している大名五〇名、彼らを古主とする出仕者六二名となる。改易・断絶の古主一三名中、八名が徳川家門・譜代の大名である。ことに旧臣が多く出仕しているのは、慶長十二年（一六〇七）断絶の尾張清洲城主松平忠吉の二名、寛永九年（一六三二）改易の徳川忠長とその附家老朝倉宣正・奥津直正の三名、同一三年断絶の出羽山形藩主鳥居忠恒五名、寛永二十年改易の陸奥会津藩主加藤明成の二名等である。忠長の家臣団は幕臣が附属されて成立したものであり、忠長の附家老鳥居土佐守成次は、阿部忠秋の姉婿鳥居美濃守忠頼の兄であった。また鳥居忠恒は、成次・忠頼の甥に当たっている。こうした関係から、忠長・忠恒の旧臣が阿部氏に仕官したのであろう。他に徳川取立大名では、元和四年改易の伊奈忠政、万治元年改易の遠江掛川藩主北条氏重、同三年改易の下総佐倉藩主堀田正信の旧臣が各一名ずつ阿部氏に仕官し、外様大名では、小早川秀秋・寺沢堅高などの旧臣が一名ずつ仕官している。ただ慶長七年断絶の小早川秀秋の旧臣が寛永八年に、寛永九年改易の徳川忠長の旧臣が明暦二年（一六五六）に、万治三年（一六六〇）改易の堀田正信の旧臣が寛文五年に仕官しているように、牢人して直ちに仕官することは稀であったようであり、多くの出仕者が長期間の牢人生活を強いられていたようであるが、その実態はここからは不明である。

古主たる大名が存続している場合、出仕者が古主の許を離れた理由は、『親類書』からは全く判明しない。だが古主のうち織豊取立大名が一六名、徳川取立大名が三〇名であり、ほとんどが近世初頭以来急激に拡大した家であり、旧族大名は肥前平戸藩主松浦隆信・常陸宍戸藩主秋田俊季・筑後久留米藩主有馬頼利・出羽本荘藩主六郷政勝の四名

表35　阿部家に出仕した家臣の古主

氏　　名	摘　　要	人数
〔断絶・改易の古主〕		
松平　忠吉	尾張清洲　慶長12年断絶	2
小早川秀秋	備前岡山　慶長7年断絶	1
藤田　信吉	下野西方　元和元年改易	1
伊奈　忠政	武蔵小室　元和4年断絶	1
徳川　忠長	駿河府中　寛永9年改易	1
朝倉　宣正	（忠長家老）〃	1
興津　直正	（忠長家老）〃	1
鳥居　忠恒	出羽山形　寛永13年改易	5
加藤　明成	陸奥会津　寛永20年改易	2
金森　重次	旗本　寛永18年改易	1
寺沢　堅高	肥前唐津　正保4年改易	1
北条　氏重	遠江掛川　万治元年改易	1
堀田　正信	下総佐倉　万治3年改易	1
〔大　　名〕		
小笠原忠真	信濃松本→播磨明石	1
奥平　忠昌	下野宇都宮	1
松平　昌勝	越前松岡	1
水野　重良	紀州付家老	1
小笠原忠知	豊後杵築	1
本多　忠刻	播磨姫路	1
西尾　忠昭	常陸土浦	2
九鬼　久隆	播磨三田	2
生駒　高俊	讃岐高松	1
堀　　直寄	越後村上	1
徳川　義直	尾張名古屋	1
松浦　隆信	肥前平戸	1
本多　政遂	下野皆川	1
青山　幸利	摂津尼崎	2
溝口　善勝	越後沢海	3
本多　成重	越前丸岡	1
土岐　頼行	出羽上山	1
横山　長知	金沢藩家老	1
堀　　親昌	下野烏山	1
森　　忠政	美作津山	1
前田　利常	加賀金沢	3
安藤　義門	紀州付家老	1
蜂須賀至鎮	阿波徳島	1
小出　吉英	播磨出石	1
秋田　俊季	常陸宍戸	2
堀　　直時	越後安田	3
酒井　忠勝	出羽庄内	1
池田　光仲	稲葉鳥取	1
榊原　忠次	陸奥白河	1
酒井　忠当	出羽庄内	1
酒井　忠利	武蔵川越	1
堀　　直景	越後椎名	1
水野　忠善	三河岡崎	1
板倉　重矩	三河深溝	1
安藤　重長	上野高崎	1
酒井　忠直	若狭小浜	1
有馬　頼利	筑後久留米	1
本多　政長	大和郡山	1
松平　光通	越前福井	1
太田　資宗	遠江浜松	1
森　　長武	美作津山	1
水野　元綱	上野安中	2
池田　恒元	播磨山崎	1
六郷　政勝	出羽本庄	1
松平　忠明	播磨姫路	1
松平　忠良	美濃大垣	1
藤堂　高虎	伊勢津	1
青山　宗利	信濃小諸	2
〔幕　　臣〕		
加賀爪忠遠	目付・町奉行	1
服部　政信	今切関所守	1
仁賀保誠政	2000石	1
松平　知乗	1200石	1
妻木　之徳	1000石	1
内藤　将監		1
蒔田権之助	7000石	1
三枝　守恵	書院番頭	1
池田　長賢	大番頭	1
植村　泰頼	〃	1
酒井　忠吉	留守居	1
鳥居　忠頼	1500石	1
大久保忠重	三之丸番頭	1
永井　正勝	350石	1
安藤　正珍	徒頭	1
中根　正重	大番頭	1
天方　具通	目付・駿府城番	1
菅沼　貞資	3000石	1
米津　田盛	大番頭	1
松平下野守		1

注　＊大名の封地は家臣の出仕時とした。

にすぎない。彼らの中には転封を重ねた大名が多く、生駒氏のように家中騒動を起こした大名もおり、それらの家臣は主従関係が未確定で、ことに織豊・徳川取立大名の家臣は定着性・世襲性が希薄であり、退去する者も多かったと推測される。もちろんそれは阿部氏にも当てはまることであり、家臣のうちには退去するものも多かったはずであるが、その全貌を把握できる史料はない。なお、家中の退去は後に検討する。

ところで、幕臣を古主とする出仕者も二〇名に達する。その特徴は、該当する幕臣のうち、大番頭の植村泰頼・池田長賢・米津田盛、書院番頭の三枝守恵、徒頭の安藤正珍、駿府城番の天方具通、遠江今切関守の服部政信など、比較的高禄で番方の頭が多いことである。このうち安藤正珍は、従兄弟が阿部家中にいるなど特殊な事情もあろうが、それについては後述する。幕臣層は譜代奉公人も少なく、家人の多くを渡り侍に依拠していたといわれるが、ことに番方を勤める層は、その軍役負担のため多くの家人を抱えたのであろうし、その分退去する家人も多かったのであろう。そうした渡り侍が、急激に拡大した阿部氏の許に、流入したと推測される。

他方、古主の記載がなくとも、出仕者の父が主人あるいは古主を持つ者が四一名を数える。このうち、出仕者が阿部氏に仕官する以前に、父が死去あるいは牢人となった者八名、仕官後に父が死去したか、未だ父が他家中に存在している者一九名が判明する。前者は、牢人を経騒して阿部氏に仕官し、後者は、父の許を離れて阿部家に出仕したものである。この場合も、父の主家・古主のほとんどが織豊取立・徳川取立大名であり、家臣の分知等により家臣団の拡大再生産を図る旧族大名との差を窺わせる。

肝　煎　新規の出仕には、その紹介・斡旋を行う「肝煎」(58)を必要とした。『親類書』提出者中一一三名が肝煎を記載している。うち、前掲の古主を記した者は五五名であり、古主を記しながら肝煎の記載のない者が四六名存する。だが、この四六名も、実際には肝煎が存在したと考えられる。新規出仕者二三名の肝煎となった者は八〇名に達し、彼らは大名・幕臣が四〇名、阿部家中三一名、他家中八名、不明一名に分けられるが、中には二名か三名が連名で、一人の出仕者の肝煎を勤めた例もある。

幕臣層の肝煎が仲介した出仕者は五六名であり、肝煎をもつ出仕者の約半数に当たる。この場合の肝煎の特徴は、

表36　阿部氏に家臣の出仕を紹介した肝煎のうち幕臣層

氏　名			
富永　重吉	250石	富永流剣術祖	1
前田　道巴		医師	2
池田　重次		医師	4
舟越　永景		寄合	1
堀　直景		町奉行	1
石丸　貞次	1240石	大番組頭	1
鈴木伝次郎	300石	台所組頭	1
小浜　安隆	1500石	船手	1
久保　正元	460石	右筆	2
岡　道琢		医師	1
望月　玄珍		医師	1
松田　定勝		1000石　鑓奉行	1
矢部　定勝	440石	細工頭	1
諏訪部定矩	830石	御馬預	1
本目　直信	200石	鉄炮薬込	6 *
鈴木　重弘	300俵	右筆	1
久世　広之	2万石	若年寄	4 *
土屋　之直	1000石	書院番	2
高木　正次	3300石	佐渡奉行	1
石谷　貞清	2500石	目付・町奉行	3
井上　重成	3300石	先手鉄炮頭	1
安藤　正珍	2540石	徒頭	5 *
永井　直貞	4300石	小性組番頭	2
小幡　景憲		甲州流祖	1 *
北条　氏長	1900石	大目付　北条流祖	2 *
大沢　基房	2550石	高家	1
志賀　定継		右筆	1
柳生　三厳		書院番　柳生流	1 *
松平　定政	2万石	刈谷藩主	1
木村　元宣	200石	鷹匠	1
安藤　重元	3000石	小性組番頭	2
岡田　重治		徒頭	1 *
那須　玄竹		医師	2
天野　忠詣	600石	忍近郷代官	1
板倉　重矩	1万石	深溝藩主	1
小出　尹定		徒頭	1
荒木　元政		馬役	1

注　＊は連名で肝煎となった場合があるもの

小性組番頭安藤重元・永井直貞、新番頭北条氏長(のち大目付)、船手小浜安隆、徒頭岡田重治・安藤正珍、大番組頭石丸貞次、鑓奉行松田定勝、先手頭井上重成など番方の頭が多い。彼らは、幕府直属軍団の中枢にあって、寄騎・同心等の下層武士を支配していた。こうした下層武士が牢人からの登用も多かったため、番頭層は、牢人との接触を通じて仕官の仲介も行なったのであろう。寛永十七年(一六四〇)十月、徒頭が「人宿」行為の停止を申し合わせており、[59]番頭層の武家奉公人斡旋の事実を伝えている。その斡旋先が大名の場合もあったのである。ついで、池田道隆重次・岡道珍・那須玄竹等、幕府医師が肝煎の場合も多い。このうち、那須玄竹は医師二名を斡旋しているが、他の医師は、ずべて一般武士の仕官を仲介している。彼らは、医師として多様な階層の人々と接触する一方、幕府医師としての権威も保持して、各方面に著名であった。そのため、仕官の仲介も容易に行なえたのであろう。

また、目付・右筆・台所頭等も肝煎としてみえるが、この場合は、阿部忠秋が六人衆・老中として彼らを支配したこととも関係しよう。なお忠秋は、職務上から番頭や医師とも親しい関係にあった。また、鷹匠・忍近郷代官が肝煎としてみえるのは、忠秋の封地と、彼らの職掌との関係といえる。

ところで、肝煎には、石谷将監貞清・岡田淡路守重治等がみえる。石谷が牢人の仕官を斡旋したことは著名である(60)し、岡田は、慶安三年(一六五〇)五月大坂定番内藤石見守信広の与力に切支丹牢人を吹挙した罪で、会津藩主保科正之の許に預けられている(61)。彼らは「人宿」「口入屋」ともいうべき存在であり、阿部家における牢人の出仕にも介在していたのである。

さらに、剣術富永流開基の富永重吉、柳生流の柳生三厳(書院番)、甲州流軍学の祖小幡景憲、および前述の北条流の祖北条氏長(新番頭・大目付)等が肝煎となっている。彼らは、武芸・軍学の伝授を通じて、大名から牢人に至るまで多様な階層の弟子を催し、この関係によって弟子の仕官を斡旋したと考えられる。また、武芸・学問は仕官の有利な条件となったであろう。寛永十九年、阿部忠秋は、小幡・北条両名を介して、軍学者・儒者として著名であった山鹿素行を召し抱えようとしており(62)、幕府右筆久保正元の肝煎で、慶安四年出仕した足立弥次兵衛は、家中条目作成のために右筆として召し抱えられたと伝えられる(63)。学問等を持った武士は、大名の側でも必要としており、肝煎は両者の接点だったのである。

慶安三年には、三河刈谷二万石の城主松平定政が、伊勢を本国とする山岡万右衛門の肝煎となっている。定政は徳川家康の異父弟松平定勝の六男であり、家光小性、小性組組頭を経て伊勢長島城主、ついで慶安二年刈谷に転じていた。彼は慶安四年七月、突然剃髪して遁世し、井伊直孝・阿部忠秋に上書を捧げ、所領・邸宅・武器・雑具に至るまでを返上し、幕臣の困窮を救うことを願い、幕府から狂気の沙汰として兄の伊予松山藩主松平定行に預けられたという逸話を持つ人物である(64)。下級武士の困窮を訴えた定政が、武士たちの仕官に介在し、さらに上書の宛て先であった阿部家に斡旋していたことは、彼の行動を考える上からも注目される。

松平定政と出仕者とは、伊勢という地縁的な関係が窺えるが、この他にも、出仕者と肝煎との地縁的・血縁的関係もみえる。伊勢小浜出身の幕府船手頭小浜安隆は、本国・生国ともに伊勢の池村八郎兵衛の肝煎となり、幕府槍奉行松田定勝は、甥の松田金兵衛を阿部氏に仕官させている。

以上の幕臣の他に、阿部氏家臣の肝煎がみえる。その多くは、家老平田弾右衛門をはじめとする老臣や医師成田宗伯等、藩内の地位も高く、藩外との交渉も多かった者である。なお長門出身の福原武右衛門は、本国・生国を同じくする加屋五郎右衛門の出仕を肝煎しており、地縁的な関係も見える。

ここで特に注目されるのは、家臣の肝煎から、「芋蔓式」あるいは「連鎖式」ともいうべき複数の家臣の仕官の現象が見い出せることである。寛永十二年、旗本仁賀保内膳誠政の家人川村半右衛門は、肝煎となって横畑源五左衛門を阿部忠秋に仕官させたが、同十五年、川村自身が阿部正次の家臣福島七郎右衛門の肝煎で、忠秋に仕官した。寛永十九年、川村は、平野十左衛門が正能に仕官した時の肝煎となり、横畑も、寛文四年和田久馬丞が正能に仕官したとき肝煎を勤めている。同様の事例は他にも見いだせるが、前記の例は川村が軸となり、次々に四名が阿部氏に仕官している。この間の具体的な事情は不明だが、こうした「連鎖式」仕官は、偶然とは断言できない。かえってこの背景に、仕官を望む武士による積極的な連繫した行動が存在したと推察される。

藩外の陪臣が肝煎となる場合、肝煎の多くは阿部一門の家臣である。阿部一門は、忠秋の祖父正勝の子孫が分出して繁栄したものであり、彼ら親族間の密接な関係が、各家臣団にも反映したことを窺わせる。本来阿部一門の嫡流であった正能が忠秋の養子になったことも、家臣同士の交流に拍車を掛けたことであろう。その他連名の肝煎の例もあるが、家臣あるいは幕臣が連名だけでなく旗本と阿部氏の家臣が連名となっている場合もあり、多様な方法で仕官が

表37　阿部氏家臣団の出仕の際の寄親

寄　親	『慶安分限帳』中の寄親の役職	出仕人数	肝煎をもつ出仕者	子弟の出仕
平田　弾右衛門	2000石　家老	51	5	22
古加藤　市之丞	600石　客会釈	15		11
加藤　市之丞		2		2
高松　左兵衛	800石　中老	14		5
原　治左衛門		13	5	3
古富加須　庄兵衛		12	3	5
古加藤　三右衛門		8		5
加藤　三右衛門	1300石　家老	5		
可児　与右衛門		7	2	2
飯田　七郎兵衛		7	7	
八木八郎左衛門		6	2	3
川野　主税		5		4
鈴木　宇右衛門	800石　家老	4		1
小寺　平兵衛	250石　中小性頭	4	4	
高木与三右衛門		4	3	
松井　勘右衛門	550石　番頭	3		
古松井　勘右衛門		2		2
有田　内記		3		1
成田　宗伯	20俵　儒医	3	1	
古三沢　助之進	800石　中老	3	2	
甲斐　外記		3	1	2
五十幡　伊兵衛	300石　物頭	2		
川勝　弥右衛門		2	1	1
中沢　新左衛門		2		
本間太郎左衛門		2	2	
古川野　主税		2		
中村　隼人	2000石　家老	1		
林　勘右衛門		1		
竹沢市郎左衛門		1		
松本　五右衛門		1		
村田　伝右衛門		1		1
古伊藤　三之丞		1		1
八木　三右衛門		1		
酒井　又右衛門	650石　用人	1	1	
松井　宗泉	25人扶持　客会釈	1		
中島　小兵衛		1		
小幡　小十郎		1	1	
富加須　了照		1	1	
村上与三左衛門		1		
田辺五郎右衛門		1		
池村　八郎兵衛	600石　用人	1		
白坂　五左衛門		1		
秋元与三右衛門		1	1	
福原　武右衛門	7人扶持　中小性（父は物頭）	1		
富加須治左衛門		1		
成瀬　与左衛門		1		

古川　武左衛門		1		
深沢　知右衛門		1		
山　田　伝兵衛		1		1

行われていたことを窺わせる。

以上、肝煎は新規出仕に不可欠の存在であり、仕官を望む者と家臣団の拡大を図る大名との接点に位置し、両者の希望を結んだ。ことに阿部氏の如く、急激に拡大した新規取立大名には、介在の余地が多かったのである。ここに半ば専門の「口入屋」的存在も成立し、他方、仕官を望む武士達の能動的な連繋行為も生まれたのである。

寄親　初出仕に当たり、その取次・指導を行う家臣を、阿部氏では「寄親」[65]と呼んだ。『親類書』提出者中、寄親を記載した者は二〇七名を数える。うち、古主を持つ者七〇名、肝煎を持つ者七一名、両者を持つ者二九名、これらの統計一一二名である。また家臣の子弟四一名も含まれており、寄親が、藩外からの新規出仕のみならず、藩内の出仕にも必要とされたことを物語っている。

寄親となった家臣は五一名に達する。うち出仕者一名の寄親を勤めた者二四名、二名の寄親七名と、一・二名の寄親となった者が六〇%を占めるのに対し、忠秋の家中では平田弾右衛門が五一名・古加藤市之丞一五名・高松左兵衛一四名、正能の家中では富加須庄兵衛一二名など、家老・年寄とみられる特定の数名が多数の出仕者の寄親を勤めている。

寄親の性格を考えるため、寄親と肝煎との関係をみよう。寄親あるいは肝煎を持つ出仕者は二四九名であるが、藩内からの出仕者を除いた二〇八名は、次のごとく分類できる。

Ａ　藩外の肝煎と寄親を持つ出仕者、四七名（ただし、うち三名は阿部一門の肝煎）。

Ｂ　藩外の肝煎を持つが寄親を持たない者、二二名（ただし、うち二名は阿部一門の肝煎）。

Ｃ　藩内の肝煎と寄親を持つ者、二四名（うち肝煎・寄親が同一の者六名）。

D　藩内の肝煎を持つが寄親を持たない者、二〇名。

E　肝煎を持たず寄親のみを持つ者、九五名。

このうち、Bは、寄親の記載を脱漏した者が多いと推測される。寄親の指導・取次がなく出仕することは、なし難いと考えるからである。Aの場合の寄親は二名、Cの場合は一二名、Eは三八名が勤めている。また、多数の出仕者の寄親となった者は、A・Cに多く介在し、Eの寄親は、一六名が一名のみを出仕させる等、少数の出仕者の寄親が多い。さらに、A・Cの寄親の多くは上士層である。

さて、Dの出仕者が藩内の肝煎のみ、Eの出仕者は藩内の寄親のみで出仕しているが、新規出仕に当たっては、肝煎・寄親ともに必要としたはずである。だが、寄親のみのEが九五名もおり、彼らの『親類書』が悉く肝煎を脱漏したとは考えられない。一方、Cのうちに肝煎・寄親を同一とする出仕者六名が存在するところから、藩内肝煎・寄親は、同じ役割を果たすことがあると推察できよう。その場合の肝煎又は寄親は、仕官を斡旋し、かつ出仕に当たってその指導・取次を行うのである。こう考えると、D・Eの寄親・肝煎の欠如は、脱漏ではなく、むしろ一方が両方の役割を果したといえよう。A・Cの寄親は、家老・番頭・用人等の上士層に集中している。彼らは、藩外の肝煎と接触し、家中の肝煎からも依頼されて、出仕者の寄親を勤めたと考えられる。

他方、家臣の子弟で寄親を持つ出仕者は四一名、その寄親は一七名である。この寄親も家中の上士層が占めており、彼らは家臣の依頼をうけて子弟の出仕の指導を行なった様子である。ただ寄親と出仕者との間に、職制上の支配関係が存したのか否かは不明である。

「寄親」は、戦国期における寄親寄子制のような軍事編成下の名称とは異なる。この場合は、肝煎と同意義にも使用されたと考えられ、かつ、五一名も存在するところから、職制上に位置づけられた様子はない。そして、彼らは、本来私的な関係であり、出仕者の個別的な依頼でその出仕の取次・指導に当たったたと推測される。またそのような個々の家臣の横の連携について、藩が統制しようと企てたり禁止した形跡はなく、かえってその実態を容認し、家臣団の統制と運営に積極的に活用していたと考えられる。藩組織とは別な個々の家臣のつながりを容認せざるをえなかったところに、藩が急激な所領高の拡大に伴って、家臣を積極的に集めなければならず、また登用された家臣に定着性がないという、新規取立大名阿部氏の家臣団形成の特徴があったといえる。

以上、『親類書』の古主・肝煎・寄親の記載から、牢人等の新規出仕の存在形態をかいまみた。個々の具体的実情はほとんど判明しないが、これらの出仕は、単に阿部氏等の大名側の意図のみで行われたというより、家臣・牢人を含めた武士の、領主階層へ結集する能動的な連帯の運動とみることができよう。また藩や階層序列を超え、各階層に広範囲にわたって武士たちの横の繋がりが存在していたことが、このような仕官を可能にしたともいえよう。

七　家臣団の確定

阿部氏家臣団の形成が、牢人・渡り侍等からの新規取立に多く依拠していたことは、何度も述べてきたが、阿部氏が江戸に定住しており、家臣の比重も封地より江戸にあったことから新規取り立ては多くの場合江戸で行われたと推測される。ただ慶長年間(一五九六―一六一五)忠吉が居住した駿府や、壬生・忍、正能の封地岩槻・大多喜などでの取り立ても若干はあったであろう。

『親類書』から、本国・生国の判明する家臣三〇七名の、本国は四一ヵ国、生国は四四ヵ国に達する。うち、本国・生国ともに同一の家臣は九九名にすぎない。また、生国武蔵の者一二六名に対し、本国武蔵の者は二八名、本国・生国ともに武蔵の者は二二名である。以上の数値から、阿部氏の家臣のほとんどは、兵農分離を経験して、在地はもちろん、本国からの離脱も余儀なくされ、大名・幕臣・陪臣等の家臣に登用されながらもその主人の許を離れ、牢人や渡り侍となって全国から江戸に集住した様子が窺えるのである。また、家臣の父を統計にとると、阿部家中一〇六名（うち死亡三四名）、他家中七二名（うち死亡四六名）、牢人一八名（うち死亡九名）となる。阿部家中では生存者が多く、他家中では死亡者が多いのは、牢人を父とする家臣は老年となる傾向にあり、阿部家中に父とする家臣は、若年層に多いからであろう。半数以上が阿部家中に父を持っているのは、次第に家臣に定着の傾向が見られることを窺わせるものの、いまだ世襲が定着したとはいいがたい状態にあったことも物語っている。

万治三年（一六六〇）十二月、者頭平佐丑之助が忍において藩内の者と抗争して出頭を拒んだとき、討伐に派遣された足軽組のうち討死した八名の子を、忠秋は、「八人之者」と名付けて徒士上席に登用した。[66] この事件は、当時、阿部氏における主従関係が、藩主の強要と家臣の服従のみで成立していたのではなく、反抗するものまで出現するような様相を見せており、決して安定していなかったことを窺わせる。忠秋が、「八人之者」を設けて、討死した足軽の忠節を藩内に誇示したのは、藩主のもとに家臣が結集するような、安定した封建的主従関係を確立しようと意図したからであろう。

寛文十年（一六七〇）二月、右筆佐々木庄太夫父子が、忠秋等の説得にもかかわらず、暇を願ってついに許され、[67] 同十二年十一月には、沼田惣兵衛が病気養生のため立ち退いた時、時の藩主正能は、その子を成人後出仕させることを約束している。[68] これらの事例からも、阿部氏の主従関係が、譜代関係を形成しておらず、一種の契約関係さえ包摂していたことを物語っている。

一方、同じ寛文期以降、忠秋の晩年から正能の治世にかけて、家中の内部に動揺があった。[69] 寛文八年五月、酒巻治兵衛父子と板東武兵衛父子が喧嘩し、両者とも奉公構えとなり、のち浅草で酒巻治兵衛が板東父子のために討たれたという。同年、海野源蔵が椿勘之丞を江戸下屋敷で殺害して立ち退き、寛文十年五月には家臣の中間同士が喧嘩して双方手負いのうえ欠落し、六月には桑原忠太夫が清水作右衛門の弟を殺害して忍を立ち退いている。寛文十一年六月、浅野喜兵衛の養子が養父を殺害して自殺し、翌十二年六月には、浜路六左衛門が乱心して自殺し、同七月、小柏伊右衛門が江戸で勘定方の金子を盗んで欠落している。延宝四年(一六七六)三月、江戸屋敷で足軽同士が喧嘩して双方死去し、同七月には伊藤作之右衛門が田中新五右衛門を殺害して立ち退いた。家臣内部の抗争が寛文・延宝期に顕著になったのは、史料の残存状況にもよるのであろうが、これまで急激に拡大した寄せ集めの家臣団が、家中としての統一性に欠け、強固な主従関係を形成できなかったという矛盾の顕在化であったともいえよう。

他方、この時期、家臣への抑制が目につくのは、以上に対する藩側の対応であろう。寛文十一年六月、物頭竹内安左衛門は、江戸勤番中不調法の故をもって忍に閉門を命じられ、さらに切腹を申渡された。このとき藩は足軽二組を出動させて警戒したが、竹内は抵抗せずに切腹した(70)。ついで寛文十二年六月、弟の仇討に幕府鳥見同心を誤殺した清水作左衛門が切腹を命じられ(71)、翌延宝元年四月には、金奉行小林勘兵衛が領内百姓に貸金のかどで追放されている(72)。延宝五年に三代藩主正武が襲封すると、処罰の様相はさらに変化する。延宝七年十月、本間彦七が親不孝者として暇を出され(73)、天和二年(一六八二)七月には須永七兵衛が奉公の仕様に不興を買い暇を出される等(74)、元禄期に至るまで家臣の処罰は一三例見いだせる(75)。その理由は、すべて奉公の態度が逆鱗に触れた「不調法」か、親不孝・不行跡など封建道徳に反する行為に限定され、処罰は閉門・改易・諸奉公構えの上追放のいずれかで、切腹・斬罪はみえない。かつ、処罰に反抗した家臣も見いだせないのである。

ところで、家臣団の固定と主従関係の確立は、単に服従の強要のみでは成立せず、家臣団が藩主の許に結集する「家中意識」の統一が必要だった。もちろん、寛文期以降幕藩体制の確立による武家の世襲化・牢人等の主取の機会の閉塞化により、意識生成の条件は成立していた。この中で、阿部氏は、家臣団に、まず「徳川家中」意識、ついで阿部氏の「家中意識」を扶殖せねばならなかった。

寛文十年二月、忠秋は、病気養生の見舞に将軍家綱から鷹の鶴その他を賜うと、鶴の料理を、養嗣正能・その子正武をはじめ家臣一同に饗した。(76) この時、忠秋は、自分に格別の由緒もないのに国持・家門にも劣らぬ厚遇を受けたと、「上様御厚恩」を深謝し、一同に次のように教諭した。父の忠吉は、末子ながら「御普代」のために召し出されたが、知行は現在の忍城代中村隼人より小身だった。だが、自分が大身の大名となれたのは、徳川家「御代々之御恩」の故である。しかし、「御世御静識に候得は、只今迄一度も　公儀之御奉公」をしたことがなく、残念に思う。正能・正武の代には「御奉公」する時が来るかもしれぬから、その時は一人でも勤めることが、忠秋が「御恩」に報いる一助となるので、一同よく心得て、有事の際には今のことを思い出して「御奉公」に励むべきである。

この教諭には、「御恩」を賜う根源を「譜代」の関係に求め、これに報いるに「奉公」をもってするという、封建道徳の原理が貫徹されている。この時、忠秋は、「御恩」の象徴たる鶴を一同に分与して、徳川家の「御恩」に浴していることを知らしめ、他方、忠秋の尽すべき「奉公」が行われていないと、家臣に徳川家への忠勤を諭しているのである。さらに、この「奉公」が軍役を指すことは、吏僚的大名として出世した忠秋が、武士の本分を如何に考えていたかを示している。

もちろん家光政権の遺老であった忠秋は、この時期の幕政が大老酒井忠清らによって、個人の能力や奉公の意志よりも、家門・譜代の論理を前面に出して幕臣団を編成していき、さらに諸大名の政治に介入していたことに、批判的であったはずである。(77) しかし、「譜代」や「家」の主従的論理が幕政の理念となっていった時代に、それを無視することはできず、何よりも自らの家臣団の確立・統制に有効であったことは認識していたであろう。忠秋の教諭に「譜代」の論理とともに、「奉公」が強調されているのは、幕閣にあったころの忠秋の立場をも反映していると推測される。

貞享元年（一六八四）五月、忠秋の孫に当たる藩主正武は、儒者村越大吉を会津藩主保科正容から譲渡された。[78] ついで、元禄二年（一六八九）四月、家臣子弟の書跡・詩作を正武自ら閲することを触れている。[79] 元禄五年八月、正武は、将軍綱吉の面前で経典を講じ、翌六年七月には論語を、同七年三月・八年五月の再度にわたる綱吉の正武邸渡御にも、論語・経典を講じた。[80] 同年八月、彼は、家臣の子弟の教育のため儒者服部新右衛門を召し抱え、[81] 同十一年二月、同じく和田権大夫を、[82] 同年九月には三宅尚斎に知行一三〇石を与えている。[83] さらに、元禄十四年二月、家臣の若者に、各自が学習した書籍名の書上げを命じている。[84]

こうした正武の儒学奨励は、前述した家臣の処罰に照応したものに外ならない。それは、封建道徳の教化と強要だったのである。この原因には、綱吉の下で老中として元禄期の幕政に参画した、正武の立場もあったと考えられる。正武は天和武家諸法度制定を総裁し、『貞享書上』『武徳大成記』の編纂も担当しており、[85] これらの事業の中で、徳川氏の「藩屏」意識を強く感じたに相違ない。さらに、それは直ちに自身の「藩屏」たる家臣団に投影されたであろう。

元禄後年には、家臣に対する処罰にも変化がみられる。元禄七年十月、原藤右衛門・須田権三郎が不行跡のかどで奉公構えのうえ追放されている。そのほか、この時期以前の家臣への処罰は概ね追放が多い。しかし元禄十五年八月、不行跡のかどで原治左衛門が処罰されたとき、藩は弟左門に知行二〇〇石を与えて名跡を継がせたうえ、治左衛門を弟左門に預けて忍に押し込めた。[86] 原家は初代忠吉に仕えたという最古参の家臣という由緒を持っていたが、その由緒を容認して藩が家臣の家を存続させようとしたことに、藩の家臣団に対する意識の変化を見いだすことができよう。ある意味では、家臣が定着して譜代関係が形成され、その由緒を家中が認識するようになったことに、藩が反応を示しさらに家臣団の定着を図ろうとしたのである。

阿部氏は、藩主と家臣が一体となって藩体制の確立に邁進した歴史を持たない新規取立大名であった。正武が家臣団を封建道徳で教化し、これに反する家臣を厳罰に処したのは、彼らを藩主阿部家のもとに結集させる不可欠の政策でもあった。この政策が元禄期の社会の展開ともあいまって、阿部氏の家臣団は「阿部家中」としての枠組みを確定したといえよう。こうして阿部氏家臣団は、元禄後年に一応定着し、それを藩・家臣ともに認めるようになったのである。

八　藩の枠組みを超えた武家の「家」

寛文五年七月、家中の宗門改めに、二〇〇〇石の家老平田弾右衛門は、次のような書上を藩に提出した。(87)

寛文五年巳ノ七月六日宗門之人改

小林　三太夫　　同　市之助　　足立　儀左衛門　　石崎　伝右衛門　　宇都美　瀬兵衛
坂田　弥左衛門　　三村　七左衛門　　石井　清左衛門　　斎藤　治兵衛　　茂柄　六太夫
田村　所左衛門　　生駒　七兵衛　　青木　久左衛門　　吉野　伊兵衛　　三田　市郎兵衛
文山　覚悟　　橋本　市右衛門
角助　由右衛門　清三郎　太右衛門　角右衛門　彦左衛門　角内
八兵衛　孫兵衛　由兵衛　市兵衛　鹿助　久兵衛　五郎左衛門
曽之助　新兵衛　権四郎　仁兵衛　喜兵衛　左五兵衛　力蔵
こや*　かめ*　かや*　はる*　とら*　さこ　りん

たね　つま　ふう　うは四人　ひさ　きさ　しゆん＊
三太夫女房　同仕女壱人　ゆき　ため　たつ　まき　いわ
しめ　きひ　よし
一若党　拾八人　一中間　廿三人　一女　廿八人拾八人上拾人下
〆人数六拾九人
此内
一若堂　三人　一中間　五人　一女　八人　新左右衛門分
一若堂　壱人　一中間　弐人　一女　三人　治部右衛門分
一若堂　壱人　一中間　弐人　吉右衛門分

以上

寛文五年乙巳七月六日　平田　弾右衛門　判
塩冶　久右衛門殿
二階堂　内蔵助殿

（＊は二月の書上に記載された譜代下人、筆者注）

平田家の家族はそれ以前二月十六日に手形を提出しており、[88] 平田弾右衛門は六十七歳、菩提寺は阿部家の菩提寺浅草西福寺の塔頭真行院、妻は六十歳、子息は新左衛門三十八歳・治部右衛門三十二歳・吉右衛門二十歳の三人、他に譜代下人として坂田門三郎と女中六名を書き上げていた。七月の書上で平田家の家中は、若党一八名・中間二三名（人名は二一名）・女中二八名を数え、若党の中には坊主と思われる者二名が含まれ、女中は上女中と下女中に別れ、屋敷のなかが奥と表に厳格に別れていたことを窺わせる。また子息三人にもそれぞれ若党・中間・女中が付属されていた。二月に譜代下人として書き上げられた坂田門三郎の名はみえないが、女中六名の名は七月の書上にも記載されているので、あるいは坂田弥左衛門と同一人物かもしれない。小林三太夫ら若党にも家族や下女がおり、武家の家が重層的に構築されている姿がかいま見られる。本書は、武士の宗門改めの実例としても貴重であろう。

ただ、譜代奉公人は若党一名・女中六名のみで、他は年季奉公人なのであろう。二年前の寛文三年(一六六三)、正能の日光社参に供奉した平田は、若党九名・中間一六名を率いたが(89)、この宗門改めには、そのうち若党四名・中間七名の名前しか見いだせない。半数以上は二年の間に平田家を去っていたのである。なお日光社参に供奉した平田の子息三名は、それぞれ侍・道具持ち・挟箱持ち・草履取りを伴ったが、道具持ちか挟箱持ちは藩から貸人の提供を受けていた(90)。平田は阿部家中で最も知行高が多い家臣である。少なくとも阿部家の家臣は、このような年季奉公人によって自らの家を支えられ、特別のときには藩から貸人の提供を受けなければならないほど奉公人が不足していたのである。前述したように阿部家の家臣団は元禄後年には定着していったが、その実態は給人・中小性層までであり、以下の層ごとに足軽・中間や家中奉公人は早くから流動化していた。

阿部家に仕官した家臣の下に、さらにそこに仕える渡り侍や年季奉公人の中間がおり、それらが流動しながら近世の武家社会が保たれていたといえる。すでに近世前期から、武家の家は下層になるほど「譜代」「家」の論理を失っていた。それゆえにこそ、上層の武家になるほど擬制的な「譜代」「家」の論理を求めようとしたのであろう。

寛文九年十月、家臣八谷平右衛門が、娘を他家中の親類へ養女に遣わしたいと願った時、藩は「心次第」と許可している(91)。同月、田部井六左衛門が、次男を石見吉永藩加藤家中に養子に遣わすことを願うと、「末子ハ不及申上候」と許されている(92)。また、『親類書』から婚姻関係の事例を拾うと、舅三〇のうち家中一二・藩外一八、姉妹の夫九〇のうち家中二三・藩外六七、婿は藩外一〇のみであり、藩外との通婚が圧倒的に多いのである。もちろん本来は藩内における舅と婿の関係は一致するはずであり、それは舅が死亡していただけでなく、『親類書』の精粗の差にもよるであろうが、藩外との通婚が多かったことは想像にかたくない。

寛文二年六月の宗門改に、藩は同居の牢人・扶助者の書上を命じ(93)、同五年には同居の牢人まで親類書を次のように提出させている(94)。

親類書

一本国　越後
一生国　下総
一先主　松浦肥前守方江五年以前ニ罷出、翌年無相違暇申請罷出候、
一養父　樋口壱岐
　堀田上野介方ニ罷在、簱大将仕、知行四百五拾石取罷在候、年寄申付、佐倉御城代之者並ニ被申付候、上野介不仕合之節浪人仕、三ヵ年以前病死仕候、
一実父　柴田源太左衛門
　同家ニ罷在、上野介不仕合之節浪人仕、松浦肥前守方へ罷出、留守居役被申付、知行三百石二拾人扶持被申付候、去年病死仕候、
一弟　柴田源助
　松浦肥前守方ニ罷在候、跡式弐百石被申付罷在候、
一伯母婿　西川仁左衛門

上野介方ニ罷在、鉄炮大将仕、知行弐百石取、上野介不仕合之節浪人仕、只今保科肥後守様ニ知行弐百石取
罷在候、

一姉婿　　佐竹　与左衛門

同家へ罷在、不仕合之節浪人仕、唯今松平伊賀守様ニ知行百石取罷在候、

一妹婿　　和田　庄作

松平和泉守様御内和田庄太夫と申親ニかゝり罷在候、

一叔父　　平田　弾右衛門

樋口　次左衛門　年弐十弐

寛文五年乙巳六月廿五日

樋口氏は佐倉堀田氏の旧臣で、万治三年（一六六〇）の堀田正信改易ののち翌寛文元年（一六六一）に肥前平戸の松浦氏に仕え、翌二年に牢人して、叔父の平田のもとに寄宿していたのである。親類の多くは堀田氏を牢人して松浦氏をはじめ会津保科氏・丹波亀山松平氏などに仕官していた。これらの親類は、平田弾右衛門とも何らかの交流を持っていたのである。このような阿部氏家臣団の親類の多様さは、阿部氏が発展し、家臣団の多くが居住していた江戸にも原因があった。江戸には、幕臣・陪臣・牢人・奉公人等が集住しており、この中で取り立てられたり定府であったりした大名家臣は、「藩」を超えた交流や結合関係を持っていたといえる。

阿部家中では、寛文十二年三月の風俗匡正の「覚」で、牢人の抱置・客人の宿泊を禁じ[95]、ついで、延宝八年（一六八〇）十二月、家臣に同居の牢人・抱置者の書出しを命じている[96]。さらに元禄二年（一六八九）六月の『家中条目』には、次の箇条が加えられている[97]。

一他所ゟ養子縁組、并惣領娘他所へ遣之義、可為無用、但、不遁子細於有之は、其趣可伺之、縦、末子たりとい

阿部家中安藤勘右衛門とその親類

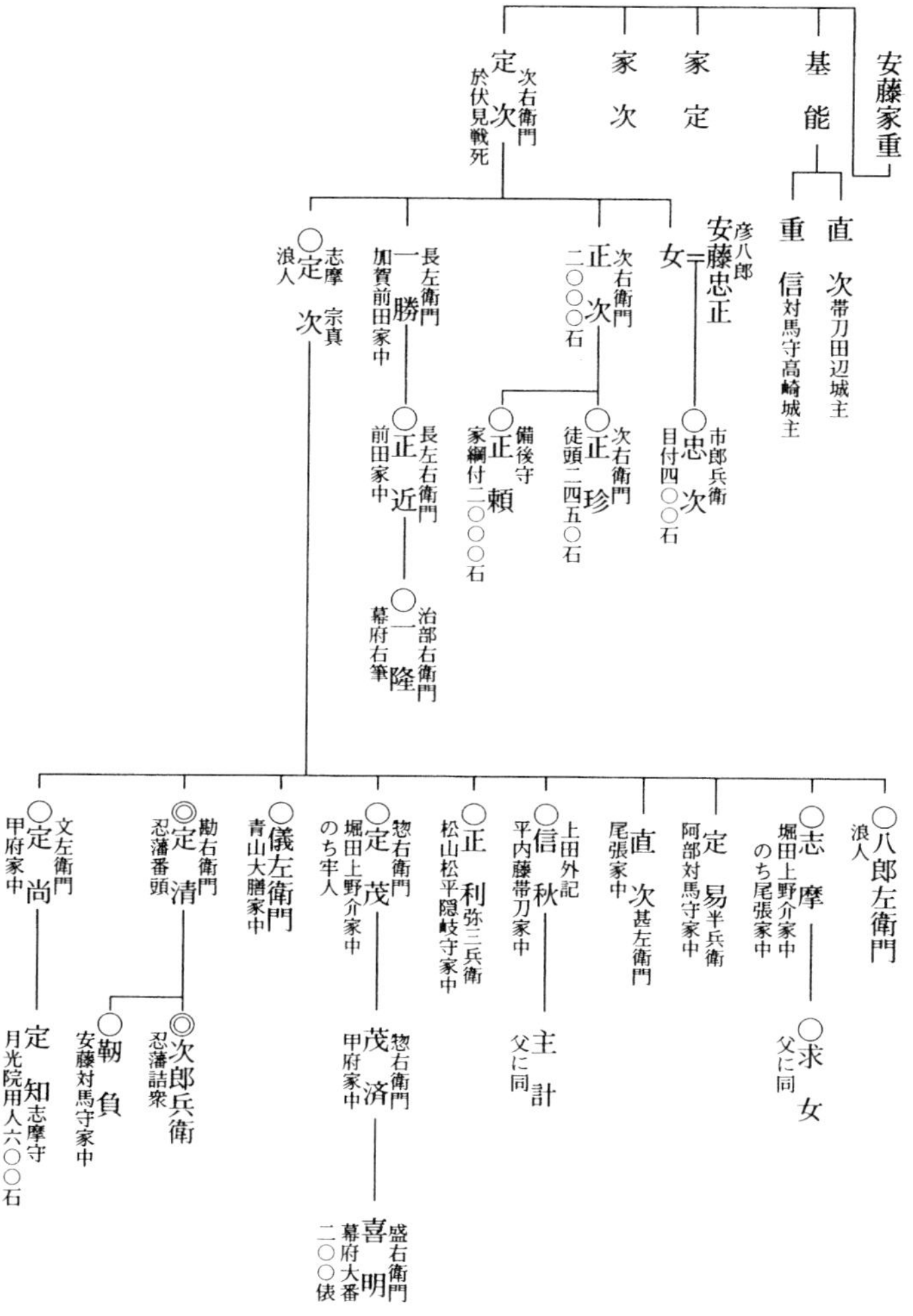

◎は阿部家中安藤勘右衛門父子、○は同父子の『親類書』に記載のある者。
（『寛政重修諸家譜』巻千百十八、『親類書』参照）

ふとも、年寄共・用人・番頭・近習之輩・物頭以上之者共、不得内意而他所へ遣之間敷事、藩外との縁組に規制が加えられているものの、禁止ではなく、下士層には非常に緩やかな措置である。これらの例は、阿部氏家臣団の藩外との通婚・養子が頻繁で、牢人の同居も多かったのに対し、藩の規制が緩漫だったことを示している。

寛文五年『親類書』から家臣の親類を統計に取ると、一五四四名に達する。もちろん提出者により記事に精粗の差があるので、統計は概略にすぎない。親類は幕臣五〇・幕府与力四〇・歩行一六、大名の家臣七五四・旗本の家臣七二、牢人一五二のほか、医者一〇・僧二〇・神主二・町人五・在郷の者三六、および阿部家中三〇〇に大別しうる。彼らは多岐にわたる階層に存在し、阿部家中は全体の二〇%たらずにすぎないのである。なお、在郷の者がすべて百姓を意味するとは断言できないが、この存在は、幕藩制的身分秩序の確立途上の状態を窺わせるのである。

親類のうち、大名家臣では、徳川取立大名の家臣が五三〇と最も多く、阿部氏のみならず、他の徳川取立大名の家臣団も、その親類の構成が阿部氏と同様の傾向を示すことを物語っている。また、牢人や与力・歩行等の下級幕臣もみえることは、徳川取立大名家臣や下級幕臣登用の基盤の一つが牢人にあり、その間の交流が未だ存続していることを推測させる。けれども、外様大名家臣の親類は比較的少なく、さらに旧族大名家臣は親類全体の五%に満たない。一門・譜代によって早くから形成された旧族大名家臣団と、徳川新規取立大名の家臣団との差が、ここに現われているのである。

そのような親類の一例を、家中の安藤勘右衛門の『親類書』からみると、次のような関係が浮かんでくる。安藤家は三河譜代の名家であり、紀州徳川家の付家老をはじめ大名・幕臣が輩出しているが、一族には大名家臣や牢人も多かった。祖父の定次は三河一向一揆に与したのち岡崎信康、石川数正、ついで内藤家長に付属され、慶長五年(一六〇〇）伏見城において家長とともに討ち死にした。その嫡男正次は秀忠に仕え二〇〇〇石、鑓奉行となるが大坂夏の陣で討ち死にしている。勘右衛門の父定次は、家長の子政長に仕えて陸奥平藩にあり、しばしば将軍家にも拝謁したというが、政長の子忠興が将軍への拝謁を止めたために牢人したという。(98)『親類書』によれば、勘右衛門は元江戸町奉行石谷貞清の肝煎で阿部家中に仕えた。『慶安分限帳』には、三〇〇石、番頭に勘右衛門の名がある。同人の『親類書』には系図に示した他に幕臣として内藤・小栗氏、従兄弟として紀州藩士畦柳氏なども記される一方、子の次郎兵衛のそれには、従兄弟のうち牢人が六名記載されている。従兄弟の幕府徒頭安藤次右衛門正珍は、阿部家中に四名を仕官させており、積極的に牢人などの仕官を斡旋していた肝煎の一人であった。安藤一族が実際にどのような連携を取り合っていたのかは分明ではないが、勘右衛門の子靱負は、一族の高崎藩主安藤対馬守重博に仕えており、相互に連絡があったことを窺わせる。反対に『親類書』からは、忍藩阿部家中に安藤家の親類を見いだせないのである。『寛政重修諸家譜』など幕臣の系図や各藩が編纂した家中系図などからは、このような関係を窺うことはあまりできない。ただ武家の一族は、大名家中など封建的主従関係を超えて繋がっていたのであり、ことに阿部氏のような新規取立大名の場合、決して藩国家の中に擬制的に押し込められるような性格ではなかった。それは、中世の「家」の中から近世の「家」が自立し、それぞれが別個に仕官の道を探っていく過程でもあった。そこに武家社会のもう一つの姿があったのであり、それを認識しながら、忍藩阿部氏は家臣団を形成しなければならなかったのである。

注

（1）　例えば御三家については、跡部佳子氏「徳川義直家臣団形成についての考察（一）～（八）」（『金鯱叢書』一～五・七・九・一三）、前田弘司氏「十七世紀における尾張藩家臣団の構造」（林董一氏編『新編尾張藩家臣団の研究』）、鈴木重喜氏「尾張藩番方の編成と同心」（『日本歴史』五四〇）、白根孝胤氏「尾張藩成立期における家臣団編成と構成」（『中央史学』二〇）、小山譽城氏「紀州藩家臣団の形成過程」（安藤精一氏編『和歌山の研究』二）、遊佐教寛氏「紀州藩における近世直臣団の成立と陪臣の構造」（津田秀夫先生古希記念『封建社会と近代』）、三木清一郎氏「水戸藩家臣団の形成過程」（『名古屋大学文学部研究論集』史学二五）などがあるが、譜代大名については、金井円氏『藩制成立期の研究』、神崎彰利氏「磐城平藩確立期の政策」（『譜代藩の研究』）、藤井譲治氏「幕藩体制初期の藩財政—譜代大名酒井小浜藩—」（『史林』五六—一）など、あるいは自治体史に触れられている程度にすぎない。

（2）笠谷氏『「主君押込」の構造』『近世武家社会の政治構造』。また知行制から武家の自律性を考察した研究に、高野信治氏『近世大名家臣団と領主制』がある。

（3）辻達也氏「近習出頭人について」（『江戸幕府政治史研究』に収録）。藤井譲治氏『江戸幕府老中制度形成過程の研究』・同『徳川家光』。小池進氏「若年寄の成立をめぐって」（『東洋大学文学部紀要』史学科篇三九）。

（4）忍藩については、長谷川正次氏「近世後期における忍藩城下町の研究」（『国史学』七五）、山田直匡氏「近世封建制の解体と没落小農民の実態」（『国史学』七七）、大徳忠志氏「忍領における定免制の実態」（『國學院雑誌』七〇—四）、大谷貞夫氏『近世日本治水史の研究』、大舘右喜氏『幕藩制社会形成過程の研究』などが基礎構造を考察しており、『行田市史』『行田市譚』『埼玉県史』通史編三・四が藩政の推移を概観している。

（5）『正勝公正次公忠吉公御家譜下調』（学習院大学史料館寄託「阿部家文書」、以下「阿部家文書」と略称）。『忠秋公御家譜下調』（同前）。『正能公御家譜下調』（同前）。『寛政重修諸家譜』巻三百六十三・三百六十五。

（6）中村孝也氏『徳川家康文書の研究』上巻。同氏『家康の臣僚』。

（7）同前。

（8）『徳川実紀』寛永十四年十一月九日条。

（9）注（3）に同じ。

（10）『寛政重修諸家譜』巻三百六十三。『埼玉県史』通史編三。

（11）『忠秋公御家譜下調』。『寛政重修諸家譜』巻三百六十五。

（12）朝尾直弘氏「将軍政治の権力構造」（『将軍権力の創出』に収録）。辻達也氏「〈下馬将軍〉政治」（『江戸幕府政治史研究』に収録）。

(13)「阿部家文書」。
(14) 幕末から明治初期にかけて家臣川澄次是が編纂した阿部家の家史であり、全八巻、忠吉代の元和二年から正静代の慶応二年までの編年体となっている。児玉幸多氏校訂『阿部家史料集』一・二に翻刻。
(15)『公余録』万治三年十二月十五日条。
(16)『公余附録』巻五所収。同書は全一二巻、『公余録』編纂時に諸史料を書写・抜粋したものである。
(17)『公余録』寛文十年二月二十五日条。
(18)『同書』寛文十一年十一月十八日条。
(19)『同書』寛文十三年正月一日条。
(20)『同書』寛文十一年十二月二日条。
(21)『公余附録』巻四所収。
(22) 長谷川宏氏編『武州埼玉郡忍行田史料拾遺』二所収。
(23)『新編武蔵風土記』巻二百十六。『阿部正武公』(『武州埼玉郡忍行田史料拾遺』二所収)。『埼玉県史』通史編三。
(24)『公余録』元禄七年十二月十一日条。同十四年三月八日条。
(25)『公余附録』巻五所収。
(26) 明治十四年、木屋伊助版『隅田川誉の乗切』上下二冊という絵草紙が出版されており、表紙には濁流の隅田川に乗り入れた阿部忠秋と、轡を取る平田弾右衛門の姿が描かれている。
(27) 國學院大學図書館蔵。
(28)『改定史籍集覧』二十六所収。「阿部家文書」中にも『道是覚書』の書名で現存している。一名『石岡道是覚書』といい、阿部忠吉から正武まで四代の当主・家中の逸話・言行、さらに将軍・諸大名などの風聞などを記した四一ヵ条の聞書である。著者については不明なところが多いが、寛文五年『親類書』に、「本国出羽秋田　生国武蔵　石岡平十郎、年三十二、拾七年以前被　召出、一養父石岡宗也」とみえるのが、道是ではないかと推測される。のち十右衛門と称した。『公余録』元禄十一年八月十七日条に、藩が石岡十右衛門・足立道海に、寛文三年に阿部忠秋が上屋敷で興行した伶人舞楽の留書について質問しており、この石岡が道是であろう。おそらく石岡が藩の旧例・故事などについて何らかの記録を所持しており、そのことが藩内に知られていたことが推測され、あるいはその記録が『石道夜話』となったのかもしれない。『公余録』宝永四年八月十七日条には、すでに道是と名乗って番頭に日光参詣を願っており、このころまで勤仕していた人物である。

(29)『家康史料集』・『改定史籍集覧』二十六所収。家康の侍医板坂卜斎の著作で『慶長年中卜斎記』とも称される。

(30)松好貞夫氏『関ヶ原役』。原田伴彦氏『関ヶ原合戦夜話』。など。

(31)『玉埃集』巻六（「阿部家文書」）。本書は全六巻で、安政四年、阿部家中の中田勝弥によってまとめられ、阿部家に関する逸話・記録を諸書から抜粋したものであり、ことに家中に伝わる聞書から採録した逸話が多い。

(32)『寛政重修諸家譜』巻六百三十三・六百三十五。

(33)『元寛日記』巻之七（『内閣文庫所蔵史籍叢刊』六十三）。『玉埃集』巻一。

(34)『公余附録』巻五所収。『御家旧記』は、正田弥兵衛義兼筆記と記され、天正期から寛文期に出仕した家臣の姓名、出仕年代、俸禄などを簡単に列記していが、『親類書』などと齟齬する記事もままある。

(35)注(3)の諸論文。

(36)『公余録』元和九年十月条。

(37)『公余録』寛永八年二月条。

(38)白河集古苑所所蔵「阿部家資料」には、このとき着用したと伝えられる羽織が現存している。なお本資料は、阿部家から白河市に寄贈された調度・武具・文書類のうちに存する。

(39)『公余録』寛永九年四月条。

(40)『同書』寛永二年夏条・寛永六年条。

(41)『石道夜話』。

(42)拙稿「武蔵における譜代藩の形成」（村上直氏編『論集関東近世史の研究』）。

(43)『忠秋公御家譜下調』。

(44)『公余録』正保二年五月十六日条。

(45)『同書』寛永十八年条。

(46)『石道夜話』。

(47)『公余録』寛永十八年正月条。
(48)朝尾氏「将軍政治の権力構造」。藤井譲治氏「家綱政権論」(『講座日本近世史』四)。
(49)『徳川実紀』承応元年九月十三日条。『別当杢左衛門覚書』(『改定史籍集覧』二十六)。『玉埃集』巻一。
(50)『公余録』万治三年十二月十五日条。『玉埃集』巻三。
(51)朝尾氏「将軍政治の権力構造」。辻氏「〈下馬将軍〉政治」。
(52)『正能公御家譜下調』。『寛政重修諸家譜』巻三百六十三・三百六十五。
(53)『正能公御家譜下調』。
(54)『同書』。
(55)『平田弾右衛門古日記』。
(56)白河集古苑収蔵「阿部家資料」。
(57)『公余録』寛文十二年十二月二日条。
(58)池田光政はその『日記』に、「きも入」(承応三年二月二十三日条)「つて」(明暦元年四月十九日条)と記し、山鹿素行『配所残筆』には「御取持」とみえる。光政は直接仕官の目安を捧げた牢人を追い返しているが、大名・旗本から斡旋された場合にはほとんど召し抱えている。阿部氏も同様の処置をとったのであろう。
(59)『御徒方万年記』寛永十七年十月十七日条(『内閣文庫所蔵史籍叢刊』六十八)。
(60)『老士語録』。『玉埃集』巻二。岡谷繁実『名将言行録』巻六十五阿部忠秋の条に、石谷が阿部忠秋に牢人の仕官を斡旋した例が記されている。森銑三氏『人物逸話辞典』上。
(61)『寛政重修諸家譜』巻二百二十八。
(62)山鹿素行『配所残筆』。堀勇雄氏『山鹿素行』。忠秋の招聘に対して、素行は紀州藩主徳川頼宣との先約があるからと断ったが、頼宣が忠秋の希望を伝え聞き、忠秋への奉公はすなわち公儀の御用であるとして、素行の召し抱えを断念したため、結局素行はどちらへも仕官が叶わなかったという。
(63)『公余附録』巻七所収『口碑ニ残リシ藩士』。『玉埃集』巻三。
(64)『徳川実紀』慶安四年七月十日条。『寛政重修諸家譜』巻五十八。

(65) 名称は「寄親・寄子制」制に由来すると考えられるが、個々の家臣と寄親との具体的な関係は不明である。
(66) 注(50)参照。
(67) 『公余録』寛文十年二月八日条。
(68) 『同書』寛文十二年十一月九日条。
(69) 以下の事件については『玉埃集』巻五。
(70) 『公余録』寛文十一年六月二十九日条。
(71) 『同書』寛文十二年五月九日・六月四日条。
(72) 『同書』延宝元年四月三日条。
(73) 『同書』延宝七年十月二十八日条。
(74) 『同書』天和二年七月三日条。
(75) 『同書』天和二年六月二十九日条・同年八月十日条・同三年三月二日条・貞享二年十一月十二日条・同二年九月六日条・元禄元年十二月四日条・同三年二月二十三日条・同四年十二月二十九日条・同六年十二月二十四日条・同七年十月二十九日条・同十五年八月二十一日条。
(76) 『同書』寛文十年十一月十二日条。『忠秋公御意覚書』(『改定史籍集覧』二十六)。
(77) 注(51)参照。
(78) 『公余録』貞享元年五月十日条。
(79) 『同書』元禄二年四月十一日条。
(80) 『寛政重修諸家譜』巻六百三十五。
(81) 『公余録』元禄八年八月十二日条。
(82) 『同書』元禄十一年二月五日条。
(83) 『同書』元禄十一年九月二十五日条。
(84) 『同書』元禄十四年二月六日条。
(85) 『寛政重修諸家譜』巻六百三十五。

(86)『公余録』元禄十五年八月二十一日条。
(87)『平田弾右衛門古日記』。
(88)『同書』。
(89)『同書』。
(90)『同書』。
(91)『公余録』寛文九年十月三日条。
(92)『同書』寛文九年十月二十五日条。
(93)『石道夜話』。
(94)『平田弾右衛門古日記』。
(95)『公余録』寛文十二年三月二日条。
(96)『同書』延宝八年十二月一日条。
(97)元禄二年六月『家中条目』(「阿部家文書」)。
(98)『親類書』。『寛政重修諸家譜』巻千百十八。

終　章　近世武家社会の「家」と軍制

近世における武家の俸禄と身分階層が、武家の領主としてのあり方と軍制の特質によって特徴づけられていたことは、序章で論じた。そのような軍制の本質が、足軽による集団戦ではなく馬上の武士の一騎討ちを合戦の中心に置き、足軽部隊はその補助的役割にすぎず、また武家の若党・奉公人は主人の一騎討ちを支援する存在として位置づけられており、その単位が武家の「家」の最小の単位でもあったこと、さらにその戦いでは個々の武者が奮戦して敵の首級を取って勝敗が決定し手柄ともなったことは論じてきた如くであるが、そこに武家の存在価値や自律性を持つ要因を求めることができるのである。なお笠谷和比古氏は、近世武家の自律性や自由のあり方を「備え」の構造から論じられ、その頭となる家老・番頭に自律性が存することを主張されているが、備えのなかにさらに個々の武者の備えがあるという重層的な性格に注目されてはいない。すなわち個々の武者とその若党・奉公人が最小の単位であり、これが集合して番組が編成されたとき、その補助部隊として足軽隊が付属され、整った「備え」となっているのである。そして個々の備えはその武家の「家」の表現ともいえ、それ故に武家に一定の自律性が存在したのである。

ただ武家の単位となった「家」は中世から近世への移行期に大きく変化した。従来、武家の「家」は主従関係によって存立を保証されていたと論じられてきた。しかし近世の武家は主従制で体系づけられる以前に、個々の武家が武者であり領主であることを前提にし、自律性をもった武家を単位として構成されていたのである。中世の武家は一族郎党を集団の単位としてある意味では複合的大家族の様相を呈し、それがすなわち軍事力であり一軍団ともなっていた。そこには、近世ほど強固ではないが一定の主従関係も含まれていたものの、その戦闘法は個人の一騎討ちにほかならず、また当然支配も緩やかであり、各武家の自律性も強かった。かつ主君は、一族の長と主従関係を結びその「家」や軍団を把握していたのである。このような中世の武家の複合的な「家」は中世から近世への移行期の中で次第に解体していき、そこに所属していた個々の武家が自立していった。その意味では、小農自立の過程にも近似するところがあろう。

戦国期の合戦の変化を鉄炮の採用と足軽の「集団戦」に求める見解については、本書ですでに批判を加えた。もちろん騎馬の武者（戦闘の際には下馬したことが多いようであるが）の補助部隊として足軽隊が成立し、鉄炮が使用されたことは明らかであるが、以下に示す旗幟の発展も戦国期の合戦が「集団戦」ではなかった証左となろう。(1)

戦国期から近世にかけての旗幟は、旗・幟（昇）、指物、馬印の三種に大別できる。旗・幟は全軍の標識であり、指物は個々の武者の印で大永期ころに始まり、馬印は武将の標識で天文ころから成立したという。旗は長い布の上部に横棒をつけ、それを紐で旗竿に結んだが、康正年間ころから布の上部と左部に乳をつけて竿に通す乳付旗となり、これを幟と称し、のち全軍の標識となる旗を拠旗とも呼んだ。大永ころから個々の武者が各自別個の形や模様の小型の幟を背中に差すようになり、これを指物と呼ぶようになった。のち拠旗や指物は多様な形となり、四半という小型の幟、細長い布を細めのそりがある竿に通した撓、あるいは吹流・吹貫などが生まれた。指物のなかでも最も使用された四半は、正方形にその半分の長さを足したもので、縦三・横二の割合の乳付旗といわれる。馬印は天文か元亀ころから成立したともいわれるが、指物より新しいことは確かなようである。またこれらは関ヶ原まで発展を続け、さらに多様な形態が作られたといわれる。戦国の争乱が次第に激化し、合戦の規模が拡大する中で、個々の武者の標識となる指物が成立したことは注目しなければならない。戦国期の合戦が次第に集団戦となっていったのであれば、個人の標識は不要のはずである。近世以前の合戦が一騎討ちを中心に戦われ、近世の軍勢も一騎討ちを前提として成立していたからこそ、個人の旗である指物が発達したのである。また一族の旗・幟を別として、個々の武者が指物を持つようになったのは、個々の武者すなわち小さな武家の「家」が一族のなかから次第に自立して自己を主張し、彼らが最小単位となって一騎討ちの戦闘が行われるようになったため、個々の武家の戦場における象徴として、自身が背に差す指物が生まれたのであろう。確証はないが、備えを統率するような上級の武家が、他の武者より巨大な指物によって自己の存在を示そうとし、自身では指せなくなって家来に持たせるようになったものが、馬印に発展したのではなかろうか。馬印の成立は、旗幟の発展のなかで、家臣に対する武将の自己顕示の主張であったのかもしれない。

中世の軍制が、惣領制やその解体さらに大名領国制の中で家臣団が成立など変化を遂げたにせよ、個々の単位は複合的な「家」を中心とする一族郎党という血縁的な関係や、それが地縁的に結合した一揆によって形成されていた。また主君との主従関係は「家」の長が結んだのである。それに対し、戦国大名の家臣団は、複合的な「家」が一方で解体を始めながら直系家族を中心とする小さな「家」が自立しつつある段階に、寄親・寄子制など擬制的な親子関係によって編成された。ここにおける寄子は寄親の私兵的な性格を保ち、その意味で軍団は複合的な「家」の軍団を基礎としていた。ただ馬廻衆の形成など小さな「家」を編成したり、足軽隊を編成するなど新たな傾向も見られたといえる。近世の軍制は、主君が自立した個々の「家」と主従関係を結んだ上、上級家臣を番頭とする番組に編成して、番頭の私兵的な性格を払拭する一方、それを支援する補助部隊として物頭が指揮する足軽隊を常備したのである。このような軍制の展開は、複合的な武家の「家」から個々の直系家族を中心とする「家」への変化に、主君が対応したものだったのであり、この編成が近世的な家臣団を成立させたのである。

こうしてできた家臣団は、基本的には次のような階層に大別されていた。最上級に(1)家老・番頭層がおり、主君を補佐して執政となったり軍団を指揮する。その下に物頭・奉行層がいるが、大名によって家老・番頭層に準じたり、次の給人・馬廻層となったりする。次の(2)給人・馬廻層は、形式的な場合が多いが領主としての格式を持ち、戦場では馬上にあって一騎討ちの主体となる存在であり、狭義ではこの階層以上が本来の武家である。その下に(3)中小性がおり、士分で目見得以上ではあるが徒歩が原則であり、本陣で主君の周辺の警護に当たり、さらに下の(4)徒士・歩行は、目見得以下で前線の鑓部隊であり主君の出行の警護などに当たっていた。徒士・歩行は基本的には士分以下であったようだが、新規取立の小大名などのなかには、士分以上に準じている場合もあった。そして最下位に(5)足軽がおり、前線の鉄炮・弓部隊あるいは鑓部隊として編成され、苗字は許されるものの士分以下で奉公人に近い存在であった。すなわち、前線の鉄炮・弓・鑓部隊が足軽、ついで歩兵の鑓部隊の歩行組が続き、本陣を警護するのが中小性、後ろに騎馬隊の給人・馬廻層が家人・奉公人を率いて連なり、番頭・物頭がそれぞれの部隊を指揮するというのが、武家の備えあるいは行列の基本形であるとともに武家の本来の役割であり、階層の基本ともなっていたのである。さらに俸禄の種類も、基本的には給人・馬廻層以上が知行取りであり、それ以下は切米取り・扶持取り・給金取りやそれらの組み合わせとなっていた。

ただ近世の武家が「家」を単位として重層的な階層序列を形成している以上、近世大名の家臣団は擬制的な「家」の論理によって編成されていた。自らが歴史的由緒を誇る大名の場合、主君の家と家臣の家とは一門・譜代などの由緒によって結ばれ、その親疎関係を示すものとして家格や城中の席次が設定されていた。それは主君の家臣に対する支配の正統性の表現であるとともに、武家社会の紐帯が「家」の論理によって成立していたことを物語るものでもあった。大名にとってそのような序列を形成することは、自らの家を絶対化し支配体制を安定させるためにも必要であり、また家臣たちも自らを階層序列の上位に位置づけようと、新たな由緒を創作するなどさまざま運動を重ねたのである。(2) もちろんこの動向も武家の「家」の形成と期を一にしていたのである。ただ「家」の由緒による階層序列が、上述の軍事的役割とは必ずしも一致しなかったところに、大きな矛盾も存在したといえよう。

かつ個々の武家が主君に対して一方的に従属していたわけではなく、ある程度の主体的・自律的な運動を展開していたことは、牢人の存在形態やその仕官の事情などからも明らかである。一方、中世以来の複合的な武家の「家」が解体され、個々の「家」が直系の家系として自立しながら、別個に上級の武家と主従関係を結んでいくとはいえ、自立した個々の「家」が家系を同一にした同族としての意識と連携を失ったわけではなかった。彼らは平生の生活でどのような交際・連絡を取り合っていたのかは不明な部分が多い。だが、例えば相続や仕官、養子や婚姻の縁組、さらに改易や主君押込・仇討ちなど、各「家」の存続に関わるような起こった場合には、主従関係の枠組みを超えて連携しあい「家」を存続させたり武家としての道を全うさせたりするのに力を添え、家系を一にした同族の集団としての力を誇示した。近世の武家の「家」は、主従関係を「公」に吸収され、一門を核とした「家」の関係は「私」となったといえる。しかし「公」の関係は、「私」の関係の擬制的紐帯であったし、そのため私的な「家」の関係を「公」は容認せざるをえなかった。他方で私的な「家」の関係は、ある時には「公」を無視し抵抗するほど強固なものであり、その私的な「家」は必ずしも主君の「家」のみに含まれていなかったのである。例えば元禄十五年（一七〇二年）の赤穂浪士の仇討ちが、赤穂藩内外の浪士の一族によって支えられていたり、(3) 近世の主君押込が一門・親族の大名の同意を得る必要があったことなど、(4) 非常の場合の事例は数々散見する。その意味で「藩国家＝主君の擬制的な家」は主君側からの強制と幻想ともいえるし、「家」の同族集団に武家の自律性の一端が見いだせるのである。

しかし、武家政権が武力を保持し軍制的な機構によって領主制を維持しつづけた近世社会は、戦乱の世を克服した太平の世であった。武家がその武威を見せつける場面が、参勤交代や出行の行粧、あるいは警備の備えなどでしか表現できなかった一方で、幕臣団において軍役の維持と出行の供人数の制限など、平和な世への移行の矛盾がすでに寛永期に見えていたように、早くから体制の矛盾は顕在化していた。軍役の嗜みを強制しながら平和な世を維持しようとする政治過程が、武家に矛盾のしわ寄せをもたらしたのである。それはかぶき者や治安の悪化、武家奉公人の身分秩序の混乱などにも現れ、かつ武家が本来の「一騎討」の役割を忘れ実際には戦えない存在になっていくなかで、タテマエとしての軍制は次第に破綻していく。さらに個々の武家の「家」の経営や秩序が士分以下の軽輩や奉公人によって担われていくなかで、渡り用人や奉公人が却って主体的な存在となり、ことに都市部において新たな社会集団を形成していくのであり、それがのち近代の新たな市民階層を形成する萌芽となっていくと考えられる(5)。

武家の本来的な性格が軍事を職業とする戦闘者であったことは、諸書にしばしば言及され(6)、武家を論じる前提となっている。しかしその本来的な性格を論じようと試みた研究は、高木昭作氏(7)・笠谷和比古氏(8)の研究を除けば皆無に近かった。本書では武家の本来的な性格を、まず正面から取り組もうとした。その中で本書では、近世武家社会の形成を「軍制」「家」の問題から検討し、両者が近世社会の形成や展開に不可分であったことを論じ、従来の武家に対する常識を大きく改めたつもりである。しかし、そこから見えてきた「家」の内部の同族集団や主従関係が重層的かつ複雑に絡み合った実態や「家」の同族集団の動向、あるいは婚姻の実態(9)、武家奉公人の動向など(10)は、指摘のみで解明しえなかった。また武家社会の変質と奉公人など触れられなかった問題も山積している。ただ本書を纏めることによって、今後における自身の研究の方向性を明確にすることができたのが、最大の成果であると考えている。

注

（1）　拙稿「江戸幕府の軍制と旗幟」（『近世社会と知行制』）。

（2）　拙稿「秋田藩における座格制の形成」（『近世史論』一）、「元禄期秋田藩の修史事業」（『栃木史学』五）。

（3） 赤穂浪士が切腹の直前に提出した「親類書」によれば、彼らのうち一〇名は、新規に浅野氏に仕官した家臣であり、父が浅野家に仕官した家臣一四名を加えると、半数は譜代の家臣とはいえなかった。また大石が他藩の一族と連絡を取りつづけて援助を受けたり、浪士の一人早水藤左衛門が備前の父兄から金銭を送付されていたことなど、赤穂浪士の行動には藩を超えた「家」の同族集団の連携があったといえる（赤穂市史編さん室編『忠臣蔵』三）。

（4） 笠谷氏『「主君押込」の構造』。吉田真夫氏「近世大名の強制隠居」（『歴史』九一）。

（5） 朝尾直弘氏「十八世紀の社会変動と身分的中間層」（『日本の近世』一〇）。宮地正人氏「幕末旗本用人論」（『幕末維新期の社会的政治史研究』所収）。

（6） たとえば朝尾氏「近世的身分制度の成立」（『日本の近世』七）、「十六世紀後半の日本」（岩波講座『日本通史』一一）。大藤修氏『近世農民と家・村・国家』など。

（7） 高木氏『日本近世国家史の研究』。

（8） 笠谷氏『近世武家社会の政治構造』。

（9） 武家の婚姻については、横江勝美氏「藩士社会に於ける身分と婚姻」（『家族と村落』一）で金沢藩、林由起子氏「尾張藩藩士の婚姻と家格」（『名古屋大学法制論集』九〇）で尾張藩、朝倉有子氏「武家女性の婚姻に関する統計的研究」（『江戸時代の女性たち』）で幕臣の場合が論じられ、それぞれ女性が同格かあるいは格下の家に嫁に行く場合が一般的であったことを論じている。ただ広田照幸氏「士族の通婚行動―幕末・明治初期、旧篠山藩の場合―」（『年報日本近代研究』一四）では、士分は士分同士か他藩の武士と通婚し、軽輩は軽輩同士か近隣農村の百姓などとも通婚している事例を報告され、藩や身分や超えた通婚があったことを明らかにされた。磯田道史氏「大名家臣団の通婚構造―岡山藩士の嫁入婚を中心として―」（『社会経済史学』六三―五）では、岡山藩士の場合、士分では家格や家禄相応の縁組が行われた事例を提示され、格下の家との婚姻が一般的であったという従来の説を批判される一方、徒以下の軽輩では百姓などとの通婚もあったことを報告されるとともに、支藩の鴨方藩では、徒以下の軽輩が百姓などと通婚することは却って一般的でさえあったという身分を超えた通婚の構造を論じている。ここから、武家身分の変動や近代への移行を論じることも可能であろう。

（10） 南和男氏『江戸の社会構造』。森下徹氏『日本近世雇用労働史の研究』。市川寛明氏「武家奉公人における「譜代制」の変質過程」（『人民の歴史学』一二二）。吉田伸之氏『近世都市社会の身分構造』。氏家幹人氏『小石川御家人物語』など。

あとがき

院生のころから古文書講習会の講師をいくつか担当し、なかには二十年近く続くものもあるが、いまでも自分より年配の方が多いこともあって、しばしばこちらのほうが、往時の生活習慣や風俗、あるいは人生に刻まれた貴重な経験などを教えていただいている。一方で、たじろぐような鋭い質問も浴びることがある。数年前のことである。「なぜ、江戸時代の俸禄は、知行・切米や扶持などという複雑な形態に分かれていたのか」という質問をいただいた。大久保彦左衛門が『三河物語』で旗本への切米の給付に憤慨していることを思い出しながら、しどろもどろに領主としての武家の歴史、石高制と知行、蔵米知行への移行などを話したように記憶しているが、自分でも釈然としなかったような思い出がある。武家の階層序列と俸禄の種類が密接に関係しており、そこに武家社会形成の歴史が凝縮されていることを論じた本書の序章は、そのような質問に対する自分なりの解答でもある。

講習会の一つで、『雑兵物語』を三年をかけて読み解いたことがある。研究者とは異なる読み方や軍隊の経験からの解釈、率直な疑問に接する中で、武家の機構やそこにおける個々の役割が、軍制を基本に形成されていたことを確信するようになった。武家の機構の全貌は、行政中心の機構図からは判明せず、陣備えの図や行列の順にあり、かつ陣備えの図が江戸の大名屋敷や城下町プランの原型となっていたことも知った。大学院のころ軍役論を検討したとき、軍学関係の史料を通読したのとは別の意味で、武家社会と軍制との関係を考えるようになった。なによりも近世の武家社会が、人が人に仕えるというシステムが重層的に存在することによって成立した不平等な差別社会であることを、下層の武家奉公人の役割から見ることができた。本書の第一章第一節は、こうした経験から著述したものである。

本書に掲載した論考には、それぞれ思い出があるが、いずれにせよ本書は、二十数年間に記した論考のうち、近世の武家に関するものを大幅に改稿しながらまとめたものである。ただ、研究を始めたころ対象としていた秋田藩に関する諸論文は、一部を除き掲載しなかった。一つには紙幅の関係もあったが、執筆した二十年以前とは、近世社会に対する自分自身の見方が一変したのも、その理由である。特に、近世の領主権力が専制的で強大とは、感じなくなってきたことにある。幕藩制国家論が盛んな当時、武家そのものの研究に市民権はなく、家臣団の研究では藩権力の強大さが誇張され、個々の家臣たちの主体的な存在形態を捉えていないことに、疑問を感じながら研究に着手し、秋田藩の座格制の問題からそれを解こうと試みた。しかし、疑問を持ちながらも藩主の絶対的な権力を前提に記した初期の論文は、武家の「自由」「自律性」を論じた笠谷和比古氏・高野信治氏などの業績が出るなかで、根本的に改稿する必要を感じるようになった。だが、以前の感覚に引きずられ、現在の意識で整理しきれなかったのである。

以前の仕事を整理しきれなかっただけでなく、本書には、何よりも論証が不十分な箇所が目につき、残した課題の多さに呆然とするばかりである。書名が、幕藩制構造論の時代のような、煮え切らない名称となったのも、そのような迷いの所産でもある。終章に述べたが、「家」の検討など今後の課題が明確になったことだけは、確かであろう。

なお本書では、ことさらに「兵営国家」「幕藩官僚制」という語を使用しなかった。このような体制に包摂されなかった人々の「自由」を密かに感じており、それが本書で論じたのとは異質な世界を形成し、さらに近世社会の大きな要素を構成していると思っているからである。

数年前から、多くの先生方をはじめ周囲の方々から刊行を勧められながら、まとめようとすると未解決の問題の多さを認識することとなり、何度も着手しながらなし遂げられなかったが、昨年末に一応の形ができ、本年同名の学位論文を国学院大学に提出した。本書は、その一部に当たる。

国学院大学に入学して以来、多くの先生方・諸先輩から御指導を賜わった。ことに大学では、奥野高廣・林陸朗・宮崎道生・小川信・米原正義・大谷貞夫・馬場明・大舘右喜・辻達也・村上直・佐脇栄智・煎本増夫の諸先生から、御指導だけでなくさまざまな御配慮を賜わり、学生の研究団体であった地方史研究会では、東四柳史明氏・深井雅海氏など諸先輩をはじめ友人から、御指導・刺激をいただき、史料調査の大切さを学んだ。また日本常民文化研究所の漁村史料の整理、『成田市史』『所沢市史』などの史料調査で、たえず古文書と格闘する機会を与えられた。大学を出て埼玉県史編さん室に勤務し、職場の方々や関係の諸先生、あるいは埼玉県立文書館・関係市町村史編さん室の方々から、地域に根づいた歴史を学んだ。かつて御指導を賜わった先生方が迎えてくださった現在の職場では、たえず多くの方々に支えられている。また、現在客員研究員を委嘱されている学習院大学史料館では、関係の諸先生から御指導を賜わり、研究に史料調査にさまざまな便宜をいただいている。

多くの学恩を賜わりながら、成果の一端をお見せできなかった先生方もおられる。大学院の指導教授として維新史や折口学に幅広い蘊蓄を傾けられた藤井貞文先生、関東近世史研究会で御指導を賜わっただけでなく、武蔵野の史料調査にもお供を許され、畑道を二人で歩きながら雑談のなかに研究法を示された伊藤好一先生、その他多くの先生が鬼籍に入られた。本書の校正中に、長谷川宏先生が逝去された。戦前前衛画家として名を成しながら、中国に渡って書誌学を学び、戦後図書館に勤務されながら、御出身の埼玉県行田市周辺や忍藩の史料調査を一人で続けられ、また近世の書物・文化の研究に携わっておられた先生からは、埼玉県史編さん室で子供のように可愛がっていただいた。つい先日、行田市で忍藩について講演を依頼された折、数年ぶりにお目にかかり親しくお話することができたが、その二日後に入院され帰らぬ人となってしまわれた。

今回、本書の刊行を勧めてくださったのは、佐脇栄智先生である。先生のお勧めがなければ、まだまとめる決断ができなかったかもしれない。また出版事情の悪いなか、刊行を快諾してくださり、入稿を大幅に遅らせたにもかかわらず、編集作業に多大の尽力を賜わった吉川弘文館の編集部の方々に深謝の意を表する次第である。最後に、研究を辞めて子育てと家事に明け暮れている妻文子にも感謝の意を述べたい。

一九九九年一二月

初出一覧

序　章　新　稿。

第一章

第一節　原題「『雑兵物語』に見る近世の軍制と武家奉公人」（『国学院雑誌』九四巻一〇号所収、一九九三年）を大幅に添削、以下同。

第二節　原題「所謂「慶安軍役令」の一考察」（『日本歴史』三八三号、一九八〇年）。

第三節　原題「近世前期秋田藩の軍事体制」（『国学院大学大学院紀要』一〇輯、一九七九年）。

第二章

第一節　原題「近世初期武川衆の知行と軍役」（『国学院大学紀要』二八巻、一九九〇年）。

第二節　新　稿。

第三節　原題「家光政権成立期の幕臣団」（『国史学』一五三号、一九九四年）。

第三章

第一節　原題「佐倉藩堀田氏家臣団の形成と解体」（『成田市史研究』七号、一九八〇年）。

第二節　原題「忍藩阿部氏家臣団の形成」（『国史学』一〇一号、一九七七年）。

終　章　新　稿。

著者略歴

一九五一年　東京都に生まれる
一九七九年　国学院大学大学院文学研究科日本史学専攻
博士課程修了
埼玉県史編さん室を経て
現在　国学院大学文学部助教授

〔著書・論文〕

「武蔵における譜代藩の形成」(『論集関東近世史研究』、一九八四年、名著出版)
「『仕置』と『御仕置』」(『国学院雑誌』九〇ノ八、一九八九年)
「近世における『藩翰譜』の影響と長州藩」(『季刊日本思想史』四六、一九九五年)
「江戸幕府の軍制と旗幟」(『近世社会と知行制』、一九九九年、思文閣出版)
『新編古文書解読辞典』(共編、一九九三年、柏書房)

近世武家社会の形成と構造

二〇〇〇年(平成十二)二月十日　第一刷発行

著者　根《ね》岸《ぎし》茂《しげ》夫《お》

発行者　林　英男

発行所　株式会社　吉川弘文館
郵便番号一一三−〇〇三三
東京都文京区本郷七丁目二番八号
電話〇三−三八一三−九一五一〈代〉
振替口座〇〇一〇〇−五−二四四

印刷＝三和印刷・製本＝誠製本

索　　引

I 事　　項

あ　行

か　行

さ　行

た　行

な　行

は 行

ま 行

や 行

ら　行

わ　行

II　人名索引

あ　行

か　行

さ　行

た　行

な　行

は　行

ま　行

や　行

ら　行

わ　行

III　研究者索引

あ　行

か　行

さ　行

た　行

な　行

は　行

ま　行

や　行

わ　行